A Faint Cold Fear Thrills Through My Veins · William Shakespeare

Zu diesem Buch

Er hatte gedacht, am Bau eines Paradieses auf Erden mitgewirkt zu haben – und jetzt steht er deshalb vor dem «Sonder-Kriegsgericht» der Putschisten, die das Paradies alles andere als paradiesisch gefunden haben …

Bei den Prozeßakten liegt die Aufzeichnung eines Gesprächs:

‹Da fällt mir eines unserer nächtlichen Gespräche ein, das wir vor langer Zeit einmal geführt haben. Ich fragte: Aber was ist denn die Absicht? Du antwortetest: Sich einen Staat zu schaffen. Ich fragte: Und was sollen wir damit anfangen? Du sagtest: Wir wollen ihn zu einem Land machen, in dem Leute wie wir und andere Menschen sich wohl fühlen. Ich fragte: Was meinst du damit – sich wohl fühlen? Du sagtest: Ganz einfach, daß es Freude macht, zu arbeiten, Menschen um sich herum zu haben, die einen verstehen und einen mögen, natürlich auch genügend Lebensmittel und Wohnraum zu haben, all das, was man haben zu müssen meint; daß man selbst dem Leben einen Sinn und ein Ziel gibt und um sich herum andere sieht, denen es ebenso geht. Ich fragte: Und was sollen wir damit anfangen, wenn wir es geschaffen haben? Du sagtest: Darin leben. Ich fragte: Ist das der ganze Sinn unserer Arbeit für diese Insel, die wir vermutlich niemals bekommen werden? Du sagtest: Diese Insel, die wir sicher bekommen werden, was du ebensogut weißt wie ich, ist eine natürliche, selbständige Einheit, die muß frei und unabhängig sein. Ich sagte: Na klar, das ist der Sinn des Ganzen.›

Sie haben geglaubt, es sei um etwas gegangen, das es nicht gibt: um die Verwirklichung einer Utopie.

Jetzt auf alle Fälle geht es nur um eines: um Macht.

PER WAHLÖÖ veröffentlichte in den sechziger Jahren eine Anzahl Bücher, die jetzt in der thriller-Reihe erscheinen. Thema all dieser Romane: Die Gewalt der Herrschenden und die Unterdrückung des Volkes – ob in der Dritten Welt, einem hochzivilisierten Land Europas oder auf einer fiktiven Insel. Von Per Wahlöö liegen vor: Mord im 31. Stock (Nr. 2424), Das Lastauto (Nr. 2513), Libertad! (Nr. 2521) und Unternehmen Stahlsprung (Nr. 2539).

Per Wahlöö

Die Generale

Deutsch von
Eckehard Schultz

rororo

Rowohlt

rororo thriller
Herausgegeben von Richard K. Flesch

Deutsche Erstausgabe
Veröffentlicht im Rowohlt Taschenbuch Verlag GmbH,
Reinbek bei Hamburg, August 1981
Die Originalausgabe erschien bei P. A. Norstedt & Söners Förlag,
Stockholm, unter dem Titel «Generalerna»
Redaktion Brigitte Fock
Umschlagentwurf Ulrich Mack
Umschlagtypographie Manfred Waller

Satz Bembo (Linotron 404)
Gesamtherstellung Clausen & Bosse, Leck
Printed in Germany
680-ISBN 3 499 42569 6

Für Maj

Anwesende Personen

Das Kriegsgericht:	Oberst Mateo Orbal, Heer, Vorsitzender Major Carl von Peters, Heer, Beisitzer Oberst Nicola Pigafetta, Luftwaffe, Beisitzer Kapitän zur See Arnold Kampenmann, Marine, Beisitzer Major Tetz Niblack, Luftwaffe, Stellv. Beisitzer Kapitänleutnant Wilfred Schmidt, Marine, Auditor Leutnant Mihail Bratianu, Heer, stellv. Auditor Hauptmann Roger Endicott, Luftwaffe, Verteidiger Leutnant Arie Brown, Luftwaffe, Berichterstatter Generaladvokat Tadeusz Haller, zivilrechtlicher Beobachter
Zeugen	Laboratoriumsassistent Max Gerthoffer Landwirt Emil Roth
Angeklagter	Korporal Erwin Velder

Protokoll der Verhandlung des
Sonder-Kriegsgerichts,
begonnen im Hauptquartier der
Luftwaffe am 26. Februar

Erster Tag

Brown: Sind die Anwesenden bereit, mit dem internen Teil der Sitzung anzufangen?
Orbal: Bereit.
Brown: Beim nichtöffentlichen Teil der heutigen Verhandlung sind anwesend: der Präsident des Sonder-Kriegsgerichts, Oberst Orbal, Major von Peters, Heer, Oberst Pigafetta, der die Luftwaffe vertritt, und Kapitän zur See Kampenmann, Marine, sowie Generaladvokat Haller, der dem Sonder-Kriegsgericht als Experte für das Zivilrecht und Vertreter des Justizministeriums beigeordnet wurde.
Peters: Sie vergessen sich selbst.
Brown: Berichterstatter ist Leutnant Brown, Luftwaffe, der zur Zeit zur Operationsabteilung des Generalstabs abkommandiert ist.
Peters: Gut. Weitermachen.
Brown: Während des öffentlichen Teils der Verhandlungen wird Kapitänleutnant Schmidt von der juristischen Abteilung des Generalstabs als Auditor tätig sein.
Peters: Der ist zu schlapp.
Brown: Stellvertretender Auditor ist Leutnant Bratianu.
Peters: Bratianu, ja, der ist in Ordnung.
Brown: Der Angeklagte wird von Hauptmann Endicott von der Luftwaffe verteidigt.
Peters: Wer hat denn ausgerechnet den Mann ausgewählt?
Pigafetta: Ich. Er hat diese Aufgabe erhalten, nachdem die Teilstreitkräfte untereinander gelost haben.
Peters: Na, Bratianu ist jedenfalls gut.
Brown: Der Generaladvokat hat den Antrag gestellt, eine Erklärung verlesen zu dürfen.
Haller: Darf ich vorlesen?
Orbal: Was ist denn?
Haller: Ich hatte um die Erlaubnis gebeten, eine Erklärung verlesen zu dürfen.
Orbal: Klar. Genehmigt!
Haller: Als Repräsentant des Justizministeriums möchte ich zum Ausdruck bringen, daß die Regierung diesem Verfahren größte Bedeutung

beimißt. Ich darf darauf hinweisen, daß der Prozeß in den verschiedensten Gremien länger als drei Jahre lang vorbereitet wurde.
Kampenmann: Warum denn?
Haller: Darauf komme ich gleich zu sprechen. Der Antrag des Staatsanwalts enthält 127 Anklagepunkte, und die Prozeßakten umfassen bereits mehr als zehntausend Seiten.
Peters: Des Auditors.
Haller: Wie bitte?
Peters: Des Auditors, sagte ich. Nicht des Staatsanwalts. Dies ist ein Militärgericht.
Haller: Ich bitte um Verzeihung. Also, die erhebliche Sorgfalt, mit der diese Verhandlung demzufolge vorbereitet wurde, entspricht natürlich einer bestimmten Absicht. Die Folgerungen, die das Kriegsgericht zieht, und sein Urteil sowie bereits vorhandene Akten und Gutachten werden die Grundlage für die Arbeit der zivilmilitärischen Legislative bilden, also der gesetzgebenden Versammlung.
Peters: Sie brauchen sich hier nicht so auszudrücken, als ob wir Idioten wären.
Haller: Ich bitte um Verzeihung. Das war wirklich nicht meine Absicht. Also, obwohl es so aussehen könnte, als ob das völlig überflüssig wäre, möchte ich trotzdem im Namen des Justizministeriums und der Legislative betonen, für wie wichtig es gehalten wird, daß bei dem Verfahren sorgfältigst bis zum i-Tüpfelchen alle moralischen, rechtlichen, Verzeihung – militärrechtlichen und psychologischen Aspekte beachtet werden.
Orbal: Wer behandelt uns wie Idioten?
Kampenmann: Ich verstehe trotzdem nicht das übertriebene Interesse an diesem speziellen Individuum.
Haller: Der Mann, dem hier der Prozeß gemacht werden soll, ist als Repräsentant zweier verschiedener Regime aufgetreten und hat darüber hinaus zwei verschiedenen organisierten Revolutionsbewegungen angehört. Er hat unter den vier verschiedenen Führungen im militärischen Bereich mitgearbeitet und hat alle vier verraten.
Peters: Man kann Armeen, die nicht existieren, nicht verraten. Sie sollten sich etwas genauer ausdrücken.
Haller: Ich ... verstehe Ihren Hinweis. Ein Versprecher. Er wird sich nicht wiederholen.
Peters: Gut. Sind Sie selbst Soldat gewesen, Herr Haller?
Haller: Bei allem Respekt vor dem Kriegsgericht, dies gehört wohl kaum zur Verhandlung. Viel wichtiger ist wahrscheinlich, daß dieses Kriegsgericht die Möglichkeit hat, die mentalen Mechanismen eines Individuums bloßzulegen, das den Staat verraten hat und sowohl vor als auch während der vergleichsweise begrenzten Zeit des Krieges ...
Peters: Was für eines Krieges? Sie meinen die Unruhen. Sie sollten sich wirklich genauer ausdrücken.

Haller: ... und der sowohl vor als auch während des Umsturzversuchs gegen beinahe alle wesentlichen moralischen Regeln, die den Grund unserer Ideologie, unserer Lebensanschauung und unserer Staatsverfassung bilden, verstoßen hat. Deswegen hat der Staatschef nachdrücklich den Wunsch geäußert, daß das Verfahren mit äußerster Sorgfalt gehandhabt wird und die Motive und Beweggründe des Angeklagten, die Triebe und Verwirrungen, die zu den Verbrechen geführt haben, gründlich erforscht und bis ins kleinste Detail dargestellt werden. Es ist auch die Absicht des Staatschefs, nach Abschluß des Verfahrens das gesamte Material der Legislative zur genauen Analyse zu übergeben. Darauf besteht der Staatschef mit großem Nachdruck.
Peters: Warum haben Sie das denn nicht gleich zu Anfang gesagt?
Kampenmann: Ich verstehe immer noch nicht, warum die Teile des Verfahrens, die nicht den militärischen Bereich betreffen, nicht von einem zivilen Gericht behandelt werden können.
Haller: Wie das hohe Gericht zweifellos weiß, sind wir mit der Gesetzgebung immer noch im Verzug. Es wäre auf große Schwierigkeiten gestoßen, dieses Verfahren vor einem Zivilgericht durchzuführen. Außerdem ...
Peters: Was außerdem?
Haller: Außerdem ist der Staatschef der Ansicht, daß die Angelegenheit viel zu wichtig ist, als daß sie einer anderen Behörde anvertraut werden könnte. Hier kommt nur das Militär in Frage.
Peters: Na, das ist doch selbstverständlich.
Haller: Vor allem, weil es kaum andere Behörden gibt. Also, außer den psychologischen Analysen zum Schutz des moralischen und geistigen Wohls der Bevölkerung, die auf dem Protokoll des Kriegsgerichts aufbauen können, werden die verhängten Strafen zu jedem Anklagepunkt, in dem der Angeklagte vom Gericht schuldig gesprochen wird, als Vorentscheidung aufgefaßt und zur Grundlage einer späteren zivil-militärischen Gesetzgebung gemacht.
Peters: Ich verstehe. Sind Sie mit Ihrer Vorlesung fertig?
Haller: Ja. Das war alles, was ich zu sagen hatte.
Pigafetta: Wenn ich Sie recht verstanden habe, ist die ganze Kriegsgerichtsverhandlung als militärische Angelegenheit zu betrachten?
Haller: Ja. Formell.
Pigafetta: Und Ihre Befugnis, dem Präsidium des Kriegsgerichts beizutreten, bezieht sich auch auf die Punkte des Verfahrens, bei denen es um militärische Angelegenheiten geht?
Haller: Meine Aufgabe ist es vor allem, als juristischer Ratgeber dabeizusein und als Beobachter zu wirken.
Pigafetta: Für die Regierung?
Haller: Und für den Staatschef.
Pigafetta: Ich verstehe ... na, wir werden uns sicher vertragen.

Haller: Davon bin ich überzeugt. Verzeihung, Herr Präsident, ich habe nicht verstanden ...
Orbal: Was denn?
Haller: Ich habe nicht verstanden, was Sie gesagt haben.
Orbal: Nichts. Ich habe nichts gesagt. Ich gähnte. Leutnant Brown, Sie können weitermachen.
Brown: Das Verfahren umfaßt einen nichtöffentlichen und einen öffentlichen Teil. Die Verhandlung beginnt mit dem öffentlichen Teil, zu dem die Bevölkerung und Vertreter der Presse, des Rundfunks und des Fernsehens zugelassen sind. Ist das Präsidium bereit, die internen Überlegungen abzuschließen und zum öffentlichen Teil der Sitzung überzugehen?
Peters: Die Presse? Auch Ausländer?
Brown: Sozusagen, Herr Major. Drei ausländische Nachrichtenbüros sind vertreten.
Peters: Aus Ländern, die uns freundlich gesonnen sind?
Brown: Selbstverständlich.
Peters: Das heißt «Selbstverständlich, Herr Major!».
Brown: Jawohl, Herr Major.
Peters: Na, also!
Brown: Außerdem vertritt der gleiche Journalist, der auch unsere eigenen Massenmedien repräsentiert, die ausländischen Büros.
Peters: Sind Zuschauer gekommen?
Brown: Nein, Herr Major.
Orbal: Ziemlich kalt hier drin.
Haller: Es könnte nicht schaden, wenn einige Vertreter der Öffentlichkeit anwesend wären. Sieht besser aus.
Pigafetta: Kümmere dich darum, Brown. Da sind sicher ein paar Leute in der Kantine.
Brown: Jawohl, Herr Oberst.
Orbal: Muß das wirklich sein? So verdammt kalt, meine ich.
Pigafetta: Ich werde versuchen, etwas dagegen zu tun.
Orbal: Von diesem Mineralwasser friert man nur noch mehr. Außerdem schmeckt es nach Schwefel. Kann man denn nicht dafür sorgen, daß wir etwas Warmes bekommen? Kaffee oder Tee oder so was?
Pigafetta: Selbstverständlich. Ich schlage vor, daß wir eine Treppe höher gehen, in meine Räume.
Peters: Stell das Tonbandgerät ab.
Brown: Ich bin nicht befugt, die Aufnahme zu unterbrechen, solange das Kriegsgericht sich nicht vertagt hat.
Peters: Unterbrich die Verhandlung, Mateo.
Orbal: Die internen Vorüberlegungen sind hiermit abgeschlossen. Die Verhandlung wird für eine Stunde und fünfzehn Minuten unterbrochen.

Brown: Ist das Sonder-Kriegsgericht bereit, mit dem öffentlichen Teil der Verhandlung zu beginnen?
Orbal: Bereit.
Peters: Ist für Publikum gesorgt worden?
Brown: Jawohl, Herr Major!
Peters: Dann können Sie die Tür öffnen und die Beteiligten einlassen.
Brown: Das Sonder-Kriegsgericht eröffnet hiermit die Verhandlung des Falls der Streitkräfte gegen Erwin Velder. Die Beteiligten nehmen bitte ihre Plätze ein. Nein, sie können sitzen bleiben, bis die Presse und die Zuschauer zur Ruhe gekommen sind.
Peters: Wer ist der Journalist?
Haller: Dr. Brandt vom staatlichen Informationsbüro.
Pigafetta: Brown, sorgen Sie dafür, daß die Männer das Schurren mit den Stühlen unterlassen.
Brown: Darf ich die Zuhörer bitten, sich ruhig zu verhalten und sich strikt an die Saalordnung zu halten.
Peters: Na ja, die Luftwaffe. Keine Disziplin.
Orbal: Was hast du gesagt?
Brown: Das Sonder-Kriegsgericht beginnt jetzt mit der Verhandlung in der Anklage der Streitkräfte gegen Erwin Velder. Ich bitte die Beteiligten, sich von den Plätzen zu erheben. Sie auch, Leutnant Bratianu, vielen Dank!
Peters: Ich sage es ja, die Luftwaffe benimmt sich stets undiszipliniert.
Orbal: Was? Ja, recht hast du.
Brown: Das Präsidium des Sonder-Kriegsgerichts hat sich vor Beginn dieser Verhandlung wie folgt konstituiert: Präsident Oberst Mateo Orbal, Beisitzer und Vertreter der Teilstreitkräfte: Major Carl von Peters, Heer, Oberst Nicola Pigafetta, Luftwaffe, und Kapitän zur See Arnold Kampenmann, Marine. Für den Fall, daß einer der Herren Präsidiumsmitglieder im Laufe des Verfahrens verhindert sein sollte, wird er durch einen persönlichen Ersatzmann ausgetauscht. Die Streitkräfte werden durch Kapitänleutnant Wilfred Schmidt und Leutnant Mihail Bratianu als stellvertretendem Auditor vertreten. Der Verteidiger des Angeklagten ist Hauptmann Roger Endicott. Der Präsident des Sonder-Kriegsgerichts wird nun den Beginn des öffentlichen Teils der Verhandlung erklären.
Orbal: Ich erkläre hiermit den öffentlichen Teil der Verhandlung für eröffnet.
Brown: Die Beteiligten können jetzt Platz nehmen.
Peters: Sie sind also Erwin Velder.
Velder: Ja.
Peters: Stehen Sie auf, Mann! Ja, so ist's gut. Welchen militärischen Dienstgrad haben Sie?
Velder: Oberstleutnant.

Peters: Mensch, sind Sie verrückt? Wollen Sie das Kriegsgericht veralbern?
Orbal: Ist ja ein schöner Anfang!
Peters: Hauptmann Endicott, ich nehme an, Sie haben sich mit den Akten vertraut gemacht.
Endicott: So gut wie möglich. Während der drei Tage, seit ich diesen Auftrag bekommen habe ...
Peters: Das gehört hier nicht her. Welchen militärischen Dienstgrad hat der Angeklagte?
Endicott: Velder war ein sogenannter Ober-Wachmann bei der damaligen Miliz. Als die dann reorganisiert wurde, erhielt er den Dienstgrad Korporal.
Peters: In der Armee ist er also Korporal?
Endicott: Jawohl, Herr Major.
Peters: Wonach suchst du, Mateo? Das Formular? Aber da liegt es doch!
Orbal: Korporal Velder, ich mache Sie darauf aufmerksam, wie wichtig es ist, daß Sie wahrheitsgemäß und so ausführlich wie möglich Auskunft geben und dem Auditor, dem Präsidenten des Kriegsgerichts und den Beisitzern alle Fragen, die Ihnen gestellt oder vorgelegt werden, beantworten.
Velder: Ich bin bereit, alle Fragen zu beantworten.
Orbal: Darf ich nun den Auditor bitten, in kurzen Zügen die Anklage und den Antrag der Streitkräfte vorzutragen.
Schmidt: Herr Präsident, meine Herren Offiziere! Es ist meine Absicht, vor diesem Sonder-Kriegsgericht durch das vollständige, lückenlose Beweismaterial darzulegen, daß der Angeklagte, Korporal Velder, sich der schwersten Verbrechen in 127 Fällen schuldig gemacht hat. Wegen 86 von diesen Verbrechen, die unter das Kriegsgericht fallen, unter anderem Mord, Fahnenflucht und Hochverrat, beantrage ich, daß ihm das Recht abgesprochen wird, seine militärischen Orden und Ehrenzeichen zu tragen ...
Peters: Ehrenzeichen, haha!
Schmidt: ... weiter, daß ihm sein militärischer Dienstgrad aberkannt wird und er zum Schützen in eben der Teilstreitkraft degradiert wird. Ich beantrage außerdem, daß dem Angeklagten dieser 86 Verbrechen wegen sowie *weiterer* 41 Verbrechen, die nicht unter die Bestimmungen in Übereinstimmung mit dem Ausnahmezustand fallen, seine Staatsbürgerschaft aberkannt wird. Darüber hinaus, daß Velder in jedem der 127 beschriebenen Anklagepunkte, die ich beantrage wegen ihrer grundsätzlichen Bedeutung im Verlauf des Verfahrens im einzelnen erläutern und ausführlich begründen zu dürfen, zur Höchststrafe verurteilt wird, die in der Form zu vollziehen ist, wie sie das Präsidium dieses Sonder-Kriegsgerichts für richtig hält.
Orbal: Wir haben nun die einleitende Zusammenfassung des Auditors

gehört. Hat die Verteidigung in diesem Stadium der Verhandlung etwas zu beantragen ... ja? Verdammt noch mal. Endicott, was soll denn das?

Endicott: Der Angeklagte beantragt, daß die Teile der Anklage, die nicht seinen Militärdienst betreffen, vor einem Zivilgericht verhandelt werden.

Peters: Das ist doch lächerlich! Wird abgelehnt.

Orbal: Der Antrag wird abgewiesen. Wo war ich denn jetzt? Aha, hier. Hat die Verteidigung in diesem Stadium der Verhandlung etwas zu beantragen?

Kampenmann: Kurz und gut, Velder, erklären Sie sich schuldig?

Velder: Was soll ich?

Peters: Verdammt noch mal, Kerl! Das heißt: «Was soll ich, Herr Kapitän?»! Stehen Sie auf. Geben Sie zu, sich in – laß mal sehen – 127 Fällen eines Verbrechens schuldig gemacht zu haben?

Velder: Nein, Herr Major.

Orbal: Wünscht eine der Parteien bereits jetzt, Zeugen zu benennen, vorzuladen oder namentlich bekanntzugeben?

Schmidt: Ich beantrage, im Laufe des Verfahrens ja nach Bedarf Zeugen vorladen zu dürfen.

Peters: Der Antrag wird genehmigt.

Orbal: Wird genehmigt.

Schmidt: Wegen der unmenschlichen, moralisch höchst verwerflichen und in einigen Fällen grob sittenwidrigen Art und Weise der Verbrechen stelle ich anheim, daß die Öffentlichkeit und die Presse ab sofort von dieser Verhandlung ausgeschlossen werden. Außer den schon genannten Gründen möchte ich auf § 8 bis § 24 der militärischen Sicherheitsbestimmungen verweisen sowie auf das grundsätzliche und allgemeine Interesse für die Sicherheit und das Ansehen unseres Landes.

Peters: Dem Antrag wird zugestimmt.

Orbal: Na klar. Das ist richtig. Zustimmung!

Brown: Darf ich die Presse und anwesende Zuhörer bitten, den Saal zu verlassen.

Peters: Luftwaffe! Kein Benehmen.

Brown: Ist das Kriegsgericht bereit, mit dem nichtöffentlichen Teil der Verhandlung zu beginnen?

Orbal: Ja, los, los! Wir fangen jetzt mit dem nichtöffentlichen Teil an.

Peters: Wieviel Uhr ist es?

Kampenmann: Halb sechs.

Peters: Dann hören wir jetzt auf, Mateo.

Orbal: Was ist?

Peters: Wir machen morgen weiter.

Orbal: Das Sonder-Kriegsgericht tritt morgen um elf Uhr wieder zusammen. Führt den Angeklagten hinaus. Es ist immer noch genauso

kalt. Wird das morgen besser?
Pigafetta: Ich will tun, was ich kann.
Peters: Schließ jetzt die Verhandlung, Mateo.
Orbal: Richtig. Die Sitzung ist geschlossen.

Zweiter Tag

Brown: Anwesende Oberst Orbal, Major von Peters, Oberst Pigafetta, Kapitän zur See Kampenmann und Generaladvokat Tadeusz Haller.
Peters: Sie vergessen sich selbst.
Brown: Berichterstatter Leutnant Brown.
Orbal: Ich finde immer noch, hier drinnen ist es verdammt kalt.
Pigafetta: Das Heizöl ist bekanntlich rationiert. Außerdem funktioniert die Zentralheizung nicht richtig. Damit haben wir schon viel Ärger gehabt.
Orbal: Komisch.
Pigafetta: Die ist von einer technischen Einheit des Heeres eingebaut worden. Die kommen jede Woche her und versuchen sie zu reparieren.
Orbal: Schlimm, schlimm.
Peters: Hör doch jetzt damit auf, Mateo. Sie da, Herr Haller, es gibt da eine Frage, die Sie übersehen haben und die, wenn ich es richtig verstehe, zuallererst geklärt werden muß.
Haller: Was sollte das denn sein?
Peters: Wie konnte dieser Kerl überhaupt Soldat werden?
Pigafetta: Das ist zweifellos ein logischer Anfang.
Orbal: Ja, einverstanden.
Peters: Brown, rufen Sie den Auditor herein.
Peters: Das Kriegsgericht ist der Auffassung, daß wir den Fall vom richtigen Ende her aufrollen müssen, also mit der Frage: Wie konnte dieses Schwein Soldat und sogar militärischer Vorgesetzter werden?
Schmidt: Diese Frage wird im Bericht über die Voruntersuchung ausführlich behandelt.
Peters: Mein bester Schmidt, Sie glauben doch wohl im Ernst nicht, daß sich das Kriegsgericht daranmacht und diese ganze dicke Schwarte durchliest?
Haller: Im anderen Fall verstehe ich allerdings nicht, welchen Nutzen das Präsidium aus all den Akten und Vernehmungsprotokollen ziehen sollte.
Peters: Dies hier ist ein Militärgericht und kein Lesezirkel. Das, wozu wir nachher Stellung nehmen sollen, muß zwischen diesen vier Wänden gesagt werden, und es soll kurz und bündig und mit lauter, deutli-

cher Stimme gesagt werden. Ich beabsichtige jedenfalls nicht, meine Zeit damit zu verplempern, daß ich hier herumsitze und diesen ganzen Scheiß lese.

Haller: Bei allem Respekt für das Kriegsgericht ist es wohl nicht ganz angebracht, die Ergebnisse einer drei Jahre langen Untersuchung als Scheiß zu bezeichnen.

Orbal: Na, na ...

Haller: Ich wiederhole, daß der Staatschef auf peinliche Genauigkeit bei diesem Verfahren größten Wert legt. Wir dürfen vor keiner Wahrheit oder Tatsache zurückweichen. Wir dürfen auch nicht vergessen, daß Velder als Subjekt an sich betrachtet eine ungewöhnliche Erscheinung ist. Er ist die einzige noch lebende Person, die alle Stadien unserer nationalen Entwicklung von der Anarchie bis zum Musterstaat miterlebt hat. Er ist auch der einzige noch am Leben befindliche, der jedem der drei Männer, die seinerzeit «die drei Generale» genannt wurden, persönlich nahestand.

Peters: Ich hatte wirklich nicht erwartet, diesen widerwärtigen Ausdruck aus Ihrem Munde zu hören.

Haller: Ich bitte um Verzeihung.

Pigafetta: Der Vorschlag, das alles durchzulesen, sagt auch mir wirklich nicht zu.

Orbal: Nein, bloß das nicht!

Peters: Dann ist die Sache also klar. Übrigens, Schmidt, wir sind der Meinung, daß Sie den Fall etwas zackiger angehen sollten. Nachgiebigkeit diesem Schwein gegenüber werden wir nicht dulden. Ich habe gestern schon den Eindruck gehabt, daß Sie viel zu gutmütig sind.

Schmidt: Wirklich?

Peters: Ja. Aber nun wollen wir anfangen.

Orbal: Führen Sie den Angeklagten herein.

Peters: Warum ist Bratianu heute nicht hier?

Brown: Nach den Regeln des Kriegsgerichts braucht nur einer der Auditoren anwesend zu sein. Kapitänleutnant Schmidt entscheidet allein, ob und wann sein Stellvertreter dabei ist.

Peters: Ach so.

Schmidt: Ich möchte die Aufmerksamkeit des Präsidiums jetzt für den Teil der Anklagepunkte erbitten, der Velders verbrecherische Tätigkeit während der Zeit betrifft, als er noch Ober-Wachmann bei der Miliz war. Dies führt uns mehr als ein Dezennium zurück in die Zeit, als die Republik zu einer selbständigen nationalen Einheit gemacht wurde. Da die Herren Präsidiumsmitglieder beschlossen haben, alles Material mündlich vorgetragen zu bekommen, beantrage ich, daß der Berichterstatter die betreffenden Abschnitte aus dem Material der Voruntersuchung vorliest. Ich weise das Kriegsgericht darauf hin, daß ein Teil der Protokolle und der Berichte ziemlich umfangreich ist.

Peters: Das braucht ja gar nicht so ausführlich zu werden. Korporal Velder, warum sind Sie Soldat geworden?
Velder: Man muß dazu sagen ...
Peters: Stillgestanden, Mann! Hauptmann Endicott!
Endicott: Herr Major?
Peters: Sie sind für das Verhalten und das militärische Auftreten des Angeklagten verantwortlich. Dies hier ist ein Kriegsgericht und kein Kinderzimmer.
Endicott: Velder, ich mache Sie darauf aufmerksam, daß Sie, formell gesehen, immer noch Soldat sind und sich der Vorschrift entsprechend zu verhalten haben.
Peters: Ich habe also gefragt: Warum sind Sie Soldat geworden?
Orbal: Komisch.
Pigafetta: Was meinen Sie?
Orbal: Was denn? Na ja, daß der Soldat wurde.
Peters: Na, Velder, wollen Sie sich jetzt zu einer Antwort bequemen?
Velder: Ich kann sagen, daß das die Folge eines unglücklichen Zufalls war. Eigentlich habe ich mich nie für das Militär interessiert.
Pigafetta: Darauf brauchen Sie gar nicht erst hinzuweisen.
Velder: Damals waren es nur wenige, die sich freiwillig zur Miliz meldeten. Vielleicht habe ich geglaubt, es sei meine Pflicht. Ich gehörte ja zu denjenigen, die die physischen Voraussetzungen mitbrachten.
Peters: Bei der Haltung? Das kann ich mir kaum vorstellen. Sie sehen ja wie eine Vogelscheuche aus.
Endicott: Korporal Velder ist während der ... Unruhen verwundet worden. Außerdem hat er drei Jahre im Gefängnis verbracht.
Velder: Genauer gesagt: Vierzehn Monate Verhör in der Spezial-Abteilung der Militärpolizei und zwei Jahre in Untersuchungshaft. Die Verhöre ...
Peters: Wir sind hier kein geselliger Verein, Hauptmann Endicott! Sorgen Sie dafür, daß der Angeklagte lediglich die an ihn gestellten Fragen beantwortet.
Pigafetta: Ich bin nicht der Ansicht, daß die Frage vollständig beantwortet worden ist.
Haller: Darf ich einen Einwurf machen?
Orbal: Einwurf? Na, meinetwegen.
Haller: Major von Peters' Frage bezieht sich auf Ereignisse und Verhältnisse, die größte Bedeutung für die spätere Entwicklung hatten. Ich glaube, außer dem Angeklagten gibt es nur einen Mann in diesem Saal, der sich zu der fraglichen Zeit, das heißt zur Zeit der nationalen Befreiung, im Lande befand.
Kampenmann: Nämlich Sie selbst?
Haller: Sehr richtig. Dagegen war, soviel ich weiß, noch kein einziges Mitglied des Kriegsgerichts ins Land gekommen.

Orbal: Gott sei Dank!
Haller: In Übereinstimmung mit den grundsätzlichen Anweisungen für dieses Verfahren und im Hinblick auf das hauptsächliche Ziel der Verhandlung bin ich der Ansicht, daß eine Schilderung der Umstände und der sogenannten Philosophie – die selbstverständlich äußerst verabscheuungswürdig war –, deren Folge die nationale Befreiung ... Ja, also kurz gesagt, meiner Meinung nach ist eine solche Beschreibung zu empfehlen. Um nicht zu sagen, notwendig.
Schmidt: All diese Einzelheiten sind in den Anlagen zur Voruntersuchung zu finden. Im ersten Band, ab Seite 312.
Peters: Sie wollen doch wohl nicht vorschlagen, daß wir schon wieder zu lesen anfangen sollen?
Orbal: Nein, nein, wird nicht zugelassen.
Schmidt: So habe ich das auch nicht gemeint. Ich schlage dem Präsidium vor, daß der Berichterstatter die Abschnitte vorliest, die ich ihm nennen werde.
Orbal: Vorlesen? Ja, das ist keine schlechte Idee.
Schmidt: Zuerst möchte ich auf die Beilage V I/33 hinweisen. Dort findet sich die übersichtliche Zusammenfassung eines Berichts, die von der nationalhistorischen Abteilung des Generalstabs ausgearbeitet worden ist. Sowohl die Vorlage als auch diese Zusammenfassung ist als streng geheim eingestuft. Das gilt übrigens auch für die meisten anderen Akten und Protokolle, auf die ich mich im Laufe der Verhandlung beziehen werde. Haben Sie die Stelle gefunden, Leutnant Brown?
Peters: Brown, lesen Sie jetzt laut und deutlich vor.
Brown: Jawohl, Herr Major.
Peters: Einen Moment noch. Diese Verlesung schließt sich ja direkt an meine Frage danach an, welche Ursache die Aufnahme des Angeklagten in die Armee hatte, stimmt's?
Schmidt: Jawohl, Herr Major, meiner Meinung nach ist das richtig.
Peters: Dann sehe ich keinen Grund, warum der Angeklagte während der Verlesung nicht Grundstellung einnehmen sollte.
Orbal: Ja, stimmt. Stillgestanden, Velder!
Brown: Beilage V I/33 Betrifft: Die nationale Befreiung. Zusammenfassend aus Band sechs, ausgearbeitet von der nationalhistorischen Abteilung des Generalstabs. Geheimdokument laut § ...
Peters: Das haben wir doch schon gehört. Kommen Sie zur Sache.
Brown: ... Paragraph acht, elf und zweiundzwanzig. Die nationale Befreiung war eine historische Notwendigkeit, die jahrhundertelang durch systematischen Druck und Ausbeutung durch die damaligen Kolonialmächte hinausgezögert worden war. In einer Beschreibung aus der Zeit kurz vor der Befreiung wird die Insel als eine ruhige und idyllische, abgelegene Gegend beschrieben, vergessen und dünn besiedelt. Industrien und moderne Bauten fehlten ganz, und die wenigen Ort-

schaften, die es damals gab, konnten allenfalls als bessere Dörfer bezeichnet werden. Trotz eines besonders während der Sommermonate angenehmen Klimas war der Tourismus wenig entwickelt, vor allem, weil gute Autostraßen fehlten, die Nachrichtenverbindungen zum Mutterland schlecht waren und die örtlichen Behörden keinerlei Initiativen entwickelten. Die politische Mehrheit war gemäßigt links. Haupteinkommensquelle war die Landwirtschaft und in den Küstenorten die Fischerei. Das Ackerland, das mehr als 90 % der Inselfläche umfaßte, war in große Einheiten aufgeteilt. Diese waren gut mit Maschinen ausgestattet und brachten einen reichlichen Gewinn ein. Die Folge war eine starke Überproduktion an landwirtschaftlichen Erzeugnissen, welche mit Frachtschiffen zum Mutterland transportiert wurden. Es wurden kaum Anstrengungen gemacht, Industriebetriebe anzusiedeln, und der daraus folgende Mangel an Arbeitsplätzen führte zu einer umfassenden Emigration in das industrialisierte Land der Kolonialmacht oder – wie man damals zu sagen pflegte – in das Mutterland. Diese Emigration hatte einen ständigen Rückgang der Bevölkerungszahl zur Folge, so daß die Einwohnerzahl zur Zeit der nationalen Befreiung nur ein Fünftel dessen ausmachte, was man in bezug auf die Größe der Insel als angemessen bezeichnen konnte.
Die militärischen Anlagen, die sich auf der Insel befanden, bestanden aus einer Reihe von unbemannten Küstenbunkern sowie aus acht unterirdischen Betonkasematten, in denen Waffen, Munition und Ausrüstung für den Verteidigungsfall lagerten. Zum Schutz und zur Überwachung dieser Anlagen gab es eine kleinere Wachmannschaft, die hauptsächlich aus Wehrpflichtigen bestand, die auf der Insel beheimatet waren. Die öffentliche Ordnung wurde von kommunalen Polizeikräften aufrechterhalten. Diese Truppe war nur so groß, daß auf etwa 600 Einwohner ein Polizist kam, ihre personelle und materielle Stärke also stark begrenzt. So war die Situation, als die Aktionen begannen, die schließlich zur Autonomie des Landes führten.
In der großen Sammlungsbewegung, die sich die nationale Befreiung zum Ziel gesetzt hatte, vereinigten sich Personen aller politischen Richtungen. Daß längst nicht alle von ihnen, nicht einmal in der Führung, ausreichende moralische und psychische Qualitäten besaßen, um der übernommenen Verantwortung gerecht zu werden, zeigte sich bald. Die Pläne für die Machtübernahme wurden mit größter Sorgfalt ausgearbeitet, und während der letzten zwei Jahre vor dem Umsturz waren sie, soweit man das feststellen konnte, immer weiter verbessert worden. In der Führung dieser Bewegung, die sich den Decknamen DAS PROJEKT gegeben hatte, saßen sowohl überragende Persönlichkeiten mit hervorragender moralischer Einstellung als auch Leute, die für eine nationale Führerschaft weniger geeignet waren. All diese Herren hatten für ihre Arbeit zwei wichtige Beweggründe: den Willen, das Joch der

Fremdherrschaft abzuwerfen und der Insel die nationale Selbständigkeit zu geben, und die Verachtung und den Abscheu gegenüber den Verhältnissen im Mutterland. Aus diesen Gründen suchten sie die gegenseitige Unterstützung, ein Verhalten, das bestimmte Historiker als schwer zu erklären beschrieben. Durch geschickte und sorgfältige Vorbereitungen, sowohl auf diplomatischer Ebene als auch in finanzieller Hinsicht, konnte der Befreiungsausschuß, zu dem außer Paul Oswald und Tadeusz Haller auch die berüchtigten ruhmsüchtigen Landesverräter Joakim Ludolf und Janos Edner sowie eine Frau mit Namen Aranca Peterson gehörten, ohne Mißtrauen zu wecken, in kurzer Zeit psychologisch und finanziell günstige Ausgangsbedingungen schaffen.
Die militärischen Voraussetzungen waren dagegen sehr viel weniger zufriedenstellend – die Mehrheit der Mitglieder des Ausschusses ignorierte verteidigungstechnische Fragen völlig –, und es waren die geniale Organisationsgabe und der taktische Scharfsinn eines Generals Oswald erforderlich, um die Revolution zum Sieg zu führen. Die Mehrheit des Befreiungsausschusses hatte sich nämlich dagegen ausgesprochen, eine reguläre Streitmacht aufzubauen, die zweifellos die einzig denkbare Garantie dafür gewesen wäre, daß die Befreiung nicht noch in letzter Minute verhindert werden würde. In dieser Situation hatte General Oswald nur eine einzige Möglichkeit, und das war ein Kompromiß. Er baute die nationale Miliz auf und machte mit den Mitteln, die zur Verfügung standen, einen Kampfverband daraus.
Der ökonomische Teil der Vorbereitungen wurde ganz anders angefaßt. Auf diplomatischen Schleichwegen, unter anderem durch geheime Verträge mit mehreren der Länder, die ideologisch gesehen zu den schlimmsten Feinden der Nation gerechnet werden mußten, und durch Abkommen mit kapitalstarken privaten Interessen gelang es, Milliardenbeträge aufzutreiben und zu sichern. Bereits anderthalb Jahre vor der Befreiung hatte man durch Aufkauf mit Hilfe von Strohmännern über 80 % des Besitzes auf der Insel und beinahe zwei Drittel des Ackerlandes in der Hand des sogenannten Projektes vereinigt. Auf diese Weise konnte man bereits lange vorher die verschiedensten mutmaßlichen Feinde neutralisieren, zum Beispiel auf dem Lande ansässige Menschen, von denen man annehmen konnte, daß sie gegen die Idee der Befreiung opponieren und ihre Durchführung sabotieren oder in einer kritischen militärischen Phase die Ruhe und innere Ordnung stören könnten. Auch diese humane Art und Weise, eine unblutige nationale Konsolidierung zu erreichen, ist dem umsichtigen, vorausplanenden Genie von General Oswald zu verdanken.
Leider wurden seine Ideen beinahe sofort hintertrieben. Nach der Machtübernahme zeigte es sich, daß die Mehrheit der Ausschußmitglieder durchaus nicht aus ideellen oder nationalen Motiven heraus gehandelt hatte, sondern aus privatem Profitdenken, und daher durch

verwerflichste Gedanken, basierend auf Unmoral, Gottlosigkeit und Anarchismus, verwirrt und vergiftet war. Diese naiven und gefährlichen Überlegungen führten dann schnell zu tragischen nationalen Komplikationen, die nur schwer aus der Welt geschafft werden konnten. Diese Schwierigkeiten fanden schon früh ihren grotesken Niederschlag in einer verrückten Doktrin, die den Unterlagen zufolge mehrere Jahre vor der Befreiung von Janos Edner und Aranca Peterson ausgearbeitet worden war. Das war die sogenannte Methode, eine zynische und gegen alle menschlichen Werte gerichtete Erscheinung, die nicht nur ihre Schöpfer, sondern auch die gesamte Nation auf den Weg der Selbsterniedrigung und des Untergangs führte. Ich komme jetzt zu ...
Peters: Wollen Sie uns etwa den ganzen Schinken da vorlesen, Brown?
Orbal: Bücher sind furchtbar langweilig. Die werden nicht besser davon, daß jemand darin liest.
Schmidt: Ich möchte das Präsidium jetzt auf die Beilage V I/42 und V I/42xx, Seite 386 im ersten Band hinweisen.
Orbal: Muß das jetzt sein?
Schmidt: Ich bin aufgefordert worden, die Frage zu klären, wie es möglich war, daß der Angeklagte Soldat wurde, und die näheren Umstände bei der Bildung der Miliz zu schildern. Meiner Meinung nach hat das von mir hinzugezogene Material aus der Voruntersuchung ausschlaggebende Bedeutung für diesen Aspekt, also gerade die Frage der Rekrutierung.
Peters: Herr Haller hier war doch selbst mit dabei. Wäre es nicht einfacher, wenn er erzählen würde? Lassen wir ihn doch einfach aussagen.
Schmidt: Herr Generaladvokat, möchten Sie jetzt oder später als Zeuge aussagen?
Haller: Ich ziehe es vor, meine Kommentare und Zeugenaussagen zu diesen Fragen zu einem späteren Zeitpunkt der Verhandlung vorzutragen.
Schmidt: Das Beweisstück, das ich jetzt aufrufe, ist von besonderer Art. Es handelt sich um ein aufgefundenes und beschlagnahmtes Teilstück der Momoiren von Janos Edner, die er offenbar nie vollendet hat. Das Fragment besteht aus zwei Teilen, dessen erster eine kurze Schilderung umfaßt, die scheinbar so etwas wie ein literarischer Versuch sein soll. Es schildert die Stimmung, in der sich Janos Edner genau eine Woche vor der nationalen Befreiung befand. Offenbar handelt es sich um eine Rekonstruktion, die viele Jahre später irgendwo im Ausland geschrieben worden ist. Der zweite Teil des Beweisstückes besteht aus einigen Blättern eines Notizbuches. Ursprünglich war der Text verschlüsselt, und es herrscht kein Zweifel darüber, daß er vor der Befreiung geschrieben worden ist, also vor mehr als zehn Jahren. Vermutlich handelt es sich um einen Auszug aus einer Art Tagebuch. Als das Dokument gefunden wurde, war es mit einer Heftklammer an den maschinegeschriebenen

Blättern befestigt, die die Originale zum ersten Beweisstück waren. Es kann davon ausgegangen werden, daß Edner diese Aufzeichnungen als Gedankenstütze und Quellenmaterial beim Schreiben seiner Memoiren benutzt hat.

Orbal: Herrgott noch mal, wie umständlich!

Schmidt: Es ist ausreichend gesichert, daß Janos Edner dies hier eigenhändig geschrieben hat. Die Entschlüsselung erfolgte durch die Spezialabteilung des Generalstabs. Die Originaldokumente werden seit etwa einem Jahr im Archiv der Geheimpolizei aufbewahrt. Sie sind streng geheim.

Peters: Lesen Sie nun laut und deutlich vor, Brown. Mit gleichbleibender Stimme, so, als ob Sie Dienst auf dem Kasernenhof machen würden, aber bitte etwas langsamer.

Brown: Beilagen V I/42 und V I/42xx. Betrifft: Die nationale Befreiung. Beschlagnahmte Dokumentation, geschrieben von Landesverräter Janos Edner. Streng geheim laut §§ 8, 9, 11 und 14 bis 22. Der Text lautet: Das Flugzeug ist eine Iljuschin 18 Turbo der ČSA. Es fliegt in einer Höhe von 4000 Metern; die Luft in der Kabine ist trocken, und es riecht nach Stoffen und Leder. Du sitzt vornübergebeugt mit der braunen Aktentasche auf den Knien und hast den rechten Arm darüber gelegt, damit man die Kette, die das Handgelenk mit dem Griff verbindet, nicht sieht. Du wendest den Kopf nach links und blickst die Frau auf dem Sitz neben dir an. Sie trägt das Haar kurz und hat ein rotes Kostüm mit blauen Revers an. Sie sitzt leicht zusammengesunken da, hat den rechten Ellbogen auf die schaumgummigepolsterte Lehne gestützt und den Kopf in die Hand. Auf ihren Knien liegt ein aufgeschlagenes Notizbuch und ein Blatt mit hektographierten Tabellen, und sie raucht beim Lesen. Wenn sie einen Tabakkrümel mit dem kleinen Finger von den Lippen wischt, siehst du, daß ihre Nägel kurz abgekaut sind und daß sie kein Make-up aufgetragen hat. Dagegen sieht man einen dünnen flaumigen Schatten auf ihrer Oberlippe, und du denkst daran, daß die meisten Frauen so etwas mit einem Rasierapparat oder mit Elektrolyse in Ordnung bringen. Sie hat nichts Ungewöhnliches an sich. Sie würde im Getümmel jeder beliebigen europäischen Einkaufsstraße nicht auffallen, und wenn sie einige Meter weiter entfernt gesessen hätte, wäre sie dir nicht aufgefallen. Aber obwohl du sie noch nie vorher getroffen hast und dir noch nicht mal ihren Namen gemerkt hast, kennst du sie und weißt, daß sie da nicht sitzen würde, wenn sie nicht Fähigkeiten hätte, die du verstehst und schätzt. Sie ist eine von jenen 2500 Menschen, von denen alles abhängt, jetzt, später und vor allen Dingen in einer Woche. Wenn sie den Kopf dreht und dich mit hellen, graublauen Augen ansieht, weißt du, daß du recht hast. Sie lächelt, leicht und beruhigend.

Du blickst auf die Uhr, drehst dich zur anderen Seite, lehnst die Stirn an

die Scheibe und starrst nach unten. Du willst diese Gelegenheit, die die letzte sein soll, nicht verpassen.
Die Insel liegt unter dir. Obwohl es spät im Jahr ist, ist die Luft rein und klar, und du siehst alles sehr deutlich, wie auf einer großen Landkarte. Sie ist 140 km lang und 50 km breit, und du fliegst gerade darüber hinweg, von Westen nach Osten.
Du siehst ihre Steilküsten mit den langen Sandstränden davor, wie ein Besatz oder eine aufgebaute Grenzlinie zwischen Meer und Land. Und du siehst die Muster der Felder und einzelne Bauernhöfe und kleine weiße Kirchen.
Du siehst das alles und gleichzeitig alles, was niemand anders sehen kann. Die Städte, Hotels, Flugplätze, das hellgraue Band der Betonwände und die drei Häfen mit den weißen Tragflügelbooten. Und zum erstenmal spürst du es: All das ist mein! Dies ist mein Land! Das Vibrieren des Flugzeugs überträgt sich von der Glasscheibe auf die Stirn und –
– – Dieser Teil des Beweisstücks endet mitten im Satz.
Peters: Komischer Kerl, der zu sich selbst redet.
Brown: Ich komme jetzt zum zweiten Teil, der das Aktenzeichen V I/42xx hat. Der Text lautet:
Wir einigen uns auf folgendes: Die Macht zu übernehmen ist sinnlos, wenn der einzige Grund, die Macht zu ergreifen, die Ergreifung der Macht ist. Es ist eben sinnlos, die Macht zu ergreifen im Glauben, man könne einen Idealstaat schaffen. Nach dem Wort ‹Idealstaat› steht ein Fragezeichen in Klammern. Und das mit Hilfe der jetzt existierenden sogenannten politischen Systeme, denn die gehen im wesentlichen alle auf den gleichen Typ des Gemeinwesens zurück. Alle Staatsgebilde haben die gleiche fundamentale Struktur, und keine kann als zufriedenstellend angesehen werden. Wenn wir uns in unserer Einfalt mit Vergleichen und Wertungen befassen, sind wir auf eine Aufstellung angewiesen, die nur aus Bezeichnungen für verschiedene Abstufungen des Scheiterns besteht. Demzufolge: Es ist auch sinnlos, die Macht zu ergreifen und irgendein neukonstruiertes System einzuführen oder eine vorher unbekannte oder verfälschte Ideologie anzuwenden, denn solange die Gesellschaftsstrukturen, also die Bedingungen für den einzelnen, nicht gleichzeitig radikal verändert werden, ist das Resultat mehr oder weniger das gleiche wie früher, gegen das man sich so heftig aufgelehnt hat. Wenn wir die Insel übernehmen – niemand von uns zweifelt daran, daß wir das können und durchführen werden – und wenn es uns gelingt, das Gemeinwesen, das wir haben wollen, aufzubauen, so kann dieser Erfolg trotzdem nicht Grundlage zukunftsweisender Auseinandersetzung sein. Wir wissen nämlich dann ebensoviel wie vorher: daß es in diesem Fall durchführbar war, und zwar richtig, für uns und hier und zum richtigen Zeitpunkt. Also: Eine Handvoll Menschen schaffen für sich selbst und für eine relativ kleine Anzahl Gleichgesinn-

ter ein Gemeinwesen, und zwar nach einer einfachen Methode, die gerade in diesem Fall den Vorteil hat, unfehlbar zu sein. Das Projekt ist völlig von der Methode abhängig, und die Methode ist ohne das Projekt wertlos. Das Projekt stützt sich einerseits auf den totalen inneren Zusammenhalt und gegenseitiges Verstehen, andererseits selbstverständlich auf ebenso starken Zynismus und Egoismus in allen äußerlichen Fragen des Zusammenlebens. Als auch – und das ist das wichtigste – auf radikale Vereinfachungen der üblichen, aber niemals genauer durchleuchteten Regeln für das Zusammenleben und die Struktur des Gemeinwesens. Wir haben – zum ersten – das Objekt, das heißt die Insel. Wir verfügen zwar noch nicht darüber, aber wir wissen, auf welche Weise sie übernommen werden kann und übernommen werden wird. Dagegen wendet O. erstaunlicherweise plötzlich ein, daß man auf dem Festland ein Heer von 300000 Mann mobilisieren kann, dazu Kampfflugzeuge und Schiffe. Wie viele? Er hat die Zahl genannt, aber ich habe sie gleich wieder vergessen. Wir haben eine Weile darüber gesprochen. Uninteressant.

Wir haben dagegen noch nicht das menschliche Startkapital vervollständigt. Wir sind immer noch gemeinsam der Ansicht, daß 2500 die unterste Grenze ist. A. und ich haben vor einigen Tagen noch einmal die Methode diskutiert – trotz ihres Optimismus kommt sie weiterhin mit immer neuen Einwänden. Gut. Es stimmt natürlich, sagte A., daß wir mit unseren internationalen Kontakten leicht ein Netz aus 2500 Personen knüpfen können, die sich zwar untereinander nicht kennen, die aber im Prinzip ähnlich sind, untereinander und wie wir. Die werden zu einem bestimmten Zeitpunkt an einen vorbestimmten Platz transportiert, ohne daß sie vorher wissen, wohin und warum, und da haben wir dann also unser menschliches Startkapital. Ansonsten, sagte A. weiter, können wir ebensogut die Kettenreaktion sich fortsetzen lassen und dadurch schnellstens 25000 oder 250000 mobilisieren. A. sagte: Warum nicht, eine handverlesene Elite, die weniger Menschen als ein Viertel Promille der Weltbevölkerung umfaßt.

Wo hat sie das Wort ‹Elite› her? A's Haupteinwand ist doch immer noch der gleiche: Können wir uns denn aufeinander verlassen? Antwort: Natürlich, vor allem, weil wir darauf jahrelang so großen Wert gelegt haben und wissen, daß es darauf ankommt, daß man sich in einigen wenigen grundsätzlichen Punkten einig ist. Wenn wir erst einmal losgelegt haben, führen die Fortschritte und der gegenseitige Respekt dazu, daß der Rest sich von selbst regelt.

A: Sicher, heute können wir uns aufeinander verlassen, aber wie sieht das in einigen Jahren aus? Weiß ich selbst, ob ich dann noch die gleiche bin; die Zellen erneuern sich alle sieben Jahre, kann denn dann nicht auch der Charakter ein ganz anderer werden? Antwort: dummes Gerede, und außerdem spielt das keine Rolle, siehe oben.

A: L. trinkt noch mehr als früher, aber das macht nichts. Antwort: Beides richtig beobachtet. Soweit zu A.
Wiederum mit H. und O. die an sich bedeutungslose Frage diskutiert, ob und warum wir mehr Verachtung und größeren Ekel für dieses einfältige Land, in dem wir uns aufhalten, empfinden, als für einen katholisch-faschistischen Feudalstaat oder einfach eine Militärdiktatur, um nicht von einer Bolschewikenherrschaft zu sprechen, wie Stalin sie in den dreißiger Jahren errichtete. Die Antworten sind immer die gleichen, aber zum Glück sagen wir nun die statt wir: Die sind dabei, im Wohlstand und an der galoppierenden Demokratie zu ersticken. Die haben für alles Verständnis, nur nicht für die Tatsache, daß menschliche Wesen nicht unbedingt gehegt und gepflegt werden müssen, als ob sie Porreesetzlinge wären. Die behaupten ständig und bei jeder Gelegenheit, daß sie die besten sind und es allen dort bestens geht, obwohl alle wissen, daß alle es unwahrscheinlich langweilig finden, sogar buchstäblich tödlich und mörderisch langweilig. Müde wegen ihrer eigenen Einfältigkeit und der Sinnlosigkeit ihres Daseins, prahlen sie sich ihres Wohlstandes und ihrer Ordnung wegen in den Schlaf. In ihren Alpträumen prahlen sie damit, daß sie den Krieg schon vor über 200 Jahren abgeschafft haben, und gleich darauf prahlen sie schnarchend mit ihren starken und außerordentlich teuren Streitkräften, der Elitetruppe, den Kriegsschiffen und den Panzern, die natürlich auch die besten auf der Welt sind, und von den Soldaten gar nicht erst zu reden. Dann wachen sie mit einem Rülpser auf, liegen da mit Selbstmordgedanken in ihrer Welt des Faulheitssozialismus, auf selbstgebastelten Nagelbrettern aus sinnlosen Gesetzen und überflüssigen Regeln und bemitleiden den Rest der Welt, der nicht die Früchte des gleichen reichen Lebens genießen kann. So ein Staat kann von jedem Beliebigen hinters Licht geführt und überrumpelt werden. Das wird eine Freude sein!
H. hat wieder die Frage der Miliz und ihrer Bewaffnung zur Sprache gebracht. Der Gedanke daran ist abstoßend und widerlich. Ich will mich nicht damit befassen. Aber ich sehe ein, daß er recht hat. A. tut das auch.
L. und O. sprechen selten darüber. Wer soll sich darum kümmern? Wer *kann* das? A. schlug eine Art Wachdienst für alle vor, das würde für jeden nur einen Tag im Monat bedeuten. Eine neue Art Reservedienst. Etwas für die Zukunft?
Brown: Hier enden die Aufzeichnungen.
Orbal: Was um Gottes willen soll denn das vorstellen? Ich habe überhaupt nichts begriffen.
Peters: Eine Sache will ich genauer wissen. Was bedeuten die eigenartigen Buchstaben vor jedem Abschnitt?
Schmidt: Das ist leicht zu erklären. V I/42xx heißt zum Beispiel Velder Untersuchung / erster Band / 42. Abschnitt / 2. Zusatz.

Peters: Leicht zu erklären? Wollen Sie mir etwa zu verstehen geben, daß ich eine so einfache Sache von allein begreifen müßte?
Schmidt: Ganz sicher nicht. Ich bitte um Verzeihung, wenn ich mich unvorsichtig ausdgedrückt habe.
Endicott: Soll der Angeklagte weiter Grundstellung einnehmen?
Orbal: Was? Ja, natürlich! Wir werden uns übrigens gleich vertagen.
Peters: Na, Kampenmann, werden Sie jetzt munter? Sie scheinen diese literarischen Dinge ebenso zu mögen wie ich selbst. Ich wette, Sie haben nur wenige Worte gehört, als Brown hier seine Vorleseübung absolviert hat.
Kampenmann: Doch, ich habe wirklich zugehört. Aber eigentlich war es meinetwegen gar nicht erforderlich. Ich habe nämlich das Exemplar des Berichts über die Voruntersuchung durchgelesen.
Peters: Alles?
Kampenmann: Ja.
Peters: Das sagt einiges über den Dienst bei der Marine aus. Muß unglaublich anstrengend gewesen sein.
Orbal: Ich denke da über etwas nach ...
Peters: Kapitänleutnant Schmidt, Sie gehören doch auch zur Marine, stimmt's?
Schmidt: Jawohl, aber im Augenblick bin ich zur juristischen Abteilung des Generalstabs abkommandiert.
Peters: Warum tragen Sie keine Uniform?
Schmidt: Darüber steht nichts in der Dienstvorschrift.
Peters: Kann sein. Wir würden es trotzdem begrüßen.
Orbal: Ach, da war eine Sache, die mich interessiert hat. Die Frau mit dem Schnurrbart, von der zu Beginn die Rede war. Wer war das? Weiß man das?
Schmidt: Ja, sie wurde identifiziert. Sie hieß Rodriguez und war Janos Edners Sekretärin und engste persönliche Mitarbeiterin. Man weiß übrigens fast alles über die Reise, auf die das Fragment anspielt. Sie wurde auf den Tag genau eine Woche vor der nationalen Befreiung übernommen. Janos Edner war auf dem Weg nach Prag, um die Ratifizierung eines heimlichen Vertrages, in dem es um Waffenlieferungen für die Miliz ging, zu beschleunigen.
Orbal: Hatte sie wirklich einen Schnurrbart?
Schmidt: Ich weiß es nicht, aber ich kann die Sache untersuchen. In den entschlüsselten Tagebuchaufzeichnungen steht mit an Gewißheit grenzender Wahrscheinlichkeit ein L für Joakim Ludolf, A für Aranca Peterson und H für den hier anwesenden Generaladvokaten Tadeusz Haller. Mit O scheint General Oswald gemeint zu sein.
Endicott: Entschuldige ... aber, Brown, willst du hier mal eben mit anfassen ...
Orbal: Was ist denn los? Ist er gestorben? Das darf nicht passieren!
Endicott: Bewußtlos. Er ist in Ohnmacht gefallen, wahrscheinlich, weil

das lange Stillstehen zu anstrengend für ihn war. Ist wohl das beste, wenn die Wachen hereingerufen werden.
Peters: Die Beteiligten können den Saal verlassen. Sie bleiben hier, Leutnant Brown, aber sehen Sie zu, daß die Männer mit der Bahre vorher verschwinden. Das Sonder-Kriegsgericht berät jetzt unter sich.
Orbal: Was für ein Tag!
Peters: Ja, und wir sind keinen Schritt weitergekommen. Diese Verhandlung wird Monate in Anspruch nehmen. Ich bin übrigens unzufrieden, sehr unzufrieden, mit Schmidt und seiner Art und Weise, wie er sein Auditoramt ausfüllt. Viel zu gutmütig, verdammt noch mal.
Pigafetta: In diesem Punkt stimme ich mit Ihnen überein.
Peters: Wir müssen versuchen, etwas dagegen zu unternehmen. Es hat doch wohl nicht am Verhör gelegen, daß dieses Schwein umgekippt ist ... wenn er überhaupt in Ohnmacht gefallen ist.
Kampenmann: Ich bitte um Verzeihung, wenn ich die Methode ganz offen zur Diskussion stelle. Aber hat es denn wirklich irgendeinen Sinn, den Angeklagten so lange im Stillgestanden verharren zu lassen?
Orbal: Die Grundstellung hat, verflucht noch mal, bisher niemandem geschadet. Ganz im Gegenteil: sie stärkt die körperliche Haltung.
Kampenmann: Wenn man an die körperliche Verfassung des Mannes denkt ...
Peters: Gibt es in der Marine keine Simulanten?
Kampenmann: Das hört sich wie ein alter Witz an. Klar, auch in der Marine gibt es Simulanten. Aber die simulieren jedenfalls nicht, daß sie ein Auge verloren haben, daß eine Kniescheibe gebrochen ist und alle Finger der rechten Hand amputiert wurden.
Orbal: Klar, ja. Der Mann wurde ja verwundet.
Kampenmann: Ja, am Hals. Deswegen kann er den Kopf so schwer aufrecht halten. Das übrige ist jüngeren Datums.
Pigafetta: Nun werden Sie mal nicht weichherzig, Kampenmann.
Kampenmann: Das bin ich gar nicht. Ich weise nur auf einige Tatsachen hin.
Peters: Darf ich eine Frage stellen? Woher wissen Sie das alles?
Kampenmann: Ich habe, wie gesagt, den Bericht über die Voruntersuchung gelesen.
Orbal: Jetzt wird es wirklich langweilig. Hat außer mir noch jemand Lust, sich eine Weile die Beine zu vertreten? Wo ist das Formular, Carl? Fein. Das Sonder-Kriegsgericht vertagt sich hiermit bis Montag, elf Uhr. Vielen Dank, meine Herren.

Dritter Tag

Brown: Anwesend Oberst Orbal, Major von Peters, Oberst Pigafetta, Kapitän zur See Kampenmann. Als Berichterstatter Leutnant Brown.
Orbal: Ist Haller nicht hier?
Brown: Der Generaladvokat läßt sich entschuldigen. Er muß an einer Sitzung der Regierung teilnehmen.
Orbal: Sie haben die Zentralheizung schließlich offenbar doch in Gang gekriegt.
Pigafetta: Mir scheint, das liegt eher am Wetter als an der Heizung. Heute ist es draußend bedeutend wärmer.
Orbal: Beginnt Frühling zu werden.
Kampenmann: Kommt Ihnen nicht auch Hallers Auftreten am Sonnabend etwas eigenartig vor? Warum will er erst zu einem späteren Zeitpunkt als Zeuge auftreten?
Orbal: Was fragen Sie mich? Woher soll ich denn das wissen?
Peters: Wer ist heute Auditor?
Brown: Kapitänleutnant Schmidt.
Peters: Allein?
Brown: Ja.
Peters: Ich habe langsam keine Lust mehr, Ihnen das immer wieder sagen zu müssen, Brown, aber es heißt nun mal «Jawohl, Herr Major!». Hat Schmidt seine Uniform an?
Brown: Jawohl, Herr Major.
Peters: Immerhin etwas.
Orbal: Dann können wir ja anfangen. Rufen Sie die Beteiligten herein.
Schmidt: Bei der Sitzung am Sonnabend haben wir Fragen behandelt, die die Verhältnisse vor der nationalen Befreiung betrafen. Ist das Präsidium der Ansicht, daß dieser Teil der Angelegenheit weiterer Erörterungen bedarf?
Orbal: Nein, nein!
Schmidt: Dann kommen wir zur Frage des Zeitpunktes, zu dem die Miliz vor der nationalen Befreiung gebildet wurde. Dieser Zeitpunkt hat, darauf brauche ich wahrscheinlich gar nicht gesondert hinzuweisen, entscheidende juristische Bedeutung, denn das Sonder-Kriegsgericht hat nicht das Recht, ein Urteil zu fällen über Dinge, die vorher stattgefunden haben.
Peters: Sie brauchen nicht auf alles mögliche hinzuweisen. Es ist wirklich besser, wenn Sie sich auf die Punkte der Anklage konzentrieren.
Orbal: Ja. Dann kommen wir wenigstens voran.
Schmidt: Ich werde sogleich auf die Anklage zurückkommen. Vorher möchte ich aber noch eine Formalität abhaken. Ich möchte hier festgestellt wissen, daß die Miliz als militärische Einheit anzusehen ist von

dem Augenblick an, in dem der selbständige Staat proklamiert worden ist, und daß Velder demzufolge von diesem Zeitpunkt an, also ab 5 Uhr 30 am Unabhängigkeitstag, unter das Kriegsrecht fällt.

Peters: Das ist doch ganz selbstverständlich. Kommen Sie zur Sache.

Schmidt: Der erste Abschnitt der Anklage umfaßt zeitmäßig die ersten dreizehn Monate von Velders Dienst in der Miliz. Während dieser Zeit hat er sich in 32 Fällen eines Verbrechens schuldig gemacht. Sie alle fallen unter das Militärstrafrecht und müssen um so ernster genommen werden, wenn man bedenkt, wie gespannt und kritisch die Lage während des ersten Jahres der neuen Nation war, und daß die Situation mit einem militärischen Ausnahmezustand gleichzusetzen war. In sämtlichen dieser 32 Fälle ist der Beweis hauptsächlich durch Velders eigenes Geständnis erbracht. Um unnötigen Zeitverlust zu vermeiden, beabsichtige ich, den Angeklagten nicht zu jedem einzelnen Fall zu vernehmen.

Peters: Warum nicht?

Schmidt: Vor allem, weil die Verhandlung dann vermutlich Jahre in Anspruch nehmen würde.

Pigafetta: Das wäre tatsächlich unangebracht.

Schmidt: Es gibt auch noch andere praktische Gründe. Die Voruntersuchung hat nicht umsonst drei Jahre in Anspruch genommen. In jedem dieser 32 Fälle hat Velder sich schuldig erklärt und ausführliche Aussagen gemacht. Die sind von ihm selbst beeidet, vom Vernehmungsleiter der juristischen Abteilung des Generalstabs bezeugt und von erfahrenen Psychologen überprüft worden. Die Vollständigkeit und Richtigkeit dieser Geständnisse sind über alle Zweifel erhaben.

Kampenmann: Ich erinnere mich, daß der Angeklagte sich nach der ersten Verlesung der Anklage für nicht schuldig erklärte.

Schmidt: Das betraf nicht diesen Teil des Verfahrens. Von den einzelnen Verbrechen in dieser Serie sind viele gleichartig. Es handelt sich um unterschiedliche Arten von Gehorsamsverweigerungen und gröberen Dienstvergehen. Ich übergebe hiermit dem Präsidium des Kriegsgerichts das Material mit der Empfehlung, dem Angeklagten die Möglichkeit zu geben, diese Verbrechen sozusagen in einem Aufwasch zuzugeben.

Orbal: Jaha, ich verstehe. Erklären Sie sich dieser 32 Verbrechen für schuldig?

Velder: Jawohl, Herr Oberst.

Orbal: Dann ist die Sache also klar.

Peters: Einen Moment mal, das ist kein kleines Sündenregister, Velder!

Velder: Jawohl, Herr Major.

Peters: Daß Sie am Sonnabend einen Ohnmachtsanfall simuliert haben, befreit Sie nicht von der Pflicht, die einfachsten Regeln der Disziplin zu befolgen. Nehmen Sie Grundstellung ein!

Velder: Jawohl, Herr Major.
Peters: Sie haben sich also in sieben Fällen der Fahnenflucht schuldig gemacht, indem Sie ganz einfach nicht zum festgesetzten Zeitpunkt zum Dienst erschienen sind. In den meisten Fällen geben Sie unterschiedliche persönliche Gründe als Entschuldigung an.
Velder: Jawohl, Herr Major.
Peters: Viermal waren Sie im Dienst so betrunken, daß Ihre Kameraden gezwungen waren, Sie einzuschließen, damit Sie sich nicht selbst verletzen konnten, steht hier.
Velder: Jawohl, Herr Major.
Peters: Sie haben auf Wache geschlafen, mehrere Male offensichtlich, und haben sich während des Wachdienstes hingesetzt und geangelt. Elfmal haben Sie, wie Sie sich mit Sicherheit erinnern können, während eines Bewachungsauftrages Frauen mit auf militärisches Gelände genommen und ...
Velder: Nur eine, Herr Major. Ich meine, es war jedesmal die gleiche Frau.
Peters: Unterbrechen Sie mich nicht, Menschenskind! Sind Sie verrückt? Und haben mit ihnen intim verkehrt, in Wachlokalen, in Munitionskammern und sonstwo. Bei einer dieser Gelegenheiten wurden Sie von Ihrem Gruppenführer überrascht. Da hatten Sie sich ausgezogen und Ihre und die Kleidungsstücke der Frau zusammen mit den Waffen und der Kartentasche auf dem Postenplatz liegenlassen, während Sie dreihundert Meter davon entfernt am Strand mit der Frau Geschlechtsverkehr trieben.
Orbal: Das habe ich nicht gelesen. Her mit den Papieren!
Peters: Sie scheinen sich in diesem Fall damit entschuldigt zu haben, daß es eine warme Nacht war und Sie Lust zum Baden bekommen hatten.
Velder: Jawohl, Herr Major, das stimmt.
Peters: Wir haben eine, wenn auch etwas wirre Antwort darauf bekommen, warum Velder Soldat wurde. Aber kann mir jemand erklären, warum dieser Mann nicht schon damals vors Standgericht gekommen ist? Oder zumindest rausgeflogen ist?
Schmidt: Um diesen Punkt näher zu beleuchten und einige dazugehörige Fragen zu klären, bitte ich um Erlaubnis, einen Zeugen hereinrufen zu lassen.
Peters: Wen denn?
Schmidt: Einen Mann namens Roth, der damals während der ersten dreizehn Monate nach der Befreiung bei der Miliz der Vorgesetzte des Angeklagten war.
Peters: Laß den Zeugen hereinrufen, Mateo.
Orbal: Was? Was denn? Was ist denn los?
Pigafetta: Ein Zeuge soll hereingerufen werden.
Orbal: Natürlich. Rufen Sie ihn herein.

Brown: Herr Roth, Sie sollen jetzt den Zeugeneid ablegen. Schwören Sie bei Gott und der Heiligen Schrift, strikt die Wahrheit zu sagen?
Roth: Ich schwöre.
Brown: Ich erinnere Sie daran, daß dies ein Kriegsgericht ist und ein Meineid schwerste Strafe nach sich zieht.
Roth: Guten Tag, Velder. Ist lange her, nicht? Ich erkenne dich ja kaum wieder.
Peters: Keine Verbrüderung mit dem Angeklagten, bitte ich mir aus!
Schmidt: Sie stehen nicht mehr in militärischen Diensten, stimmt's?
Roth: Nein. Ich bin nach dreizehn Monaten aus der Miliz ausgeschieden, als die Gefahr vorbei war, sozusagen. Bin wieder Landwirt geworden, genau wie vorher. Ich hatte hier in der Nähe einen Hof, zwanzig Kilometer westlich von Oswaldsburg, und den habe ich immer noch. Schöner großer Hof. Jetzt habe ich allerdings fast nur noch die Armeelieferungen.
Peters: Stimmt was nicht bei den Armeelieferungen?
Roth: Na ja, stimmt und stimmt ... so wie die Zeiten jetzt sind, soll man ja nicht klagen.
Schmidt: Wie kam es dazu, daß Sie Gruppenchef bei der Miliz wurden?
Roth: Gruppen-Vormann hieß das damals. Wie das kam? Na ja, jemand mußte diese Arbeit doch machen. Ich war ein guter Jäger und sicherer Schütze, und das reichte.
Schmidt: Können Sie mit eigenen Worten über die Gründung der Miliz und die besonderen Verhältnisse in diesem Korps berichten?
Kampenmann: Besonders im Hinblick auf Ihr Verhältnis zu Velder.
Roth: Die Miliz wurde ja mehr oder minder ... tja, vielleicht nicht gerade im Handumdrehen, aber doch ziemlich hastig und kurzfristig aufgestellt. Die ganze Idee von der Befreiung und all das wurde ja als pazifistisch und ... Sie müssen entschuldigen ... antimilitaristisch bezeichnet. Wir hatten nur wenigen Waffen und keine ausgebildeten Leute. Niemals hätten wir Widerstand leisten können, wenn die auf dem Festland plötzlich auf die Idee gekommen wären, Bomben zu werfen oder von See aus Truppen an Land zu setzen. Wir mußten uns ganz einfach darauf verlassen, daß die da drüben völlig ratlos dastehen würden, jedenfalls einige Tage. Danach sollten unsere Proklamationen und der Druck der Großmächte Eindruck machen, und so wurde es dann ja auch. Wir haben uns darauf verlassen, daß das Militär nicht wagen würde, etwas ohne das Einverständnis der Politiker zu unternehmen, und daß die Politiker mindestens einen oder zwei Tage brauchen würden, um sich ein Bild davon zu machen, was denn nun eigentlich passiert war. Das hatten wir ausgerechnet, und das kam dann auch so.
Schmidt: Sie sprechen die ganze Zeit über von «wir» und «uns», damit meinen Sie doch eigentlich den Befreiungsausschuß?
Roth: Ja, damals haben wir uns alle zu einer einzigen Gruppe gehörig

gefühlt. Was ich darüber gesagt habe, daß wir keinen Widerstand leisten wollten, galt natürlich nur für das Militär. Es gab etwas, vor dem wir viel mehr Angst hatten, und das war die Polizei. Es gibt ja auf dem Festland mehrere Städte, die gar nicht weit entfernt sind, und wir konnten uns beinahe ausrechnen, daß die Polizei dort nicht mit den Händen in den Hosentaschen rumstehen würde, während wir hier ein Stück des Landes auf eigene Faust besetzten. Auf irgendeine Weise mußten wir reine Polizeiaktionen zurückschlagen können – sonst hätten ja hundert oder zweihundert Polizisten einfach an Land gehen können, hätten uns festgenommen und innerhalb von kaum zwei Stunden die ganze Revolution null und nichtig machen können. Deshalb war der einzige Ausweg die Bildung der Miliz. Es wird behauptet, daß die Mitglieder des Rates – oder des Befreiungsausschusses, wie er zuallererst genannt wurde – aus einem Hut Lose gezogen haben, um zu entscheiden, wer der Chef der Miliz werden sollte. Die Frau, Aranca Peterson, war auch dabei, aber Oswald gewann ... wenn man das so sagen darf.

Peters: General Oswald, wenn ich bitten darf. Und passen Sie mal auf ...

Pigafetta: Nun mal ruhig, von Peters, und lassen Sie den Zeugen so erzählen, wie er will.

Roth: Damals war er auch noch gar nicht General. Wir bekamen ungefähr die Hälfte der Soldaten, die hier waren, etwa fünfzig Mann und einige der Polizisten zugeteilt. Dann fingen wir nachts um zwölf an, öffneten die Vorratslager und bewaffneten uns. Die Gruppenaufteilung war zum größten Teil schon von vornherein klar. Die meisten der 2500, die zum sogenannten inneren Sektor gehörten, waren im Laufe der Woche eingesickert. Gegen drei Uhr hatten wir diejenigen Einwohner, die als direkte Meinungsgegner oder als gefährlich für die Sache angesehen wurden, festgenommen und in ein provisorisches Lager gebracht. Das war einfach, denn es waren nicht viele, und die Listen waren lange vorher fertig gewesen. Niemand leistete Widerstand. Kein Schuß fiel.

Kampenmann: Stand der Angeklagte damals bereits unter Ihrem Befehl?

Roth: Befehl und Befehl. Velder war in meiner Gruppe. Er hatte sich freiwillig gemeldet, weil er groß und stark war und mit einer Maschinenpistole umgehen konnte. Am Morgen um halb sechs gingen unsere Unabhängigkeitserklärung und unsere Bitte an die Vereinten Nationen um Hilfe bei einer friedlichen Lösung über unseren Sender und viele ausländische Stationen hinaus; unser eigener Sender war übrigens höchst mangelhaft. Die Miliz sollte um diese Zeit in ihren Stellungen sein und war es auch. Aber die machte nicht viel her. Wir hatten insgesamt so um die vierhundert Mann, ganz gut bewaffnet, zehn Maschinengewehre und vier oder fünf Artilleriegeschütze, die über Nacht an Land gekommen waren. Ich weiß übrigens immer noch nicht, wer uns die geschenkt hat.

Pigafetta: Wir wissen es, das reicht.
Roth: Aha. Wo immer das Schiff auch herkam, es hatte auch eine Menge Minen ausgeladen, aber damit konnten wir nicht viel anfangen. Jedenfalls damals nicht. Später natürlich, als sie versuchten, eine Blockade aufzubauen, und wir die Küsten vermint haben. Wie auch immer, die Miliz wurde im großen und ganzen auf die drei Häfen verteilt, der größte Teil blieb in und um Ludolfsport, wie der Ort damals hieß. Das war damals zwar nur ein kleiner Fischereihafen, aber Schiffe bis zu 500 und 600 Tonnen konnten an der Kaimauer festmachen. Dort hatten wir wohl so zweihundert Mann und zwei Geschütze, normale 12,5 Haubitzen. Zwei Fischtrawler, die jeder ein Maschinengewehr im Bug montiert hatten, liefen aus und legten sich vor der Küste auf die Wacht. Oswald, also der spätere General Oswald, war da und leitete alles, so gut es ging. Viele Befehle wurden nicht ausgegeben, jedenfalls habe ich keine gehört, aber das war auch nicht nötig, denn alle wußten, was sie zu tun hatten. Um zehn Uhr herum passierte genau das, was wir alle erwartet hatten. Ein Schlepper und zwei große Motorboote kamen auf den Hafen zu, alle mit uniformierten Polizisten vollgestopft. Die Trawler, die die neue Landesflagge gehißt hatten, versuchten sie zu stoppen, aber sie fuhren trotzdem weiter, und da feuerten die beiden Trawler mit den Maschinengewehren. Bei einem der Polizeiboote fing der Motor beinahe sofort an zu brennen, es blieb liegen. Und dann schossen die Geschütze auf den Schlepper. Wir hatten einen guten Beobachter, und bereits der zweite Schuß traf achtern. Der Schlepper begann beinahe sofort zu sinken, aber Gott sei Dank scherte er aus der Fahrrinne aus und setzte auf einer der Sandbänke auf. Der Schornstein und die Brücke ragten aus dem Wasser, so daß wir die meisten der Männer von Bord holen konnten. Das heile Motorboot nahm das andere in Schlepp und zog sich zurück, aber sie kamen nur langsam voran, und nach einer Weile schickte Oswald einen der Trawler los und nahm die Polizisten gefangen. Etwa eine Stunde später überlegte er es sich und ließ die Motorboote fahren. Da hatten wir den Polizisten natürlich die Waffen abgenommen. Sie hatten übrigens nur Pistolen und Tränengasgranaten. Von einem der Motorboote hatten sie auf die Trawler geschossen, und einer der Fischer hatte ein Geschoß in die Schulter bekommen, aber das war alles. Und bei den Polizisten war es auch nicht so schlimm, fünf oder sechs gingen drauf, als wir den Schlepper versenkten. Den haben wir übrigens nach einigen Wochen geborgen, er war gar nicht so stark beschädigt.
Schmidt: Und dann?
Roth: Dann war der Krieg sozusagen vorbei. Deren Flugzeuge flogen kreuz und quer über uns hinweg, aber ziemlich hoch, und wir haben nicht auf sie geschossen, denn wir hatten ja alle internationalen Gremien und alle Großmächte darum gebeten, uns bei einer friedlichen

Lösung zu helfen, wie wir es nannten, und die haben auch nicht auf uns geschossen. Nach einigen Wochen, als die Debatte über uns in den Vereinten Nationen am heftigsten war, hörten auch diese Flüge auf.
Kampenmann: In welcher Weise war Velder an diesen Ereignissen beteiligt?
Roth: Er war in meiner Gruppe. Wir lagen hinter Sandsäcken auf der Kaimauer in Deckung und sicherten die Hafeneinfahrt. Das war ja nicht nötig, denn so weit kam gar keiner. Aber zwei Jahre später bekamen er und ich eine Medaille dafür. Die bekamen alle, die damals in Ludolfsport dabeigewesen waren.
Schmidt: Wie waren die Verhältnisse innerhalb der Miliz in der Zeit danach?
Roth: Die einzige wichtige Aufgabe, die wir hatten, war die Paß- und Einwandererkontrolle. Meine Gruppe war meistens zum Wachdienst eingeteilt, geschehen ist fast nie etwas. Für die innere Ordnung und Aufgaben der Polizei sollte die Miliz auch zuständig sein. Das war noch langweiliger, denn das einzige, was geschah, war hin und wieder ein Unfall, oftmals auf den Großbaustellen.
Schmidt: Herrschte in der Miliz eine gute Disziplin?
Roth: Eine Disziplin gab es eigentlich gar nicht. Die meisten taten, was sie wollten, und das schadete auch gar nicht, fanden wir, denn es passierte ja sowieso nichts. Alle verließen sich darauf, daß es wie geschmiert gehen würde, wenn es wirklich mal ernst werden sollte. Ich glaube sicher, daß es auch gegangen wäre, wenn etwas Wichtiges gewesen wäre. Die Einwanderer-Kontrolle zum Beispiel scheint doch mustergültig durchgeführt worden zu sein.
Schmidt: Was halten Sie von Velder als Soldat?
Roth: Wir haben uns nicht als Soldaten gefühlt.
Schmidt: Wie war sein Auftreten? Befolgte er die Befehle? War er zuverlässig?
Roth: Weiß nicht, was ich sagen soll. Besonders diensteifrig war er nicht, aber wenn es erforderlich gewesen wäre, hätte er die Befehle sicher genau befolgt, glaube ich.
Pigafetta: Das letzte da war ein wichtiger Hinweis.
Schmidt: War Ihrer Meinung nach Velder undisziplinierter als die anderen Männer Ihrer Gruppe?
Roth: Tja, er liebte das Leben, war fröhlich und munter. Vielleicht mehr als andere. Zum Beispiel mehr, als ich es bin. Aber er war ... damals jedenfalls fand ich, daß er ein prima Kerl war.
Pigafetta: Warum haben Sie die Miliz verlassen?
Roth: Ich wollte etwas nützliches tun, nützlicheres, meine ich. Damals sah es gerade so aus, als ob die Miliz ihre Aufgabe endgültig gelöst hätte und aufgelöst werden konnte, so wie es von Anfang an die Absicht gewesen war. Bis auf das Personal, das die Einreisenden kontrollierte.

Der Aufbau war in vollem Gange. Oswaldsburg und Ludolfsport wurden zu großen Städten aufgebaut, jedenfalls nach unseren Begriffen, und rund um Marbella schossen die Hotels, Restaurants und Kasinos wie die Pilze aus dem Boden.
Kampenmann: Und die Bordelle, die Sie vergessen.
Roth: Ja ... aber wir haben darin nichts Schlechtes gesehen. Jedenfalls wurden alle tüchtigen Kräfte für die Produktion gebraucht, für den Aufbau; ich war Landwirt, und außerdem machte mir meine Arbeit auf dem Lande Freude. Dort konnte ich etwas Nützliches tun, meinte ich. Zu der Zeit stieg ja die Einwohnerzahl um 80 bis 100 Personen täglich an.
Orbal: Haben Sie Velder mit einer Frau nackt am Strand angetroffen, als er eigentlich auf seinem Wachposten stehen sollte?
Roth: Ja ... aber woher ...
Orbal: Was ist: Woher?
Roth: Ich will sagen, ich habe das niemals jemandem erzählt ...
Orbal: Was haben Velder und die Frau gemacht?
Schmidt: Beantworten Sie die Frage des Herrn Oberst!
Roth: Na ja ... das Übliche.
Pigafetta: Haben Sie selbst irgendwann einmal im Gefängnis gesessen?
Roth: Ja, in Schutzhaft, drei Monate lang während des Krie ... während der Unruhen. Dann wollten die mich in ein politisches Umerziehungslager stecken, aber ich konnte sie davon überzeugen, daß ich mich nur um meinen Hof kümmere und dort von Nutzen bin. Das stimmte auch. Die Landwirtschaft ist lange nicht mehr das, was sie früher mal war, und zu der Zeit war es noch schlimmer. Viele Mäuler sind zu stopfen und mit all den halbfertigen Fabriken ...
Orbal: Was die Geschichte da am Strand betrifft ...
Peters: Um Gottes willen, Mateo! Beruhige dich jetzt!
Orbal: Was? Was hast du denn plötzlich?
Schmidt: Keine weiteren Fragen.
Brown: Hat die Verteidigung Fragen an den Zeugen?
Endicott: Ja. Die erste lautet: Gab es für die Miliz eine Dienstvorschrift?
Roth: Nein.
Endicott: Ist es öfter vorgekommen, daß andere Milizionäre sich ähnlich – und das heißt ähnlich unverantwortlich – wie der Angeklagte benommen haben?
Roth: Ja.
Endicott: Wurden die Männer üblicherweise bestraft?
Roth: Nein.
Endicott: Keine weiteren Fragen.
Brown: Der Zeuge kann gehen.
Roth: Auf Wiedersehen.
Pigafetta: Endicott, Sie sind zwar hierher abkommandiert, um den

Mann da zu verteidigen, aber deswegen brauchen Sie nicht wie irgendein Film- oder Fernsehheld aufzutreten. Hüten Sie sich vor Übertreibungen!

Peters: Gott sei Dank sind wir dieses Schwein los. So ein Waschlappen! Wie kann so einer nur frei herumlaufen? In unserem Land? Ich mußte mich wirklich zusammenreißen. Hab kaum gewagt, etwas zu sagen. Wenn der mir solch eine unverschämte Antwort gegeben hätte, hätte ich den Kotzbrocken auf der Stelle erschossen.

Schmidt: Die Frage, wie Velder Soldat wurde, kann hiernach wohl als ausreichend beantwortet betrachtet werden. Ich bin bereit, den ersten Teil des Verfahrens, der 32 Anklagepunkte umfaßt, dem Kriegsgericht zur Urteilsberatung vorzulegen.

Orbal: Ist in Ordnung.

Schmidt: Keine Einwände?

Kampenmann: Ich habe keine Einwände dagegen, daß dieser Teil des Verfahrens vorgelegt wird. Allerdings möchte ich einen Punkt noch geklärt wissen.

Peters: Donnerwetter, Sie sind aber schneidig heute, Kampenmann. Was ist denn jetzt schon wieder?

Kampenmann: Ich habe die Aussagen des Angeklagten in diesen 32 Punkten sorgfältig studiert. Was ich wissen möchte, ist, auf welche Art und Weise Velder dazu veranlaßt worden ist, so genau die Umstände all dieser Verbrechen darzulegen. Damit wir im weiteren Verlauf der Verhandlung den Wahrheitsgehalt der vom Angeklagten bereits unterschriebenen, protokollierten Aussagen beurteilen können, müssen wir wenigstens in etwa in Kenntnis darüber gesetzt werden, welche Methoden bei der Voruntersuchung angewandt worden sind. Ich gehe davon aus, daß gefoltert worden ist, weiß aber überhaupt nicht, in welchem Umfang.

Pigafetta: Ganz meiner Meinung. In dem Punkt müssen wir Klarheit haben. Das macht die Beurteilung leichter.

Schmidt: Ich war darauf vorbereitet, daß das Präsidium früher oder später Informationen zu diesem Punkt wünschen würde. Meine eigenen Kenntnisse sind alles andere als zufriedenstellend. Deshalb habe ich einen Experten als Zeugen geladen. Wenn das Kriegsgericht sich vertagt, zum Beispiel zum Mittagessen, bin ich in etwa einer Stunde bereit, diesen Zeugen vorzuführen.

Orbal: Essen gehen, das ist wirklich das Klügste, was heute hier gesagt worden ist. Wie sind denn Ihre Köche, Pigafetta?

Pigafetta: In jedem Fall besser als Ihre Klempner. Und ich habe weibliche Ordonnanzen in der Kantine.

Orbal: Die Sitzung wird für zwei Stunden unterbrochen.

Brown: Ist das Sonder-Kriegsgericht bereit, die Verhandlung wieder zu eröffnen?
Orbal: Na klar.
Brown: Der Auditor beantragt, den Laboratoriumsassistenten Max Gerthoffer als Zeugen hereinrufen zu dürfen.
Orbal: Ja, laß ihn rein.
Brown: Sie sind Max Gerthoffer, 42 Jahre alt, Zivilangestellter in der Spezialabteilung der Militärpolizei. Schwören Sie bei Gott und der Heiligen Schrift, daß Sie sich strikt an die Wahrheit halten?
Gerthoffer: Ich schwöre.
Schmidt: Wenn ich richtig informiert bin, sind Sie in Ihrer Eigenschaft als Vernehmungsexperte Mitarbeiter der Spezialabteilung der Militärpolizei.
Gerthoffer: Die Definition ist nicht ganz richtig.
Schmidt: Sie hatten jedenfalls längere Zeit mit dem Fall Velder zu tun?
Gerthoffer: Ja. Erwin Velder und ich haben uns vierzehn Monate lang jeden Tag gesehen.
Kampenmann: Was wir wissen wollen, ist, welche Vernehmungstaktik angewendet wurde und in welchem Umfang gefoltert wurde, um die Geständnisse des Angeklagten zu erpressen.
Gerthoffer: Ich bin davon überzeugt, daß Velder zu keinem Zeitpunkt in Zusammenhang mit den Vernehmungen gefoltert worden ist.
Kampenmann: Sie behaupten also mit anderen Worten, daß der Angeklagte absolut freiwillig diese bemerkenswerten Einzelheiten zugegeben und die Geständnisse abgelegt hat?
Gerthoffer: Ja und nein.
Kampenmann: Vielleicht versuchen Sie, sich etwas weniger geheimnisvoll auszudrücken.
Peters: Ganz meiner Meinung. Dies kann ja kein Mensch verstehen.
Gerthoffer: Ich mag diese Art der Fragerei überhaupt nicht. Tatsächlich irritiert mich so was unerhört. Wenn die Herren versuchen würden, mich nicht zu unterbrechen, will ich mir jedoch die Mühe machen, eine umfassende Erklärung abzugeben. Erst einmal war die Bezeichnung meiner Aufgabe durch den Auditor falsch. Ich bin kein Vernehmungstechniker, jedenfalls nicht in erster Linie. Ich habe beispielsweise kein einziges Verhör mit Velder durchgeführt. Dagegen war ich dabei behilflich, ihn psychisch und physisch auf die Serie von Interviews vorzubereiten, die in den letzten zwei Jahren gelaufen ist. Dies ist das erste Mal, daß ich Velder überhaupt sehe, seit wir uns vor beinahe genau zwei Jahren in meinem Dienstzimmer voneinander verabschiedeten. Trotzdem kann ich mit beinahe hundertprozentiger Sicherheit dafür garantieren, daß Velder in jedem einzelnen der ungezählten Interviews, die er seitdem gegeben hat, im großen und ganzen korrekte Angaben gemacht hat. Unter allen Umständen war er selbst davon überzeugt,

daß seine Angaben genau waren, und er hat sich Mühe gegeben, nichts von Interesse auszulassen. Die kleine Einschränkung, die ich mit dem Ausdruck «beinahe hundertprozentiger Gewißheit» machen will, gilt einer kleinen, aber häufig unumgänglichen Fehlerquote, die auf defekten Erinnerungsbildern beruht. Es ist nicht etwa so, daß Erinnerungen gestört werden oder verblassen, wenn im Bewußtsein neue Eindrücke abgelagert werden; derartige Komplikationen können wir seit langem überwinden. Nein, sondern wenn Velder heute eine Einzelheit falsch erklärt oder, um es populär auszudrücken, lügt, dann liegt das ausschließlich daran, daß sein Gehirn bereits im Augenblick des Geschehens einen falschen Eindruck gespeichert hat. So was zu korrigieren ist an und für sich nicht unmöglich, denn das Festhalten von Eindrücken geschieht in einer bewußten und einer unbewußten Dimension. Diese können unter sich verschiedenartig sein – aber müssen sie das, oder ist das üblich? Nein, absolut nicht. Auch auf diesem Gebiet kann also eine Korrektur ausgeführt werden, aber das erfordert so lange Arbeit und so komplizierte Analysen, daß das Verfahren nur im Ausnahmefall empfohlen werden kann. Meiner Meinung nach gehört Velder nicht zu dieser Kategorie.
Ich komme jetzt dazu, Ihre Frage nach der Anwendung der sogenannten Folter zu beantworten. Bereits die ungenaue Wortwahl, die Sie benutzt haben, zum Beispiel die Formulierung «Geständnisse herauszupressen», zeigt, in welch bedenklich hohem Grad sich veraltete Vorstellungen von einem Fach halten können, selbst in Kreisen, die sich mit Krieg und anderen Formen der berufsmäßigen Vernichtung von Menschen befassen. Schon die empirische Forschung ...
Orbal: Verzeihung, aber können Sie sich nicht etwas verständlicher ausdrücken?
Gerthoffer: Schon die empirische Forschung, wie gesagt, hat seit langem festgestellt, daß Methoden, bei denen verschiedene Formen der Folter benutzt werden, um bestimmte Angaben und Berichte herauszupressen, primitiv und veraltet sind. Heutzutage kann so ein Verfahren möglicherweise – beachten Sie, daß ich möglicherweise sage – dann am Platze sein, wenn es sich um Kriegsgefangene direkt auf dem Schlachtfeld handelt oder der zu Vernehmende im Sterben liegt. Aber auch in solchen speziellen und ungewöhnlichen Situationen muß die Methode als unzuverlässig betrachtet werden. Dagegen kann sie natürlich nach wie vor mit gutem Erfolg von jemandem benutzt werden, der um jeden Preis ein sogenanntes Bekenntnis herausholen will, insbesondere, wenn es dem Betreffenden gleichgültig ist, ob das Bekenntnis wahr oder erfunden ist. Dieses Zuletztgenannte hat natürlich nichts mit der modernen Interviewtechnik zu tun, vielleicht spielt so was in der Politik noch eine Rolle. Außerdem ist das Verfahren so einfach, daß jeder Interessierte das erwartete Resultat mit praktisch jedem Hilfsmittel erzie-

len kann. Als Druckmittel in Zusammenhang mit Vernehmungen hat die Folter also keine praktische Bedeutung mehr. Und meiner Meinung nach hat die konventionelle Folter, also die, bei der es darum geht, das Opfer zu quälen, das heißt dem betreffenden Subjekt schwerste physische Schmerzen zuzufügen, seine Rolle ganz allgemein ausgespielt. Teilweise beruht das natürlich darauf, daß die Anpassungsfähigkeit im Hinblick auf das Aushalten von Schmerzen bei den Individuen schneller wächst als der Erfindungsreichtum der Wissenschaftler, wenn es darum geht, neue physische Sensationen herzustellen. Darum verzichten Vernehmungsleiter heutzutage auch auf die Tortur, und ebensowenig werden bei den Vorbereitungen doktrinäre Foltermethoden angewandt, vorausgesetzt, sie werden von Fachleuten durchgeführt. Ist das jetzt jedem klar?

Pigafetta: Ja.

Gerthoffer: Schön. Ich komme jetzt dazu, den ersten Teil der Frage zu beantworten, den Teil, der Erwin Velder besonders betrifft. Nebenbei bemerkt ist dies der am gründlichsten vorbereitete und lehrreichste Fall, den ich die Ehre hatte zu bearbeiten. Velder wurde unserer Abteilung vor drei Jahren und zwei Monaten überstellt. Er kam damals aus einem Militärlazarett, wo er wegen einer Schußwunde am Hals behandelt worden war. Schon während der Genesungszeit war er von Leuten aus irgendeinem Büro des Geheimdienstes verhört worden und dabei primitiven Formen konventioneller Folter ausgesetzt gewesen. Unter anderem hatte man ihm die rechte Kniescheibe mit einem Hammer zertrümmert. Diese Behandlung hatte natürlich auf Velder nicht den geringsten Eindruck gemacht, jedenfalls nicht in der gewünschten Richtung. Er war in jeder Hinsicht trotzig und unzuverlässig, sowohl absichtlich als auch unbewußt. Seine Erlebnisse in den Jahren zuvor hatten bei ihm zu einer primitiven Denkweise geführt, und nach dem, was man im Militärlazarett mit ihm angestellt hatte, richtete er sich darauf ein, das Opfer raffinierterer Formen primitiver physischer Mißhandlungen zu werden. Darüber machte er sich keine größeren Sorgen. Er war ganz darauf eingestellt, daß man ihn mit unterschiedlichen physischen Mitteln bearbeiten würde. Daß er trotzdem unsicher war, kam dadurch zum Ausdruck, daß er während der ersten Wochen hin und wieder und dann ziemlich rechthaberisch nach dem Hinrichtungstermin fragte.

Unsere Aufgabe im Hinblick auf Velder schien zu Anfang recht unkompliziert zu sein. Das Innenministerium verlangte, daß wir ihn auf eine Serie von Interviews vorbereiten sollten, bei denen es um seine Verbindungen zu einem gewissen Janos Edner ging. Offenbar war es Absicht, herauszubekommen, ob Velder gewisse Angaben machen konnte, die die Pläne und den Aufenthaltsort dieses Edner betrafen. Diese Informationen schien die Regierung sich zu der Zeit noch nicht auf andere Weise beschaffen können. Ironischerweise zeigte es sich, daß Velder gerade in diesem Punkt völlig ahnungslos war. Sehr bald erhielten wir allerdings neue Anweisungen, soviel wir hörten, weil der Staatschef sich persönlich für den Fall interessierte. Man verlangte, daß wir Velder für eine sehr viel ausführlichere Serie von Interviews präparieren sollten. Die Absicht dabei war, in allen Einzelheiten seine Tätigkeit und seine Unterlassungen während der vorhergegangenen acht Jahre seines Lebens zu beleuchten, beginnend mit dem Tag, an dem er sich der nationalen Befreiungsbewegung anschloß. Der Auftrag bekam die höchste Dringlichkeitsstufe, so daß ich mich veranlaßt sah, die Angelegenheit persönlich in die Hand zu nehmen.

Kampenmann: War es nicht vielleicht so, daß Sie den Befehl erhielten, sich persönlich um den Fall zu kümmern?

Gerthoffer: So kann man es natürlich auch ausdrücken. Das ist eine Frage der Auslegung. Die gestellte Aufgabe war also in erster Linie, Velder zur Zusammenarbeit zu bewegen, um ihn danach in die Lage zu versetzen, sich an praktisch alles zu erinnern, was er in acht Jahren seines Lebens getan, gesehen oder gehört hatte, und ihn schließlich davon zu überzeugen, daß die eine oder andere Art, zu denken oder zu handeln, falsch war und zu einer rechtmäßigen Verurteilung führen mußte. Schließlich sollte ihm selbst so weit vertraut werden können, daß er die Episoden, bei denen er sich verbrecherisch benommen hatte, allein herausfinden konnte. Der Fall wurde vom ersten Augenblick an mit großer Sorgfalt bearbeitet. In den ersten fünf Monaten fanden nur Gespräche statt. Velder wurde gut versorgt, und wir konnten ziemlich bald seine Halsstarrigkeit durchbrechen, die allen Soldaten gemeinsam ist und die eine Voraussetzung für den Erfolg in diesem Beruf zu sein scheint. Danach dauerte es nicht mehr lange, bis ich ihn zur Zusammenarbeit überredet hatte. Von dem Augenblick an arbeiteten wir mit einem gemeinsamen Ziel vor Augen: Velder mußte für die Interviews der nächsten Jahre das geistige Rüstzeug bekommen. Das ist uns viel besser gelungen als erwartet, und als Velder den Vernehmungsexperten des Generalstabs übergeben wurde, schieden wir als gute Freunde.

Kampenmann: Aber die Folter?

Gerthoffer: Die äußerlichen Zeichen bei Velder, die Sie fälschlicherweise als Hinweis dafür deuten, daß er gefoltert worden ist, sind in Wirklichkeit die Folgen einer Serie von Operationen, die alle unter Narkose und ganz normalen Formen chirurgischer Praxis im Militärlazarett in Oswaldsburg ausgeführt worden sind.

Peters: Das verstehe ich nicht richtig.

Gerthoffer: Sich zu erinnern, meine Herren, ist nicht so einfach, wie es sich vielleicht anhört. Von Velder wurde verlangt, daß er sich in allen Einzelheiten an Ereignisse, Äußerungen und Situationen erinnerte, häufig solche, die schon weit zurück lagen und die er selbst in dem Augenblick, als sein Gehirn sie registrierte, als nebensächlich und bedeutungslos ansah. Um alle dazwischenliegenden Schichten der Erinnerung abzuschälen, ist ein so starker Wille erforderlich, daß er unter normalen Umständen als abnorm zu betrachen ist. Es hat sich gezeigt, daß chirurgische Eingriffe im Anschluß an Perioden geistiger Schwäche eine gewisse Kraft schaffen, den Willen zu besonderen Anstrengungen zu stimulieren.

Kampenmann: Wie vielen derartigen Operationen wurde Velder unterworfen?

Gerthoffer: Sieben. Fünf Amputationen, einer Augenoperation und einer partiellen Kastration. Ich habe persönlich kontrolliert, daß er jedesmal die allerbeste Pflege genossen hat. Ich war der letzte Mensch, mit dem Velder sprach, ehe er einschlief, und der erste, den er sah, wenn er aus der Narkose aufwachte.

Kampenmann: Und Sie sind als Freunde auseinandergegangen?

Gerthoffer: Natürlich. Wir hatten eine interessante Zeit miteinander, und das Ergebnis war hervorragend. Die Experten, die die Interviews geleitet haben, hatten leichtes Spiel.

Kampenmann: Aber Velder bestreitet doch immer noch?

Gerthoffer: Nur in einem Punkt, bei dem er sich in einer Art Gewissensnotstand befindet. Er ist der Ansicht, daß er die Erlaubnis erhielt, so zu handeln, wie er es dann auch getan hat, aber er sieht trotzdem ein, daß es falsch war. Leider ist das wohl ein sehr wichtiger Punkt.

Peters: Mir fällt da etwas ein. Haben wir nicht im vorletzten Sommer in Marbella als Nachbarn nebeneinander gewohnt?

Gerthoffer: Ja, das stimmt.

Peters: Dann waren das Ihre Kinder, die ständig ihre Federbälle in meinen Garten schlugen?

Gerthoffer: Das ist möglich. Die waren damals erst fünf und sieben Jahre alt und hatten das Spiel noch nicht richtig gelernt. Ich hoffe sehr, daß Sie nicht allzusehr belästigt worden sind.

Peters: Absolut nicht. Nette, lebhafte Kinder übrigens.

Brown: Hat der Auditor etwas hinzuzufügen?

Schmidt: Keine Fragen.

Brown: Und die Verteidigung?

Endicott: Keine Fragen.

Gerthoffer: Auf Wiedersehen.

Orbal: Komischer Beruf.

Peters: Schien ein guter Mann zu sein. Aber er war nicht leicht zu verstehen, erst am Schluß wurde er deutlicher, als er zur Sache kam.

Orbal: Sie kommen hier wirklich mit komischen Zeugen angeschleppt, Schmidt.

Peters: Mir ist immer noch schlecht, wenn ich an diesen Bauernlümmel von heute vormittag denke. Was für ein Bild von der nationalen Befreiung!

Orbal: Du siehst blaß aus. Und ich habe Halsschmerzen. Hatten Sie das Beefsteak vergiftet, Pigafetta?
Peters: In einer Viertelstunde fängt die Fernsehübertragung vom Fußballendspiel an.
Orbal: Au verdammt! Heer gegen Luftwaffe. Die Beteiligten können gehen. Das Gericht vertagt sich bis morgen um elf Uhr.

Vierter Tag

Brown: Anwesend Oberst Orbal, Major von Peters, Oberst Pigafetta, Kapitän zur See Kampenmann, Berichterstatter Leutnant Brown.
Peters: Ist Haller heute wieder nicht da?
Brown: Nein, Herr Major. Der Generaladvokat hat sich entschuldigen lassen.
Peters: Und wer ist Auditor?
Brown: Kapitänleutnant Schmidt, Herr Major.
Peters: Das ist ja zum Verrücktwerden! Was soll der General von uns denken?
Orbal: Na, Pigafetta, wie sieht es heute mit der Luftwaffe aus? Ha ha, nach dem gestrigen Tag, meine ich. Die Niederlage werdet ihr so schnell nicht vergessen.
Pigafetta: Als stellvertretender Chef der Luftwaffe habe ich wirklich andere Dinge im Kopf als Fußball.
Peters: Was denn zum Beispiel?
Orbal: Hast du gehört, Carl? Ein schlechter Verlierer ist er auch noch.
Pigafetta: Was erlauben Sie sich eigentlich? Sitzen hier herum und machen sich mit einem Ihrer Untergebenen über meine Person lustig. Und das in Anwesenheit eines meiner eigenen Subalternen?
Kampenmann: Ruhig, ruhig. Regen Sie sich doch nicht auf!
Pigafetta: Ich bin diesen Ton leid. Es muß eine Grenze geben, auch für Tolpatschigkeit.
Peters: Was meinen Sie da? Sagen Sie das letzte noch einmal!
Pigafetta: Ich sagte Tolpatschigkeit. Eine Kunst, die von Tölpeln praktiziert wird. Und von Offizieren des Heeres.
Orbal: Nein, verdammt noch mal, jetzt ist aber Schluß, Pigafetta! Wenn Sie es nicht vertragen können, beim Fußball ein Ding verpaßt zu kriegen, dann müssen Sie Ihre Leute eben Harfe spielen lassen. Übrigens Leute ... Was machen die denn jetzt? Vielleicht Strafexerzieren in irgendeinem Hangar?
Peters: So viel Disziplin haben die nicht.
Kampenmann: Ruhe!

Peters: Was haben Sie da gesagt? Was ist hier eigentlich los? Wollen Sie mir hier Befehle erteilen, Kampenmann? Übrigens haben Sie hier an all den Tagen gesessen und sich wichtig gemacht. Sie sollten sich grundsätzlich nicht in diese Dinge einmischen.
Kampenmann: Als Offizier der Flotte verwahre ich mich auf das schärfste ...
Peters: Sie mit Ihrer Scheißflotte.
Pigafetta: Ersparen Sie mir Ihre Kraftausdrücke. Seit diese Sitzungen begonnen haben, habe ich mir zu viel anhören müssen, um jetzt noch fünf grade sein lassen zu können! Nicht genug mit Ihren Plattheiten und Kampenmanns Geschäftigkeit, habe ich mich damit abfinden müssen, daß Soldaten mit niedrigerem Dienstgrad mir täglich vorgezogen wurden.
Orbal: Wann soll das gewesen sein?
Pigafetta: Beispielsweise bei der täglichen Aufzählung der Anwesenden. Jedesmal, ich wiederhole, jedesmal wurde von Peters Namen vor meinem genannt!
Orbal: Hör sich das einer an!
Pigafetta: Das Schlimmste dabei ist, daß Sie einen meiner eigenen Offiziere zu diesem niederträchtigen Verstoß gegen die Anständigkeit und den guten Ton verleitet haben.
Peters: Das wäre ja wohl die Höhe, wenn ein Vertreter des Heeres unabhängig vom Dienstgrad nach einem Vertreter der Luftwaffe aufgerufen würde!
Kampenmann: Ich verlange eine Entschuldigung von Ihnen, von Peters.
Peters: Wofür denn? Weil ich Scheißflotte gesagt habe? Nie im Leben!
Orbal: Schrei nicht so fürchterlich, Carl. Man hört dich ja durch das ganze Stabsgebäude.
Kampenmann: Von Ihnen auch, Oberst Pigafetta! Ich bin nicht hierhergekommen, um mich beleidigen zu lassen ...
Pigafetta: Ich weigere mich, noch eine Minute länger in dieser Gesellschaft zu bleiben. Ich gehe, ehe ich mich dazu hinreißen lasse, so zu argumentieren, wie es offenbar im Armeehauptquartier zum guten Ton gehört.
Kampenmann: Ich fordere eine Entschuldigung.
Peters: Halten Sie den Mund!
Orbal: Fordern und fordern!
Pigafetta: Guten Morgen, meine Herren!
Kampenmann: Ich fordere immer noch Genugtuung, und ich will sie jetzt und hier!
Orbal: Beruhigen Sie sich, Kampenmann. Nur weil dieser Verrückte von der Luftwaffe größenwahnsinnig geworden ist, brauchen Sie sich doch nicht auch gleich so aufzuspielen.
Kampenmann: Ich verlange wirklich Respekt für meine Waffengattung.

Meine Ehre als Offizier …
Peters: Halten Sie den Mund, habe ich gesagt!
Orbal: So geht das nicht. Solche Streitigkeiten müssen Sie unter sich austragen, unter vier Augen.
Peters: Das wäre mir eine besondere Freude.
Orbal: Wir scheißen heute auf diesen Kram. Am besten machen wir morgen weiter.
Brown: Was soll ich denen sagen, die da draußen warten?
Orbal: Sagen Sie ihnen, was Ihnen gerade einfällt.
Peters: Und Brown, nicht ein Sterbenswörtchen zu irgend jemandem von diesem kleinen Wortwechsel hier drinnen.
Brown: Herr Major, erlauben Sie mir, schärfstens darauf hinzuweisen, daß ich als Leutnant der Luftwaffe vereidigter Offizier bin und ebenso wie Sie geschworen habe, daß kein Wort, das in diesen vier Wänden gefallen ist …
Orbal: Herrgott noch mal, fangen Sie jetzt auch schon so an! Das Gericht vertagt sich auf morgen elf Uhr.

Fünfter Tag

Brown: Anwesend Oberst Orbal, Oberst Pigafetta, Major von Peters, Kapitän zur See Kampenmann, Berichterstatter Leutnant Brown.
Orbal: Ich habe Sie eine Viertelstunde früher hergebeten.
Pigafetta: Und wir sind, wie man sieht, gekommen.
Orbal: Ich habe über dies alles hier nachgedacht. Von Peters und ich haben diskutiert …
Peters: Wir sind zu dem Schluß gekommen, daß dieser Auftrag viel zu verantwortungsvoll und … ja …
Kampenmann: Delikat?
Peters: Das trifft es, allzu delikat ist. Wir dürfen das Ziel nicht durch persönliche Mißhelligkeiten gefährden.
Pigafetta: Aber das sollte doch selbstverständlich sein.
Peters: Ja, nicht wahr? Darum bittet Oberst Orbal diesmal nicht in seiner Eigenschaft als Präsident des Kriegsgerichts …
Orbal: Eben, darum will ich als ältester anwesender Offizier vorschlagen, daß wir einen Strich unter eventuelle Mißhelligkeiten ziehen.
Peters: Und die gegenseitigen Entschuldigungen akzeptieren.
Orbal: Ist das so in Ordnung?
Kampenmann: Von mir aus.
Orbal: Und Sie, Pigafetta?
Pigafetta: All right. Allerdings …
Peters: Allerdings?

Pigafetta: Ach nichts. Ich bin bereit zu akzeptieren.
Orbal: Dann ist diese Angelegenheit also aus der Welt.
Pigafetta: Jedenfalls im Augenblick.
Peters: Richtig.
Orbal: Gut.
Peters: Ich habe übrigens im Hauptquartier gehört, daß der General dem Schmidt einen fürchterlichen Rüffel erteilt hat, wegen der Art, wie er sein Auditor-Amt führt. Es wird wohl nicht mehr lange dauern, bis er sich gezwungen sieht, Bratianu hinzuzuziehen. Auf jeden Fall muß Schmidt sich am Riemen reißen.
Haller: Aha, die Herren sind bereits versammelt.
Pigafetta: Ja, uns hat eine interne militärische Angelegenheit zusammengeführt.
Haller: Ich verstehe. Die Sitzung gestern scheint recht kurz gewesen zu sein.
Orbal: Ist der General ... ich meine, wurde der Staatschef ...
Haller: Unwillig? Nein, gar nicht. Wie ich bereits am ersten Tag gesagt habe, hat der Staatschef von Anfang an darauf hingewiesen, daß die Dauer des Prozesses keine große Rolle spielt. Das wichtigste bei diesem ganzen Verfahren ist doch, daß das Kriegsgericht sich mit dem Hintergrund des Falles Velder so vertraut macht, daß die Urteilsbegründungen zu den einzelnen Abschnitten absolut schlüssig werden und auf jeden Fall einer gründlichen Prüfung der Legislative standhalten.
Peters: Ich verstehe immer noch nicht, worauf Sie hinauswollen.
Haller: Unter uns gesagt, vermute ich, daß der Staatschef die Absicht hat, die Urteile im Fall Velder und die ganzen Ermittlungen als Waffe gegen die zivilen Juristen zu benutzen, die zur Zeit im Ministerium und in der Legislative herumsitzen.
Kampenmann: Sie sind doch selbst einer von denen.
Haller: Meine Position ist, und das sollten Sie verstehen, eine etwas andere. Ich bin der persönliche Berater des Staatschefs. Der Staatschef ist Soldat, daher vertraut er der Militärgerichtsbarkeit mehr als der zivilen.
Peters: Gott sei Dank. Wer ist heute Auditor?
Haller: Schmidt. Ich habe eben in der Halle mit ihm gesprochen.
Peters: Morgen wird er wohl nicht kommen. Fang an, Mateo.
Orbal: Na klar. Lassen Sie die anderen herein, Brown.
Schmidt: Wir sind jetzt etwas tiefer in die Angelegenheit eingestiegen. Die ersten 32 Anklagepunkte des Verfahrens gegen Velder sind zusammen mit den lückenlosen Beweisen dem Gericht zur Urteilsberatung übergeben worden. Bevor ich zu der ins einzelne gehenden Anklage wegen fortgesetzter verbrecherischer Tätigkeit des Angeklagten komme, will ich noch einmal die Frage stellen, welche sozialen und ethischen Faktoren es waren, die Velder immer weiter auf der Bahn des

Verbrechens und des moralischen Verfalls trieben. Ich bitte darum, auf die in der Voruntersuchung zusammengestellte Dokumentation hinweisen zu dürfen.
Orbal: Was? Was ist denn?
Peters: Soll hier schon wieder vorgelesen werden?
Schmidt: Ich beabsichtige, Punkt für Punkt zu beweisen, daß es die Schlappheit des damals herrschenden Gesellschaftssystems, dessen Mangel an moralischer Verantwortung, dessen Zynismus, dessen Verachtung der Gottesfürchtigkeit und dessen Nichtbeachtung der selbstverständlichen Ehrfurcht vor einer starken Obrigkeit waren, die Velder und mit ihm viele andere ins Verderben stürzten.
Pigafetta: Seien Sie so gut und sparen Sie sich Ihre weihevolle Rede bis zum Schlußwort auf.
Schmidt: Um zu illustrieren, wie das Gesellschaftssystem, das Velder zum Verbrecher werden ließ, tatsächlich funktionierte, rufe ich die Anlage V II/13 der Voruntersuchung auf. Sie besteht aus einem Brief, der etwa zwei Jahre nach der Befreiung von dem damaligen Ratsmitglied Aranca Peterson, das später in contumaciam zum Tode verurteilt wurde, geschrieben worden ist.
Orbal: Wodrin? Mensch, wovon reden Sie denn überhaupt?
Schmidt: Vor Jahren wurde sie wegen Hochverrats zum Tode verurteilt, in Abwesenheit.
Orbal: Na, das wissen wir doch alle.
Schmidt: Der Brief scheint von der besagten Aranca Peterson ganz privat geschrieben worden zu sein. Sie werden darin Hinweise finden, die darauf schließen lassen, daß auch eine gefallene Kreatur wie sie sich unbewußt schuldig fühlte und ein Bedürfnis verspürte, wenigstens sich selbst Scham und Reue einzugestehen wegen des chaotischen Zustandes und der verbrecherischen Unmoral, die sie und ihresgleichen über das Land heraufbeschworen hatten. Der Brief ist in Zürich abgestempelt und an ein anderes Ratsmitglied, Janos Edner, gerichtet, mit dem die besagte Aranca Peterson damals in einem anstößigen Verhältnis lebte.
Brown: Anlage V II/13. Geheimdokument nach § 23. Der Text lautet ...
Orbal: 23, ist das nicht der Sittlichkeitsparagraph?
Schmidt: Ja, das ist richtig.
Orbal: Lesen Sie jetzt laut und deutlich, Brown!
Brown: Der Text lautet also: Geliebter, dies ist eine kalte und trostlose Stadt, und ich kann beim besten Willen nicht verstehen, warum sie für ihre Schönheit bekannt sein soll. Außerdem bin ich gar nicht sicher, ob ich für solche internationalen Konferenzen wirklich geeignet bin. Es wird geredet und geredet, und ich konzentriere mich, so gut ich kann, aber nach einer Weile sitze ich nur noch da und sehne mich nach Hause

und denke an etwas völlig anderes, meistens natürlich an Dich. Der einzige Trost für mich ist, daß man, wenn man sich umsieht, feststellt, daß alle anderen auch dasitzen und in die Gegend starren, und der einzige, der einigermaßen aufmerksam ist, ist derjenige, der gerade am Rednerpult steht und versucht, sein Manuskript, das im allgemeinen von einem anderen geschrieben worden ist, möglichst fehlerfrei vorzulesen.
Ich habe jedenfalls an diesen beiden Tagen nebenher allerhand Nützliches erledigen können. Traf gestern W., und heute beim Mittag und dann nachmittags noch mal. Er schien sehr positiv und optimistisch und meinte, daß seine Regierung den Vertrag schon in dieser Woche ratifizieren würde, und die Lieferungen Ende nächster Woche beginnen könnten. Er denkt viel an seine Prozente, die Gier leuchtet aus seinen Augen, und es bereitet ihm sicher schlaflose Nächte, wenn er an all das Geld denkt, das er für sich beiseite schaffen will. Dem Augenschein nach zu urteilen – der Speichel tropfte ihm aus dem Mund, und erst dachte ich beinahe, er würde versuchen, mich zu vergewaltigen – ja, dem Augenschein nach zu urteilen, können wir sicher sein, daß die Verschiffungen wie geplant klappen. «Pünktlichst» sagte er selbst. Man kann auch sicher davon ausgehen, daß er selbst «pünktlichst» vor seinem Bankfach hier in Zürich steht und darauf wartet, daß die Einzahlungen anrollen.
Ich habe ihn in seinem Hotel getroffen, aber dann fuhren wir in getrennten Autos zur Kongreßhalle. Er war der erste Redner an diesem Nachmittag, und er verurteilte uns mit sehr scharfen Worten. Er sagte zum Beispiel: Dieses (unseres also) ist ein Land, das durch sein Verhalten und seine pflaumenweiche Politik alle Sympathien verspielt und sich jeder Form zwischenstaatlicher Zusammenarbeit entzogen hat. Wir verlangen sofortige internationale Sanktionen gegen diese anmaßende kleine Diktatur, und bis zu dem Zeitpunkt, zu dem unsere Ansicht sich allgemein durchgesetzt hat, beabsichtigen wir, unsere Rolle als Gewissen dieses Teiles der Welt weiterhin zu spielen und eine totale und unbestechliche Blockade aufrechtzuerhalten. Keinen Bleistift und keine Nähnadel werden wir exportieren. Denn mit einem Land wie diesem Handel zu treiben (schrie er) ist für uns ebenso undenkbar (und hier brachte er ein wirklich prächtiges Beispiel) wie der Gang durch das Nadelöhr für das berühmte Kamel. Eine Nation (schnaufte er, nachdem er tief Atem geholt hatte), die ihren Wohlstand, ja, ihre Freiheit und ihre Souveränität mit Hilfe von Krediten und großzügigen Investitionen gutmütiger und verständnisvoller Demokratien wie meinem Land erwirbt und die dann diese Dankbarkeit dadurch belohnt (hier verlor er den Faden vollständig), daß sie völlig, ich will sagen absolut beispiellos … (er verhedderte sich und rettete die Situation schließlich, indem er sagte): … Ja, mir fehlen wirklich die Worte.

Da stand er und rang nach Luft, und ich tat natürlich meine Pflicht, indem ich, ohne aufzustehen, ihm das Wort aus dem Munde nahm und sagte: Ja, es stimmt tatsächlich, daß wir die ausländischen Konzessionen, welche die natürlichen Rechte unseres Volkes beschneiden wollten, nationalisiert haben. Das haben wir niemals verheimlicht. Wir haben keine Angst davor, unsere Pläne offenzulegen, und wir stehen hinter unseren Maßnahmen (da kriegte er es aber, das Schwein!). Damit haben wir die Versuche kapitalistischer und imperialistischer Länder, in diesem für sie unbekannten Land Fuß zu fassen, abgewiesen. Und auf die gleiche Weise haben wir jeden Versuch des internationalen Kommunismus und anderer Massenideologien zurückgewiesen, die unsere Unabhängigkeit untergraben und uns zu einem Spielball zwischen den Machtblöcken machen wollten.
Einige haben sogar geklatscht, aber das war ja kurz nach dem Mittagessen, und alle sehnten sich nach einem Magenbitter. W. sagte nichts mehr über uns, sondern stand am Rednerpult und brabbelte noch eine Weile darüber, warum sie ihre Lieferungen und Verpflichtungen im Rahmen der internationalen Stahlunion nicht einhalten könnten. Als er zu seinem Platz zurückging, war er so leichtsinnig, mir zuzublinzeln, der Idiot. Es ist schlimm, daß wir deren verdammtes Blech brauchen, von dem anderen gar nicht erst zu sprechen.
Dann am Nachmittag, als ich W. wiedertraf und in einem Konferenzraum meines Hotels die Einzelheiten mit ihm besprach, gingen die Türen plötzlich auf, und herein strömten B. M. und eine Reihe von Männern, mit denen er wahrscheinlich über landwirtschaftliche Produkte sprechen wollte. Er starrte W. und mich an, als ob er seinen Augen nicht traue. Die hatten in dem Hotel Mist gebaut und den gleichen Raum für zwei verschiedene, gleichzeitig stattfindende Besprechungen reserviert. Es machte ja auch nichts aus – lediglich B. M. hat Lunte gerochen –, aber ich kam mir so albern und blöde vor, ungefähr so wie damals vor fünf Jahren, als wir mitten am Tag in Deinem Büro gebumst haben und nicht wußten, daß das Schloß nicht in Ordnung war, und als dieser sogenannte Konzernchef plötzlich zusammen mit zwei englischen Gästen in schwarzen Jacken und gestreiften Hosen hereinkam, weil er denen seine großartigen Diensträume zeigen wollte. In solchen Augenblicken kann ich nie darüber lachen, ich komme mir einfach zu dumm vor. Im Augenblick fühle ich mich dumm und einsam.
Die ganze Sache mit B. M. geht übrigens in Ordnung. Wir bekommen Vorräte, die zehn Jahre lang reichen werden.
Ich habe versprochen, morgen eine Rede zu halten und anschließend einem internationalen Frauenverband ein Interview zu geben; beides soll über mehrere Fernsehstationen und natürlich im Rundfunk und so weiter gesendet werden. Ich weiß genau, wie so was abläuft, sie werden die üblichen Fragen stellen, und die Antworten darauf weiß ich ja schon

auswendig. Es endet dann damit, daß einige von denen wütend werden und die meisten so tun, als ob sie unheimlich stolz sind.
Liebling, schaffen wir das alles wirklich? Wußten wir, worauf wir uns eingelassen haben, als diese Verschwörung vor vier Jahren angefangen hat? Bist Du wirklich so sicher, wenn Du behauptest, daß dies nicht schiefgehen kann? Kann es uns nicht über den Kopf wachsen?
Gerade über dieses «über den Kopf wachsen» habe ich nachgedacht, als ich von zu Hause abfuhr. Das Flugzeug hob ab und – die Abfertigungsgebäude sehen wirklich fabelhaft aus jetzt, nachdem sie fertig sind; da haben Stoloff und seine Leute prima Arbeit geleistet –, ja, und dann flogen wir eine Schleife über Oswaldsburg. Ich saß am Fenster und sah alle Häuser, die fertigen und die halbfertigen direkt unter mir. Die ganze erstaunlich schnell hochschießende Großbaustelle. Ich frage mich wieder: Wächst uns das nicht über den Kopf? *Ich* habe jedenfalls das Gefühl, daß wir weder die Baustellen noch die ganze Insel länger unter Kontrolle haben. Auch nicht mehr Ludolfsport, das wir zwanzig Minuten später überflogen. Vielleicht Marbella; obwohl das der schwierigste Teil des Landes ist, fühle ich mich da sozusagen zu Hause. Manchmal kann ich diese angeberischen Namen – Oswaldsburg und Ludolfsport zum Beispiel – nicht mehr ausstehen, obwohl ich selbst dabei war, als wir sie bestimmt haben. Es ist wirklich ein Glück, daß wir der Versuchung, Marbella Ednaranca zu nennen, widerstanden haben, als Oswald und Ludolf das damals vorschlugen.
Heute hätte mich das angekotzt.
Du mußt entschuldigen – ich weiß selber nicht, warum ich auf solche Gedanken komme, wenn ich allein bin und nichts zu tun habe. Vor allem nicht, wenn alles so perfekt gelaufen ist und ich zufrieden sein kann.
Wenn ich nach Hause komme, muß ich übrigens alles Personal und alles Material für den neuen Hotelflachbau in Marbella haben. Und das andere Kasino muß im März fertig sein. Das habe ich mir ein für allemal in den Kopf gesetzt. Unsere anderen Projekte müssen vielleicht einige Wochen stillgelegt werden, aber das hilft nichts.
Übrigens, zu dem, was ich vor ein paar Minuten geschrieben habe, fällt mir eines unserer nächtlichen Gespräche vor langer Zeit ein. Ich fragte: Aber was ist denn die Absicht? Du antwortetest: Sich ein Reich zu schaffen. Ich fragte: Und was sollen wir damit anfangen? Du sagtest: Wir wollen es zu einem Land machen, wo Leute wie wir und andere Menschen sich wohl fühlen. Ich fragte: Was meinst du damit, sich wohl fühlen? Du sagtest: Ganz einfach, daß es Freude macht, zu arbeiten, um sich herum Menschen zu haben, die dich verstehen und dich mögen, natürlich auch genügend Lebensmittel und Wohnraum zu haben, was man nun meint, haben zu müssen, all das; daß man selbst dem Leben einen Sinn und ein Ziel gibt und um sich herum andere sieht, denen es

ebenso geht. Ich fragte: Und was sollen wir damit anfangen, wenn wir es geschaffen haben? Du sagtest: Darin leben. Ich fragte: Ist das der ganze Sinn unserer Arbeit für diese Insel, die wir vermutlich niemals bekommen werden? Du sagtest: Diese Insel, die wir sicher bekommen werden, was du auch ebenso gut weißt wie ich, ist eine natürliche selbständige Einheit, die muß frei und unabhängig sein. Ich sagte: Na klar, das ist der Sinn des Ganzen.

Aber dies letzte haben wir sozusagen automatisch gesagt, irgendwie der guten Ordnung halber. Das haben wir beide gespürt, denn nach einer Weile haben wir das Gespräch fortgesetzt und uns auf folgendes geeinigt: Heute ist die Insel Aufenthaltsort für eine kleine Zahl von Menschen, die ein freudloses Leben führen und denen es außerdem noch wirtschaftlich sehr mäßig geht. Viele Leute, die dort zu Hause sind und dort auch leben möchten, wurden durch Arbeitslosigkeit und fehlende Möglichkeiten, sich zu entwickeln, zum Wegzug gezwungen. Fünfzigmal so viele Menschen können auf dieser Insel ein wirklich zufriedenes Leben führen, fünfzigmal so viele wie dort heute unglücklich leben.

Kannst Du Dich an dieses Gespräch erinnern? Ja, sicher, Du erinnerst Dich an alles Wichtige, das wir zusammen gesprochen oder getan haben, ebenso wie ich es tue. Das andere habe ich fast ganz vergessen. Aber was diesen Gedankengang angeht, so scheint er mir heute so unwahrscheinlich viel wichtiger zu sein, als ich es damals empfand. Ich glaube, in dem Gespräch liegt der Schlüssel, sowohl für die Vergangenheit als auch für die Zukunft; damals haben wir ein für allemal formuliert, was richtig und was falsch war in unserem Denken und an unseren Ideen. Oder jedenfalls ahnten wir die Wahrheit, ohne sie zu verstehen. Das ist ein unbehaglicher Gedanke.

Übrigens, was will Oswald eigentlich mit 700 Jeeps anfangen? Das ist doch Blödsinn. Aber er kann wohl so vor sich hinspinnen, wie er es will. Diese ganze Einwanderungsgeschichte hat er ja perfekt gelöst. Ich habe deswegen heute schon wieder Komplimente von internationaler Seite eingeheimst.

Ich habe Dich so lieb. Hab Dank für den schönen Stift, den Du mir auf dem Flugplatz gegeben hast. Ich schreibe diesen Brief damit.

Entschuldige diesen langen und kindlichen und zusammenhanglosen Brief, aber ich sitze hier mitten in der Nacht in meinem Hotelzimmer. Ich bin unheimlich scharf, das dürfen feine Damen eigentlich wohl nicht sein, und außerdem sehne ich mich nach Hause. Ich sehne mich nach Dir! Ich will mich nicht zwischen alle diese Federkissen in dem großen, eleganten Bett legen, aber jetzt muß ich es wohl doch tun. Leb wohl, ich liebe Dich.

Deine Aranca

Orbal: Wie alt war diese Frau?
Schmidt: 32 Jahre. Sie hatte zu der Zeit ein acht Monate altes Kind mit Janos Edner, aber das erwähnt sie eigenartigerweise nicht.
Orbal: Was ist denn daran eigenartig?
Schmidt: Ich habe es nicht wörtlich gemeint.
Orbal: Scheint eine ziemlich leidenschaftliche Frau gewesen zu sein. Wie sah sie aus?
Schmidt: Klein, blond, lebhaft. Blaue Augen. Gute Figur, heißt es. Hier gibt es eine Personenbeschreibung in den Akten: 159 cm groß, 53 Kilo ...
Peters: Zum Teufel, du weißt doch, wie Aranca Peterson aussah, Mateo! Du hast doch Tausende von Bildern von ihr gesehen.
Schmidt: Aranca Peterson schickte den Brief nicht am Tag danach ab. Sie ließ ihn offenbar liegen und schrieb am nächsten Tag einen Zusatz. Auch der ist nicht uninteressant. Machen Sie weiter, Leutnant Brown.
Brown: Mein Auftritt heute abend wurde, wie üblich, ein ungewöhnliches Ereignis. Die haben mir beinahe Löcher in den Bauch gefragt. Leider sah ich auf dem Fernsehschirm ziemlich häßlich aus, denn die Hitze der Scheinwerfer war gräßlich, und mein Gesicht schwitzte wie üblich. Ich will die hauptsächlichen Punkte zusammenfassen, denn sie sind im Gegensatz zu all dem Quark, den ich gestern geschrieben habe, von einem gewissen Interesse.
Ich habe mit den üblichen Ausführungen langsam angefangen, und dann ging es richtig drastisch los.
Wenn Ihr Land vorgibt, eine pazifistische Linie zu vertreten, warum weigern Sie sich dann, dem Staatenblock, der sich mit dem Ziel, den Frieden zu bewahren, gebildet hat, beizutreten?
Weil alle Machtblöcke zu allen Zeiten geglaubt haben oder behauptet haben, für den Frieden zu arbeiten. Das Ergebnis spricht für sich selbst.
Sie nehmen also von dem dritten Standpunkt als Idee Abstand?
Ja, auch vom vierten oder fünften. Für uns ist Pazifismus kein Teil der Politik, sondern eine persönliche Lebensanschauung.
Halten Sie es mit Ihrer Auffassung vom Pazifismus für vereinbar, daß Ihre eigene Partei vor weniger als zwei Jahren eine bewaffnete Revolution durchgeführt und die Macht mit Gewalt ergriffen hat?
Es ist sehr, sehr wenig Gewalt angewendet worden. Die ganze Revolution hat weniger als zehn Menschenleben gekostet. Daß das sehr zu beklagen war, haben wir niemals verschwiegen.
Aber wenn die Versuche, die Freiheitsbewegung zu unterdrücken, energischer gewesen wären, wäre sicher auch die Zahl der Todesopfer gestiegen?
Kaum. Wenn jemand uns mit Waffengewalt angegriffen hätte, wären wir nicht so einfältig gewesen, die gleichen primitiven Mittel einzusetzen.
Meinen Sie damit, daß Sie nicht die Absicht gehabt hätten, sich zu verteidigen, oder daß Sie es nicht gekonnt hätten?

Weder gewollt noch gekonnt. In unserem Fall ist das letztere vom ersten abhängig und umgekehrt.
Wenn Sie heutzutage von außen angegriffen würden, würden Sie dann auch auf eine Verteidigung verzichten?
Wer sollte uns denn angreifen wollen?
(Danach war es eine Weile still. Schließlich fragte jemand:)
Das ist keine Antwort auf die Frage. Würden Sie militärischen Widerstand leisten?
Natürlich nicht.
Ich glaube, gehört zu haben, daß Ihre Armee diskrete, aber vergleichsweise große Bestellungen auf Waffen und andere Ausrüstungsgegenstände getätigt hat?
Was Sie glauben, interessiert mich nicht, abgesehen davon, daß es absolut falsch ist. Erstens haben wir keine Armee. Zweitens haben wir militärische Ausrüstungsgegenstände weder gekauft noch bestellt.
Wollen Sie abstreiten, daß Ihre Gendarmerie, oder die Miliz, wie Sie es nennen, vor weniger als einem Monat eine große Anzahl von Militärfahrzeugen bei einer gewissen Stelle im Ausland bestellt hat?
(Diese verdammten Jeeps!)
Es gibt keinen Grund, das abzustreiten. Wir haben keine eigenen Autofabriken im Land und müssen folglich Transportmittel importieren. Wir suchen uns natürlich Fahrzeuge aus, die sich für unsere Geländeverhältnisse am besten eignen.
(Schluß der pazifistischen Abteilung. Ein verrücktes Weibsbild aus Irland fing an, von Gott zu reden.)
Ich habe Gott sei Dank Ihr Land noch nie besucht und werde das auch niemals tun, aber ich habe gelesen und gehört, daß Sie keine offizielle Religion haben?
Ja, das stimmt.
Man behauptet, daß es auf der ganzes Insel kein einziges Gotteshaus gibt. Warum nicht?
Wahrscheinlich, weil es für Kirchen keinen Bedarf gibt.
Ihr Volk wäre also vollkommen unchristlich?
Das weiß ich nicht. Ich kann nicht für jeden Mitbürger persönlich sprechen.
Verlangen Sie wirklich, daß die armen Seelen, die Sie zu einem Leben in geistiger Umnachtung gezwungen haben, sich mit der antireligiösen Unterdrückung abfinden?
Die Frage scheint mir akademisch zu sein. Wenn es Leute geben sollte, die eine Kirche brauchen, so würden die sich sicher eine bauen.
Wollen Sie damit behaupten, daß in Ihrem Land Religionsfreiheit herrscht?
Natürlich!
Ich habe einen Roman mitgebracht, der von einem Ihrer Autoren geschrieben und in Oswaldsburg gedruckt worden ist. Ein fürchterliches Buch, aber ich will trotzdem ein Stück daraus vorlesen. Hier steht wörtlich:

Man denkt sich also einen Mann aus, den man Gott nennt, und zu seinen Ehren baut man besondere Häuser, in die man zu bestimmten Uhrzeiten geht und auf die Knie fällt und Beschwörungen murmelt. Das erscheint ein wenig eigentümlich in einer Zeit, in der wir es gelernt haben, alle bekannten Naturkräfte zu beherrschen und uns nutzbar zu machen, in der von Menschenhand konstruierte Maschinen auf dem Mond landen und in der ... Ich brauche nicht weiterzulesen, hoffe ich. Jetzt frage ich: Vertritt dieser Schreiberling den offiziellen Standpunkt Ihres Landes?

Unser Land nimmt keine offiziellen Standpunkte ein, weder in Glaubensfragen noch in anderen.

(Damit war diese Sache Gott sei Dank ausdiskutiert.)

Es scheint mir, daß es in Ihren Ausführungen interessantere Punkte gibt als die Frage der Religion. Ihr Land ist, wenn ich es richtig verstehe, das einzige auf der Welt, das kein Grundgesetz hat.

Ja. Es gibt übrigens auch keine anderen Verordnungen oder Vorschriften.

Sie erheben also keinen Anspruch darauf, als Rechtsstaat angesehen zu werden?

Doch, aber nicht im konventionellen Sinn dieses Begriffs.

Trotzdem unterhalten Sie eine Gendarmerie. Warum?

Die Miliz hat zwei Aufgaben. Die eine ist die Durchführung der Paß- und Visakontrollen, die andere die Funktion eines Rettungsdienstes bei Unfällen und Krankheiten oder in anderen Zwangssituationen, die über die Kräfte des einzelnen hinausgehen. Ihre Aufgabe den eigenen Mitbürgern gegenüber ist das Helfen, nicht das Überwachen.

All das hört sich natürlich sehr schön an. Aber wie funktioniert das denn praktisch? Ist es nicht so, daß Sie trotz fehlender Gesetze und Verordnungen eine Justiz, eine Skala von Strafen und eine Art Gericht haben?

Es ist falsch, von einer Skala von Strafen zu sprechen. Bei uns gibt es nur eine Form der Strafe: die Ausweisung. Wer einmal ausgewiesen worden ist, darf nie mehr zurückkehren.

Auf welchem Prinzip beruht diese höchst merkwürdige Art der Rechtsprechung?

Auf dem Prinzip der Vernunft. Es bleibt dem einzelnen überlassen, zu entscheiden, was er oder sie sich seinen Mitmenschen gegenüber erlauben darf.

Wie häufig wird diese Strafe angewandt?

Bisher ist sie in ungefähr zehn Fällen ausgesprochen worden.

Und wer entscheidet, wann davon Gebrauch gemacht wird?

Wir. Die Menschen, die in dem Land leben.

Ist es nicht so, daß eine Behörde, die sich ‹Der Rat› nennt – in dem Sie selbst übrigens Mitglied sind –, in diesen und allen anderen wesentlichen Fragen die Entscheidung trifft?

Im Prinzip ist jeder Einwohner Mitglied des Rates.

Ich habe davon gehört. Ich habe aber auch sagen hören, daß der Rat in der Praxis aus einer Junta von fünf Personen besteht und daß es nur in Ausnahmefällen vorkommt, daß ein sozusagen Außenstehender an den Beschlüssen mitwirkt. Stimmt das?

Na klar.

Ist das nicht Faschismus?

(Ich habe diese Frage schon mehrmals gehört und finde sie jedesmal schlimmer.)

Nein, in keiner Weise.

Jedenfalls ist das keine Demokratie. Nicht wahr?

Nicht, wenn Sie mit Demokratie ein den Politikern und den Parteien anvertrautes System meinen, das das Verantwortungsbewußtsein des einzelnen und damit auch seine Initiative unter einem Berg von Gesetzen und verstockten Doktrinen erstickt, mit Verordnungen, die von Anfang an sinnlos sind, weil sie eigentlich selbstverständlich sind, und deren einzige Wirkung darin zu suchen ist, daß sie den einzelnen dazu bringen, sich für unmündig zu halten und nach und nach an seiner eigenen Vernunft zu zweifeln. Demokratie in der Form, an die Sie denken, bringt nichts anderes zustande, als eine unübersichtliche, ständig wachsende Bürokratie und ein ermüdendes Gezänk über Kleinigkeiten, sogenannte Probleme, die jeder normalbegabte Zehnjährige im Handumdrehen lösen könnte. Auch nicht, wenn man mit Volksherrschaft das Gesellschaftsspiel für einige Ausgewählte meint, bei dem abgelutschte und unzeitgemäße Begriffe wie Liberalismus, Reaktion, Sozialdemokratie und Radikalismus wie Tischtennisbälle hin- und hergeschlagen werden ohne Anfang und Ende.

Diese außerordentlich wirklichkeitsfremde Philosophie ist, wie bekannt, nicht neu, aber es würde höchst interessant sein, einmal zu sehen, wie sie in die Praxis umgesetzt worden ist.

(Genügend Opfer auf dem Altar der Demagogie niedergelegt. Dann kam für eine Weile ein Kreuzverhör.)

Bekanntlich sind die offiziellen Angaben über die finanzielle Lage Ihres Landes und den Lebensstandard Ihrer Bevölkerung undurchsichtig, aber es scheint trotzdem so zu sein, daß Sie trotz der künstlichen Bevölkerungsexplosion, die Sie durch Ihre Einwanderungspolitik erzielt haben, eine gewisse ökonomische Ausgeglichenheit erreicht haben. Das erscheint eigenartig, weil das Land, als Sie und Ihresgleichen die Revolution gemacht haben, eine ziemlich zurückgebliebene ländliche Provinz gewesen ist. Wie erklärt sich dieser relative Wohlstand?

Wir haben Verhältnisse geschaffen, unter denen Arbeit nicht mehr als aufgezwungene Last angesehen wird, sondern als sinnvolle Beschäftigung.

Wollen Sie damit gesagt haben, daß Sie keine Freizeitprobleme haben?

Ja. Unter anderem.

Welches ist Ihre Haupteinnahmequelle?
Der Tourismus. Zugespitzt kann man formulieren, daß wir es uns zur Aufgabe gemacht haben, die Freizeitprobleme anderer zu lösen. Dank guter geographischer und klimatischer Voraussetzungen, verbunden mit der Tatsache, die ich vorher erwähnt habe, scheint es uns zur allgemeinen Zufriedenheit gelungen zu sein.
(Damit nahm ich ihr das Wort aus dem Mund, und sie sagte nichts mehr.)
Sie haben vorhin gesagt, daß es bei Ihnen keine Kirchen und keine religiösen Gemeinden mehr gibt. Auch keine anderen Behörden. Haben Sie damit auch andere tragende Säulen der Gesellschaft, zum Beispiel die Ehe, abgeschafft?
Nein. Menschen, die zusammenleben, können natürlich heiraten, wenn sie wollen.
Die können also Ehen schließen. Auf welche Weise denn?
So wie sie wollen. Das ist Sache jedes einzelnen.
Wie hoch ist der Prozentsatz derjenigen, die zusammenleben und eine Familie bilden und die dann eine solche Ehe schließen?
Ich glaube nicht, daß jemand sich die Mühe gemacht hat, eine so völlig sinnlose Statistik zu führen. Aber unter den Menschen, die zusammenleben oder mit der Absicht, eine Familie zu bilden, zusammenziehen, meine ich eine ganz allgemeine Tendenz festgestellt zu haben, die dahin geht, daß man auf die unterschiedlichste Art und Weise seine Zusammengehörigkeit manifestiert.
Wie können die das denn tun?
Zum Beispiel durch private Vereinbarungen, mündliche oder schriftliche. Sie können sich auch in eine Liste, die für alle sichtbar ausliegt, eintragen.
Stimmt es, daß Sie von dem normalen Bürger keine Steuern eintreiben?
Ja. Schon nach Ablauf des zweiten Jahres brachten die volkseigenen Einnahmequellen einen so guten Überschuß, daß wir überlegen konnten, ob wir nicht zur Austeilung des Gewinns übergehen sollten, anstatt Steuern zu kassieren.
Was sind das denn für sogenannte volkseigene Einnahmequellen?
Der Tourismus und die Verbindungen ins Ausland. Wie ich in meiner einleitenden Ansprache erwähnt habe, ist es unsere Absicht, nur das Gebiet im Südwesten um die Stadt Marbella herum für den Tourismus zu erschließen. Im übrigen hat sich, wie ich auch gesagt habe, die moderne Bebauung auf die beiden anderen größeren Städte konzentriert. Die Absicht ist einerseits, unnötige Zerstörung der Natur des Landes zu vermeiden, andererseits, unsere landwirtschaftlich genutzte Fläche nicht zu beschneiden. Dank intensiver Erschließung und Spezialisierung ist es uns nämlich trotz des Bevölkerungszuwachses gelungen, eine Überproduktion von Lebensmitteln beizubehalten. Qualitätsprodukte unserer Landwirtschaft sind zur Zeit unser wichtigster Exportar-

tikel. Außerdem müssen wir – mit Rücksicht auf die hohen Rückwanderungszahlen – die für den Tourismus vorgesehen Gebiete begrenzen. Anderenfalls würde zumindest zeitweise das ganze Land von Ausländern überschwemmt werden, und das brächte niemandem einen Vorteil.

Als ich Ihr Land besucht habe, hatte ich den Eindruck, daß fast alles sehr teuer war, jedenfalls in Marbella.

Sie hatten wahrscheinlich auch Gelegenheit festzustellen, daß unser Service erstklassig ist.

Stimmt es, daß Ihre Einwanderungsbestimmungen jetzt außerordentlich scharf sind?

Um die Staatsbürgerschaft zu bekommen, muß man Empfehlungen von mindestens vier Personen haben, die bereits im Lande wohnen. Trotzdem wächst die Bevölkerungszahl ständig.

Ihre Visabestimmungen sind auch nicht gerade liberal. Es ist für einen Ausländer nicht möglich, sich für längere Zeit in Ihrem Land niederzulassen. Warum?

Das ist eine ökonomische Frage. Wir stellen Visa in drei Kategorien aus, für vierzehn Tage, für eine Woche und für zwei Tage. Der letztgenannte Service ist für Gäste gedacht, die sich der schnellen Verkehrsverbindungen bedienen, also das Flugzeug und die Tragflügelboote benutzen, um unsere Attraktionen für kurze Zeit zu genießen.

Damit meinen Sie die Spielhöllen und Bordelle?

Ja, in gewisser Weise.

(Da bekam die Irländerin wieder eine Chance.)

Es verhält sich also so, daß Ihr Land davon lebt, daß Sünde und Laster angeboten werden?

Ich mache mich nicht anheischig, zu beurteilen, was Sünde und Laster ist, ausgenommen in bezug auf mich selbst.

Sie können doch nicht abstreiten, daß Sie etwas anzubieten haben, was jemand einmal das vielseitigste Bordellsystem genannt hat, das als das best... ich meine, das umfassendste in der ganzen zivilisierten Welt angesehen wird?

Nein, warum sollte ich? Ich habe es ja selbst organisiert. Was meinen Sie übrigens mit dem Begriff zivilisierte Welt?

(Dann war Gott sei Dank die Zeit zu Ende. Ich bekam 30 Sekunden für ein Schlußwort und eine Zusammenfassung zugestanden. Sagte das Übliche.)

Jetzt will ich mich endlich hinlegen. Ich kann mir nicht vorstellen, wie ich es hier noch eine Woche lang aushalten soll. Ich werde wohl nach Hause fahren, bevor das Ganze zu Ende ist. Gute Nacht. Deine Aranca.

Peters: Ist nun endlich Schluß?

Schmidt: Nein, Herr Major, noch nicht richtig. Der Brief enthält noch einen Zusatz, ein P. S.

Brown: P. S. Es ging nicht. Als ich einzuschlafen versuchte, hatte ich eine gräßliche Vision der Eifersucht...

Peters: Brown, lassen Sie uns um Gottes willen eine Atempause. Ist es denn wirklich notwendig, daß dies hier auch vorgelesen wird?
Schmidt: Meiner Meinung nach ja. Der Zusatz ist ganz kurz, gibt aber ein erschütterndes Bild von der Art der übertriebenen Offenheit und der ganz und gar lockeren Sexualmoral, die unter dem Schutz des Regimes wuchern konnte, sogar unter Frauen und in den führenden Kreisen.
Orbal: Das hört sich interessant an.
Schmidt: Es ist eher erschreckend. Ich möchte das Kriegsgericht darauf vorbereiten, daß dieser Teil der Anlage eine Akte mit recht widerlichem Inhalt ist. Aber der Text beleuchtet, wie gesagt, das völlige Fehlen normaler Anständigkeit in jener Zeit und ist bezeichnend für ein Milieu, in dem der Angeklagte später zu leben hatte.
Orbal: Ja, ja. Nun mal los, Brown.
Brown: P. S. Es ging nicht. Als ich einzuschlafen versuchte, hatte ich eine gräßliche Vision der Eifersucht. Liebling, es ist abscheulich, aber ich muß doch versuchen, Dir das alles zu erzählen. Ich muß Dich um eine Sache bitten: daß Du versuchst, nicht mit Dana zu bumsen. Und wenn Du es doch tust (aber versuche, es bleiben zu lassen!), dann sag es mir gleich, denn ich merke es Dir doch an, da bin ich ganz sicher. Ich würde Dich nicht darum bitten, wenn ich nicht wüßte, ja wirklich wüßte, wie leicht es passieren kann. Irgendwann, wenn ich so wie jetzt weit weg bin oder nicht in Deiner Nähe.
Die Vision, die ich hatte, war die, daß Du plötzlich zu ihr hingingst und hinter ihr standest, und plötzlich hast Du den Gürtel ihres weißen Kleides aufgemacht, und sie stand ganz still, während Du es gemacht hast, und ließ die Arme an den Seiten herabhängen. Sie hatte nichts drunter an, und als Du das Kleid auf den Boden hast fallen lassen, war sie nackt, und dann streifte sie die Pantoffeln ab und drehte sich um. Ich bekam Angst, denn ich wußte, daß ihr es jetzt nicht mehr sein lassen würdet. Du hast sie noch nie nackt gesehen, aber ich. Mehrere Male in der Sauna, wenn wir zusammen gebadet haben.
Ich weiß einiges über sie, von dem ich glaube, daß Du es nicht weißt. Und außerdem weiß ich genau, wie sie aussieht. Sie hat schmalere Hüften und Schultern als ich und ist etwas größer. Sie hat viel kleinere Brüste als ich, aber ihre Brustwarzen sind mindestens dreimal so groß wie meine und ganz dunkelbraun. Jedesmal, wenn ich sie ohne Kleider gesehen habe, standen sie aufrecht oder waagerecht, wenn Du so willst, sicher fünfzehn Millimeter lang. Sie hat ziemlich braune Haut, und vom Nabel abwärts hat sie einen Streifen kurzer schwarzer Haare. Du sagst, daß mein Geschlechtsorgan groß ist, aber ihres ist größer, jedenfalls sieht es so aus. Das Haar ist ganz schwarz und dicht und liegt in runden flachen Locken. Es geht weiter hoch zum Bauch als bei allen anderen Menschen, die ich gesehen habe. Einmal vor einem halben Jahr schlief

sie in der Sauna ein, und ich schaute sie an. Sie lag auf dem Rücken und schlief die ganze Zeit lang sehr unruhig; ständig bewegte sie die Schenkel und strich mit Händen über die Hüften und Brüste. Ich sah genau, wie sie sich fühlte und warum sie so etwas tat, und als sie aufwachte, fragte ich sie ganz direkt. Sie antwortete sofort, daß sie seit sieben Monaten keinen Mann mehr gehabt hatte, und vom letzten wußte sie nicht mal, wie er ausgesehen hatte, denn sie hatte ihn mitten in der Nacht am Strand getroffen, als sie dort spazierenging, weil sie es nicht mehr aushielt, im Haus zu sein und im Bett zu liegen. Sie sagte, daß es ihr hinterher nur leid getan hätte und daß sie es so nicht noch einmal machen wollte. Sie erzählte auch, daß sie früher mal verheiratet gewesen war und viele Beziehungen gehabt hatte, bevor sie hergekommen war, aber daß alles in die Brüche gegangen war, irgendwie schlecht ausgegangen war. Die Leute um sie herum waren gestorben oder zuschanden gekommen; denjenigen, mit denen sie wirklich zusammensein wollte, hatte sie Kummer bereitet, und sie selbst war immer unglücklich geworden. Als sie hierhergekommen war, hatte sie versucht, ohne Sexualität zu leben, und hatte das auch geschafft, beinahe vollständig. So was wie da an dem Strand zählt ja kaum. Aber es war nicht leicht, sagte sie, und ich verstehe sie sehr gut.
Jetzt will ich Dir auch erzählen, warum ich diese Vision hatte. Das ist ein wenig häßlich ihr gegenüber, daher habe ich es nicht schon früher getan. Es war im Sommer, als es so furchtbar heiß war und wir in dem kleinen Haus unten am Strand waren. Ich hatte drinnen im Haus zu tun, und Du gingst in Hemd und Badehose draußen auf der Terrasse hin und her und diktiertest irgendwas. Sie saß am Tisch und schrieb und hatte die Pantoffeln und das weiße Kleid an. Ich kam raus, um irgend etwas zu holen, und blickte sie zufällig an. Sie wirkte irgendwie komisch, und als sie mich ansah, waren ihre Augen ganz trübe. Plötzlich ließ sie alles aus den Händen fallen und sagte zu mir: Ich muß mal mit dir reden. Sie hörte sich heiser und eigenartig an, aber Du hast nichts gemerkt, sondern nur mit den Schultern gezuckt und bist gegangen. Sie ging mit mir hinein und schloß die Tür hinter sich, und ich begriff gar nichts. Sie schüttelte die Pantoffeln von den Füßen und riß sich das Kleid vom Leib. Sie hatte nichts darunter an. Ohne einen Ton zu sagen, warf sie sich rücklings auf das Bett und begann zu onanieren. Ich bekam einen tüchtigen Schreck (nur dies eine Mal) und wußte nicht, was ich tun sollte, dann ging ich ans Fenster, stellte mich davor und blickte hinaus. Es dauerte etwa zehn Minuten, bis sie zum Orgasmus kam und dann noch eine Weile so weitermachte. Danach lag sie eine Zeitlang still, und keiner von uns sagte etwas, bis sie aufgestanden war und sich angezogen hatte. Dann blickte sie mich an und sagte: Verzeih! Ich konnte es nicht länger aushalten. Und ich sagte: Ich verstehe.
Damals tat sie mir nur sehr leid, und ich schämte mich auch etwas, denn

Du und ich waren nur wenige Stunden vorher zusammengewesen. Vielen Leuten würde es sicher sehr ungewöhnlich erscheinen, daß ich Dir so etwas auf diese Art schreibe, aber das finde ich nicht. Ich will Dir bloß erzählen, daß es ein wenig gefährlich ist. Jetzt werde ich endlich ins Bett gehen.

Leb wohl, Liebling. D. O.

Orbal: Auf welcher Seite steht das?
Schmidt: 922.
Orbal: Gib mir das Buch her, Carl.
Peters: Ist nun vielleicht endlich Schluß mit den Perversitäten, dem Schund und den Widerlichkeiten?
Schmidt: Die betreffende Anlage schließt hier.
Orbal: Wer war diese Frau?
Schmidt: Daniča Rodriguez, sie war die Sekretärin von Janos Edner.
Orbal: War das die mit dem Schnurrbart?
Schmidt: Jawohl, Herr Oberst.
Orbal: Oho!
Peters: Ich muß sagen, Schmidt, daß Sie auf dem besten Wege sind, aus dem Kriegsgericht ein ... ein ... ja, ich weiß nicht was zu machen. Mir fehlen die Worte!
Pigafetta: Das wäre dann das bemerkenswerteste und erstaunlichste Ereignis, das in diesen Räumen seit langem stattgefunden hat.
Peters: Was meinen Sie?
Pigafetta: Nichts, natürlich.
Peters: Mir ist eine sonderbare Sache aufgefallen, Schmidt. Während des ganzen Vorlesens habe ich Velders Namen nicht ein einziges Mal gehört. Warum sitzt der Angeklagte überhaupt hier? Weil es ihm Spaß macht? Mir macht es jedenfalls keinen Spaß!
Pigafetta: Das Verfahren macht tatsächlich kaum Fortschritte.
Orbal: Eigenartiger Mensch.
Pigafetta: Wer?
Orbal: Dieser Edner. Daß er nichts gemerkt hat, meine ich. Die Frau war ja beinahe nackt und kurz davor, umzukippen vor lauter ... na los, machen Sie weiter!
Peters: Womit? Mit dem Vorlesen?
Kampenmann: Mir ist etwas nicht klar. Wie funktionieren die Bordelle eigentlich?
Orbal: Ausgezeichnet. Die gab es noch, als ich hierherkam.
Kampenmann: Ich meine organisatorisch.
Orbal: Davon habe ich wirklich keine Ahnung.
Haller: Aber ich kann die Frage beantworten. Kurz gesagt: man beschaffte sich die Frauen im Ausland. Sie wurden sehr sorgfältig ausgewählt und bekamen für drei Monate eine Aufenthaltsgenehmigung.

Wenn sie ihre Arbeit gut machten, konnte die Genehmigung verlängert werden. Sie hatten einen recht hohen Monatslohn, mußten aber auch eine Menge leisten. Die medizinischen Kontrollen waren sehr sorgfältig.

Kampenmann: Mit anderen Worten: Der Staat betätigte sich als Zuhälter.

Haller: Das ist Ansichtssache. Das Gehalt der Frauen war steuerfrei.

Kampenmann: Worin lag dann der Verdienst?

Haller: Oh, deren Lohn belief sich nur auf zwei bis drei Prozent der Beträge, die die Kunden zahlen mußten. Die Räume waren sehr exklusiv eingerichtet, und der Service, der da geboten wurde, war erstklassig. Wenn es eine Kartei der Kunden gegeben hätte, wären Sie sicher erstaunt über die Namen gewesen.

Kampenmann: Haben die Einwohner des Landes von diesem ... Service keinen Gebrauch gemacht?

Haller: Das war nicht verboten, aber wahrscheinlich ist es sehr selten vorgekommen.

Kampenmann: Was ist aus diesen Frauen anschließend geworden?

Haller: Die überwiegende Mehrheit wurde aus dem Lande verwiesen, wenn ihre Verträge ausgelaufen waren. Aber es gab auch welche, die die Staatsbürgerschaft erhielten und sich im Lande niederließen. Einige gibt es immer noch, als verheiratete Frauen.

Peters: Ich verlange, daß wir das Thema augenblicklich wechseln. Dies hat überhaupt nichts mit Velder zu tun. Machen Sie weiter, Schmidt.

Schmidt: Nach den ersten dreizehn Dienstmonaten wurde Velder einem Verband überstellt, der sich die Bereitschaftsabteilung der Miliz nannte, dort blieb er ein Jahr lang. Während dieser Zeit beging er zwölf Verbrechen, die in der Anklageschrift unter den Punkten 33 bis 44 im einzelnen aufgeführt sind. Die Anklage lautet in fünf Fällen auf Dienstvergehen, in drei Fällen auf Diebstahl aus militärischen Vorratslagern, in ebenfalls drei Fällen auf Trunkenheit im Dienst und schließlich in einem Fall auf Mißbrauch der Dienststellung. Ich beantrage, unter Hinweis auf die ähnliche Entscheidung zu dem ersten Verbrechenskomplex, die Übergabe der Sache ohne erneute Überprüfung. Die vom Angeklagten gemachten und beeideten Aussagen sind beigefügt.

Peters: Na, Endicott, bleibt der Angeklagte bei seinen Aussagen?

Endicott: Er gesteht.

Peters: Dann legen wir dies zu den Unterlagen. Gut so. Wenigstens etwas.

Kampenmann: Sollte die Art der Verbrechen nicht etwas ausführlicher beschrieben werden, wenigstens in kurzen Zügen?

Peters: Verdammt, was sind Sie kleinlich! Diebstahl von 26 Paketen mit Keksen bei verschiedenen Gelegenheiten, Diebstahl eines Verbandskastens, Diebstahl von 16 Konservendosen ... er hat ein gutes Gedächt-

nis, das muß ich schon sagen, betrunken während eines Einsatzes. Übrigens, was für eines Einsatzes denn eigentlich?
Schmidt: Die Bereitschaftsabteilung der Miliz wurde auch als Feuerwehr eingesetzt.
Peters: Ach so. Weiter. Betrunken, während er als Fahrlehrer eingesetzt war, ach was, nehmen Sie den Packen und lesen Sie selbst.
Kampenmann: Danke.
Endicott: Was die Diebstahl-Punkte angeht, so möchte ich trotz der Geständnisse des Angeklagten auf einen Sachverhalt aufmerksam machen. Irgendwelche militärischen Vorräte im eigentlichen Sinne gab es gar nicht. Bei besonderen Aufträgen wurden allerdings Proviant und anderes Verbrauchsmaterial ausgegeben, und es war üblich, daß man das, was übrigblieb, unter sich aufteilte.
Peters: So, darauf haben Sie nun also hingewiesen.
Schmidt: Velder, bekennen Sie sich des schweren Diebstahls in diesen drei Fällen für schuldig?
Velder: Jawohl, Herr Kapitänleutnant.
Peters: Nehmen Sie Grundstellung ein!
Velder: Ich tue es, so gut ich kann, Herr Major.
Peters: Keine Bemerkungen, möchte ich mir ausbitten.
Schmidt: Sie sehen also ein, daß Sie in diesen drei Fällen verbrecherisch gehandelt haben und daß Sie dafür eine strenge Strafe verdient haben?
Velder: Jawohl, Herr Kapitänleutnant.
Schmidt: Nach seiner Dienstzeit bei der Bereitschaftsabteilung wurde Velder in die Leibwache von General Oswald übernommen. Damit nahm seine verbrecherische Tätigkeit auch einen ernsteren und für die Volksgemeinschaft gefährlicheren Charakter an.
Peters: Das schaffen wir heute nicht mehr, Mateo. Laß die Beteiligten links- und rechtsum machen.
Orbal: Was ist? Was hast du gesagt?
Pigafetta: Die Beteiligten können gehen.
Peters: Um Endicott tut es mir leid. Was für ein verdammtes Kommando. Übrigens meine ich, wir müssen den Schmidt ablösen. Ich halte das keinen Tag länger aus.
Orbal: Haben wir jetzt Schluß gemacht?
Peters: Hör doch endlich auf, in diesem Buch zu lesen, Mateo! Schließ die Sitzung.
Orbal: Das Gericht vertagt sich.

Brown: Anwesend Oberst Orbal, Oberst Pigafetta, Major von Peters, Kapitän zur See Kampenmann und Generaladvokat Tadeusz Haller. Berichterstatter Leutnant Brown.
Orbal: Scheußlich ungemütlich ist es hier drin.
Pigafetta: Die Heizung streikt.
Orbal: Warum versuchen Sie nicht, sie reparieren zu lassen?
Pigafetta: Wir sind dabei. Beachten Sie, daß ich ‹wir› sagte. Ich habe diesmal unsere Techniker eingesetzt. Sofern nicht die Anlage selbst völlig untauglich oder miserabel installiert ist, müßte sie innerhalb der nächsten Stunde funktionieren. Meine Männer verstehen ihr Handwerk.
Peters: Das wäre zu beweisen.
Pigafetta: Was meinen Sie damit?
Peters: Ich habe vielleicht über die Unfallstatistik der Luftwaffe nachgedacht.
Pigafetta: Im Verhältnis zur flächenmäßigen Größe des Landes ist unsere Luftwaffe eine der stärksten der Welt. Wenn man Vergleiche mit den Unfallstatistiken der am besten ausgerüsteten Großmächte anstellt, sind unsere Zahlen überhaupt nicht ungewöhnlich. Das wissen Sie ganz genau, Major von Peters. Ich werte Ihre Bemerkung als böswillig und verletzend.
Haller: Meine Herren, meine Herren ...
Orbal: Ja, beruhigen Sie sich, Pigafetta. Du auch, Carl, komm zum Thema.
Brown: Kapitänleutnant Schmidt hat sich entschuldigen lassen. Er ist überraschend auf einen wichtigen Posten versetzt worden. Die Anklage der Streitkräfte wird durch den stellvertretenden Auditor, Leutnant Mihail Bratianu, vertreten.
Peters: Fein.
Kampenmann: Sie scheinen nicht besonders erstaunt zu sein, Major von Peters. Ist dies ein Schachzug, mit dem das Kriegsgericht durch einen weiteren Vertreter des Heeres verstärkt werden soll?
Orbal: Verdammt, was sind Sie heute alle streitsüchtig! Und kalt ist es wie in einer Eskimofotze, wie General Winckelman zu sagen pflegte, wenn wir im Kasino gelüftet haben. Jetzt wollen wir aber wirklich anfangen. Rufen Sie die Beteiligten herein, Brown.
Bratianu: Herr Oberst Orbal, Herr Major von Peters, Herr Oberst Pigafetta, Herr Kapitän Kampenmann, Herr Generaladvokat, ich beantrage, mit meinem Vortrag dort anknüpfen zu dürfen, wo Kapitänleutnant Schmidt notgedrungen abbrechen mußte.
Peters: Beispielhaftes Auftreten!
Orbal: Was flüsterst du da, Carl?

Peters: Ich sagte: richtig schneidiges Auftreten. Also das von Bratianu.
Orbal: Gut im Schuß, der Junge.
Pigafetta: Was murmeln Sie da vor sich hin, meine Herren? Meine Zustimmung, Bratianu.
Orbal: Ach ja, ich stimme zu.
Bratianu: Anklagepunkt 45. Ungehorsam gegen Vorgesetzte und Verletzung der Dienstpflicht in Zusammenhang mit Unverständnis und Gleichgültigkeit im Dienst. Korporal Velder.
Velder: Ja, Herr Leutnant.
Bratianu: Stehen Sie stramm! Das geht noch besser! Ja, so. Am dritten Mai vor sieben Jahren morgens begleitete Korporal Velder in seiner Eigenschaft als Fahrer und Leibwächter General Oswald auf einer Dienstreise in das damalige Ludolfsport. In der Stadt besuchte der General ein Gebäude im alten Stadtteil. Die Uhr zeigte 15.30. Korporal Velder bekam den Befehl, beim Jeep Wache zu halten. 45 Minuten später kam der General zurück und stellte fest, daß Korporal Velder seinen Posten verlassen hatte. Der General mußte mehr als zehn Minuten lang suchen, bis er den Korporal Velder zwei Häuserblocks weiter entdeckte. Bei der Rückkehr ins Hauptquartier der Miliz wurde festgestellt, daß Korporal Velder seine Kartentasche vermißte. Die Art und Weise, wie der Angeklagte sein Handeln begründete, ist so ungewöhnlich, daß das verehrte Präsidium es mit seinen eigenen Worten hören sollte. Ich beantrage, daß Korporal Velder als Zeuge aufgerufen wird.
Peters: Genehmigt.
Brown: Erwin Velder, Sie schwören bei Gott und der Heiligen Schrift, daß Sie sich strikt an die Wahrheit halten werden?
Velder: Ich schwöre, Herr Leutnant.
Bratianu: Warum haben Sie Ihren Posten verlassen?
Velder: Ich wußte, daß Oswald ...
Bratianu: General Oswald!
Velder: Entschuldigen Sie, Herr Leutnant. Er nannte sich damals nicht General.
Bratianu: Keine Kommentare. Antworten Sie kurz und klar.
Velder: Ich wußte aus Erfahrung, daß General Oswald etwa eine Stunde fort sein würde. Vier Jungen von etwa zehn Jahren spielten auf der Straße Ball, und nach ungefähr zehn Minuten kam einer von ihnen zu mir und fragte mich, ob ich am Tor stehen wolle. Sie spielten alle gemeinsam auf ein Tor. Ich tat, worum sie mich gebeten hatten.
Bratianu: Wie weit haben Sie sich von Ihrem Postenplatz entfernt?
Velder: Ungefähr 75 Meter.
Bratianu: Was geschah dann?
Velder: Es war ein warmer Tag, und obwohl ich den Waffenrock in den Wagen gelegt hatte, begann ich zu schwitzen.

Bratianu: Meinen Sie, daß Sie gegen die Dienstvorschrift verstoßen haben, indem Sie sich auf offener Straße ausgezogen haben?
Velder: Jawohl, Herr Leutnant.
Bratianu: Ich beantrage, die Anklage um einen Punkt erweitern zu dürfen, nämlich Übertretung von § 2 der Dienstanweisung für Soldaten. Außerdem beantrage ich, daß die Punkte Unverständnis und Gleichgültigkeit im Dienst geändert werden in grobes Unverständnis und grobe Gleichgültigkeit.
Peters: Genehmigt. Machen Sie weiter, Velder.
Velder: Das Ballspiel endete etwa zwanzig Minuten nach vier. Die Jungen begannen etwas anderes zu spielen, und einer von ihnen bat darum, meine Kartentasche ausleihen zu dürfen, die auf dem Vordersitz des Jeeps lag. Ich gab sie ihm und ging in die nächste Bar, um ein kühles Bier zu trinken. Als ich dort zehn Minuten lang gesessen hatte, kam der General und holte mich ab. Als wir gingen, vergaß ich, daß ich die Kartentasche verliehen hatte.
Bratianu: Was enthielt die Kartentasche?
Velder: Eine Landkarte über das Gebiet ostwärts von Oswaldsburg.
Bratianu: In der das Hauptquartier der Miliz und die umliegenden Stützpunkte sorgfältig eingezeichnet waren.
Velder: Jawohl, Herr Leutnant. Außerdem eine Liste, in die Os . . . in die der General eingetragen hatte, was wir in der folgenden Woche machen wollten, eine Tafel Schokolade und einen Brief, den ich einstecken sollte.
Bratianu: Einen Brief, den der General eigenhändig geschrieben und Ihnen anvertraut hatte.
Velder: Jawohl, Herr Leutnant.
Bratianu: Ist es Ihnen gelungen, die Kartentasche wieder herbeizuschaffen?
Velder: Nein, Herr Leutnant.
Bratianu: Haben Sie es versucht?
Velder: Nein, Herr Leutnant. Aber der Brief ist trotzdem angekommen. Der Junge selbst oder vielleicht sein Vater haben ihn auf die Post gebracht.
Bratianu: Unterstehen Sie sich hier in Anwesenheit zweier Obristen, eines Majors und eines Kapitäns zur See, sich entlasten zu wollen? Stehen Sie stramm, habe ich gesagt! Sehen Sie mir in die Augen, Korporal Velder, gestanden haben Sie ja bereits, aber sehen Sie auch ein, welches Risiko Ihre verbrecherischen Handlungen in einer anderen Lage für die Sicherheit des Landes und für die Person des Generals hätten bedeuten können?
Velder: Jawohl, Herr Leutnant.
Bratianu: Ihr Zeuge, Hauptmann Endicott, bitte sehr!
Endicott: Wie war das Verhältnis zwischen Ihnen und dem General?

Velder: Sehr gut.
Endicott: Was tat der General, als er Sie in der Bar vorfand?
Velder: Er setzte sich hin und bestellte ein Bier.
Endicott: Machte er Ihnen Vorwürfe, oder bestrafte er Sie?
Velder: Nein, da noch nicht. Am gleichen Abend schimpfte er ein wenig wegen des Briefes.
Endicott: Wissen Sie, ob der General das Gebäude in einer dienstlichen Angelegenheit besucht hat?
Velder: Nein, das war sicher sehr priv...
Bratianu: Ich protestiere. Die Frage gehört nicht zum Verfahren.
Pigafetta: Ja, nun reicht es, Endicott.
Endicott: Keine weiteren Fragen mehr.
Bratianu: Im Hinblick darauf, daß es gerechtfertigt erscheint, die Anklage in diesem Punkt jetzt schon dahingehend auszudehnen, daß es eine Bedrohung der Sicherheit des Landes war, beantrage ich aus Termingründen, diesen Teil des Verfahrens dem Gericht zur Beratung vorzulegen.
Orbal: Gut gemacht, Bratianu! Genehmigt.
Bratianu: Bleiben Sie in Grundstellung stehen, Korporal Velder. Anklagepunkte 46 bis 64. Neunzehn Fälle von Ungehorsam, Trunkenheit im Dienst, grobe Verletzung der Dienstpflicht, grobe Unvernunft im Dienst, grobe Fahrlässigkeit im Dienst, Nachlässigkeit bei der Instandhaltung militärischen Materials, Unzucht und Diebstahl aus militärischen Vorratslagern. In mehreren Punkten gilt die Anklage zwei oder mehr Fällen dieser Verbrechen, gleichzeitig oder bei der gleichen Gelegenheit begangen. Die meisten der Anklagepunkte betreffen Vorkommnisse gleicher oder ähnlicher Art wie im Punkt 45, den wir gerade ausführlich abgehandelt haben. Korporal Velder ist in allen Punkten geständig. Um unnötigen Zeitverlust zu vermeiden, beantrage ich, daß die Verfahrensprozedur auf die gleiche Art wie früher vereinfacht wird. Ich stelle anheim, diesen Teil der Anklage sofort dem Gericht zur Beratung übergeben zu dürfen.
Orbal: Unzucht?
Bratianu: Dieses Detail wird als Beweismaterial in Anklagepunkt 77 aufgenommen, das heißt in den Abschnitt des Verfahrens, in dem Korporal Velder seine Verbrechen immer noch abstreitet. Ich beantrage, jetzt die Punkte 46 bis 64 überreichen zu dürfen.
Peters: Vortrefflich, jetzt wird doch endlich was daraus.
Bratianu: Halten Sie den Kopf still, Korporal Velder. Kinn an die Binde! Denken Sie daran, daß Sie immer noch Soldat sind, und nehmen Sie Grundstellung ein. Korporal Velder, bleiben Sie bei Ihrem Geständnis in den 19 Fällen, die jetzt dem Kriegsgericht übergeben werden sollen?
Velder: Jawohl, Herr Leutnant.
Bratianu: Empfinden Sie Reue und Scham für das Verhalten, durch das

Sie das Vertrauen des Generals und Ihre Pflicht als Soldat verletzt haben?
Velder: Jawohl, Herr Leutnant.
Bratianu: Wenden Sie sich dem Präsidium des Kriegsgerichts zu und erklären Sie, was Sie empfinden.
Velder: Ich bedauere die Art und Weise, in der ich das Vertrauen des Generals enttäuscht und meine Pflicht als Soldat verletzt habe. Ich empfinde tiefe Scham.
Kampenmann: Keine besonders geglückte Formulierung, aber es war ja auch Ihre eigene, Leutnant Bratianu.
Orbal: Was denn? Ich verstehe überhaupt nichts mehr.
Bratianu: Diesen Teil des Verfahrens übergebe ich. Anklagepunkt 65. Bruch der Geheimhaltungspflicht und strafbare Weitergabe von Nachrichten. Als das Verbrechen begangen wurde, war Korporal Velder schon mehr als zwei Jahre lang General Oswalds persönlicher Leibwache zugeteilt gewesen.
Kampenmann: Lassen Sie mich eine Frage einwerfen. Warum und durch wen wurde Velder für die Leibwache des Generals ausgewählt?
Bratianu: Korporal Velder war ein relativ geschickter Schütze und körperlich gut in Form. Personen in der Umgebung des Generals hatten Velder empfohlen und sogar darauf hingewiesen, daß er zuverlässig und intelligent sei. General Oswald vertraute diesen Leuten. Bis zuletzt. Er verließ sich auch auf Korporal Velder.
Pigafetta: Ich wäre dankbar, wenn Sie die Bezeichnung Korporal nicht zehnmal in der Minute wiederholen würden. Das stört wirklich ziemlich. Wollen Sie vielleicht so freundlich sein?
Bratianu: Natürlich, Herr Oberst.
Kampenmann: Noch eine Sache. In einem Anklagepunkt nach dem anderen wird behauptet, daß Velder durch sein offensichtlich in Grund und Boden beispielloses und unentschuldbar undiszipliniertes Auftreten die Dienstvorschrift der Miliz verletzt hat. In einer früheren Phase des Verfahrens hat jedoch ein vom Auditor aufgerufener Zeuge unwidersprochen behauptet, daß so eine Dienstvorschrift gar nicht existiert hat.
Peters: Wirklich, Kampenmann, was machen Sie hier für Schwierigkeiten! Und noch dazu jetzt, wo wir endlich angefangen haben, vorwärtszukommen.
Bratianu: Der Zeuge hat gelogen oder sich geirrt. In einem Befehl an alle Streitkräfte, den er vor auf den Tag genau vier Jahren unterzeichnet hat, stellte General Oswald ein für allemal fest, daß das Soldatengesetz und die Dienstvorschrift, die in Kraft traten, als er selbst eine grundlegende militärische Ausbildung erhielt, für die Miliz seit dem Befreiungstag morgens um halb sechs Uhr in Kraft gewesen seien. Im gleichen Befehl wurde außerdem bekanntgegeben, daß die Miliz seit dem gleichen Zeitpunkt eine militärische Organisation gewesen ist, die der regulären

Truppe gleichgestellt ist. Ich halte den Beweis hier in meiner Hand. Bitte sehr, Herr Kapitän.
Kampenmann: Eigenartig, daß so eine wichtige Order erst fünf Jahre nach der Befreiung unterschrieben worden ist.
Orbal: Durchaus nicht. Ich erinnere mich an den Befehl, damals war ich hier. Der wurde zu Beginn der Unruhen erlassen, damit wir mit den Deserteuren aufräumen konnten. Er kam wie eine Erlösung.
Kampenmann: Ich verstehe. Übrigens, welche grundlegende militärische Ausbildung hatte der General denn vor der nationalen Befreiung genossen?
Haller: Er war wehrpflichtiger Vizekorporal bei einem Versorgungsregiment gewesen.
Orbal: Was?
Peters: Überlegen Sie, was Sie sagen, Herr Haller.
Haller: Das war natürlich ein Scherz.
Orbal: Absolut unpassend!
Peters: Darf ich Sie daran erinnern, Herr Haller, daß dies hier ein Militärgericht ist und kein Operettentheater. Sie können jetzt weitermachen, Bratianu.
Bratianu: Vergessen Sie nicht Ihre Haltung, Velder! Ich wiederhole: Anklagepunkt 65. Bruch der Schweigepflicht und strafbare Weitergabe von Nachrichten. Ich beantrage, die Anklage dahingehend erweitern zu dürfen, daß sie auch Vorbereitung zum Hochverrat umfaßt.
Peters: Genehmigt.
Bratianu: Velder gehörte, als er das Verbrechen beging, wie gesagt, bereits seit mehr als zwei Jahren der Leibwache des Generals an. In dieser Eigenschaft hatte er automatisch Zugang zu geheimem Material und hatte öfter Gelegenheit, Gespräche und Konferenzen abzuhören, bei denen es um Fragen der Streitkräfte ging und damit auch um die Sicherheit der Nation. Der Fall, den ich nun vortragen will, ist erheblich ernster, als die ursprüngliche Bezeichnung des Verbrechens ahnen läßt. Es ist auch der bisher schwerste, der in den Anklagepunkten enthalten ist. Ich beantrage, für die Beweisaufnahme zwei Zeugen vorladen zu dürfen, Korporal Erwin Velder und Generaladvokat Tadeusz Haller.
Orbal: Wollen Sie diesmal mitmachen, Haller?
Haller: Ja, in diesem Fall kann ich keinen Grund finden, der dagegen spräche.
Orbal: Dann ist die Sache klar. Genehmigt.
Bratianu: Der Hintergrund zu dem Fall ist folgender. Die Miliz war kurz vor dem aktuellen Zeitpunkt mit einer Anzahl von Hubschraubern ausgerüstet worden. Die stammten aus dem Ausland und sollten in erster Linie bei der Überwachung der Grenzen eingesetzt werden. Am Nachmittag des 12. Juli stürzte eine dieser Maschinen ab. Velder, denken Sie daran, daß Sie geschworen haben, die Wahrheit zu sagen!

Ich will klare, aber auch ausführliche Antworten haben. Waren Sie Zeuge des Vorfalls?
Velder: Jawohl, Herr Leutnant.
Bratianu: Wo befanden Sie sich?
Velder: Ich stand am Rande des Strandplateaus oberhalb der großen Grasflächen, ungefähr einen Kilometer westlich vom Hafen von Marbella. Wie Sie wissen, ist dort Steilküste, die direkt am Wasser verläuft.
Bratianu: Warum standen Sie an diesem einzigartigen Aussichtsplatz?
Velder: Ich war auf dem Weg zum Leuchtturm.
Bratianu: Im Dienst?
Velder: Jawohl, Herr Leutnant.
Bratianu: Denken Sie daran, daß sie den Zeugeneid geschworen haben! Sagen Sie die Wahrheit?
Velder: Jawohl, Herr Leutnant.
Bratianu: Stehen Sie stramm! Wie oft soll ich Ihnen das noch sagen. Welcher Art war der dienstliche Auftrag?
Velder: Ich sollte dem Personal auf dem Leuchtturm eine Nachricht bringen, über ein Boot, das an einem vorbeifahrenden Schiff anlegen sollte.
Bratianu: Stimmt das?
Velder: Jawohl, Herr Leutnant.
Bratianu: Denken Sie an den Eid. Sagen Sie die Wahrheit?
Orbal: Was ist denn? Warum schreit er denn so?
Peters: Psst, Mateo, warte einen Augenblick.
Velder: Jawohl, Herr Leutnant.
Bratianu: Was würden Sie sagen, wenn ich behaupte, daß ich Ihnen nicht glaube?
Velder: Daß Sie sich irren, Herr Leutnant.
Bratianu: Werden Sie nicht unverschämt! Halten Sie den Kopf still! Sie behaupten also immer noch, daß Sie einen dienstlichen Auftrag hatten?
Velder: Jawohl, Herr Leutnant.
Kampenmann: Darf ich fragen, warum Sie auf diesen Punkt so großen Wert legen, Herr Auditor?
Bratianu: Weil ich an den Aussagen des Angeklagten meine Zweifel habe.
Orbal: Ja, verdammt noch mal, Endicott, was haben Sie denn?
Endicott: Ich möchte darauf hinweisen, daß dieser Punkt in der Voruntersuchung ausführlich beschrieben ist. Es gibt keine handfesten Beweise dafür, daß Velder die Wahrheit sagt, denn die dienstlichen Angelegenheiten der Miliz wurden nicht in Tagebüchern erfaßt. Aber die Psychologen, die bei den Verhören dabei waren, finden keinen Grund, den Wahrheitsgehalt seiner Aussagen zu bezweifeln.
Bratianu: Psychologen sind nicht unfehlbar. Velder, ich frage nur noch ein einziges Mal: Sagen Sie die Wahrheit?

Velder: Jawohl, Herr Leutnant.
Kampenmann: Ich kann nicht gerade sagen, daß wir auf diese Weise sehr viel weiterkommen.
Bratianu: Ich lasse diese Sache bis auf weiteres ruhen. Also, was haben Sie von da oben gesehen?
Velder: Ich bemerkte den Hubschrauber, er flog in westöstlicher Richtung den Strand entlang. Mitten vor dem Hafen von Marbella drehte er plötzlich aufs Meer ab. Als er sich etwa tausend Meter vom äußeren Wellenbrecher befand, kippte er auf die Seite und stürzte ins Wasser. Der Motor schien immer noch zu laufen. Alles zusammen ging sehr schnell. Die Uhr war drei oder vier Minuten nach zwei am Nachmittag.
Bratianu: Wie erklären Sie sich, daß Sie dastanden und den Vorgang so sorgfältig beobachteten, daß Sie sogar so lange Zeit danach solch eine genaue Schilderung geben können?
Velder: Wir hatten die Hubschrauber erst kurze Zeit gehabt. Ich war neugierig, Herr Leutnant. Außerdem hat man meinem Gedächtnis kräftig nachgeholfen.
Bratianu: Ich finde es sehr unwahrscheinlich, daß Sie anhielten, um ein Flugzeug anzustarren, obwohl Sie eigentlich nach eigener Aussage – hören Sie: nach eigener Aussage – auf dem Weg waren, einen wichtigen dienstlichen Auftrag auszuführen.
Pigafetta: Das entspricht doch genau der Art und Weise, wie Velder seinen Dienst auch sonst auffaßte, finde ich. Übrigens ist ein Hubschrauber kein Flugzeug, Leutnant Bratianu.
Bratianu: Ich bitte um Verzeihung, Herr Oberst. Na, Velder, machen wir weiter, obwohl ich mit Ihrer Antwort nicht zufrieden bin. Am Abend des nächsten Tages trat der sogenannte Rat zusammen. Waren Sie dabei?
Velder: Jawohl, Herr Leutnant. Seit einiger Zeit hatte Osw... der General sich angewöhnt, mich zu bitten, auch bei den Ratssitzungen als sein persönlicher Leibwächter dabeizusein.
Bratianu: Gebeten? Was ist denn das für ein Ausdruck, den Sie da benutzen? Sie kennen wohl überhaupt keinen Schliff und Respekt? Was hatte der General getan? Was hatte er sich angewöhnt?
Velder: Mich als Leibwächter zu den Ratssitzungen mitzunehmen.
Bratianu: Wer nahm an der Sitzung teil, außer dem General und Ihnen? Stehen Sie nicht da und schlafen, Velder. Antworten Sie! Ich will schnelle Antworten haben.
Orbal: Einen Ton hat der Mann an sich.
Velder: Die, die immer da waren, Herr Leutnant. Aranca Peterson, Joakim Ludolf, Janos Edner und Tadeusz Haller.
Bratianu: Ich beantrage, den Generaladvokaten Tadeusz Haller als Zeugen aufrufen zu dürfen.
Peters: Genehmigt.

Brown: Herr Generaladvokat Haller, schwören Sie bei Gott und der Heiligen Schrift, daß Sie sich strikt an die Wahrheit halten?
Haller: Ich schwöre.
Bratianu: Sie waren bei dem aktuellen Treffen also anwesend. Wollen Sie so freundlich sein und uns erzählen, was da geschehen ist.
Haller: Ja, soweit ich mich erinnern kann. Das ist ja alles beinahe sechs Jahre her.
Bratianu: Natürlich.
Haller: Der Rat trat wie üblich in dem Gebäude in Oswaldsburg zusammen, das damals als eine Art Kanzlei diente. Heutzutage hat der Christlich Nationale Jugendverband dort seine Räume. Bei den Sitzungen gab es keine besondere Tagesordnung. Laufende Vorgänge und Eingaben einzelner Mitbürger wurden verlesen und diskutiert und danach so oder so ein Beschluß gefaßt. Häufig wurden die Eingaben an die Absender zurückgesandt, damit sie selbst die Sache entscheiden sollten.
Bratianu: Und die Beschlüsse wurden durch Abstimmung gefaßt?
Haller: Nein, das kam so gut wie niemals vor. Abstimmungen im Sinne einer demokratischen Ordnung sollten nach den Ideen des damaligen Regimes möglichst vermieden werden. Der Philosophie zufolge, die in erster Linie von Janos Edner und Aranca Peterson entwickelt worden war, führten unnötige Abstimmungen nur zu Situationen, bei denen Menschen mehr oder weniger gegen ihren Willen in die Falle gelockt und in Gruppen und Parteien gegliedert wurden, die durch künstliche Grenzziehungen entstehen und deshalb ein natürliches Hindernis für das persönliche Denken und eine Gefahr für die Freiheit des einzelnen darstellen. Tatsächlich ist, soweit ich mich erinnern kann, nur ein einziges Mal von Abstimmung die Rede gewesen. Das war viel früher, und es ging damals um einen Vorschlag von General Oswald über einen Ankauf von geländegängigen Fahrzeugen, Jeeps, für die Miliz, 700 Stück, glaube ich. Die später landesverräterischen Mitglieder des Rates sprachen sich dagegen aus, und der General verlangte selbst eine Abstimmung. Die wurde jedoch nie durchgeführt, der Beschluß über den Ankauf allerdings gefaßt.
Bratianu: Dies ist uninteressant. Ich bitte um Verzeihung wegen dieser weniger gut bedachten Frage, die zu dieser Abweichung führte.
Peters: Die Entschuldigung des Auditors wird akzeptiert.
Haller: Bei der Sitzung wurde die Frage des verunglückten Hubschraubers zur Sprache gebracht. Die Stimmung wurde sehr gereizt, was sonst selten vorkam. Der direkte Anlaß dazu war, daß die Zeitungen des Landes vom gleichen Tage ein Kommuniqué des Milizhauptquartiers zu dem Unglück enthalten hatten. Ich kann mich an den genauen Wortlaut nicht erinnern ...
Bratianu: Ich habe das Kommuniqué hier. Ich bitte den Berichterstatter, es zu verlesen.

Brown: Beilage V III/12 xxx. Kommuniqué von General Oswald. Oswaldsburg, Milizhauptquartier, Mittwoch. Wegen der anhaltenden Gerüchte, denen zufolge ein Hubschrauber der Miliz verunglückt sei, wird hierdurch mitgeteilt, daß aus unseren fliegenden Einheiten keine Maschine vermißt wird oder Bruch gemacht hat. Dagegen liegen Meldungen der Küstenwache vor, nach denen beobachtet wurde, wie ein fremdes Flugzeug ins Meer gestürzt ist. Ob dieser Vorfall sich über internationalen Gewässern oder innerhalb der Territorialgrenzen unseres Landes ereignet hat, konnte noch nicht festgestellt werden.
Haller: Ja, so ungefähr erinnere ich mich an den Text. Vor allem Janos Edner und Aranca Peterson kritisierten das Kommuniqué. Deren Haupteinwand war, daß zwischen fünfzig und hunderttausend Personen, darunter die meisten Ausländer, den Hubschrauber gesehen hatten, wie er in geringer Höhe am Badestrand entlangflog und immer noch in Sichtweite war, als das Unglück geschah. Das war ja mitten in der Hochsaison und dazu am frühen Nachmittag, als die Leute dicht an dicht am Strand lagen. Außerdem wiesen sie auf etwas hin, das sie «moralische Aspekte» nannten. Ich kann mich erinnern, daß Aranca Peterson zum Ausdruck brachte, daß Unwahrheit ein Hilfsmittel sei, dessen wir uns gegenüber Ausländern und fremden Mächten bedienen könnten, das aber im Umgang mit unseren eigenen Mitbürgern nicht vorkommen dürfte.
Bratianu: Und was hat der General geantwortet?
Haller: Daß der Vorgang geheimgehalten werden müßte, denn er schadete unserem internationalen Ansehen. Er könnte die Miliz, die zu der Zeit nur drei oder vier Hubschrauber hatte, lächerlich machen und einen Prestigeverlust zur Folge haben, der kaum mehr zu reparieren sei. Janos Edner wiederholte, daß es sinnlos sei, zu versuchen, ein Ereignis geheimzuhalten, bei dem an die hunderttausend Personen als Augenzeugen beteiligt gewesen waren. Der General antwortete, daß die Erfahrung gezeigt hätte, daß das keine nennenswerte Rolle spiele.
Kampenmann: In diesem Punkt hatte der General zweifellos recht. Während des russisch-japanischen Krieges 1904 versenkten die Russen durch ein listiges und geschickt durchgeführtes Manöver zwei der besten japanischen Schlachtschiffe, *Hatsuse* und *Yashima*, vor Port Arthur. Das geschah dicht unter Land vor den Augen von Zehntausenden von Menschen, darunter mehreren Admiralen und anderen hohen Offizieren. Trotzdem gelang es den Japanern, indem sie ihre Verluste geheimhielten und die Tatsachen abstritten, die Russen schließlich dazu zu bringen, daß sie ihren eigenen Augenzeugen nicht trauten. Daher konnte der russische Erfolg auch nicht genutzt werden.
Haller: Vielen Dank für diese Belehrung. Sie gibt einen guten Einblick in das Denken des Militärs. Edner und Aranca Peterson blieben jedoch bei ihrer Einstellung und hatten unter anderem die Unverschämtheit,

anzudeuten, daß der General so handelte, weil er um seinen persönlichen guten Ruf besorgt war. Sie versuchten auch, die Sache ins Lächerliche zu ziehen, und nannten den General abwechselnd naiv und senil.

Orbal: Komische Scherze.

Peters: Ja, wirklich. Daß der General dieses Gesindel nicht unverzüglich eingesperrt hat!

Haller: Der Ton im Rat war von besonderer Art. So wie die Dinge jetzt aussehen, ist es sehr schwer zu verstehen, wie der Rat überhaupt existieren konnte und wie ein Land auf diese Art und Weise geführt werden konnte.

Kampenmann: Welche Einstellung hatten die übrigen Ratsmitglieder?

Haller: Joakim Ludolf war viel zu betrunken, um überhaupt etwas sagen zu können. Das war an und für sich nichts Ungewöhnliches. Er hatte eine Flasche Schnaps bei sich, aus der er immer wieder einen Schluck nahm. Hin und wieder versuchte er, jemanden zu unterbrechen oder dazwischenzureden, aber das einzige, was er herausbekam, waren Redensarten wie «Nein, nun ist aber Schluß» oder «Hört mal einen Moment zu».

Pigafetta: Welche Funktion hatte dieses eigenartige Exemplar der Menschenrasse?

Haller: Ludolf kümmerte sich um viele unserer Verbindungen mit dem Ausland, eigenartigerweise.

Kampenmann: Und Sie selbst, Herr Haller? Was haben Sie gesagt?

Haller: Praktisch gar nichts. General Oswald hatte mich damals noch nicht in seine Reformpläne eingeweiht. Wir arbeiteten sozusagen jeder für sich.

Bratianu: Wie endete die Sitzung?

Haller: Edner und Aranca Peterson wollten eine Mitteilung herausgeben, die das Kommuniqué dementierte, aber der General machte mit großem Nachdruck darauf aufmerksam, daß so etwas aus Sicherheitsgründen absolut nicht geschehen durfte und daß die Sache nicht bekannt werden dürfte. Schließlich gingen die anderen darauf ein, wie sie konstatierten, nur um keinen offenen Bruch zu verursachen, aber die Mitglieder gingen offensichtlich uneins auseinander, was vorher noch nie vorgekommen war. Die Diskussion hatte Stunden gedauert.

Bratianu: War Velder die ganze Zeit dabei?

Haller: Ja.

Bratianu: Der Zeuge steht der Verteidigung zur Verfügung.

Endicott: Keine Fragen.

Bratianu: Ich möchte die Aufmerksamkeit des verehrten Präsidiums auf die Worte des Generals lenken, denen zufolge die Sache aus Sicherheitsgründen nicht bekannt werden sollte. Velder!

Velder: Jawohl, Herr Leutnant.

Bratianu: Was hat der General also gesagt?

Velder: Der General hat wörtlich gesagt: Seid ihr so gräßlich naiv, daß ihr gar nicht begreift, wie recht ich habe? Dies hier muß geheimgehalten werden, besonders seitdem das Kommuniqué jetzt in der Zeitung gestanden hat. Ich lasse mich auf nichts anderes ein.
Bratianu: Velder, ich lasse mir keine Unverschämtheiten bieten. Sie haben eben selbst gehört, was der General gesagt hat, von dem Generaladvokaten. Was genau hat der General gesagt?
Velder: Daß aus Sicherheitsgründen kein Dementi herausgegeben werden sollte und daß die Sache nicht bekannt werden sollte.
Peters: So ist es richtig, Bratianu. Genauigkeit über alles.
Bratianu: Sie haben also gehört, wie Ihr Chef seine Auffassung aussprach, die für Sie als Soldat einen direkten Befehl bedeutete?
Orbal: Herr des Himmels, nun wird er schon wieder so laut.
Bratianu: Und wie haben Sie diesen Befehl ausgeführt? Ich frage, *wie*! Stehen Sie gerade, Mann!
Velder: Jawohl, Herr Leutnant.
Bratianu: Was meinen Sie mit «Jawohl, Herr Leutnant»? Meinen Sie die Tatsache, daß Sie ein Staatsgeheimnis nicht nur Ihrer sogenannten Familie und mehreren anderen Personen erzählt haben, sondern die Sache außerdem einem ausländischen Journalisten, den Sie aufgesucht haben, berichteten?
Velder: Jawohl, Herr . . .
Bratianu: Halt die Schnauze, Schwein! Nehmen Sie sich hier ja keine Freiheiten heraus. Sie haben bewußt Ihre Schweigepflicht verletzt und sich der verbotenen Nachrichtenübermittlung schuldig gemacht. Sie haben einer Person, die vermutlich Agent eines fremden Heeres war, Informationen geliefert. Das haben Sie gestanden.
Velder: Jawohl, Herr Leut. . .
Bratianu: Schweigen Sie, habe ich gesagt. Ich flehe das Präsidium an, den Verteidiger zu ermahnen, daß er besser auf die Disziplin seines . . . Klienten achtet.
Peters: Endicott, ich habe Sie bereits früher darauf hingewiesen, daß Sie die Verantwortung dafür tragen, daß der Angeklagte sich Ranghöheren gegenüber ordentlich und höflich erweist.
Bratianu: Sie sahen ein, Velder, daß der General bereits argwöhnte, der Hubschrauber sei einem Sabotageakt ausgesetzt gewesen, und daß es für die Sicherheit der Nation von vitalem Interesse sei, daß die Bande von Spionen, die dahintersteckte, ausgehoben würde. Es ist verlockend, noch einmal die Frage aufzuwerfen, warum Sie auf dem höchsten Punkt des Strandes zwischen Marbella und dem Leuchtturm standen und den Hubschrauber beobachteten. Es ist verlockend, damit auch auf die Frage einzugehen, wer den Sabotageakt begangen hat. Aber ich will es mir verkneifen.
Pigafetta: Ja, Endicott, was wollen Sie sagen?

Endicott: Ich möchte darauf hinweisen, daß das Wrack geborgen wurde und die technischen Aufzeichnungen der Inspektions-Kommission vorhanden sind. Sie lassen den Schluß zu, daß der Hubschrauber wegen eines Bedienungsfehlers abstürzte.
Bratianu: Mit allem Respekt für das Präsidium möchte ich bemerken, daß Ihr Verhalten, Hauptmann Endicott, mich doch sehr wundert. Inspektions-Kommission? Von wem eingesetzt? Technische Untersuchung? Von wem angeordnet und durchgeführt? Von den gefährlichsten Feinden der Nation, Hauptmann Endicott. Von Landesverrätern!
Endicott: Außerdem hat nicht Velder den ausländischen Journalisten aufgesucht, sondern es war umgekehrt.
Bratianu: Sie haben wahrscheinlich unrecht, aber diese Kleinigkeit ist weniger von Interesse. Velder! Sie geben also zu, daß Sie die Schweigepflicht verletzt und sich der verbotenen Nachrichtenübermittlung schuldig gemacht haben?
Velder: Jawohl, Herr Leutnant, ich gebe es zu.
Bratianu: Und Sie glauben, damit ist die Sache für Sie erledigt. Aber da irren Sie sich! Verehrte Mitglieder des Präsidiums, ich komme jetzt zu einer Ausweitung der Anklage, zu einem Punkt, der meiner Auffassung nach in der Voruntersuchung nicht zufriedenstellend behandelt worden ist. Ich behaupte, daß Erwin Velder schon zu jenem Zeitpunkt gegen General Oswald und damit auch gegen die Sicherheit des Landes konspirierte. Daß seine Verletzung der Schweigepflicht und die verbotene Nachrichtenübermittlung eigentlich nur ein kleiner Teil eines viel ernsteren Verbrechens waren. Nämlich der Vorbereitung des Hochverrats! Ich bin überzeugt, daß der Angeklagte das abstreiten wird, aber ich werde seinen Widerspruch nicht akzeptieren.
Peters: Jetzt wird endlich was aus der Sache. Machen Sie weiter.
Bratianu: Velder, geben Sie zu, daß Sie bereits zu jener Zeit den Hochverrat planten, daß Sie sich damals schon innerlich darauf vorbereiteten, General Oswald im Stich zu lassen und ihm nach dem Leben zu trachten?
Orbal: Vorher hat er herumgebrüllt. Jetzt flüstert er. Was sagen Sie, Bratianu?
Bratianu: Daß Velder den Hochverrat geplant hat und den Tod des Generals wünschte. Ich fragte den Angeklagten, ob er gesteht. Na, Velder, geben Sie es zu?
Velder: Jawohl, Herr Leutnant.
Bratianu: Was? Was soll das? So einfach ist das nicht, Velder. Ich will Ihr Geständnis ausführlicher.
Velder: Ich habe es früher vielleicht nicht eingesehen, vor allem weil die Sache in den Verhören gar nicht zur Sprache gekommen ist. Aber Sie haben recht, Herr Leutnant. Ich bin davon überzeugt, daß ich bereits

damals kein Vertrauen mehr zu Oswald und seinen Überlegungen hatte, die mir immer klarer wurden und die immer schrecklicher zu werden schienen.
Bratianu: Was ... was meinen Sie mit dem Ausdruck «Ich bin davon überzeugt», und was nehmen Sie sich eigentlich heraus? Sie haben General Oswald zu sagen.
Velder: Ich bitte um Entschuldigung, Herr Leutnant. Ich gestehe ohne Vorbehalt. Ich wußte bereits damals, daß ich mich gegen General Oswald wenden würde.
Pigafetta: Was ist denn mit Ihnen los, Bratianu? Geht es Ihnen nicht gut? Jetzt können Sie die Sache doch übergeben, nicht wahr?
Bratianu: Ich bitte um Vergebung, Herr Oberst. Ein vorübergehender Schwindelanfall. Wahrscheinlich die Folge einer alten Verwundung. Es ist jetzt vorüber.
Kampenmann: Der Angeklagte hat gestanden. Übergeben Sie die Sache jetzt?
Orbal: Das laute Schreien ist niemals gut.
Bratianu: Nur noch ein weiteres Detail. Velder, tut es Ihnen leid? Sehen Sie das Unerhörte Ihrer Handlungsweise ein? Das Niederträchtige und Verräterische? Ihre Schlechtigkeit?
Velder: Jawohl, Herr Leutnant.
Bratianu: Wenden Sie sich dem Präsidium zu und erklären Sie, was Sie zugeben.
Velder: Ich bedauere meine Verbrechen und sehe das Unerhörte, das Niederträchtige und Verräterische meines Handelns ein. Ich sehe auch meine Schlechtigkeit ein.
Peters: Fein, übergeben Sie die Sache jetzt, Bratianu.
Orbal: Ja, genau.
Bratianu: Ich beantrage, die Sache dem Sonder-Kriegsgericht zur Überprüfung übergeben zu dürfen.
Peters: Genehmigt. Diesmal ist es schön vorangegangen. Wir können für heute wohl abschließen, Mateo.
Bratianu: Jetzt schon?
Orbal: Was? Natürlich.
Peters: Kurzer Arbeitstag, Bratianu. Belohnung für gute Arbeit.
Orbal: Die Beteiligten können gehen.
Brown: Die Beteiligten haben den Saal verlassen. Wünscht das Gericht zur internen Beratung überzugehen?
Orbal: Worüber denn?
Peters: Habe ich nicht gesagt, daß ein ganz anderer Ton angeschlagen würde, wenn Bratianu die Anklage übernimmt? Ausgezeichneter Auditor, er hat die Verhandlung an einem Tag so weit vorangebracht wie Schmidt an fünf Tagen.
Orbal: Guter Mann, aber er schreit zuviel rum.

Peters: Unsinn, Mateo. Er bringt Velder den Schliff bei, den der so dringend braucht.
Kampenmann: Er hat mich etwas verwundert. Ich möchte wissen, worauf er hinauswill.
Pigafetta: Komisch, daß Sie das sagen. Ich habe auch den Eindruck gewonnen, daß er das Verfahren in eine bestimmte Richtung lenken will.
Kampenmann: Dann bleibt ihm aber nicht mehr viel Zeit. Kapitänleutnant Schmidt ist übermorgen zurück.
Peters: Wissen Sie das sicher?
Kampenmann: Ja, hundertprozentig.
Haller: Ich glaube, ich weiß es.
Orbal: Was denn?
Haller: Worauf Leutnant Bratianu hinauswill.
Peters: Mir scheint das ziemlich gleich, Hauptsache, es geht voran. Haben wir noch was im Kasino, Mateo?
Orbal: Ich glaube schon. Aber keine Frauen, wie Pigafetta sie hat. Ein schöner Anblick ist notwendig für einen Mann, wie General Winckelman immer sagte. Er zog nie ohne seine Bücher in den Krieg.
Peters: Wie auch immer, es wäre schön, wenn das Verbot aufgehoben würde. Mach Schluß für heute, Mateo.
Orbal: Vielen Dank, meine Herren. Das Sonderkriegsgericht vertagt sich bis morgen um elf Uhr.

Siebenter Tag

Brown: Anwesend Oberst Orbal, Oberst Pigafetta, Major von Peters, Kapitän zur See Kampenmann und Generaladvokat Tadeusz Haller. Berichterstatter Leutnant Brown. Kapitänleutnant Schmidt fehlt entschuldigt, hat aber ein Telegramm geschickt, in dem er mitteilt, daß er sein Auditor-Amt morgen wieder wahrnimmt. Auditor für die heutige Sitzung wird Leutnant Bratianu.
Peters: Ausgezeichnet. Rufen Sie die Beteiligten herein.
Bratianu: Herr Oberst, meine Herren Mitglieder des Präsidiums, ich beantrage, mein Plädoyer im Verfahren der Streitkräfte gegen Korporal Velder von der Stelle an fortsetzen zu dürfen, an der die Sitzung gestern unterbrochen wurde.
Orbal: Na klar. Genehmigt.
Bratianu: Ich fordere den Angeklagten auf, Grundstellung einzunehmen und so bis zum Schluß des Verhandlungstages stehen zu bleiben. Ich beantrage, daß das Präsidium den Angeklagten darauf hinweist, daß er weiterhin an seinen Zeugeneid gebunden ist.
Orbal: Genehmigt. Jetzt ist das Formular wieder weg – aha, da, danke.

Sie bezeugen unter Eid, daß Sie die Wahrheit sagen, und ich erinnere Sie an die Tragweite des Eides. Das habe ich also zu Ihnen gesagt, Velder. Bitte, Bratianu.
Bratianu: Anklagepunkte 66 bis 76. Elf Fälle von Gottesverleugnung, Atheismus, Blasphemie und Verbreitung von Irrlehren. Die Verbrechen sind nicht ganz in chronologischer Reihenfolge begangen worden, wenn man sie mit der Gruppe der Anklagepunkte vergleicht, die in dem vorhergehenden Komplex zusammengefaßt waren. Dies aus ganz praktischen Gründen. Um nicht unnötig Zeit zu vergeuden und eine Zusammenfassung der Urteilsbegründung zu erleichtern, wurden in den unterschiedlichen Komplexen gleichartige Verbrechen zusammengefaßt.
Orbal: Das ist vernünftig, finde ich.
Bratianu: Ich will die verschiedenen Punkte der Anklage in kurzen Zügen präzisieren. Velders Verhalten in und seine Einstellung zu geistlichen und religiösen Fragen ist genauer für den Zeitraum von zwei Jahren untersucht worden. Genauer gesagt für die 24 Monate, die seiner Fahnenflucht aus der Armee vorausgingen. Er war während dieser ganzen Zeit der Leibwache von General Oswald zugeteilt und hatte also eine Dienststellung, die besonders verantwortungsvoll war und ihn hätte veranlassen müssen, so zu handeln, daß er anderen ein Vorbild war. Während dieser Zeit machte er sich zahlreicher Entgleisungen gegen die christliche Moral schuldig; er lästerte, schändete und verbreitete infame Irrlehren. Der weitverbreitete Geist der Unchristlichkeit und Religionslosigkeit, der von den Landesverrätern Edner, Ludolf und Aranca Peterson geschaffen worden war, ist sorgfältig aufgezeichnet und dokumentiert in den verschiedenen Akten und Anlagen der Voruntersuchung, aber ich will das Präsidium nicht dadurch langweilen, daß ich diese Fragen jetzt und hier zur Sprache bringe.
Peters: Sehr rücksichtsvoll!
Bratianu: Ich beantrage, diese Seite des Verfahrens dahingestellt sein zu lassen.
Peters: Ja, verdammt noch mal. Genehmigt.
Bratianu: Von größerem Interesse sind natürlich die Verbrechen des Angeklagten, die er allesamt zugegeben hat. Vollständige Unterlagen und Geständnisse liegen für jeden einzelnen Fall hier vor mir. Was wir vor allem herausbekommen sollten, ist die Einstellung, die der Angeklagte heute zu den Dingen hat, in welchem Umfang er die Lehren daraus gezogen hat und bekehrt ist. Außerdem, ob er gebührende Scham und Reue empfindet.
Orbal: So was ist ja furchtbar langweilig.
Bratianu: Velder, ich werde jetzt einige Punkte aus Ihrem Sündenregister vortragen. Stehen Sie stramm, und hören Sie genau zu. Sie haben bei mehreren Gelegenheiten den Namen Gottes, den der Heiligen Mut-

ter und den des Erlösers mißbraucht. Sie haben Ausdrücke benutzt, die ein ehrenhafter und rechtschaffener Mann kaum über die Lippen bringt. Ich zwinge mich jetzt dazu, aber mit großer Überwindung und aufrichtiger Angst. Ausdrücke wie «Herr Jesus bei den Teufeln in der Hölle», «Gottes Fluch», «Verdammter Plastikjesus», «Kreuz in der Hölle», um nur einige zu nennen. Stimmt das?
Velder: Jawohl, Herr Leutnant.
Bratianu: Sie haben auch – nach eigener beeideter Aussage – zu einer namentlich bekannten Person gesagt: «Ich scheiß drauf, ob es einen oder tausend Götter gibt. Die Frage interessiert mich nicht und alle anderen auch nicht.» Dies als Beispiel für verbrecherischen Atheismus und Verbreitung von Irrlehren. Geben Sie dies ebenfalls zu?
Velder: Jawohl, Herr Leutnant, ich gestehe.
Bratianu: Sie haben auch eine der beiden Kirchen aus früherer Zeit, die es damals noch im Lande gab, geschändet und grob entweiht. Sie haben auf dem Altar Karten gespielt, auf den Fußboden gespuckt, sich im Taufbecken gewaschen, im Chor Tiere geschlachtet, schwere Hurerei getrieben, indem Sie auf dem Fußboden der Sakristei mit einer Frau geschlafen haben, und Sie haben gegen die Kirchenwand uriniert. Geben Sie das zu?
Endicott: Im Namen der Korrektheit muß ich auf einen Tatbestand hinweisen. Das Gebäude, das der Auditor meint, war viele Jahre lang nicht als Kirche benutzt worden. Es war verfallen und diente zuerst als provisorische Schule, dann als Wachlokal für die Miliz und schließlich als Schweine- und Hühnerstall für die Miliz. Während des letztgenannten Zeitraums hatte Velder zeitweise die Aufsicht über das Gebäude.
Orbal: Sagte er auf dem Fußboden der Sakristei?
Peters: Ja, Mateo.
Orbal: Das ist ja wohl die Höhe ...
Bratianu: Ich lasse mir solche unmotivierten Unterbrechungen von seiten der Verteidigung nicht bieten! Hauptmann Endicott, überlegen Sie, wen Sie da verteidigen müssen. Ein Scheusal, ein Musterbeispiel für Verfall, Liederlichkeit und ...
Orbal: Oh, jetzt fängt er wieder an zu schreien.
Bratianu: Können denn die Antireligiosität eines pervertierten Regimes und seine infamen Übergriffe einem heiligen Platz seine Heiligkeit nehmen? Kann menschliche Bösartigkeit den Charakter einer von Gott gestifteten Institution verändern? Ich wundere mich über Sie, Hauptmann Endicott. Sie wollten das Präsidium um Entschuldigung bitten.
Endicott: Oberst Pigafetta?
Pigafetta: Ja, tun Sie das, Endicott.
Endicott: Ich bitte um Entschuldigung.
Pigafetta: Angenommen.

Bratianu: Velder! Sehen Sie mir in die Augen. Stehen Sie gerade. Bereuen Sie!
Velder: Jawohl, Herr Leutnant, ich bereue.
Bratianu: Ich glaube Ihnen nicht.
Velder: Wie bitte, Herr Leutnant?
Bratianu: Reden Sie mich nicht an, solange Sie nicht gefragt sind. Ich glaube Ihnen nicht, Velder! Sie lügen und versuchen, sich herauszureden. Geben Sie zu, daß Sie lügen!
Velder: Ich sage die Wahrheit. Ich bin bereit, auf alle Fragen wahrheitsgemäß zu antworten.
Bratianu: Sie lügen mir und dem Präsidium direkt ins Gesicht.
Velder: Herr Leutnant, ich versichere ...
Bratianu: Sind Sie verrückt geworden? Sie fallen mir ins Wort, Sie unterbrechen mich beinahe. Wann sollen Sie sprechen? Antworten Sie!
Orbal: Warum schreit er denn so, Carl?
Peters: Meckere doch nicht dauernd herum. Das ist genau das, was Velder braucht.
Bratianu: Antworten Sie, Mensch! Wann sollen Sie etwas sagen?
Velder: Wenn ich gefragt werde, Herr Leutnant.
Bratianu: Geben Sie nun endlich zu, daß Sie lügen. Sich selbst zuliebe. Drehen Sie sich zum Präsidium hin um.
Velder: Ich versichere, daß ich nicht lüge. Ich habe in den letzten Jahren gelernt, mich wegen der Fehler, die ich begangen habe, schuldig zu fühlen. Deswegen bin ich einem Mann mit Namen Gerthoffer sehr dankbar. Ich bereue es wirklich. Ich schäme mich auch.
Bratianu: Fehler? Sie haben die Stirn, diese gräßlichen Verbrechen als Fehler zu bezeichnen? Das ist ja unerhört! Nehmen Sie Grundstellung ein, Velder! Sie sind ja nicht mal fähig, die einfachsten militärischen Grundregeln einzuhalten. Sie sind nicht wert, ein Mensch genannt zu werden!
Velder: Nein, Herr Leutnant.
Peters: Warum sagen Sie nichts, Bratianu?
Bratianu: Ich übergebe an das Präsidium.
Peters: Genehmigt.
Bratianu: Ich beantrage eine halbstündige Unterbrechung der Sitzung, um dem Angeklagten Gelegenheit zu geben, sich vor der Verhandlung des nächsten Anklagepunktes zu sammeln. Es handelt sich um Abschnitt 77, den Punkt, bei dem Velder immer noch ableugnet.
Orbal: Müssen Sie so furchtbar schreien, Bratianu?
Bratianu: Ich versichere, daß es im weiteren Verlauf der heutigen Verhandlung keinen Grund geben wird, die Stimme zu heben, Herr Oberst.
Orbal: Das wäre schön.
Bratianu: Ich empfahl eine Verhandlungspause.
Orbal: Na klar. Genehmigt. Die Beteiligten können gehen.

Peters: Brillianter Auditor. Er hat fünfmal soviel erreicht wie Schmidt, und das in einem Fünftel der Zeit.
Orbal: Haben Sie Bier in Ihrem Kasino, Pigafetta?
Pigafetta: Ja, es gibt Bier in unserem Kasino.
Orbal: Dann gehen wir dahin. Die Sitzung wird für 30 Minuten unterbrochen.

Peters: Wirklich tüchtig als Auditor, dieser Bratianu. Er hat ...
Pigafetta: Ich hoffe, Sie beabsichtigen jetzt nicht, noch einmal darauf hinzuweisen, daß er fünfmal soviel Arbeit geleistet hat wie Kapitänleutnant Schmidt, außerdem in einem Fünftel der Zeit ...
Peters: Schade, daß wir ihn nicht von Anfang an gehabt haben. Dann wäre jetzt vermutlich schon alles vorüber. Das ärgert mich ziemlich, nicht zuletzt, weil ich eine schöne Dienstreise versäume. Die sollte übermorgen losgehen.
Brown: Ist das Sonder-Kriegsgericht bereit, die Verhandlung wieder aufzunehmen?
Orbal: Jetzt fängt das Gegröle wieder an.
Haller: Es wird schon nicht so schlimm werden.
Orbal: Was? Warum denn nicht?
Haller: Jedenfalls nicht, wenn meine Vermutung über die Absicht von Bratianu richtig ist.
Orbal: Das begreife ich nicht. Lassen Sie die Beteiligten herein, Brown.
Bratianu: Herr Oberst, verehrte Mitglieder des Präsidiums. Anklagepunkt 77. Unzucht, unsittliches Verhalten und Bigamie. Gesteht der Angeklagte? Nein, Sie können sitzen bleiben, Velder. Lassen Sie den Verteidiger an Ihrer Stelle sprechen.
Endicott: Velder gibt die Tatbestände der Sache nach zu, widerspricht aber dem Vorwurf, Verbrechen begangen zu haben.
Orbal: Sagten Sie Bigamie? Er war also mit zweien verheiratet?
Bratianu: Jawohl, Herr Oberst. Es handelt sich um eine Doppelehe. Außerdem um eine von ungewöhnlich widerwärtiger und unangenehmer Art. Das ist der Hauptpunkt der Anklage. Wenn ich Sie richtig verstehe, Hauptmann Endicott, dann gibt der Angeklagte sein Verbrechen nicht zu?
Endicott: Der Angeklagte gesteht nicht.
Bratianu: Er sieht nicht ein, daß er eine rechtmäßige Strafe verdient hat?
Endicott: Nein.
Bratianu: Die Einstellung des Angeklagten zwingt mich, dem Fall auf den Grund zu gehen. Ich beantrage, noch einmal den Generaladvokaten Tadeusz Haller als Zeugen aufrufen zu dürfen.
Orbal: Machen Sie mit, Haller?
Haller: Die Situation läßt mir keine andere Wahl.
Orbal: Genehmigt.

Brown: Herr Generaladvokat, Sie haben den Zeugeneid bereits geschworen. Der Form halber muß ich Sie an die Bedeutung des Eides erinnern.
Haller: Natürlich.
Bratianu: Um die Verbrechen deutlich werden zu lassen, die im Punkt 77 der Anklage zusammengefaßt sind, sehe ich es für erforderlich an, die Angelegenheit von dem Augenblick an zu beleuchten, an dem das Verhältnis zum erstenmal bekannt wurde. Etwa einen Monat nach dem Vorfall mit dem Hubschrauber reichte Velder ein Schreiben beim Rat ein, nicht wahr?
Haller: Das stimmt. Sein Brief war einer von vielen, den die Leute an den Rat einschickten. Sie wurden in der Kanzlei auf einen Haufen gelegt, und dann wurden sie von einem der Ratsmitglieder gelesen. In den allermeisten Fällen ging man davon aus, daß derjenige, der den Brief in die Hand bekommen hatte, auch geeignet war, die Eingabe zu bearbeiten. Das klingt unwahrscheinlich, aber dieses System funktionierte länger als fünf Jahre.
Bratianu: Welches Mitglied bearbeitete Velders Eingabe?
Haller: Der Brief landete zufällig bei Janos Edner. Er las ihn und fand den Inhalt offenbar so merkwürdig, daß er die Angelegenheit bei einem Zusammentreffen zur Sprache brachte. Dabei waren außer ihm auch Aranca Peterson und ich selbst anwesend.
Bratianu: Der Brief ist nicht mehr aufzufinden. Erinnern Sie sich daran, was da drinstand?
Velder: Ich erinnere mich an jedes Wort.
Bratianu: Das interessiert uns jetzt nicht, Velder. Sie bekommen später Gelegenheit, sich dazu zu äußern. Entschuldigen Sie die Unterbrechung, Herr Generaladvokat.
Haller: Ich kann mich an den Wortlaut nicht mehr erinnern, jedoch an den Inhalt. Um Unklarheiten von vornherein auszuschließen, möchte ich zu Beginn darauf hinweisen, daß es – wie in diesen Tagen schon einmal erwähnt – verschiedene Formen der Bekanntgabe einer Eheschließung oder, wie das damals hieß, der Manifestation der Zusammengehörigkeit zweier Menschen, gab. Mit der Zeit spielte es sich als hauptsächlich angewandte Art ein, eine Nachricht an den Rat zu senden, der die Namen in eine öffentliche Liste eintrug. Diejenigen, die sich scheiden lassen wollten, verfuhren auf die gleiche Weise, und dann wurden ihre Namen aus der Liste gestrichen. Die Zahl der Scheidungen war allerdings erstaunlich gering.
Bratianu: Und nun zum Inhalt des Briefes, Herr Generaladvokat.
Haller: Velder bat, übrigens sehr höflich, darum, daß der Rat seine Heirat und die Bildung einer Familie registrieren solle. Soweit gehörte alles zu der Routine jener Zeit. Das Bemerkenswerte war, daß er anfragte, ob es möglich sei, eine Drei-Personen-Ehe zu registrieren, bestehend aus ihm selbst und zwei Frauen. Die beiden Frauen seien Schwestern,

schrieb er, und sie hatten alle drei bereits eine Zeitlang zusammengewohnt, wie lange, weiß ich nicht. Er hatte mit beiden Frauen Kinder, wie viele, weiß ich nicht mehr.

Bratianu: Welche Reaktion löste der Brief aus?

Haller: Tja, ich glaube mich erinnern zu können, daß ich die Bemerkung fallenließ, der Mann sei verrückt. Janos Edner schien nachdenklich zu sein. Sogar Aranca Peterson, die stets ihre Ehre dareinzulegen schien, den Rekord in Fällen von sogenannter Vorurteilslosigkeit zu halten, schien unsicher zu sein. Nach einer Weile zuckte sie mit den Schultern und sagte: «Warum nicht? Tragt sie in die Liste ein.» Ich erinnere mich, daß das trotz allem nicht sehr überzeugend klang. Ich selbst habe natürlich heftig Einspruch dagegen erhoben. Wir haben den Fall nicht diskutiert, weder ausführlich noch eingehend. Das Ganze schloß damit, daß Janos Edner sagte: «Sobald ich Zeit habe, will ich hingehen und mir ansehen, wie das Ganze funktioniert.»

Bratianu: War Velder damals allen Ratsmitgliedern bekannt?

Haller: Ja und nein. Er war ja von Anfang an dabeigewesen, und sicher kannten wir ihn insofern, als wir alle viele Male mit ihm gesprochen hatten und wußten, wer er war. Am häufigsten war er natürlich mit General Oswald zusammen. Aber niemand wußte etwas über sein Privatleben. In jenen Tagen waren es übrigens sehr wenige Leute, die Einblick in die häuslichen Verhältnisse anderer hatten. Das war eins der vielen unausgesprochenen Prinzipien.

Bratianu: Besuchte Janos Edner irgendwann Velder und seine sogenannte Familie?

Haller: Er scheint es getan zu haben. Ich weiß übrigens sicher, daß er es getan hat, denn einige Wochen später schrieb er mir in dieser Angelegenheit einen Brief. Er und Aranca Peterson sollten ins Ausland reisen, und der Sinn des Briefes war, mich und die anderen zu informieren für den Fall, daß der Vorgang während ihrer Abwesenheit besprochen werden sollte. Daraus wurde dann ja nichts mehr.

Bratianu: Die Existenz dieses Briefes ist mir neu. Den gibt es natürlich nicht mehr.

Haller: Ich habe ihn hier in der Tasche. Er lag versteckt zwischen meinen Papieren. Gestern fiel mir das plötzlich ein, und ich habe ihn herausgesucht. Es lohnt sich tatsächlich, ihn vorzulesen – im Gegensatz zu vielen anderen Unterlagen –, denn er bringt eine Zusammenfassung, die sonst nur mit Mühe zustande zu bringen ist. Leutnant Brown, Sie sind der autorisierte Vorleser, bitte sehr.

Brown: Wenn das Präsidium es erlaubt ...

Orbal: Ja, den will ich hören.

Haller: Der Anfang ist nicht besonders interessant.

Orbal: Ich will alles hören.

Brown: Alter Freund, hier eine kurze Information über das wenige, das

ich jetzt über Velder, den Mann mit den beiden Schwestern, weiß. Ich war gestern abend da, sie wohnen im nördlichen Sektor, ich mußte also durch die ganze Stadt gehen. Es war gestern abend ungewöhnlich warm, so eine milde Wärme, die so angenehm ist, weil man nicht schwitzt. Du merkst unten in Marbella wohl nicht viel von dieser Art Klima. Als ich die Straßen in der stillen, umgekehrten Science fiction-Stadt, die wir durchgesetzt haben, entlanglief, ging mir auf, Gott weiß zum wievielten Mal, daß der Aufbau von Oswaldsburg wirklich ein Glücksfall ist. Stoloff ist ein Genie, denk nur mal an sein Geschick, durch ein geheimnisvolles Geschoßsystem alle Abstände zu verkürzen. Aber zurück zu Erwin Velder. Ich hatte mein Kommen ordentlich und höflich angekündigt, zwei Tage vorher, und man sah sofort, daß sie sich darauf vorbereitet hatten. Sie haben eine schöne große Wohnung, und es geht ihnen natürlich ebenso gut wie allen anderen hier.
Alle waren zu Hause. Velder hatte von seiner Arbeit als Amme bei Oswald offenbar freibekommen und lief mit der Pfeife im Mund auf Strümpfen umher. Er schien ganz entspannt zu sein und nahm das Ganze offenbar nicht allzu ernst. Die Frauen schienen mehr auf der Hut zu sein. Die Kinder, drei an der Zahl, schienen etwa gleichaltrig zu sein, zwei bis drei Jahre oder so. Sie kamen im Nachthemd an und sagten guten Tag, und dann gingen sie ins Bett. Da er mit beiden dieser Frauen Kinder hat, muß es zwei zu eins für die eine Seite stehen, aber ich bin nicht dahintergekommen, für welche. Die Frauen sind Schwestern, 27 und 29 Jahre alt, achtzehn Monate sind sie auseinander. Das war eigentlich ein beinahe hinreißendes Bild, dunkle, elegante Frauen, reif und beinahe schön. Beide schienen intelligent zu sein, auch nach unseren Maßstäben. Äußerlich und von der Statur her sind sie einander verblüffend ähnlich, aber bereits eine kurze Unterhaltung ließ ahnen, daß ihre Charaktere sich wesentlich unterscheiden. Die ältere ist fröhlicher, lebhafter, viel spontaner und optimistischer als die jüngere, die öfter die Augenbrauen zu heben und nachzudenken schien und manchmal einen Funken des Zweifels in den Augen hatte. Bei beiden sind die Augen übrigens braun. Beide schienen Humor zu haben und waren etwa gleich intelligent. Alles war beinahe lächerlich harmonisch. Sie schienen viel zu tun zu haben, verschiedene Hobbyarbeiten; scheinen gerne Handarbeiten zu machen und haben im Keller eine große Werkstatt, die von Modellflugzeugen, Modellbooten und Batikkleidern überquillt. Es war unmöglich, herauszubekommen, wer von ihnen nun was tat, aber komischerweise scheint Velder selbst sich am meisten mit den Batikkleidern zu beschäftigen. Was ist daran eigentlich so komisch? Tade, wir müssen uns ständig vor dem Klischeedenken hüten. Als ich das schlimmste Unbehagen, das sich einstellt, wenn man das Haus eines anderen inspiziert, überwunden hatte, kamen wir bald auf das Thema zu sprechen. Sie versicherten beinahe im Chor, wie glücklich sie alle

waren. Ich begriff langsam, daß die Geschichte mit dem Familienregister ihnen ein ganze Menge bedeutete. Dies scheint übrigens ein tief verwurzelter Instinkt zu sein, mit dem wir im voraus nicht gerechnet haben. Velder wurde mit der Zeit sehr offen. Er erzählte, daß er zuerst mit der älteren Frau zusammengewesen sei, dann mit der jüngeren, und dann wieder mit der älteren. Er sagte, sie seien sich so ähnlich, daß er sie ständig verwechselte, aber daß beide kleine Eigenheiten hätten, nicht zuletzt körperliche, die er ständig vermißte, wenn er mit der jeweils anderen zusammenzuleben versuchte. Keiner der Frauen war es andererseits gelungen, ohne ihn zurechtzukommen, und nach vielem Hin und Her, Tränen und stillen Tragödien waren sie schließlich alle drei zusammengezogen. Das hatte wie durch ein Zauberwort alle Probleme gelöst, sagten sie. Seitdem hatten sie sich kein einziges Mal gezankt. Ich glaube, sie haben die Wahrheit gesagt. Warum sollten sie es auch *nicht* tun? Ich war zwei Stunden lang da, trank Tee und aß etwas – eine von ihnen scheint übrigens häuslicher zu sein als die andere – und dann Whisky. Als ich ging und Velder mit seinen beiden beinahe gleichen Frauen stehen sah, hatte ich auf der Zunge zu fragen, ob sie ein gemeinsames Schlafzimmer hätten. Ich tat das natürlich nicht, sondern wünschte ihnen eine gute Nacht. Auf dem Heimweg merkte ich, in wie hohem Maße der Gedanke an diese beiden – beinahe gleichen – Frauen und ihre eventuellen Unterschiede die Phantasie anzuregen vermochte. Soweit dies. Meine Einstellung dazu ist nun wohl klar. Wir sehen uns nächsten Montag. Leb wohl, Janos.

Bratianu: Darf ich den Brief leihweise haben?

Haller: Ja, bitte.

Bratianu: Was geschah weiter?

Haller: Einige Wochen später brachte Aranca Peterson die Sache bei einer Ratssitzung zur Sprache. General Oswald, ich selbst, Janos Edner und Joakim Ludolf waren anwesend. Zu Beginn war auch Velder da, aber er verließ den Raum, als er merkte, daß sein eigener Fall besprochen werden sollte. Aranca Peterson wollte die extreme bigamistische Ehe ohne weiteres registrieren, und Janos Edner stimmte ihr zu, allerdings nicht ganz so begeistert. Joakim Ludolf verhielt sich abwartend, und der General widersetzte sich energisch. Ich selbst wies darauf hin, zu welchen Folgen diese Präjudiz führen könnte. Darauf antwortete, wenn ich mich richtig erinnere, Janos Edner mit seiner umgekehrten Logik, daß es keine Präjudiz geben könne, solange es kein Gesetz gäbe. Aranca Peterson sagte, daß die Bevölkerung in unserem Land so eingestellt sei, daß, auch wenn es tatsächlich Männer geben sollte, die sich einen Harem anschaffen wollten, keine Frau sich bereitfinden würde, dort einzuziehen. Den eigenartigsten Beitrag lieferte Joakim Ludolf, indem er sagte, daß seiner Meinung nach Velder nicht mit zwei Frauen zusammen wohnte, sondern mit einer, die in zwei Gestalten aufgeteilt

sei. Der General wies mit aller Schärfe auf die moralischen Aspekte hin und weigerte sich, an dieser sinnlosen Diskussion, wie er sich ausdrückte, teilzunehmen.
Kampenmann: Was haben Sie selbst dann gesagt, Herr Haller?
Haller: Sehr wenig. Die Einstellung des Generals war ja ebenso eindeutig wie meine eigene, und wir haben uns beide auf Joakim Ludolfs Vernunft verlassen. Damals war der Umfang der Verschwörung ja noch nicht bekannt.
Bratianu: Wie endete die Sitzung?
Haller: Zum erstenmal fand im Rat eine Abstimmung statt, die übrigens von mir beantragt worden war. General Oswald und ich stimmten selbstverständlich dagegen, aber Edner, Aranca Peterson und Ludolf stimmten mit Ja. Auf diese Weise drückten die landesverräterischen Elemente einen Beschluß durch, den ich persönlich trotz allem, was davor und danach eingetroffen ist, als den am meisten erniedrigenden in der Geschichte der Nation ansehe. Velders bigamistische Ehe wurde eingetragen. Von dem Augenblick an war allerdings sowohl General Oswald als auch mir bewußt, welche Wühlarbeit die Landesverräter leisteten und in welchen Abgrund sie die Nation stürzen wollten.
Bratianu: Danke. Der Zeuge steht der Verteidigung zur Verfügung.
Endicott: Sind Sie der Auffassung, daß dieser Beschluß rechtsgültig war?
Haller: Natürlich nicht. Um die rückwirkende Gesetzgebung zu vermeiden, mußte der Fall erst vor einem Militärgerichtshof verhandelt werden. Velder war ja Soldat.
Endicott: Keine weiteren Fragen.
Orbal: Steht davon was im Buch?
Bratianu: Jawohl, Herr Oberst. Im dritten Band der Voruntersuchung, Seite 523.
Orbal: Gib es her, Carl. Dies muß genauer untersucht werden.
Bratianu: Ich beantrage, Korporal Erwin Velder als Zeugen vorladen zu dürfen.
Peters: Genehmigt.
Bratianu: So, jetzt stehen Sie auf, Velder. Sie sagen selbstverständlich immer noch unter Eid aus. Ich habe einige Fragen an Sie. Sind Sie bereit, diese zu beantworten?
Velder: Ich weiß nicht, Herr Leutnant.
Bratianu: Wir wollen's jedenfalls mal versuchen. Wie lange dauerte diese Schweinerei schon, als der Landesverräter Janos Edner Sie besuchte?
Velder: Ich hatte vier Jahre lang mit meinen Ehefrauen zusammengelebt.
Bratianu: Sie nennen diese Frauen Ihre Ehefrauen und wollen trotzdem nicht zugeben, daß Sie sich der strafbaren Bigamie schuldig gemacht haben?
Velder: Nein, Herr Leutnant.

Bratianu: Sie streiten es also ab?
Velder: Jawohl, Herr Leutnant.
Bratianu: Hat die Verteidigung etwas zu der Einstellung des Angeklagten zu sagen?
Endicott: Velder streitet ab, daß seine Bigamie strafbar war. Er hat schon in der Voruntersuchung daraufhingewiesen, daß er eine von den damaligen Behörden genehmigte Ehe mit diesen beiden Frauen geführt hat.
Bratianu: Na, Velder, haben Sie mit einer dieser beiden Frauen nicht die zahlreichen Sexualverbrechen begangen, für die Sie sich in einer früheren Phase des Verfahrens zu verantworten hatten?
Velder: Jawohl. Herr Leutnant.
Bratianu: Oder vielleicht noch mit einer anderen?
Velder: Ich habe sie niemals betrogen, Herr Leutnant.
Bratianu: Mit welcher haben Sie denn beispielsweise am Strand herumgehurt, als Sie eigentlich Wache stehen sollten?
Velder: Mit Doris, Herr Leutnant.
Bratianu: Also mit der älteren der beiden Schwestern. Mit welcher waren Sie zusammen, als Sie die Kirche entweiht haben?
Velder: Das war auch Doris, Herr Leutnant.
Bratianu: War es immer diese Doris, die sich Ihnen in der Kirche hingegeben hat? Das scheint ja öfter passiert zu sein?
Velder: Jawohl, Herr Leutnant.
Bratianu: Und in der Wachstube und im Munitionsdepot, war es auch da die Doris?
Velder: Jawohl, Herr Leutnant.
Bratianu: Mit der anderen, wie hieß sie doch gleich, lassen Sie mal sehen, Carla, hatten Sie mit der zur gleichen Zeit intimen Verkehr?
Velder: Jawohl, Herr Leutnant.
Bratianu: Wo? Und wann?
Bratianu: Warum antworten Sie nicht?
Velder: Dies hat nichts mit meiner verbrecherischen Tätigkeit zu tun.
Bratianu: Sie wollen also nicht antworten?
Velder: Nein, Herr Leutnant.
Bratianu: Aha ... so ist das also. Die Voruntersuchung kann uns zu diesem Punkt auch keine Auskunft geben ... Ich lasse dies jetzt mal im Raum stehen und komme auf Vorgänge zu sprechen, die später stattfanden. Wollen Sie mal so sorgfältig wie möglich über die verbrecherischen Verhältnisse in Ihrem Haushalt berichten während der Zeit, als Sie mit den beiden Nutten zusammenlebten.
Velder: Nein, Herr Leutnant. Im übrigen protestiere ich gegen Ihre Wortwahl!
Bratianu: Sie weigern sich also, auch diesmal zu antworten?
Velder: Jawohl, Herr Leutnant.
Bratianu: Und sie streiten ab, sich der verbrecherischen Bigamie schul-

dig gemacht zu haben und einer ganzen Serie von unsittlichen Handlungen, die Sie an ihrem sogenannten Haushalt ausgeführt haben?
Velder: Jawohl, Herr Leutnant.
Orbal: Ich muß feststellen, daß das Verhör wohl nicht mehr richtig läuft, Bratianu. Velder, jetzt will ich Ihnen mal ein paar Fragen stellen. Zum Beispiel die, die dieser Edner da zu feige war zu stellen: Hatten Sie ein gemeinsames Schlafzimmer mit den beiden Frauen?
Velder: Die Frage kann ich nicht beantworten, Herr Oberst.
Orbal: Wie bitte? Was sind denn das für Dummheiten? Hatten Sie ein gemeinsames Schlafzimmer oder nicht?
Velder: Bei allem Respekt vor dem Kriegsgericht ...
Peters: Endicott, was ist mit dem Kerl los? Ist der denn verrückt geworden?
Orbal: In dem Brief stand, daß Sie irgendwas von physischen Besonderheiten geschwafelt haben, auf die Sie nicht verzichten konnten. Was waren denn das für welche?
Bratianu: Wollen Sie nicht antworten, Velder?
Endicott: Der Angeklagte hält es nicht für seine Pflicht, Fragen zu beantworten, die seiner Auffassung nach nicht in Zusammenhang mit seiner verbrecherischen Tätigkeit stehen.
Bratianu: Stimmt das, Velder?
Velder: Jawohl, Herr Leutnant. Und den Respekt, den ich meinen Ehefrauen gegenüber empfand und immer noch empfinde ...
Orbal: Was ist denn das für ein Gerede? Respekt vor zwei Huren, die Sie offenbar mehrere Jahre lang gleichzeitig gevögelt haben?
Peters: Mateo, beruhige dich jetzt mal.
Orbal: Jetzt ist aber Schluß mit dem Theater! Velder, berichten Sie alles über diese Sache! Sofort und mit klarer und deutlicher Stimme!
Bratianu: Velder! Der Präsident des Kriegsgerichts hat eine Frage an Sie gerichtet. Ich befehle Ihnen zu antworten!
Velder: Es tut mir leid, Herr Leutnant, aber ich habe nichts zu beantworten. Wenn ich für diese Tat verurteilt werden soll, muß es ohne mein Geständnis geschehen.
Bratianu: Ach, so ist das. Der Zeuge steht der Verteidigung zur Verfügung.
Endicott: Keine Fragen.
Orbal: Müssen wir uns wirklich damit zufriedengeben?
Bratianu: Die Voruntersuchung sagt zu diesem Punkt nicht viel. Nichtsdestoweniger halte ich diesen Abschnitt für bedeutungsvoll. Teilt das Präsidium meine Auffassung?
Peters: Natürlich. Was ist denn mit Ihnen, Bratianu? Wo ist denn Ihr Schneid geblieben?
Bratianu: Ich beantrage eine Pause von fünf Minuten, damit die Anklagevertretung ergänzendes Material beschaffen kann.

Peters: Deswegen brauchen wir uns nicht zu vertagen. Die Parteien können den Saal verlassen. Fünf Minuten Pause.
Orbal: Ich begreife nichts. Mitten in diesem unerhört interessanten Abschnitt scheint Bratianu plötzlich völlig durcheinander zu sein. Er ist nicht mal laut geworden bis auf ein einziges Mal am Schluß.
Peters: Er hat sicher was in der Hinterhand.
Haller: Wahrscheinlich.
Orbal: Was ist aus den Schwestern geworden?
Haller: Die eine ist tot, das weiß man sicher. Die andere ist vermutlich aus dem Land geflohen.
Brown: Der Auditor ist jetzt zurückgekommen.
Peters: Ruf die Beteiligten rein.
Kampenmann: Velder, nur eine Frage: Was ist aus Ihren Kindern geworden?
Velder: Ich weiß es nicht, Herr Kapitän.
Endicott: Die Frage kann ich teilweise beantworten. Eins ist gestorben, und eins ist noch hier, die Schutzerziehung kümmert sich darum. Das dritte ist verschwunden, wahrscheinlich zusammen mit Janos Edner und seinen Leuten.
Peters: Pack ist ein besseres Wort, Endicott.
Bratianu: Darf ich das Präsidium um Aufmerksamkeit bitten. Herr Oberst, meine verehrten Herren Präsidiumsmitglieder. Der äußerst wichtige Teil des Verfahrens, den wir gerade behandeln, ist leider in eine Sackgasse geraten. Der Angeklagte beantwortet alle Fragestellungen mit einer Serie aus Lügen und Gegenrede, die es unmöglich macht, den Gegenstand der Verhandlung zu überblicken. Die Ursache dafür ist klar. Die Voruntersuchung ist in diesem Abschnitt, das heißt im Anklagepunkt 77, unvollständig und einfach schlecht. Um diese Sache zu Ende führen zu können, muß der Anklagevertretung eine gewisse Zeit zugebilligt werden, in der sie ergänzendes Beweismaterial heranschaffen kann.
Pigafetta: Wie lange Zeit?
Bratianu: Unter Hinweis auf § 11 Abschnitt 2 des Kriegsrechts beantrage ich einen Aufschub von einem Monat, um die Voruntersuchung erneut durchführen zu können.
Peters: Verdammt, das paßt ja ausgezeichnet!
Pigafetta: Tut es das?
Orbal: Einen Monat! Was soll man dazu sagen?
Bratianu: Erlauben Sie mir, darauf hinzuweisen, daß das Kriegsrecht in diesem Punkt eindeutig und sehr entschieden abgefaßt ist.
Kampenmann: Sie sind Jurist, Herr Haller. Was meinen Sie dazu?
Haller: Leutnant Bratianu scheint recht zu haben.
Peters: Es gibt also kaum etwas anderes zu tun, als den Aufschub zu gewähren?

Haller: Ich kann nichts anderes sehen.
Peters: Mateo, genehmige du den Aufschub.
Orbal: Genehmigt.
Bratianu: Außerdem beantrage ich gemäß § 14 des Kriegsrechts, daß der Angeklagte dem diensthabenden Auditor für die erneute Voruntersuchung zur Verfügung steht. Und außerdem, daß der Angeklagte dem Untersuchungsbüro des Sicherheitsdienstes für ergänzende Verhöre überstellt wird.
Orbal: Ja, ja, wird genehmigt.
Bratianu: Meine Anklage ist damit abgeschlossen. Die Anklagevertretung erwartet die ordnungsgemäße Wiedereinberufung, wenn die Verhandlung wiederaufgenommen wird, Herr Oberst Orbal! Herr Major von Peters! Herr Oberst Pigafetta! Herr Kapitän Kampenmann!
Peters: Beispielhaft guter Auftritt! Laß die Beteiligten gehen, Mateo.
Orbal: Die Beteiligten können gehen.
Peters: Na, so hatte man sich das eigentlich nicht vorgestellt. Aber mir paßt es gut. Jetzt kann ich auf Dienstreise gehen.
Orbal: Tatsächlich eine unerwartete Wende.
Haller: Nicht direkt.
Kampenmann: War es das, was Sie glaubten voraussehen zu können, Herr Haller?
Haller: Genau. Leutnant Bratianu wollte um jeden Preis den Aufschub und eine erneute Voruntersuchung erzwingen. Daher hat er einige Abschnitte ausgewählt, bei denen er mit allen Mitteln versuchte, Velder dazu zu bringen, nichts zuzugeben. Als er merkte, daß ihm das nicht glücken würde, beschleunigte er die Anklage, so daß er zum Punkt 77 kam, ehe Kapitänleutnant Schmidt zurück war.
Kampenmann: Weil er wußte, daß dies der einzige Punkt war, bei dem Velder mit Sicherheit nichts aussagen würde?
Haller: Natürlich. Er hat den Angeklagten beim letzten Verhör ja auch besonders vorsichtig behandelt. Taktisch und juristisch war das sehr geschickt.
Kampenmann: Aber warum?
Haller: Leider tat er das wohl in erster Linie aus persönlichen Gründen.
Peters: Persönliche Gründe? Das begreife ich nicht.
Haller: Es scheint beinahe so, als ob ich über Ihre Offiziere besser informiert bin als Sie selbst, Major von Peters. Gar nicht so abwegig übrigens. Ich habe mir nämlich die Mühe gemacht, Leutnant Bratianus Personalakte durchzusehen.
Peters: Ja, und ...?
Haller: Bevor Leutnant Bratianu aktiver Heeresoffizier wurde, war er im Untersuchungsbüro des Sicherheitsdienstes tätig. Er war mit dem Fall Velder bereits vor mehr als drei Jahren befaßt, während Velder noch im Militärlazarett lag. Offensichtlich hat Leutnant Bratianu da-

mals überhaupt keine Erfolge erzielt, obwohl er verschiedene Machtmittel anwendete. Velder wurde der Spezialabteilung der Militärpolizei überstellt, und das bedeutete in der Praxis das Ende von Bratianus Karriere beim Geheimdienst.
Kampenmann: Behaupten Sie, daß das Motiv ganz einfach Rachegelüste sein könnte?
Haller: Na, na, eher ein ganz natürliches Verlangen, sich selbst zu revanchieren ... und den Geheimdienst übrigens auch. Die Spezialabteilung der Militärpolizei und das Untersuchungsbüro des Geheimdienstes sind in vielen Fragen unterschiedlicher Meinung.
Orbal: Ich habe diesmal wirklich zugehört. Und somit hat er es erreicht, daß er den Gefangenen wieder für sich selbst hat. Geschickter Kerl, muß ich sagen. Wird ein tüchtiger Offizier. Wovon träumen Sie, Pigafetta?
Pigafetta: Was immer ich auch im Sinn habe, Träume sind es jedenfalls nicht.
Brown: Erlauben Sie mir, darauf aufmerksam zu machen, daß die Sitzung noch nicht abgeschlossen ist.
Orbal: Ach, natürlich. Das Sonder-Kriegsgericht vertagt sich auf Montag, den 5. April, elf Uhr.

Achter Tag

Brown: Anwesend Oberst Orbal, Oberst Pigafetta, Major von Peters, Kapitän zur See Kampenmann und Generaladvokat Tadeusz Haller. Berichterstatter Leutnant Brown.
Orbal: Willkommen, meine Herren. Verdammt warm hier drin, Pigafetta.
Pigafetta: Diesmal ist das schöne Wetter schuld. Und dafür sind wohl die Ingenieurtruppen des Heeres nicht zuständig.
Orbal: Haben Sie keine Klimaanlage?
Pigafetta: Natürlich. Stellen Sie die Ventilatoren an, Brown.
Haller: Na, Major von Peters, war Ihre Reise zufriedenstellend?
Peters: Ja, in jeder Hinsicht. Ausgezeichnet ganz einfach. Viele Neuigkeiten gibts da drüben. Übrigens schön, mal eine Weile von zu Hause weg zu sein, all diese Streiks und so.
Haller: Die sind jetzt vorbei.
Orbal: Das Heer hat innerhalb von vierundzwanzig Stunden damit aufgeräumt.
Peters: Die alte Wahrheit. Ein Regime, das sich auf die Armee verlassen kann, braucht sich nicht zu beunruhigen.
Orbal: Die Ventilatoren funktionieren prima. Es zieht fürchterlich.

Pigafetta: Soll ich Brown bitten, sie wieder abzuschalten?
Orbal: Man muß also entweder ersticken oder sich wegpusten lassen. Gibt es denn nichts dazwischen?
Brown: Leider nein.
Orbal: Dies mit den Ventilatoren und dann Carl hier, der drei Wochen lang von seiner Frau weg war, erinnert mich an den schnellen Slim und Speedy Gonzales. Der schnelle Slim war unerhört schnell, sowohl auf dem Pferd als auch, wenn er hinter den Frauen anderer her war. Speedy Gonzales war auch unerhört schnell. Als Speedy Gonzales hörte, daß der schnelle Slim sich in der Gegend aufhielt, traf er seine Vorsichtsmaßnahmen und ging auf der Veranda in Stellung, die 45er in einer Hand und den anderen Daumen auf seiner Frau. So saß er lange da. Plötzlich sah er eine Staubwolke am Horizont, und gleichzeitig setzte sich eine Fliege auf seine Nase. Das war, wie General Winckelman zu sagen pflegte, eine schwere und technisch komplizierte Entscheidung. Speedy Gonzales wollte die 45er nicht hinlegen, sondern wedelte – ja, er wedelte tatsächlich – den Moskito mit der linken Hand weg. Eine Zehntelsekunde später, als er den Daumen wieder auf seine Frau legen wollte, steckte er ihn in das Arschloch von dem schnellen Slim.
Pigafetta: Es schmerzt mich wirklich, zugeben zu müssen, daß diese Geschichte eine der ersten war, die ich hörte, als ich als junger Subalterner zum erstenmal ein Offizierskasino betrat.
Orbal: Jedenfalls ist es ein verdammt guter Witz.
Kampenmann: Mir war er jedenfalls neu.
Peters: Das habe ich ja immer schon von der Marine gesagt, die ist nicht groß, aber sie hat die besten Manieren.
Orbal: Na, dann wollen wir mal anfangen.
Peters: Ist Bratianu immer noch Auditor?
Brown: Nein, Kapitänleutnant Schmidt vertritt die Anklage.
Orbal: Rufen Sie die Beteiligten herein.
Kampenmann: War das wirklich notwendig?
Orbal: Was ist denn jetzt los? Was machen Sie denn für Witze? Warum sitzt er in diesem Apparat, Endicott? Kann er nicht mehr allein gehen?
Endicott: Nein, Herr Oberst. Der Angeklagte kann nicht gehen.
Schmidt: Mein Ersatzmann hat vor einem Monat um Aufschub gebeten, um das Beweismaterial zu Punkt 77 vervollständigen zu können. Trotz intensiver Verhöre, teilweise unter der persönlichen Leitung von Leutnant Bratianu, hat Velder keine Angaben gemacht, die die Beurteilung des Falles wesentlich erleichtern könnten.
Peters: Aha, also nicht mal Bratianu hat das aus ihm herausprügeln können. Weigert sich das Schwein immer noch?
Endicott: Ja, der Angeklagte bekennt sich in diesem Punkt nicht schuldig.
Schmidt: Nachdem der Anklagepunkt 77, bei dem es um Unzucht, un-

sitttliche Handlungen und Bigamie geht, schon ausführlich behandelt worden ist und außerdem kaum die entscheidende Bedeutung hat, die mein Ersatzmann ihm offensichtlich beigemessen hat, beantrage ich, diesen Teil des Verfahrens dem Kriegsgericht zur Beratung vorlegen zu dürfen. Alle Fakten in diesem Punkt sind offengelegt worden, und Velders fehlendes Geständnis ist bedeutungslos. Ich schlage vor, das Urteil trotzdem zu fällen.

Peters: Das wird sich machen lassen. Weiter.

Schmidt: Über die Hälfte der Anklagepunkte gegen Erwin Velder sind nun verhandelt worden. Was jetzt noch übrigbleibt, betrifft allerdings die viel schwereren Verbrechen. Die nächstfolgenden Abschnitte der Anklage, Nummer 78 bis 82, gelten Velders Hochverrat und seiner Fahnenflucht vom Heer. Der Angeklagte gibt diese Verbrechen ebenso wie alle anderen noch ausstehenden zu. Diese Geständnisse sind an und für sich jedoch unwesentlich. Was für das Urteil und die Urteilsbegründung entscheidend ist, sind die Absichten und Beweggründe des Angeklagten. Die können kaum offengelegt werden, wenn wir uns nicht der Mühe unterziehen, die Stimmung in dem sogenannten Rat und die Situation im Land als Ganzes zu dem aktuellen Zeitpunkt genau zu beleuchten.

Orbal: Was ist der Mann langatmig.

Peters: Ja, das war bei Bratianu anders.

Schmidt: Um die Situation im Lande klarzumachen, rufe ich Anlage V IV/14 auf, die eine zusammenfassende Übersicht enthält, welche von der nationalgeschichtlichen Abteilung des Generalstabes ausgearbeitet worden ist. Geheimdokument ersten Grades. Ich bitte den Berichterstatter nunmehr, diese Anlage vorzulesen.

Peters: Jetzt geht es wieder los.

Brown: Anlage V IV/14. Betrifft: Die soziale und ökonomische Entwicklung des Landes unter der Herrschaft der Landesverräter. Zusammengetragen aus Band 11. Geheimdokument nach §§ 8 und 11. Der Text lautet:

Peters: Können Sie uns nicht wenigstens diese Präludien ersparen?

Brown: Die fünfjährige Mißwirtschaft, die durchgestanden werden mußte, weil die Landesverräter Janos Edner, Joakim Ludolf und Aranca Peterson die Mehrheit im Rat bildeten, hatte das Land in einen Zustand von moralischem Chaos und totalem Unvermögen, sich zu verteidigen, versetzt. Die Anstrengungen von General Oswald, die nationale Verteidigung auf feste Füße zu stellen, war systematisch sabotiert worden. Im ganzen Land gab es nur wenige tausend Soldaten, deren Ausbildung und Ausrüstung sie kaum in die Lage versetzten, den Grundstock einer modernen Armee zu bilden. Die Miliz verfügte über etwa dreißig Hubschrauber und langsame Aufklärungsflugzeuge.
Kampf- und Jagdflugzeuge fehlten dagegen ganz. An defensiven Waffen hatte man etwa zehn veraltete Artilleriegeschütze; der Vorrat an

Minen war allerdings relativ groß, und die bereits ausgelegten Sperren, die elektrisch scharf gemacht werden konnten, waren recht gut im Schuß. Auf der ganzen Insel befand sich jedoch keine einzige Flak-Batterie, auch kein Panzerverband, und die veralteten Küstenbefestigungen hatte man entweder gesprengt oder verfallen lassen. Die Marine, die auch von der Miliz verwaltet wurde, bestand aus etwa zwanzig Patrouillenbooten. Die waren klein, aber schnell, und konnten am ehesten mit Zollkreuzern verglichen werden. Die Miliz verfügte, abgesehen von größeren Mengen von Handfeuerwaffen und Munition, über einige Maschinengewehre. Infanteriekanonen und Waffen zur Panzerbekämpfung fehlten völlig, ebenso wie alle anderen modernen Kriegswaffen wie Kernwaffen, Robot-Raketen, Nervengas und Napalm. Es gab übrigens nicht einmal Granatwerfer oder Flammenwerfer. Dagegen war das Land dank der umsichtigen Planung des Generals mit Transportmitteln gut ausgestattet. Es gab eine große Zahl von geländegängigen, leichtgepanzerten Fahrzeugen, mit denen Truppen transportiert werden konnten. Auch der Bestand an Motorrädern und Autos war recht gut. Dieser kümmerliche Rest von Verteidigungskräften war bei einem Angriff, besonders aus der Luft, überhaupt nicht in der Lage, das Land wirksam zu schützen, und wenn es einem eventuellen Angreifer, beispielsweise durch Landung aus der Luft, gelungen wäre, einen Brückenkopf zu errichten, hätten die wenigen und weit auseinandergezogenen Milizgruppen keinerlei Möglichkeit gehabt, einen wirkungsvollen Gegenangriff zu starten. Noch bedenklicher als die militärische Situation, die an und für sich schon katastrophal war, war die moralische. Um die landesverräterischen Kreise im Rat hatte sich eine Stimmung aus Defätismus und Pazifismus, Antireligiosität und Anarchie breitgemacht. Ebenso augenscheinlich wie die religiösen Verwirrungen waren die sexuellen. Die kostenlose Krankenpflege umfaßte zum Beispiel freie Abtreibungen, und verschiedene Formen verbrecherischer Perversität wurden frei und offen praktiziert. Schließlich gingen die landesverräterischen Kreise in ihrer Schlappheit so weit, daß sie auch die Ehe zu dritt anerkannten. Auf der anderen Seite wurde die Ausweisung, die einzige Form juristischer Strafe, die angwandt wurde, gegen Personen verhängt, die sich nichts anderes zuschulden hatten kommen lassen als einfache Wortbrüche oder geschäftliche Transaktionen, die in jedem Land zur täglichen Praxis gehören. Die industrielle Entwicklung wurde völlig vernachlässigt. Demzufolge existierte im ganzen Land nicht eine einzige Waffenfabrik. Dagegen wurde eine sogenannte Kulturproduktion von enormer Größe unterhalten. Die Zahl der Bücher und Druckerzeugnisse verfünffachte sich von Jahr zu Jahr, ebenso die Anzahl der im Land hergestellten Filme. Dadurch, daß man die Verteidigung und die Verwaltung völlig vernachlässigte – außer den wenigen Milizmännern gab es so gut wie keinen Beamten im Land –,

war es gelungen, einen scheinbar guten ökonomischen Standard zu schaffen. Der Hauptteil der Staatseinkünfte stammte aus dem ständig wachsenden Tourismusgeschäft. Durch die Luxushotels, Spielhöllen und Bordelle wurden Devisen ins Land gepumpt, und die Lebensmittelindustrie unterhielt einen bedeutenden Export von Luxusgütern. Das vermarktete Laster hatte das Gebiet um Marbella – das damals mehr als hundert tägliche Flug- und Schnellbootverbindungen mit den größeren Zentren der Nachbarländer und mit so gut wie allen Weltstädten hatte – allerdings zu einem Sündenbabel werden lassen, das ein ausländischer Kommentator als «ohne Gegenstück in der Weltgeschichte» bezeichnete. Das internationale Ansehen der Nation sank sehr schnell. Durch ein geschickt entwickeltes Bestechungssystem konnten die offiziellen Verbindungen zu fremden Staaten trotzdem ziemlich gut intakt gehalten werden.
Pigafetta: Was ist mit diesem letzten Satz gemeint?
Haller: Die Möglichkeiten zu jeder Art von Lustbarkeit hatten eine große Anziehungskraft für viele Personen in maßgeblichen Stellungen, nicht zuletzt Staatsmänner. Marbella war in gewisser Hinsicht so wie einst die freien Städte im Mittelalter. Alles konnte man dort tun und lassen, und die Diskretion war vollständig.
Orbal: Das will ich meinen.
Brown: Es sind nur noch wenige Zeilen. So war also die Sitiuation hier im Land fünf Jahre nach der Befreiung. Der Alkohol floß in Strömen, alle Arten von Rauschgift wurden frei und offen verkauft, Sexualorgien waren an der Tagesordnung, und man konnte für Geld alles haben. Das Ansehen der Nation sank immer mehr, und die Auflösung jeglicher Moralvorstellungen war augenscheinlich; gleichzeitig hatten die Landesverräter durch die Wühlarbeit das Land militärisch machtlos gemacht und den Verteidigungswillen des einzelnen untergraben.
Schmidt: Einen guten Einblick in die Entwicklung und die Kette der Ereignisse, die zu Velders Fahnenflucht und Hochverrat führten, bietet auch das Dokument der Voruntersuchung, das das Aktenzeichen V IV/23x trägt. Es handelt sich um einen Brief von Joakim Ludolf an Janos Edner, abgesandt von einem Ort im Ausland drei Monate vor dem Ausbruch der Unruhen. Auf dem Brief befinden sich auch drei Bemerkungen, die zweifellos von Janos Edner und Aranca Peterson stammen. Joakim Ludolf war kein Mann der Feder, und dies ist eines der ganz wenigen noch vorhandenen Schriftstücke, die er mit der Hand geschrieben hat.
Orbal: Das ist ja beinahe ein Orkan hier drin. Schalten Sie um Gottes willen den Ventilator aus, Brown.
Brown: Schon erledigt, Herr Oberst. Anlage V IV/23x Betrifft ...
Peters: Lassen Sie doch die Präludien.
Brown: Der Brief lautet: Hallo! Paßt auf Oswald auf! Ich glaube, er brütet was aus. Ich mag sein Auftreten nicht. Habe ihn das ganze letzte

Jahr über beobachtet. Glaube, daß das mit der Miliz ihm zu Kopf steigt. Es fing als eine Notwendigkeit an. Ging weiter wie ein Scherz. Es war beinahe ein Scherz, als man Uniformen anschaffte und Gebisse aus rostfreiem Stahl. Aber jetzt? Wenn er General spielen und die Miliz als Privatarmee haben will, dann lassen wir ihn. Er darf sich sogar General oder Feldmarschall nennen. Aber es kann gefährlicher werden. Denkt darüber nach! Sprecht mit Velder. Der ist gescheit und weiß über Oswald mehr als wir. Dieser Gedanke ist mir nicht plötzlich gekommen. Ich habe lange darüber nachgedacht. Kenne Oswald ja bereits seit zwanzig Jahren. Weiß, daß es in seinem tiefsten Inneren immer so was bei ihm gegeben hat. Bigotterie? Machtgelüste? Überheblichkeit? Ich weiß es nicht. Aber irgend so etwas. Ich schicke Stoloff vorsichtshalber nach Hause und gebe ihm den Brief mit. Dies hier geht sonst gut voran. Bin seit drei Tagen stocknüchtern gewesen. Leb wohl. J. L.

Darunter steht in einer Handschrift, die als die von Janos Edner identifiziert wurde: Paul ist ein wenig komisch gewesen, das stimmt, aber ich weigere mich zu glauben, daß das etwas Ernstes ist. Wir sollten mit ihm reden.

Eine weitere Person, als Aranca Peterson identifiziert, hat hinzugefügt: Ludolf ist selbst ein komischer Kerl, möchte ich sagen, und das ist nicht nur der Alkohol.

Pigafetta: Im Lichte dessen, was später eintraf, steht dieser Joakim Ludolf als eine höchst verblüffende Persönlichkeit da. Wie sah er eigentlich aus?

Schmidt: Es gibt in den Anlagen eine Beschreibung von ihm aus jener Zeit, verfaßt von einem ausländischen Journalisten: Ein kleiner Mann mit zitternden Händen und braunem Bart, hervorstehenden Augen und wirrem Blick, nicht sehr gepflegt, überhaupt nicht imponierend, aber er scheint halsstarrig zu sein, und ich hatte den Eindruck, als ob er fest zu seinen Prinzipien steht.

Kampenmann: Wer war dieser Stoloff?

Peters: Ein Teufel in Menschengestalt.

Haller: Das stimmt. Außerdem war er Joakim Ludolfs Freund und Vertrauter. Er war von Anfang an mit dabei und war der leitende Bau- und Planungstechniker. Auf seinem Gebiet war er genial. Er organisierte die Beschaffung des gesamten Materials und die Bautätigkeit im Land. Er war auch ein Experte im Festungsbau.

Peters: Danke, das wissen wir.

Orbal: Ja, verdammt noch mal.

Schmidt: Ich rufe als Zeugen Korporal Erwin Velder auf.

Orbal: Ja, was denn? Was ist denn, Endicott? Können Sie nicht so laut sprechen, daß man es hört? Ja, natürlich kann er sitzen bleiben, wenn er nicht stehen kann. Rollen Sie ihn hier mitten vor den Tisch. Ja, so ist es richtig.

Brown: Ich erinnere Sie an die Bedeutung des Eides, Velder.

Velder: Jawohl, ich weiß.
Schmidt: Nach den seltsamen Vorkommnissen, die im 77. Abschnitt behandelt worden sind, taten Sie weiterhin als Leibwächter des Generals Dienst und waren auch bei den Ratssitzungen dabei.
Velder: Jawohl, das ist richtig.
Orbal: Verflucht, Velder, Sie hören sich ja wie eine alte Lokomotive an. Sprechen Sie gefälligst wie ein Soldat, Mann!
Endicott: Der Angeklagte hat eine Verletzung der Kehle, die ihn daran hindert, normal zu sprechen. Noch vor einer Woche konnte er überhaupt nicht sprechen.
Orbal: Verdammt!
Schmidt: Berichten Sie in aller Kürze über die Ereignisse, die zu Ihrer Fahnenflucht aus der Armee führten.
Velder: Als Leibwächter des Generals ...
Pigafetta: Warum hat General Oswald Sie in seiner nächsten Umgebung behalten?
Velder: Wir hatten stets ein gutes Verhältnis miteinander. Ich stelle mir vor, daß der General mir vertraute.
Pigafetta: Höchst merkwürdig.
Schmidt: Los, Velder, machen Sie weiter.
Velder: Als Leibwächter des Generals sind mir verschiedene Dinge aufgefallen. Nach der Ratssitzung, bei der es um meine Angelegenheiten ging, hat sich der General mir gegenüber zwar nicht feindselig gezeigt, aber der Ton bei den Besprechungen wurde gespannter. Weitere Abstimmungen gab es dann natürlich nicht mehr.
Schmidt: Wir interessieren uns in erster Linie dafür, wie es Ihnen persönlich erging.
Velder: Der General begann eine Reihe von Maßnahmen zu treffen, wobei er sich nichts daraus machte, ob die anderen davon etwas erfuhren oder nicht. Innerhalb von zwei Monaten wurde die Mannschaftsstärke der Miliz verdoppelt und die Vorratslager aufgefüllt. Es wurden auch drei neue Lager angelegt, jeweils in der Nähe von Oswaldsburg, Marbella und Ludolfsport. Sonst blieb alles beim alten. Der General sprach natürlich öfter mit mir und sagte, daß er wegen unserer Verwundbarkeit und unserer schlechten Verteidigungsbereitschaft in Sorge sei. Die Disziplin in der Miliz wurde schärfer und die Ausbildung systematischer. Viele neue Offiziere wurden ernannt. Ich kann mich erinnern, daß sowohl Oberst Orbal als auch Major von Peters zu den ersten gehörten. Im gleichen Zuge wurde die Miliz zur Armee umorganisiert. Damals bin ich auch Korporal geworden.
Schmidt: Haben Sie damals schon den Hochverrat geplant?
Velder: Jawohl, aber nicht bewußt. Ich habe nicht begriffen, was da vor sich ging. Erst nach der Ratssitzung am 13. November habe ich ernsthaft nachzudenken begonnen.

Schmidt: Beschreiben Sie mit Ihren eigenen Worten, was auf dieser Sitzung geschah.
Velder: Die Sitzung war sehr turbulent. So eine unruhige und laute Sitzung hatte ich noch niemals mitgemacht.
Schmidt: Wer ist laut geworden?
Velder: Vor allen Dingen Janos Edner. Er hatte entdeckt, daß es mehrere religiöse Sekten im Land gab, sowohl in Oswaldsburg als auch in Ludolfsport. Die existierten schon lange, hielten regelrechte Gottesdienste in Privathäusern ab. Janos Edner war rasend. Er benahm sich hysterisch, schwor und fluchte.
Schmidt: Worüber regte er sich so auf? Daß es Menschen gab, die an Gott glaubten?
Velder: Er sagte, das sei ihm völlig gleichgültig. Was ihn so aufregte, war die Geheimniskrämerei, sagte er. Er schien vor allem unerhört enttäuscht zu sein. Aranca Peterson gab ihm wie üblich recht. Er schimpfte auch mit dem General, der seiner Meinung nach von der Sache gewußt haben mußte. Besonders weil viele der Mitglieder in der Miliz waren. Der General war sehr ruhig. Als Edner endlich fertig war, kam der General mit seinem Vorschlag.
Peters: Können Sie wirklich nicht lauter sprechen, Mann?
Schmidt: Einen Augenblick mal. Ich unterbreche Velders Zeugenaussage an dieser Stelle und rufe statt dessen Herrn Generaladvokat Tadeusz Haller auf.
Brown: Herr Haller, ich erinnere Sie an die Bedeutung des Eides.
Haller: Ich kenne die Bedeutung des Eides.
Schmidt: Sie waren ja bei dieser Sitzung dabei. Was ist danach geschehen?
Haller: Der General war – genau wie Velder sagte – sehr ruhig. Er ging auf die Anschuldigungen überhaupt nicht ein. Aber als Janos Edner aufgehört hatte, stand er auf und sagte: «Ist dies hier nicht der Beweis für etwas, das ich seit langem geahnt habe? Der Beweis dafür, daß wir die Art der Regierung und der Verwaltung der Nation überprüfen müssen?» Aranca Peterson fragte sofort, wie denn so eine Überprüfung vor sich gehen sollte, und der General antwortete, daß dies durch eine allgemeine Wahl erfolgen sollte. Die anderen starrten ihn an, als ob sie eine Spukgestalt gesehen hätten. Ich habe natürlich den General unterstützt und darauf hingewiesen, daß die Nation möglicherweise an einem Punkt angelangt sei, an dem die Leitung einem Präsidenten und einer demokratisch gewählten Regierung anvertraut werden sollte. Aranca Peterson und Janos Edner lachten mich aus und fragten, wer denn in einem solchen Fall Präsident werden sollte? Ich antwortete selbstverständlich, daß es derjenige sein sollte, den das Volk haben wollte. Das Ganze führte zu einer Diskussion, die die ganze Nacht über andauerte und bis in den nächsten Vormittag hinein ging. Das feste Auftreten des

Generals, in gewisser Weise vielleicht auch mein eigenes Auftreten, machte auf die übrigen durchaus Eindruck. Sie merkten, daß das Fundament als Ganzes unter ihren verdrehten Doktrinen zusammenzubrechen drohte.
Kampenmann: Waren Sie selbst nicht von Anfang an ein Anhänger genau dieser Doktrinen?
Haller: Niemals ernstlich. Ich sah sie ausschließlich als ein Mittel an, die nationale Befreiung schneller durchzuführen.
Schmidt: War Velder während der ganzen Sitzung anwesend?
Haller: Ja, ich meine mich so zu erinnern. Schließlich, da war es beinahe Mittagszeit, kamen wir zu einem Kompromiß. Der lief darauf hinaus, daß die Frage durch ein Referendum entschieden werden sollte. Das Volk sollte zwischen zwei Alternativen wählen; die eine war die Beibehaltung der alten Regierungsform, die andere, daß in einer späteren Wahl ein Präsident gewählt und eine konventionelle Regierung gebildet werden sollte. Der Volksentscheid sollte vier Wochen später durchgeführt werden. Der Zeitpunkt war gut gewählt, denn da hatte der Winter gerade angefangen, und die Zahl der ausländischen Touristen war nicht so groß.
Schmidt: Erklärten sich alle damit einverstanden?
Haller: Alle außer Joakim Ludolf. Er war absolut unbelehrbar und zeigte bei dieser Gelegenheit zum erstenmal seine wahre Natur.
Schmidt: Danke, Herr Haller. Ich fahre jetzt mit dem Verhör von Erwin Velder fort. War es dieser Zeitpunkt, an dem Sie sich endgültig entschlossen haben, sich gegen den General zu stellen?
Velder: Richtig sicher war ich erst, als ich die große Rede zwei Wochen später, am 27. November, gehört hatte.
Schmidt: Die Rede, auf die sich Velder beruft, war die erste in einer Serie von Ansprachen, mit denen sich General Oswald über Radio und Fernsehen an die ganze Nation wandte. Der Text der Rede ist in der Anlage V IV/50 enthalten. Bitte, Leutnant Brown.
Brown: Anlage V IV/50 Ansprache von General Oswald, gehalten im Radiohaus, Oswaldsburg, am 27. November um 7 Uhr nachmittags. Der Text lautet:
Mitbürger! Wenn ich mich heute direkt an Sie wende, geschieht dies nach langem Zögern und vielen Bedenken. Wie Sie alle wissen, stand ich persönlich an der Spitze der Bewegung, die die Nation von der Tyrannei und dem Joch des Kolonialismus befreit hatte. Seitdem ist bis jetzt nicht eine einzige Wahl und keine einzige Volksabstimmung abgehalten worden. Trotzdem wird die Nation täglich und stündlich vor Fragen von entscheidender Bedeutung gestellt. Fragen, die unser aller Wohl und Wehe betreffen. Jetzt stehen wir zum erstenmal vor einer Wahl oder, wenn Sie so wollen, vor einer Volksabstimmung. Zwei Alternativen werden angeboten – aber das Wichtigste ist nicht die Ent-

scheidung zwischen zwei Regierungsformen. Im Grunde geht es bei der Wahl darum, ob wir unsere Freiheit und Würde bewahren wollen oder ob wir den eingeschlagenen Weg in das Chaos und die Selbsterniedrigung weitergehen.

Ich habe mit wachsender Unruhe die Entwicklung der letzten Zeit beobachtet. Das internationale Ansehen unseres Landes ist erheblich gesunken. Viele hundert Millionen Menschen betrachten unsere Insel bereits jetzt als einen Schandfleck auf der Weltkarte. Das Schlimmste ist, daß niemand von uns erhobenen Hauptes beteuern kann, daß diese Verleumder unrecht haben. Wir sind dabei, uns zu einer chaotischen Nation ohne Rückgrat zu entwickeln, wir haben vorsätzlich verleugnet, was uns hätte stolz machen können, die drei Eckpfeiler des menschlichen Daseins, die mit den drei Worten Religion – Moral – Würde umschrieben werden können.

Unsere Art zu leben hat uns auch um uns herum Feinde geschaffen, viel zu viele und viel zu starke, als daß auch nur einer von uns nachts ruhig schlafen könnte. Ich weiß, daß viele von Ihnen das immer noch tun, aber das liegt an der Ahnungslosigkeit und Schlappheit. Sind wir in unseren Häusern sicher? Können wir denn für das Leben unserer Kinder und unserer Lieben garantieren? Die Antwort ist: Nein! Als derjenige, der die letzte Verantwortung für die äußere und innere Sicherheit der Nation trägt, bin ich gezwungen festzustellen, daß wir keinerlei Möglichkeit haben, einen alles verwüstenden Angriff von außen, der jeden Tag, ja, jede Stunde alptraumhafte Wirklichkeit werden kann, abzuwehren. In unserem naiven Glauben an Doktrine haben wir es versäumt, die einfachsten, elementarsten Vorsichtsmaßregeln zu ergreifen. Viele trachten nach unserem Land und nach unserem Leben, und wir haben uns selbst der Möglichkeit beraubt, uns zu wehren.

Letztlich ist das alles die Folge unserer Schlappheit und unseres moralischen Verfalls, unserer Loslösung von dem einzigen wahren Gott und unserer Verachtung der Regeln menschlichen Zusammenlebens. Diese Regeln sind in Jahrtausenden geformt worden, und es ist nicht möglich, ohne sie zu leben. Die Entwicklung bei uns ist entscheidender und endgültiger Beweis dafür. Wir haben uns die Unabhängigkeit erkämpft und diesen Staat gebildet, um in Freiheit zu leben. Aber wie sieht diese Freiheit denn heute aus? Ist es überhaupt möglich, in einem Land von Freiheit zu reden, in dem Menschen, für die die Religion lebenswichtig ist, sich an versteckten Plätzen treffen müssen, wie Diebe in der Nacht, um zu ihrem Schöpfer beten zu können? Einem Land, das von verantwortungslosen Personen, deren Freiheitsideal das Chaos ist, geführt wird?

Was ist denn die Freiheit wert in einem Land, dessen Bewohner niemals Gelegenheit hatten, ihre Meinung in einer allgemeinen Wahl kundzutun?

Erst jetzt, da unsere blühende Insel auf dem Weg ist, in einen Augiasstall verwandelt zu werden, stinkend vor Dreck und Unmoral, da wir kraftlos sind, hilflos dem ersten besten Angreifer ausgeliefert, erst in diesem Moment der Reue und der Sorge vor der Zukunft ist es mir geglückt, diejenigen, die nicht meiner Meinung sind, davon zu überzeugen, daß eine Volksabstimmung erforderlich ist.
Mitbürger! Unsere alte Regierungsform war immer dubios, und nun hat sie sich schließlich selbst überlebt. Ihre Rolle ist für immer und endgültig ausgespielt. Was wir heute brauchen, ist eine feste republikanische Organisation, ein Präsident und eine Regierung, die den Mut hat und die Kraft besitzt, das Land wieder in ein erträgliches und annehmbares Dasein zu führen, in ein System, in dem Freiheit nicht nur eine belanglose Redensart ist. Wir brauchen eine Armee, Streitkräfte, die in der Lage sind, uns gegen Angriffe von außen verteidigen zu können. Wir müssen all die geistigen Werte retten, die bereits in den Schmutz getreten worden sind und die in Kürze hoffnungslos verloren sein können. Sie fragen vielleicht: Wer hat denn heutzutage genügend Mut und ist hinreichend opferwillig, um die Führung zu übernehmen? Ich antworte: Wenn Sie, meine Mitbürger, bereit sind, mir diesen machtbeladenen Auftrag zu geben, dann bin ich bereit, ihn anzunehmen.
Bei der Volksabstimmung in zwei Wochen werden Sie die Alternative haben – Sie können Ja oder Nein wählen, das heißt für oder gegen das zersetzende System, das uns in dieses erbärmliche Dasein geführt hat, in dem wir jetzt leben müssen. Aber noch ist es nicht zu spät, die Lawine aufzuhalten. Sie müssen NEIN wählen! Jede Nein-Stimme ist auch, wenn Sie so wollen, eine Stimme für mich persönlich. Hören Sie mir zu! Hören Sie mir zu! Hören Sie Gottes Wahrheit! Derjenige, der Nein wählt, hilft mit, die Unmoral und die verkommene Verwaltung hinwegzufegen. Wer mit Nein stimmt, wählt Freiheit und Sicherheit für sich und die Seinen, wer Nein wählt, bekennt sich zu den Grundsätzen Religion – Moral – Würde! Das war alles, Mitbürger. Die Entscheidung liegt bei Ihnen.
Orbal: Fabelhafte Rede.
Peters: Großartig. Was ist denn mit Velder los? Ist er eingeschlafen?
Endicott: Erschöpfung, Herr Major.
Orbal: Bringen Sie ihn hinaus, und machen Sie ihn munter. Versuchen Sie es mit kaltem Wasser, wenn nichts anderes hilft. Ich muß übrigens ein kaltes Bier haben, sonst bekomme ich einen Hitzschlag. Die Sitzung wird für eine Stunde unterbrochen.
Orbal: So, rufen Sie jetzt die Beteiligten wieder herein, Brown.
Brown: Da draußen ist niemand anders als Hauptmann Endicott, Herr Oberst.
Orbal: Was? Warum nicht?
Peters: Na, dann rufen Sie den rein, Brown. Stehen Sie nicht da und

glotzen. Dies ist ein Kriegsgericht und keine Landwirtschaftsausstellung.

Orbal: Na, Endicott, was ist denn los?

Endicott: Es ist den Wachen nicht gelungen, den Angeklagten aus seiner Bewußtlosigkeit zu wecken. Vielleicht waren deren Methoden ... etwas primitiv, wenn der Ausdruck erlaubt ist.

Peters: Wollen Sie damit andeuten, daß Bratianus Leute unfähig sind?

Orbal: Bratianu ist erstklassig.

Kampenmann: Was ist denn geschehen?

Endicott: Velder hat einen Herzanfall erlitten und mußte ins Militärlazarett gebracht werden. Ich habe gerade mit dem Arzt gesprochen, und der konnte nicht dafür garantieren, daß Velder bis zum Sitzungsbeginn morgen wieder auf die Beine kommt.

Peters: Was für ein Arzt?

Endicott: Stabsarzt Mogensen vom Marinestab.

Peters: Schreiben Sie sich den Namen auf. Darum müssen Sie sich kümmern, Kampenmann.

Orbal: Das ist doch nun wohl die Höhe!

Peters: Sie können gehen, Endicott. Wir werden diese Angelegenheit intern beraten.

Orbal: Genau.

Kampenmann: Worüber, meinen Sie, wollen wir jetzt sprechen?

Peters: Mir gefällt das gar nicht. Überhaupt nicht! Es sieht beinahe so aus, als ob jemand uns an der Nase herumführen will. Oberst Pigafetta, ist dieser Endicott wirklich ganz zuverlässig?

Pigafetta: Sie haben die Stirn, mir ins Gesicht zu sagen, daß Sie die Loyalität meiner Offiziere in Frage stellen?

Orbal: Na na, nun mal ruhig bleiben.

Peters: Ich überlege nur, wie wir einen Mörder, Deserteur und Landesverräter untersuchen und verurteilen sollen, der straflos jede Gelegenheit wahrnimmt, um zu simulieren und sich eine Atempause zu schaffen, in der er sich dann neue Lügen ausdenken kann. Wenn er nicht auf den Fußboden fällt, sitzt er in einem Rollstuhl und schläft. Und sowohl Schmidt als auch Endicott behandeln ihn wie ein frisch ausgebrütetes Ei.

Kampenmann: Rohes Ei heißt das.

Peters: Ich scheiß drauf, wie das heißt. Was ist eigentlich mit diesem Schwein los?

Haller: In diesem Punkt kann ich Ihrer Unwissenheit abhelfen. Velder hat praktisch während der ganzen letzten drei Wochen im Militärlazarett gelegen. Schon nach fünf Verhörtagen beim Geheimdienst war er kurz vor dem Exitus. Zum Glück sah Leutnant Bratianu im letzten Augenblick ein, daß er seinem früheren Fehler einen weiteren hinzuzufügen im Begriff war, und ließ Velder ins Krankenhaus bringen. Die

Ärzte mußten übrigens ihre ganze Kunst aufbieten. Sie hatten ihre liebe Not mit ihm und haben keine Anstrengung gescheut, bis es ihnen schließlich gelang, ihn am Leben zu erhalten.

Peters: Ziemlich sinnlose Beschäftigung, finde ich.

Haller: Ich glaube nicht, daß der General in diesem Punkt mit Ihnen einer Meinung ist.

Peters: Sie scheinen in vielen Dingen verdächtig gut informiert zu sein, Haller.

Orbal: Ja, Sie wissen verdammt noch mal fast alles. Aber ich wette, daß Sie diesen hier bisher noch nicht gehört haben: Einmal, als Speedy Gonzales ...

Peters: Hör auf, Mateo, oder warte wenigstens, bis wir das Tonband abgestellt haben.

Pigafetta: Bevor ich es vergesse, Herr Haller: Ich würde mich freuen, wenn wir uns heute abend eine Stunde früher als vereinbart treffen könnten.

Haller: Von mir aus gern.

Peters: Aha, gibt es wieder eine Fête bei der Luftwaffe?

Pigafetta: Absolut nicht. Nur einen kleinen Bridgeabend im Familienkreis.

Orbal: Bridgeabend. Klingt nicht sehr verlockend.

Kampenmann: Sollten wir die Sitzung nicht beenden?

Orbal: Ja, klar. Das Sonderkriegsgericht vertagt sich auf ... was ist übermorgen für ein Datum, Carl?

Peters: Der Siebente.

Orbal: Auf Mittwoch, den 7. April, elf Uhr. Dann hat der Schweinehund noch einen Tag mehr, um sich aufzurappeln.

Neunter Tag

Brown: Anwesend Oberst Orbal, Oberst Pigafetta, Major von Peters, Kapitän zur See Kampenmann und Generaladvokat Haller. Berichterstatter Leutnant Brown.

Kampenmann: Ich hörte, daß die Unruhen in der Ostprovinz wieder angefangen haben.

Peters: Wie üblich in den Kunststoffabriken. Nichts Ernsthaftes.

Pigafetta: Darüber habe ich keine Meldung bekommen.

Orbal: Deswegen brauchen Sie doch nicht gleich sauer zu werden. Wir brauchen die Luftwaffe nicht. Das Bereitschaftsregiment im zweiten Militärdistrikt hat das Gebiet schon besetzt. In einer Stunde steht das Pack wieder an seinen Maschinen.

Kampenmann: Ich finde, so was ist in der letzten Zeit viel zu oft vorgekommen.
Haller: Erinnerungen an die alte schlimme Zeit, meine Herren. So was kann durch diesen Prozeß mit allen Wurzeln ausgerissen werden. Oder besser gesagt, die Gesetze, die auf dem Urteil gegen Velder basieren werden.
Orbal: Jaha, rufen Sie die Beteiligten herein, Brown.
Peters: Velder, nun reißen Sie sich verdammt noch mal zusammen.
Velder: Ich will mein Bestes tun, Herr Major.
Peters: Zum Teufel mit Ihnen, Mensch! Stehen Sie stra... ach so ... ja ... so was muß man sich gefallen lassen. Ein Korporal, der wie ein Sack Kartoffeln dasitzt, wenn man mit ihm spricht.
Orbal: Fangen Sie jetzt an, Schmidt.
Schmidt: Ich beantrage, das Verhör mit dem Angeklagten dort wieder aufnehmen zu dürfen, wo es am Montag unterbrochen wurde.
Peters: Genehmigt. Rollen Sie ihn nach vorn, Endicott.
Schmidt: Korporal Velder, Sie sagen, daß General Oswalds Ansprache vom 27. November – also die Rede, die hier im Saal wortwörtlich vorgelesen wurde – für Ihr Handeln entscheidend wurde. Warum?
Velder: Ich sah ein, daß die Einstellung des Generals sich geändert hatte und daß er bereit war, etwas zu zerstören, das nicht nur er selbst, sondern auch ich und viele andere gemeinsam geschaffen hatten.
Schmidt: Warum haben Sie die Worte «Einstellung geändert» benutzt? Verstehen Sie denn nicht, daß der General stets die gleiche Meinung hatte, aber daß er zum Besten der Allgemeinheit und im Hinblick auf den Fortbestand und die Sicherheit der Nation gezwungen gewesen war, gute Miene zum bösen Spiel zu machen?
Velder: Damals habe ich das jedenfalls nicht verstanden.
Schmidt: Sie fanden also ganz einfach, daß der General unrecht hatte, als er die Unmoral, die Religionslosigkeit und die schwächliche Regierungsform geißelte?
Velder: Jawohl, Herr Kapitänleutnant.
Schmidt: Das sagt wohl genug über die Bildungsfähigkeit des Angeklagten im Hinblick auf die geistige und moralische Aufrüstung.
Orbal: Was murmeln Sie da vor sich hin, Schmidt? Ich verstehe nicht ein einziges Wort von dem, was Sie da sagen.
Schmidt: Ich bitte um Verzeihung, Herr Oberst. Ich habe auf den Zustand moralischer Verderbtheit hingewiesen, in dem Velder sich wie so viele andere zu dem aktuellen Zeitpunkt befand.
Orbal: Ach so.
Schmidt: Schon am 27. November haben Sie sich also mehr oder weniger unbewußt dazu entschlossen, zu desertieren und Hochverrat zu begehen. Trotzdem blieben Sie noch einige Zeit weiter im Dienst. Warum?

Velder: Ich wußte ja nicht, was geschehen würde. Und obwohl ich die Ideen des Generals nicht als richtig empfand, konnte ich damals seine Pläne nicht durchschauen.
Schmidt: Wie gestalteten sich die Verhältnisse innerhalb der Miliz zu jener Zeit?
Velder: Die neuen Offiziere achteten mehr auf Disziplin. Sowohl die ehemaligen Milizmänner als auch die neuen Rekruten wurden scharf angefaßt. Die Ausbildung war intensiv.
Peters: Endlich ein wahres Wort. Schneller ist niemals ein Haufen rüpelhafter Zivilisten zu einem einsatzfähigen Verband gemacht worden. Es ...
Velder: Aber sowohl die Offiziere als auch die Mannschaften mußten in ihren Kasernen und auf ihren Übungsplätzen bleiben. Es wurden keine Urlaubsscheine ausgestellt.
Peters: Velder, wenn das noch mal vorkommt, daß Sie mich unterbrechen, ehe ich ausgesprochen habe, ziehe ich meine Pistole und schieße Sie übern Haufen.
Orbal: Was ist denn jetzt? Warum schreist du so gräßlich, Carl?
Velder: Ich bitte um Verzeihung, Herr Major. Ich verstehe nicht ...
Endicott: Ich bitte, darauf hinweisen zu dürfen, daß der Arzt mitgeteilt hat, Velder sei nach den letzten Vernehmungen von bestimmten Verschiebungen der Gehirnfunktionen betroffen. Es kommt vor, daß die Kontaktfunktionen zwischen dem Gehör und dem Gehirn einerseits und der Zunge und bestimmten Gehirnzentren andererseits ausbleiben.
Peters: Da scheiß ich drauf. Wenn er mich noch einmal unterbricht, erschieße ich ihn.
Pigafetta: Zeigen Sie wenigstens einen kleinen Rest von Vernunft, von Peters.
Peters: Was sagen Sie da, verdammt noch mal?
Haller: Meine Herren, meine Herren ...
Orbal: Still, Carl. Velder, worunter Sie auch immer leiden, zeigen Sie gefälligst Respekt gegenüber Ihren Vorgesetzten im Dienst! Weiter, Schmidt.
Schmidt: Waren Sie jemals dabei, als der General zur Nation sprach?
Velder: Ja, jedesmal. Die Abstimmung war am 12. Dezember. Während der zwei Wochen davor hielt der General sechs Ansprachen. Drei im Radio und im Fernsehen und drei öffentlich in Oswaldsburg, Marbella und in Ludolfsport. Ich war die ganze Zeit über dabei, denn ich befehligte ja die persönliche Leibwache des Generals. Ja, natürlich war ich dabei, und damals fand ich, daß es eben dies war, ihn anzusehen, wenn er sprach, und noch dazu ganz aus der Nähe, das beeinflußte mein Handeln.
Orbal: Manche schreien wie am Spieß, und andere brummeln wie zahnlose Greise. Was für ein Theater!

Pigafetta: Es ist tatsächlich sehr schwer zu verstehen, was der Angeklagte da sagt.
Endicott: Wir sind dabei, einen Verstärker zu besorgen, eine Art Kehlkopfmikrofon, Herr Oberst.
Schmidt: Wie konnte denn das Aussehen des Generals Sie beeinflussen?
Velder: Es war etwas in seiner Haltung. Mit seinem Blick. Wenn man ihn aus der Nähe sehen konnte, merkte man, daß er tatsächlich jedes Wort ernst meinte. Alles selbst glaubte. Er schien größer geworden zu sein, breitschultriger. Seine Augen leuchteten. Die Zähne blitzten.
Peters: Es ist doch klar, daß der General meinte, was er sagte. Warum sollte er denn sonst so etwas sagen? So was Saudummes habe ich noch niemals gehört.
Schmidt: Und das hat Sie negativ beeinflußt? Das hat Sie dazu gebracht, den General zu verraten?
Velder: Ja, davon bin ich überzeugt. Er machte einen Eindruck, der beinahe überwältigend war. Alle Ansprachen schlossen mit der gleichen Phrase: Hören Sie auf mich, hören Sie auf mich, hören Sie auf Gottes Wahrheit! Irgendwie jagte mir das Angst ein.
Schmidt: Ich möchte das Kriegsgericht darauf besonders hinweisen. Die Einstellung von Velder und vielen anderen war von der Irrlehre und den verdrehten Moralvorstellungen so beeinflußt, daß die Wahrheit ihnen Angst einflößte und das Hilfsangebot Haß und Widerwillen an Stelle von Dankbarkeit weckte.
Orbal: Was bitte?
Velder: Komischerweise.
Schmidt: Warum sagen Sie so etwas?
Velder: Es ist komisch, daß er mir Angst einjagte, meine ich. Ich kannte ihn ja seit vielen Jahren. Hatte ihn immer ganz anders erlebt. Freundlich und entgegenkommend. Überhaupt nicht imponierend. Kein bißchen eitel. Eher lässig mit seiner Kleidung. Nie groß herumkommandiert und gelärmt. Ich verstand plötzlich ... ich meine, damals glaubte ich zu begreifen, wie die Machtgier immer in ihm gewesen war und daß sie im gleichen Tempo mit dem Erfolg gewachsen war. Ich meine, jetzt war das Land wirklich etwas, das man beherrschen konnte, das man reformieren und verändern konnte.
Schmidt: So faßte Velder also das Bestreben des Generals auf, die Nation zu erlösen.
Peters: Es ist ekelhaft, sich so etwas anhören zu müssen.
Schmidt: Nichtsdestoweniger kann das für die Zukunft wertvoll sein. Na, Velder, ist es vorgekommen, daß der General während dieser Wochen mit Ihnen geredet hat?
Velder: Aber sicher, jeden Tag. Wir kannten uns doch gut. Er unterhielt sich immer mit mir.
Schmidt: Während der Voruntersuchung sind Sie besonders auf eine

Unterhaltung zu sprechen gekommen, die eine Woche vor der Wahl stattgefunden hat.
Velder: Ja, am 5. Dezember. Er fragte mich, ob ich Offizier werden wollte.
Pigafetta: Einen Moment mal. Sie behaupten, daß der General Ihnen einen Offiziersrang angeboten hat?
Peters: Sogar wenn man sich klarmacht, daß das eine Lüge ist, ist es doch unerhört. Ich denke nicht daran, mich mit so etwas zu befassen.
Velder: Ja, er fragte mich, ob ich wollte.
Schmidt: Und was haben Sie geantwortet?
Velder: Daß ich lieber verzichten würde. Er hat mich daraufhin mit einem eigenartigen Lächeln angesehen. Vieldeutig sagt man wohl dazu. Dann murmelte er: «Na, du paßt vielleicht wirklich nicht dazu.» Gleich darauf gab er mir einen versiegelten Umschlag und sagte, daß ich den erst auf einen verschlüsselten Befehl hin öffnen sollte. Genauer gesagt ein Codewort.
Peters: Das kann tatsächlich stimmen. Der geheime Armeebefehl wurde etwa zu der Zeit ausgegeben. Ich habe allerdings nicht geglaubt, daß der für Korporale bestimmt war.
Velder: Dann sagte der General: «Mit 99prozentiger Wahrscheinlichkeit brauchst du diesen Umschlag niemals aufzumachen. Heute in einer Woche kannst du ihn verbrennen.» Er meinte also den Abend nach dem Wahltag.
Peters: Haben Sie zufälligerweise beobachtet, Kapitänleutnant Schmidt, daß die Haltung des Angeklagten unter aller Sau ist? Er hat nicht eine einzige formell korrekte Antwort auf eine Ihrer Fragen gegeben. Er sagt konsequent «er», wenn er den General meint, er behauptet, daß der General ihn mit «du» angeredet hat. Wollen Sie das alles durchgehen lassen?
Schmidt: Im Hinblick auf Velders Gesundheitszustand und darauf, wie leicht er den Faden verlieren kann, ziehe ich es vor, sachlich wichtige Antworten zu bekommen. Hier ist kaum der richtige Ort, die Kasernenhofvorschriften anzuwenden.
Peters: Was wollen Sie damit sagen? Ich verbitte mir alle sogenannten Sarkasmen. Eine Entschuldigung wäre wirklich angebracht.
Kampenmann: Schmidt, bitten Sie den Major um Verzeihung.
Schmidt: Ich bitte um Entschuldigung für meine unbedachte Wortwahl.
Peters: Ist ja gut. Machen Sie weiter.
Schmidt: Ich breche das Verhör mit dem Angeklagten ab und bitte darum, dem Herrn Generaladvokaten ein paar Fragen stellen zu dürfen.
Haller: Bitte sehr.
Schmidt: Wir haben jetzt die Version des Angeklagten von den krisenreichen Wochen vor der Volksabstimmung gehört. Da Sie, Herr Haller, sich die ganze Zeit über in der Nähe des Zentrums der Ereignisse

befanden, müßten Sie uns eine mehr allgemeine Orientierung von der Ausgangslage geben können, die dazu führte, daß Velder erst von der Truppe desertierte und sich danach des Hochverrats schuldig machte.

Haller: Mehrere der sachlichen Angaben, die der Angeklagte gemacht hat, scheinen korrekt zu sein. Während der zwei Wochen, die der Wahl vorausgingen, hielt General Oswald sechs große Reden an die Nation. Ich persönlich unterstützte die Kampagne des Generals durch eine Serie von Artikeln und öffentlichen Auftritten, wie viele das waren, weiß ich nicht mehr. Sowohl der General als auch ich selbst waren zu jenem Zeitpunkt davon überzeugt, daß der größte Teil der Mitbürger zur Besinnung kommen würde und der Nein-Linie mit ihren Stimmen eine feste und ausreichende Mehrheit geben würde. Wir wußten noch nicht, in welchem Umfang die Gleichgültigkeit und Miesmacherei sich im Umkreis der landesverräterischen Elemente verbreitet hatten. Der General trat während dieser Zeit sehr ruhig und siegesgewiß auf. Immer noch wurden Ratssitzungen abgehalten, die letzte, soweit ich mich erinnern kann, drei Tage vor der Abstimmung. Außer dem General und mir selbst waren Janos Edner und Aranca Peterson anwesend. Joakim Ludolf befand sich gerade im Ausland. Es wurden keine wichtigen Fragen besprochen, und die Stimmung war auffallend gedrückt. Der General verhielt sich jedoch formell und schien ausgeglichen, während Janos Edner mehrmals seine schlechte Laune nicht unterdrücken konnte und einen Wutanfall nach dem anderen bekam. Offensichtlich war es ihm schlecht bekommen, daß er bei der Diskussion im Rat am 13. November seine Meinung nicht durchgesetzt hatte. Aranca Peterson schien mehr versöhnlich gestimmt zu sein; sie sprach ständig davon, daß man die Kluft, die im Rat entstanden sei, überbrücken müßte. Auf eine Frage des Generals hin, ob sie damit meinen würde, daß alles wieder so wie früher werden könnte, antwortete sie ganz typisch mit «natürlich», so als ob das etwas ganz Selbstverständliches sei.

Schmidt: Sind Sie der Ansicht, daß die Gegenpropaganda der Volksfeinde zu der bevorstehenden Volksabstimmung solcher Art war, daß sie Velders Entscheidung beeinflußt haben könnte?

Haller: Das ist schwer zu sagen. Die Aktivitäten der Landesverräter waren nämlich so teuflisch ausgedacht und so durchtrieben, daß es sogar heute noch schwer ist, sie zu analysieren. Deren Plan lief nämlich darauf hinaus, die demokratischen Wahlen ganz einfach zu vernachlässigen. Janos Edner weigerte sich, den zugänglichen Unterlagen zufolge irgendwelche Propaganda zu betreiben. Er soll gesagt haben, daß er es für ausgeschlossen hielt, daß die Einfalt sich so weit im Lande verbreitet hätte, daß mehr als höchstens einige Dutzend Menschen im ganzen Land die Nein-Alternative wählen würden. Aranca Peterson sagte bei irgendeinem öffentlichen Anlaß, daß sie hoffe und glaube, alle Mitbürger würden die Volksabstimmung ganz einfach ignorieren. Joakim Ludolf zeigte, indem er ins Ausland reiste, um irgendeinen Vertrag auszuhandeln, deutlich, daß ihn der Volkswille überhaupt nicht interessierte. Für die sogenannten Theoretiker des alten Systems war ein solches Verhalten natürlich eine Notwendigkeit. Die konnten ihre eventuellen Anhänger ja schlecht dazu aufrufen, durch den Gewinn der Mehrheit bei einer demokratischen Wahl allen ihren demokratischen Rechten zu entsagen.

Kampenmann: Ich erinnere mich an ein ähnliches Dilemma aus meiner Jugendzeit. In einem politischen Studentenclub, in dem wir die Frage diskutierten, ob die Masse zu herrschen in der Lage sei, schlug jemand eine Abstimmung vor. Das Ergebnis war, daß die Versammlung mit überwältigender Mehrheit entschied, daß die Mehrheit stets unrecht hat.

Peters: Das war nun wirklich nicht besonders lustig.

Haller: Das Gemeine an dieser Taktik war natürlich, daß es den Landesverrätern, die sich auf Reste von Prestige und Autorität bei einem Teil der Wahlberechtigten stützen konnten, glückte, den Eindruck zu vermitteln, es handele sich bei der Volksabstimmung nur um einen Streich, der ohne jede Bedeutung war. Dank der Voraussicht des Generals gingen sie allerdings schließlich in die von ihnen selbst listig aufgestellte Falle.

Peters: Was ist denn nun schon wieder mit Velder los?

Endicott: Er scheint wieder bewußtlos zu sein. Übermüdung, nehme ich an.

Peters: Übermüdung? Woher denn, wenn ich fragen darf? Herrgott, was für ein Zirkus! Ein Sonder-Kriegsgericht, bei dem der Angeklagte dasitzt und schläft! Oder simuliert, das ist wohl eher anzunehmen.

Schmidt: Velders Zustand macht mir Sorge. Diese wiederkehrenden Ohnmachtsanfälle und Bewußtseinsstörungen bringen sowohl den Zeitplan als auch die Prozedur des Kriegsgerichts durcheinander. Ich beantrage eine Pause von zwei Stunden, damit ein Fachmann den Mann untersuchen kann.

Pigafetta: Der Angeklagte befindet sich nicht allein in diesem Zustand. Auch der Präsident des Kriegsgerichts hat während der letzten Stunde nichts von sich gegeben. Wenn man ihn sich näher ansieht, stellt man fest, daß dieser Tatbestand eine ganz natürliche Ursache hat.

Peters: Mateo! Ja, zum Teufel auch, er ist eingeschlafen ... das wird nicht einfach ... ich kenne niemanden, der so fest schläft wie er.

Pigafetta: Ich schlage vor, Sie machen Gebrauch von der Methode, die der Betreffende selbst empfiehlt: Raus mit dem Kerl, und begießt ihn mit kaltem Wasser, wenn nichts anderes hilft.

Peters: Das war wirklich überhaupt nicht lustig.

Pigafetta: Nein?

Peters: Mateo! Wach auf, verdammt noch mal!

Orbal: Was ... was ... laß das sein ...
Peters: Du mußt die Sitzung vertagen.
Orbal: Jetzt schon? Also gut, die Sitzung wird auf morgen elf Uhr vertagt.
Peters: Nein, um zwei Stunden.
Orbal: Ach so.
Pigafetta: Jetzt reicht es aber. Wir sehen uns um drei Uhr wieder. Guten Tag, meine Herren.

Orbal: Ungeheuer peinlich, die Sache heute morgen. Aber das war Schmidts Fehler. Der steht ja da und brummelt wie ein alter Mönch.
Peters: Kurz gesagt, es ist nicht auszuhalten. Ja, entschuldigen Sie, Kampenmann, vielleicht taugt er an Bord besser.
Orbal: Brown, ist es in der Vorhalle immer noch leer?
Brown: Jawohl, Herr Oberst.
Orbal: Das ist eigentlich unerhört, jetzt ist die Uhr gleich Viertel nach drei, und weder Pigafetta noch Haller oder einer der Beteiligten lassen sich sehen.
Kampenmann: Was mich wundert, ist, warum der Generaladvokat eigentlich nicht in der Regierung sitzt.
Orbal: Oh, er war sowohl Außen- als auch Kriegsminister. Dann übernahm der Staatschef selbst das Auswärtige Amt, und General Winckelman bekam das Kriegsministerium. Haller steht dem Staatschef trotzdem nahe, als Ratgeber.
Peters: Und dann kümmert er sich um diese Sache mit den Gesetzen. Das wird ja als sehr wichtig angesehen.
Orbal: Ach was, in der Praxis regiert immer noch die Armee.
Kampenmann: Ist der Streik beendet?
Orbal: Keine Ahnung. Jetzt kommen jedenfalls Pigafetta und Haller.
Pigafetta: Meine Herren, entschuldigen Sie die Verspätung. Die Truppen in dem Streikgebiet hatten eine Staffel mit Kampfflugzeugen angefordert, und ich mußte mich persönlich darum kümmern.
Orbal: Oh, verdammt!
Peters: Und Ihre Flugmaschinen kamen planmäßig hin?
Pigafetta: Ich bin bereit, Ihnen vieles nachzusehen, von Peters, aber nicht den Ausdruck, von dem Sie eben Gebrauch machten.
Peters: Flugmaschinen?
Orbal: Reiß dich jetzt mal ein bißchen zusammen, Carl! Wie ging es denn aus?
Pigafetta: Der Streik? Der ist abgeblasen.
Peters: Wohl eher weggeblasen, nehme ich an.
Pigafetta: Durchaus nicht. Oberst Orbal hatte heute morgen ganz recht. Eigentlich wurde die Luftwaffe nicht gebraucht, aber der Kommandeur des Militärbezirks wollte bei einem Sturm auf einen von Ludolfs

alten Bunkern, in dem sich die schlimmsten Elemente verschanzt hatten, nicht unnötig Blut vergießen.

Kampenmann: Eigentlich komisch, daß wir mit diesen kommunistischen Fanatikern niemals fertig werden.

Pigafetta: Heute sind wir einen Teil von ihnen losgeworden.

Brown: Die Beteiligten sind jetzt hier, Herr Oberst.

Orbal: Dann rufen Sie sie herein.

Schmidt: Ich habe jetzt einen Fachmann über Velders Gesundheitszustand befragt. Ich beantrage, daß er sein Gutachten vor dem Kriegsgericht abgeben darf.

Orbal: Na sicher. Wenn er nur nicht zu ausführlich wird. Wer ist es denn?

Schmidt: Laboratoriumsassistent Max Gerthoffer von der Spezialabteilung der Militärpolizei. Er ist früher schon als Zeuge vernommen worden.

Brown: Bitte sehr, Herr Gerthoffer. Sie sollen hier nur Ihr Gutachten abgeben und brauchen nicht vereidigt zu werden.

Gerthoffer: Ich sage aus Prinzip die Wahrheit. Leider habe ich wenig Zeit und muß mich daher ganz ganz kurz fassen. Ich bin verwundert darüber, daß das Kriegsgericht trotz meiner eingehenden Ausführungen zu diesem Thema zugelassen hat, daß Velder einer so völlig sinnlosen physischen Folter unterworfen wurde. Zum Glück war das Untersuchungsobjekt in diesem Fall so gut vorbereitet, daß die primitive Behandlung nicht zu einer nennenswerten Veränderung seiner mentalen Balance geführt hat. Das Erinnerungsvermögen scheint noch zu funktionieren. Zwei andere Dinge geben dagegen zur Beunruhigung Anlaß. Zum ersten haben die Maßnahmen Velders Gesundheitszustand in erschreckendem Maße beeinträchtigt, was besonders unsinnig ist im Hinblick auf die Mühe, die wir uns damals gemacht haben, um ihn wieder fit zu kriegen, natürlich gerade mit dem Hintergedanken, daß er bei Beginn der Sitzungen des Kriegsgerichts und den Vernehmungen dabei in der bestdenkbaren körperlichen Verfassung sein sollte. So wie es jetzt aussieht, muß man sich vor allen Dingen darauf konzentrieren, ihn physisch am Leben zu erhalten. Weiter hat man in seiner Einfalt – ich kann keinen schwächeren Ausdruck verwenden – Velders Trommelfelle durchstochen und ihn den unsystematischsten Mißhandlungen mit Schlagstöcken und Gummiknüppeln ausgesetzt. Das hat erhebliche Störungen zur Folge; es fällt ihm schwer, Gehörtes sofort in bezug zu seinem eigenen Denken zu setzen. Es ist demzufolge nicht ratsam, ihn allzu intensiven Befragungen auszusetzen, sogenannten Verhören, oder, noch schlimmer, Kreuzverhören, weil schnelle Reaktionen beim Denken so große mentale Anstrengungen mit sich bringen, daß sie sehr schnell zum Koma oder vollständiger Bewußtlosigkeit führen. Wenn man dagegen Velder Gelegenheit gibt, seine Aussagen in größeren Ab-

schnitten und in der richtigen Reihenfolge zu machen, werden Sie merken, daß sein Erinnerungsvermögen immer noch ungebrochen ist. Gleichzeitig wäre das Risiko der mentalen Ermüdung so gut wie ausgeschlossen. Ich habe einen Moment überlegt, Velder noch einer weiteren willensstimulierenden chirurgischen Operation zu unterziehen, aber einerseits glaube ich nicht, daß damit viel gewonnen wäre, und andererseits ist die Spezialabteilung im Augenblick mit Arbeit überhäuft. Erst heute haben wir mehrere Untersuchungsobjekte aus den Krawallgebieten in der Ostprovinz erhalten. Das ist im großen und ganzen alles, was ich zu sagen habe.
Peters: Wie geht es Ihren Kindern?
Gerthoffer: Ausgezeichnet, danke, allerdings hat das Mädchen den ganzen Winter über Schnupfen gehabt. Und leider hindert mich meine Arbeit daran, so häufig mit ihnen zusammenzusein, wie ich es mir wünschen würde.
Peters: Na, das wird sicher besser, wenn es uns erst einmal gelungen ist, das rote Pack auszurotten. Vielen Dank, daß Sie sich die Zeit genommen haben und hergekommen sind.
Orbal: Ja, danke.
Schmidt: Ich rufe Erwin Velder als Zeugen auf. Unter Bezugnahme auf die unbestritten sachkundigen Ausführungen von Laboratoriumsassistent Gerthoffer werde ich das Verhör soweit als möglich seinen Empfehlungen gemäß führen.
Orbal: Ich habe von alledem nicht viel begriffen.
Kampenmann: Seine Ausführungen liefen wohl in erster Linie darauf hinaus, daß man Velder selbst berichten läßt und ihn sowenig wie möglich unterbricht.
Peters: Großartig! Jetzt darf man nicht mal mehr Fragen an den Angeklagten stellen. Bald werden wir wohl dazu übergehen, ihn auch noch zu füttern und ihm die Nase zu putzen.
Schmidt: Brown, wollen Sie so freundlich sein und den Angeklagten heranrollen. Stellen Sie ihn so nahe an die Schranke wie möglich. Ja, so. Korporal Velder, können Sie mit eigenen Worten die Ereignisse und die Umstände bei ihrer Fahnenflucht beschreiben? Fangen Sie mit dem 12. Dezember, dem Tag vor der Volksabstimmung, an. Versuchen Sie, so laut und deutlich wie möglich zu sprechen.
Velder: Der Wahltag, ja. Der 12. Dezember. Das stimmt. Das war ein sonniger und recht warmer Tag, dafür, daß ja Winter war.
Peters: Was kümmert uns das, verdammt noch mal?
Pigafetta: Können Sie es denn nicht bleiben lassen, den Zeugen zu unterbrechen? Sie haben doch selbst gesehen, was das für Konsequenzen hat!
Peters: Ach was.
Schmidt: Machen Sie weiter, Velder.
Velder: Wie bitte?

Schmidt: Der Wahltag, der 12. Dezember, ein sonniger und ziemlich warmer Tag ...

Velder: 12 Grad im Schatten. Der General gab seine Stimme früh am Morgen in einem Wahllokal in Oswaldsburg ab. Dann fuhr ich ihn im Jeep nach Ludolfsport und in einige kleinere Orte. Er ließ sich herumfahren, um die Wähler zu stimulieren. Es sei wichtig, denen in der allerletzten Stunde einen Schubs zu geben, sagte er. Alle Mitbürger über fünfzehn hatten Stimmzettel erhalten, und es waren Wählerlisten zusammengestellt worden. Es waren nicht besonders viele Leute unterwegs in der Nähe der Wahllokale. Aber auf einem Platz in Ludolfsport stand eine Gruppe von Anhängern, die Hurra schrien, als wir vorbeifuhren. Am Nachmittag fuhren wir über die Küstenstraße nach Marbella. Da sah es ungefähr ähnlich aus. Der General schien guter Laune und optimistisch zu sein. Er sagte mehrmals, daß, was auch immer geschehen würde, so hatten Janos Edner und die anderen einen Fehler begangen, als sie die Wahl blockierten. Aber er sagte auch, daß er sicher sei, die Nein-Alternative würde die Mehrheit bekommen. Völlig sicher! Es waren fast nirgendwo Milizgruppen zu sehen. Aus irgendeinem Grund, den ich nicht verstehe, hatten große Teile der Miliz den Befehl erhalten, nicht an der Wahl teilzunehmen. Bald nach fünf kamen wir nach Oswaldsburg zurück, wo der General zusammen mit Tadeusz Haller zum Essen ging. Ich war bei dieser Mahlzeit nicht dabei, sondern nutzte die Gelegenheit, um für kurze Zeit nach Hause zu gehen. Ich erinnere mich daran, daß die Fernmeldegruppe der Miliz überall in der Stadt Lautsprecher aufgestellt hatte und daß die Bevölkerung immer wieder ermahnt wurde, ihre bürgerlichen Rechte durch Abgabe einer Nein-Stimme in Anspruch zu nehmen. Nachdem ich zusammen mit meinen Frauen und meinen Kindern gegessen hatte, ging ich zurück, um den General zu holen. Da war die Uhr ungefähr zehn Minuten vor sieben, und es war bereits dunkel geworden. Dann folgte ich dem General und Haller zur Kanzlei des Rates. Dort kamen wir kurz nach sieben an.

Im Kanzleiraum waren Janos Edner und Aranca Peterson schon eingetroffen, die wohnten übrigens ein Stockwerk darüber. Danića Rodriguez, die Edners Sekretärin war, befand sich auch im Raum. Die Wahllokale wurden um halb acht geschlossen, und die Auszählung der Stimmen sollte eine halbe Stunde danach beginnen. Also um acht Uhr. Es gab einen Fernschreiber in dem Raum, und da sollten die Ergebnisse der verschiedenen Distrikte ankommen, sobald die dort mit ihren Auszählungen fertig waren. Aranca Peterson ging die Treppe hoch und kochte Kaffee. Dann saßen wir alle zusammen um den großen Tisch herum und tranken Kaffee. Es wurde sehr wenig geredet, aber die Stimmung war weder aufgeregt noch feindselig. Alles schien im großen und ganzen wie sonst auch zu sein. Janos Edner war der einzige, der so aussah, als ob er unzufrieden und schlechter Laune war, aber er hatte damals schon längere Zeit störrisch gewirkt. Aranca Peterson war ruhig und unbeschwert. Sie hatte übrigens fast immer eine beneidenswert gute Laune. Ich habe nur ein einziges Mal in all den Jahren miterlebt, daß sie die Beherrschung verloren hat. Tadeusz Haller schien als einziger nervös zu sein, aber daran hatte ich mich auch schon eine ganze Weile gewöhnt. Er stand mehrmals auf und ging in dem Zimmer auf und ab. Der General war zu den anderen sehr freundlich und die Ruhe selbst. Mir fällt ein, daß er so nebenbei fragte, wann Ludolf denn zurückkommen würde. Aranca Peterson antwortete, daß er mit einer frühen Maschine am nächsten Tag zurückerwartet wurde. Die würde Viertel nach acht landen. Der General sagte, daß das ja prima sei. Dann saßen alle wieder eine Weile schweigend da, aber als Edner dem General nach einer Weile Kaffee nachschenkte, sagte er: «Ich muß dich etwas fragen, Paul. Wenn nun diese vollkommen idiotische Volksabstimmung mit dem absurden Resultat geendet hätte, daß wir Menschen hier alle Nein gestimmt hätten und du also Präsident geworden wärst, was hättest du dann getan? Hättest du allen Scheiß wieder eingeführt, dem zu entgehen wir damals hierhergekommen sind? Hättest du persönlich politische und religiöse Fanatiker ins Land geschmuggelt, damit die den Leuten das Christentum und den Buddhismus und den Katholizismus und wie das alles heißt aufgeschwatzt hätten? Hättest du politische Parteien eingeführt und das Volk gezwungen, zwischen Faschismus und Sozialdemokratie und Kommunismus und all den anderen idiotischen Ideologien zu wählen?» Der General lachte und sagte: «Nein, so weit werde ich sicher nicht gehen.» Gleich danach sagte Edner: «Warum hast du denn nicht deine Uniform an und dein Gebiß drin?» Der General lachte wieder und sagte erst gar nichts. Er trug Zivil, seine Uniform und seine Orden hatte er eigentlich nur während der letzten Wochen getragen, und ich glaube, er hatte sein Gebiß zu Hause gelassen, weil es ihn irritierte. Er hatte mir mal gesagt, es würde scheuern.

Peters: Nein, jetzt halte ich es nicht mehr länger aus.

Orbal: Ach was, Carl, laß ihn reden.

Velder: Entschuldigung, aber ...

Schmidt: Machen Sie weiter, Velder. General Oswald antwortete nicht, sagten Sie.

Velder: Doch, sicher. Ja, also nach einer Weile sagte er, daß das eine Ausrüstung sei, die er im Kreise seiner Freunde nicht brauche. Da lachte sogar Janos Edner, aber Aranca wurde nachdenklich und meinte, das letzte sei eine eigenartige Äußerung gewesen. Ich nahm damals an, sie würde darauf anspielen, daß der General niemals ins Ausland reiste, er fliegt ja so ungern, und daß er deswegen eigentlich immer unter Freunden sei. Eine Zeitlang später, als es ganz still war, fing Edner plötzlich an zu schreien und rief: «Warum verdammt noch mal hast du uns dies alles überhaupt eingebrockt?» Der General und Tadeusz Haller sahen sich an, und schließlich sagte der General: «Du kannst überzeugt sein, daß ich keinen bösen Hintergedanken dabei gehabt habe.» Da meldete sich Danića Rodriguez: «Jetzt, wo du hier unter uns bist, brauchst du dich doch nicht aufzuspielen! Heb dir das auf, bis du das nächste Mal eine Rede halten mußt. Ich habe zufälligerweise eine Ansprache von dir gehört, aus Versehen.» Der General sah sie unfreundlich an. Ich hatte das Gefühl, als ob er Dana nie besonders gemocht hatte.

Orbal: War das die Frau mit dem Schnurrbart? Die, die mit dem Kopf gewackelt hatte?

Peters: Ist es die Möglichkeit, daß so eine Nutte du zu dem General gesagt haben soll? Nein, jetzt muß Schluß sein! Ist hier denn keiner außer mir, der begreift, daß wir diese grenzenlose Lügerei stoppen müssen?

Kampenmann: Können wir uns denn nicht ein für allemal darauf einigen, daß wir den Angeklagten reden lassen, ohne ihn ständig zu unterbrechen?

Orbal: Ganz erstaunlich, Ihr Eifer, Kampenmann. Na los, Velder, sprechen Sie weiter.

Peters: Herrgott, was hat man auszustehen! Da sitzt man hier Stunde um Stunde und muß sich dieses Schwein anhören.

Pigafetta: Was ist denn jetzt wieder los, Hauptmann Endicott?

Orbal: Was? Was ist mit dem Kerl los?

Endicott: Er scheint den Faden verloren zu haben, Herr Oberst.

Peters: Na, Gott sei Dank.

Endicott: Einen Moment, bitte. Ich habe hier einige Injektionsampullen, die ich von Dr. Mogensen für solche Fälle bekommen habe. Hilf mir doch mal, Brown. In den Oberschenkel, hat er gesagt. So, ja.

Orbal: Soll man dasitzen und sich so was ansehen müssen? Sehr unangenehm. Widerlich!

Pigafetta: Ziemlich unästhetisch, zugegeben.

Orbal: Die pieken natürlich daneben.

Pigafetta: Meine Offiziere pflegen ihre Aufgaben lösen zu können.

Peters: Jedenfalls sind sie Experten, wenn es darum geht, ihre Fallschirmleinen zu ziehen.

Brown: Er kommt jetzt offenbar zu sich.

Velder: Am 35. Tag begann das Nachrichtensystem zwischen den verschiedenen Verteidigungseinheiten zusammenzubrechen. Wir hatten keine Verbindung mehr mit den Bunkersystemen im Westen und im Südwesten. Auf der Erdoberfläche brannte es überall.

Endicott: Einen Moment, Velder. Sie müssen in der Zeit zurückgehen, versuchen Sie es doch mal.

Peters: Er spricht ja zu ihm wie ein Kindermädchen. Der Mann soll ein Offizier sein?

Pigafetta: Jawohl!
Schmidt: Sie sagten, daß Sie das Gefühl gehabt hätten, der General hätte Danica Rodriguez nie besonders gemocht.
Velder: Er sagte nichts zu Dana, antwortete nichts, sondern starrte sie nur an. Sieben Minuten nach acht kamen auf dem Fernschreiber die ersten Wahlresultate an. Sie kamen aus einem der allerkleinsten Wahlkreise, in der Nähe von Marbella. Dort hatten drei mit Ja und elf mit Nein gestimmt. Dreizehn Minuten nach acht kamen die nächsten, aus der gleichen Gegend. Da hatten drei Ja gestimmt und sechs Nein. Ich und Dana – also Danica Rodriguez, Edners Sekretärin – kümmerten uns um die Addition. Wir rissen abwechselnd die Fernschreiben aus dem Apparat und schrieben die Zahlen auf eine große Tafel, wo wir sie zusammenrechneten. Zwanzig Minuten später kamen die Ergebnisse von einem anderen kleinen Wahlkreis. Dort stand es sieben zu sieben. Janos Edner hatte eine Weile dagesessen und gegähnt, und um halb neun sagte er, daß er nun hinaufgehen und sich hinlegen wollte. Zu Aranca sagte er, daß sie ihn wecken könnte, wenn etwas Interessantes geschehen würde oder wenn schließlich alle Ergebnisse ausgerechnet waren. Ich erinnere mich, daß Tadeusz Haller ihn anstarrte, als ob er seinen Augen nicht traue. Kurz vor neun kam der erste städtische Wahlkreis von Oswaldsburg, und dort waren die Zahlen 96 Ja und 4 Nein. Wenige Minuten später kam ein weiterer, und da waren es 82 Ja und 17 Nein. Das war der fünfte Wahlkreis von Ludolfsport, und ich weiß das deshalb, weil die Zahlen beinahe genau die Tendenz widerspiegelten. Haller war jetzt merklich nervös, aber Oswald nahm es mit großer Ruhe hin. Danach kamen die Zahlen Schlag auf Schlag, und alle zeigten ungefähr die gleiche Tendenz. Gegen neun sagte Aranca, daß sie hinaufgehen und Bier und belegte Brote holen wollte, und der General – daran kann ich mich genau erinnern – ging mit ihr und half ihr. Als sie wieder herunterkamen, war der Stand 73 402 Ja gegenüber 15 663 Nein. Alle tranken Bier und aßen Butterbrote, und wir ließen den Fernschreiber allein weiterlaufen. Der General und Aranca Peterson und Danica Rodriguez benahmen sich wie immer, aber Tadeusz Haller war sehr nervös. Er wollte nichts essen und verschüttete sein Bier mehrmals. Kurz nach elf . . .
Peters: Wollen Sie sich das gefallen lassen, Herr Haller?
Haller: Schon gut.
Schmidt: Kurz nach elf . . .
Velder: Kurz nach elf war die Ausrechnung fertig, die Prozentsätze und alles. Es waren 142 122 Ja-Stimmen und 31 706 Nein-Stimmen abgegeben worden. Das hieß, rechneten Dana und ich aus, daß nur 17 % aller Wahlberechtigten ihre Stimme abgegeben hatten. Und von den abgegebenen Stimmen hatten 82 % mit Ja und 18 % mit Nein gestimmt.
Orbal: Ziemlich schwer zu verstehen, was der Mann sagt.

Endicott: Ich bitte um das Einverständnis des Kriegsgerichts für eine kurze Pause im Verhör, damit der Angeklagte seine Stimmbänder ausruhen kann.
Peters: Verhör, haha!
Pigafetta: Ja, Endicott, wird genehmigt.
Orbal: Was soll denn das heißen? Das hätte ich doch sagen müssen, Pigafetta.
Pigafetta: Ja, das hätten Sie tun sollen.
Kampenmann: Sind diese Zahlen richtig?
Haller: Ja, soweit ich mich erinnern kann. Durch die gemeine Propaganda war es geglückt, über 80% der Bevölkerung dahingehend zu überlisten, daß sie es unterließen, ihre bürgerlichen Rechte auszuüben. Von den übrigen ... ja, Sie haben sicher die genauen Zahlen in Ihren Unterlagen, Kapitänleutnant Schmidt?
Schmidt: Einen Augenblick, bitte. Ja, hier sind sie. Von allen Wahlberechtigten verzichteten 82,4%. 14,1% wählten mit Ja und 3,3% wählten mit Nein.
Haller: Es wurde also ganz einfach keine Wahl. Die Bequemlichkeit war so groß, daß der größte Teil der Bevölkerung das Referendum nicht beachtete.
Kampenmann: Da gab es etwas in dem Bericht des Angeklagten, das ich nicht richtig verstanden habe. Warum durften große Teile der Miliz nicht an der Wahl teilnehmen?
Haller: Das war eine besonders gut durchdachte Maßnahme von General Oswald. Die Mannschaftsstärke der Miliz war innerhalb kurzer Zeit verdreifacht worden. Diese Tatsache war mir natürlich bekannt, aber ansonsten wußten nur sehr wenige Leute davon. Der General war der einzige, der die genaue Kontrolle über die Einwanderungsfrequenz hatte.
Peters: Sie sprechen von der Armee, Herr Haller. Zu jenem Zeitpunkt hatte die Miliz aufgehört zu existieren. Im übrigen haben Sie natürlich recht. Die Truppen wurden in ihren Kasernen und Übungsplätzen zurückgehalten und die Stärkeverhältnisse geheimgehalten. Das war eine Art Bereitschaftsdienst, falls etwas passieren sollte, ein überraschender Angriff beispielsweise von außen oder von innen.
Haller: Das ist richtig. Und wenn die neuen Truppenteile an der Abstimmung teilgenommen hätten, hätte man ihnen Wahlzettel geben müssen; sie wären in die Wählerlisten aufgenommen worden und hätten ihre Stellungen verlassen müssen, um zu den Wahllokalen zu gehen. Damit wäre die ganze Disposition offenbar geworden.
Peters: Ja, das war mit einem Wort eine geheime Maßnahme des Militärs.
Orbal: Was um Gottes willen macht denn Endicott da?
Peters: Er kümmert sich um seinen Schützling, das siehst du doch. Bald fängt er an und singt hier Wiegenlieder.

Endicott: Ich glaube, wir können jetzt weitermachen, Herr Oberst.
Peters: Im militärischen Sprachgebrauch glaubt man nicht, das sollten sogar Ihre Männer gelernt haben, Pigafetta.
Schmidt: Ich möchte die Gelegenheit benutzen, um darauf hinzuweisen, daß Velder – der wissenschaftlich untermauerten Auffassung zufolge, die Laboratoriumsassistent Gerthoffer mir übermittelt hat – jetzt fast ausschließlich direkt aus seiner Erinnerung spricht, ohne daß er fähig ist, jetzt nachträglich etwas zu verändern oder anders zu bewerten.
Kampenmann: Woher wissen Sie, daß diese Theorie wissenschaftlich untermauert ist?
Peters: Herr Gott noch mal, Kampenmann!
Orbal: Los, los, machen Sie weiter, damit wir endlich vorankommen.
Schmidt: Bitte sehr, Velder.
Peters: So höflich ist er uns gegenüber kaum. Wenn wir doch bloß den Bratianu hier hätten!
Orbal: Was hast du da zu brummeln, Carl?
Peters: Ich sagte, wir sollten Bratianu hier haben.
Orbal: Ja, weiß Gott.
Schmidt: Wenn das Präsidium es erlaubt ...
Orbal: Ja, was ist denn mit Ihnen los, Schmidt? Und Endicott steht da und tuschelt mit dem Kerl, als ob er eine Nutte im Bett hätte. Nun mal los!
Velder: Da kam Janos Edner herunter, Aranca war wohl oben gewesen und hatte ihn geweckt. Er sah sich die Zahlen an, und dann begann er zu fluchen. Seine Reaktion kam sehr überraschend. Als Aranca sagte, das alles sei doch im großen und ganzen so gekommen, wie erwartet, antwortete er, daß er ganz gewiß nicht erwartet hatte, daß es auf der Insel über 30000 Menschen gab, die mit Oswald und seinen verrückten Ideen sympathisierten. Und, sagte er, die andere Zahl sei auch keine, mit der man sich brüsten könnte. Sie beweise nur, daß auf unserer Insel – er betonte das Wort unserer besonders – immer noch 140000 Individuen wohnten, die sich verleiten ließen, an einer so sinnlosen Wahl teilzunehmen. Aranca gelang es schließlich, ihn wieder zu beruhigen, und danach unterhielten sich alle, bis auf Haller, der schon gegangen war, noch etwa eine Viertelstunde lang. Danića Rodriguez fragte den General, was er seiner Meinung nach mit diesem Spektakel bewiesen hätte. Der General antwortete zerstreut: «Nichts, meine Schöne, nichts ...» Dann gähnte er und sagte gute Nacht zu den anderen. «Wir sehen uns morgen», sagte er auch noch. Ich folgte dem General hinaus, und wir gingen zu einer kleinen Wohnung, die er einige Häuserblocks weiter gemietet hatte. Es war ein milder und schöner Abend, und es war völlig ruhig und still in der Stadt. Ich glaube, die Wahlergebnisse wurden im Radio und im Fernsehen gesendet, aber niemand schien sich darum zu kümmern. Als wir hinauf in die Wohnung kamen, holte Os-

wald zwei Bier aus dem Kühlschrank. Dann nahm er eine Reiseschreibmaschine heraus und schrieb etwas von einem Zettel ab, den er in der Tasche gehabt hatte. Ich hatte gesehen, wie er sich vorher am Abend auf diesem Zettel Notizen gemacht hatte. Nebenher trank er sein Bier aus. Danach rief er das Hauptquartier an und befahl, daß man ihm einen Jeep schicken sollte, um ihn abzuholen. Er faltete das Papier, das er beschrieben hatte, und legte es zusammen mit einem anderen Zettel in einen Umschlag und versiegelte ihn. Dann schrieb er drauf, daß das Siegel nur auf einen Befehl hin gebrochen werden durfte, der die Code-Bezeichnung ...

Peters: Nachtübung.

Velder: Eine Code-Bezeichnung, die die gleiche war wie auf dem versiegelten Umschlag, den ich bekommen hatte. Wir standen da und tranken unser Bier, und Oswald war die Ruhe selbst. Er sagte, daß er mich im Augenblick nicht brauchen würde, denn er wollte zum Hauptquartier fahren und dort die Nacht über bleiben. Aber ich sollte die neue und die alte Anweisung nehmen und mich auf den Weg zu einem Platz machen, der Checkpoint C genannt wurde; das war ein Militärposten im Osten der Stadt, normalerweise unbemannt. Dort sollte ich den Befehl über die Mannschaft, die sich dort befinden würde, übernehmen und abwarten, bis ich weitere Befehle erhielt. Während er das sagte, begann er, sich den Anzug auszuziehen und eine Uniform anzuziehen, eine ganz neue übrigens, die ich noch niemals vorher gesehen hatte. Als er sich die Mütze aufgesetzt hatte, drückte er sich mit einem leichten Klicken das Gebiß rein und stand dann einen Moment – es waren sicher nur einige Sekunden – und starrte geradeaus in die Luft. Er sagte sozusagen zu sich selbst – das hat er übrigens öfter getan während der letzten Jahre mit mir zusammen – zu sich selbst gesprochen also: «Auf diesen Moment habe ich jahrelang gewartet», sagte er. Dann gab er sich einen Ruck und sagte zu mir: «Wir sehen uns morgen. Ich verlasse mich darauf, daß du dich an die Anweisungen hältst, wenn etwas geschehen sollte. Du solltest übrigens nochmals darüber nachdenken, ob du nicht doch Offizier werden willst. Mein Angebot gilt immer noch.» Wir gaben uns die Hand und trennten uns vor dem Haus. Ich ging zu dem Platz, wo wir den Jeep abgestellt hatten, unten bei den Autotunneln. Es war immer noch milde und ein wenig Feuchtigkeit in der Luft. Die Stadt war jetzt vollständig leer und still, und man sah kaum ein Licht in den Fenstern. Als ich bei dem Posten ankam, Checkpoint C, wie der genannt werden sollte, warteten da bereits dreißig Mann in voller Ausrüstung. Sie hatten zwei große Lastwagen mit Material, Geländefahrzeuge für den Mannschaftstransport, automatische Waffen und zwei Handfunkgeräte. Ich kannte keinen einzigen von ihnen, sie gehörten zu einem ganz neu aufgestellten Verband. Ich kam um fünf nach eins hin, und genau um halb zwei klingelte das Telefon drinnen in der Wachstube. Es war das Hauptquartier, das das Code-Wort ausgab, «Nachtübung», wie der Herr Major hier richtig gesagt hat. Ich nahm die beiden Umschläge heraus und brach die Siegel. Das eine war ein Befehl, der sofort ausgeführt werden sollte, und das andere war eine Nachricht, die ich weitergeben mußte, sobald die Maßnahmen, die der erste Befehl enthielt, getroffen waren.

Schmidt: Sie können jetzt eine kleine Pause machen, Velder.

Orbal: Schön. Er hört sich ja wie eine Schallplatte von 1910 an.

Schmidt: Der Inhalt und der Wortlaut der beiden Dokumente, die der Angeklagte erwähnt hat, sind sehr wesentlich. Eine Kopie des Befehls ist im Archiv der Armee aufbewahrt, und auch die vom General persönlich geschriebene Botschaft konnte wiederbeschafft werden. Beide sind in den Anlagen der Voruntersuchung enthalten, mit den Bezeichnungen V V/17xx und V V/17xxx. Ich bitte den Berichterstatter, diese beiden Schriftstücke vorzulesen.

Peters: Ohne alle heruntergeleierten Formalitäten, wenn ich bitten darf.

Brown: Beilage V V/17xx. Geheimer Befehl betreffend die Operation ‹Nachtübung›, ausgestellt am 5. Dezember. Betrifft: Korporal Velder und die ihm unterstellten Mannschaften. Geheim nach ... Entschuldigung ... Der Text lautet:

Die am Checkpoint C zusammengezogenen Mannschaften sollen am 13. Dezember 02.00 Uhr an der nördlichen Straße zwischen Oswaldsburg und Ludolfsport 300 m ostwärts vom Plankreuz beim Wirtshaus im Quadrat 47 in Stellung gehen. Zwei Straßensperren sollen im Abstand von 50 m errichtet werden, die westliche mit Front auf Oswaldsburg, die ostwärtige mit Front in Richtung Ludolfsport. Außer dem mitgeführten Material ist es zu empfehlen, daß die Fahrzeuge mit in die Sperren eingebaut werden. Die Sperren müssen hundertprozentig undurchlässig sein. Die Sperren müssen in einer Breite mindestens 50 m nördlich und südlich neben der Fahrbahn durch Minen gesichert werden. Nur militärisches Personal mit Passierscheinen wie beigefügtes Muster darf durch die Sperren gelassen werden. Jeder Versuch, die Sperren zu umgehen oder zu durchbrechen, ist mit Waffengewalt zu vereiteln. Die Wegsperren sind besetzt zu halten, bis neue Befehle eintreffen. Funkstille bis 02.30 Uhr.

Orbal: Ja, wir hatten wirklich viel zu wenige Soldaten. Dreißig Mann und ein Korporal, was ist das schon?

Brown: Beilage V V/17xxx, Anweisung und geheime Nachricht von General Oswald, dem Korporal Erwin Velder am 13. Dezember 00.15 Uhr anvertraut. Der Text lautet:

... Ich darf vielleicht hinzufügen, daß der erste Teil die Form eines Briefes des Generals an Velder hat, der andere die einer Proklamation ... Velder! Nachdem du deinen Befehl ausgeführt hast, sollst du folgendes tun: Ernenne einen Verantwortlichen für die ganze Absperrung und je einen Vormann für jede der Sperren. Die Männer, die dir unterstellt worden sind, sind absolut vertrauenswürdig, du gehst also kein Risiko ein. Nimm danach den Jeep und fahr zum Rundfunkgebäude in Oswaldsburg, das bis dahin in der Hand unserer Truppen sein müßte. Sorge dafür, daß der beigefügte Text im Radio, im Fernsehen und über das ganze Lautsprechernetz von heute morgen 9 Uhr an alle halbe Stunde gesendet wird. Sobald du dich davon überzeugt hast, daß das getan wird, fahre zu der Straßensperre zurück. Ich brauche wohl nicht darauf hinzuweisen, daß ich mich auf dich verlasse. Unterzeichnet P. O.

Pigafetta: Höchst informell, muß ich sagen.

Peters: Natürlich eine Fälschung.

Brown: Die Botschaft General Oswalds an die Nation hatte folgenden Wortlaut:

Mitbürger! Der Versuch, mit demokratischen Mitteln und vernünftigen Begründungen die Führung des Landes zu der Einsicht zu bewegen, die ernste und beinahe aussichtslose Lage, in der das Land sich befindet, einzusehen und sich danach zu richten, ist mißlungen. Durch infame unterschwellige Propaganda und systematischen Wahlbetrug schloß die gestrige Volksabstimmung mit einem Ergebnis der Art, daß die gesamte Wahl für ungültig erklärt werden muß. Gestützt auf die Armee und eine überwältigende Mehrheit rechtschaffener Mitbürger, habe ich beschlossen, das verantwortungsvolle Amt des Staatschefs zu übernehmen. Bis eine rechtmäßige Regierung durch allgemeine Wahlen nach anerkannten demokratischen Prinzipien gebildet worden ist, übernehme ich gleichzeitig das Amt des Chefs der Interims-Regierung. Ich sehe es als meine Aufgabe an, die Nation aus ihrer derzeitigen gefahrvollen und entwürdigenden Lage zu führen. Die Armee hat die Verantwortung für die Sicherheit jedes einzelnen Mitbürgers in unserem demokratischen Staat übernommen. Demzufolge ist jeder Mitbürger verpflichtet, die Anweisungen, die von den Militärbehörden erlassen werden, genauestens zu befolgen. Im ganzen Land herrscht absolute Ruhe. Jeder Versuch der Landesverräter oder einer ausländischen Macht, die Nation ihrer neugewonnenen Freiheit zu berauben, wird allerdings mit äußerster Kraft zurückgeschlagen. Es lebe unser neues Vaterland, das nach drei Grundsätzen aufgebaut wird: Religion – Moral – Würde! Paul Oswald, General, Staatschef.

Orbal: Sehr kraftvoll.

Schmidt: Der Inhalt dieser beiden Dokumente zeigt, in welch hohem Maß der General und der neue Staat sich auf Erwin Velder verließen. Selbstverständlich ist es General Oswald nicht eingefallen, daß ein Mann, der jahrelang in seiner unmittelbaren Nähe Dienst getan hatte und ihm zu großem Dank verpflichtet war, sich als simpler Fahnenflüchtiger und kalt berechnender Verräter erweisen sollte. Wir wollen uns nun Velders eigenen Bericht anhören, wie er seinen anspruchsvol-

len Auftrag ausführte. Hauptmann Endicott, hat der Angeklagte begriffen was gesagt worden ist?
Endicott: Ich glaube schon.
Peters: Glaube!
Schmidt: Na los, Velder, machen Sie weiter mit Ihrer Aussage. Sie haben gerade Ihre versiegelten Befehle geöffnet und befinden sich als verantwortlicher militärischer Führer beim Checkpoint C.
Velder: Natürlich. Natürlich kann ich mich an den Text erinnern. Ich habe mich in die Schreibstube des Postens eingeschlossen und die Papiere immer wieder durchgelesen. Trotz allem, was geschehen war, hatte ich doch nie richtig geglaubt, daß so etwas jemals eintreffen könnte. Ich konnte mir auch nicht vorstellen, daß Leute wie Aranca Peterson und Janos Edner – trotz ihrer pazifistischen Einstellung – sich ohne weiteres einer derartigen Form des Machtwechsels fügen würden. Ja, nicht mal Tadeusz Haller, obwohl der während der Vorbereitungen der Volksabstimmung die Partei des Generals ergriffen hatte. Ich sah sofort ein, daß ich diese Befehle, die ich bekommen hatte, nicht ausführen würde. Was mir verbot, diesen Anweisungen zu folgen, weiß ich nicht, vielleicht etwas, das ich zu jener Zeit für mein Gewissen hielt, das aber tatsächlich wohl meine allgemeine Einstellung war.
Orbal: Das verstehe ich nicht.
Velder: Mein erster Gedanke war, sofort zum Hauptquartier zu fahren und General Oswald von der Sinnlosigkeit seiner Handlungsweise zu überzeugen. Nach längerem Nachdenken kam ich jedoch zu der Überzeugung, daß das unmöglich war, vor allen Dingen deshalb, weil ich den General und seine nach und nach immer mehr veränderte Einstellung kannte. Ich dachte auch an die Möglichkeit, daß große Teile der Miliz, ebenso wie ich selbst, den Befehl verweigern würden. Nach einigen Minuten begriff ich, daß auch das weniger wahrscheinlich war. Die neue Armee konnte in keiner Weise mit der Miliz, wie sie noch ein halbes Jahr früher gewesen war, verglichen oder gleichgesetzt werden. Und außerdem wäre ich in diesem Augenblick einer der ganz wenigen gewesen, die in der Miliz Dienst taten und von Anfang an dabei gewesen waren. Durch neue Einberufungen, von denen ich ja trotz allem eine Menge wußte, war es dazu gekommen, daß mindestens zwei Drittel der Offiziere und Mannschaften mehr oder weniger als Berufssoldaten angesehen werden konnten. Über deren Einstellung machte ich mir keine Illusionen. Was die übrigen betraf, so hatten die strenge Disziplin und die harte Ausbildung des letzten halben Jahres ausgereicht, um ihre Einstellung zu verändern. Ich kann mich erinnern, wie ich da in dem kahlen Raum saß und die Blätter wieder und wieder durchlas. Das Fenster hatte ein normales feinmaschiges Fliegengitter aus Draht. Draußen war es stockdunkel und still, aber ich hörte, wie die Männer nebenan in dem Wachlokal mit ihren Waffen hantierten. Ich sollte vielleicht auch

sagen, daß ich sehr wohl verstanden hatte, daß der Auftrag, den ich bekommen hatte, sicherlich nicht unbedeutend war, aber ganz sicher auch nicht zu den wichtigsten gehörte. Es gab ja zwei Straßen zwischen Oswaldsburg und Ludolfsport, und von denen war die nördliche älter und nicht so stark befahren. Entschieden wichtiger mußte es sein, die südliche Straße zu sperren, die eine große zweiseitig vierspurige Autobahn war. Wichtiger auch, in den Städten direkt einzugreifen und Gebäude wie Fernmeldezentralen und Depots zu besetzen. Und natürlich bewaffnete Gegenaktionen zu bekämpfen und nicht vertrauenswürdige Gruppen der Bevölkerung zu internieren. Trotzdem war die Sperre an der nördlichen Straße ein nicht ganz unwichtiger Punkt. Es wunderte mich gar nicht, daß der General mir diesen Auftrag gegeben hatte, obwohl die meisten es wohl als natürlicher angesehen hätten, damit einen Offizier zu betrauen. Ich war trotzdem etwas erstaunt ...

Peters: Aha. Das ist ja gar nichts gegenüber dem, was ich und die anderen hier ...

Velder: Ich dachte natürlich auch an meine Frauen und an meine Kinder drinnen in der Stadt und daran, wie es denen wohl ergehen würde, wenn ich ... ja, ich dachte an ihre Sicherheit.

Peters: Jetzt unterbricht mich das Aas schon wieder! Ich kann wirklich nicht für die Folgen garantieren. Ist es übrigens nicht bald an der Zeit, Schluß zu machen ...

Velder: Als die Uhr fünf Minuten vor zwei war, wußte ich immer noch nicht ...

Schmidt: Ich schlage vor, daß wir Velder und seine eventuellen Überlegungen einen Augenblick verlassen und ...

Peters: ... und für heute schließen. Das war heute den Tag über 'ne ganze Menge für einen ehrenhaften Mann. Schließ die Sitzung, Mateo.

Orbal: Na klar. Das Sonder-Kriegsgericht vertagt sich auf morgen elf Uhr.

Zehnter Tag

Brown: Anwesende Präsidiumsmitglieder Oberst Mateo Orbal, Heer, Oberst Nicola Pigafetta, Luftwaffe, Major Carl von Peters, Heer, und Kapitän zur See Kampenmann, Marine. Sowie beratend Generaladvokat Tadeusz Haller, Justizministerium. Berichterstatter Leutnant Arie Brown, Luftwaffe. Auditor ist Kapitänleutnant Wilfred Schmidt, Marine, und Verteidiger Hauptmann Roger Endicott, Luftwaffe. Bei der heutigen Sitzung wird auch der stellvertretende Auditor Leutnant Mihail Bratianu, Heer, anwesend sein.

Peters: Wollen Sie nicht auch noch Alter, Gewicht und Dienstjahre aufzählen, Brown? Um das Vergnügen zu verlängern, meine ich.
Brown: Wenn Sie die Wahrheit wissen wollen, Herr Major, so habe ich einen Verweis wegen unvorschriftsmäßiger Berichterstattung erhalten.
Peters: Wenn Sie die Wahrheit wissen wollen ... was sind denn das für Redensarten?
Pigafetta: Wer hat Ihnen einen Verweis erteilt, Brown?
Haller: Diese Frage kann vielleicht am besten ich beantworten. Die Anmerkung stammt wahrscheinlich von der gemischten Kommission aus dem Justizministerium und der juristischen Abteilung des Generalstabs, die laufend damit beschäftigt sind, die Begründungen zu formulieren, die dem Urteil des Kriegsgerichts im Fall Velder beigefügt werden.
Kampenmann: Wird das Urteil denn jetzt schon ausgearbeitet?
Haller: Die Urteilsbegründung, selbstverständlich, ja. Sonst würde das ja Monate dauern, vielleicht Jahre, bis sie dem Präsidium zur Prüfung vorgelegt werden können.
Pigafetta: Müßte eine Beschwerde über einen meiner Offiziere nicht auf dem normalen Dienstweg vorgebracht werden?
Kampenmann: Gehört Leutnant Brown nicht zur Operationsabteilung des Generalstabs?
Pigafetta: Nichtsdestoweniger ist er Offizier der Luftwaffe. Der Vorgang hätte den Dienstweg gehen müssen.
Haller: Ich werde mich der Sache annehmen.
Orbal: Das wird heute ein besonderer Tag, welch eine Hitze! Das ist ja, als ob man in einen Käse hineinsteigt.
Peters: Schön, daß jedenfalls Bratianu wieder hier ist.
Orbal: Sagen Sie mal, Pigafetta, ich lag heute nacht wach und dachte über eine Sache nach. Es ist doch so, daß die Luft hier drin fürchterlich ist, und wenn man das Ventilationssystem anstellt, wird man beinahe weggeweht. Seit mehreren Tagen habe ich ein Ziehen im Rücken. Na, also ich lag da und dachte nach, und dann fiel es mir schließlich ein.
Pigafetta: Ja?
Orbal: Ja, plötzlich kam ich drauf. Da es an den Ventilatoren keine Zwischenstufe gibt, haben wir keine Freude an ihnen. Ich habe eine Anfrage an den Chef der Ingenieurstruppen gerichtet, und der sagte, das einzige, was man tun könnte, wäre, die Ventilatoren auszutauschen. Aber das würde mindestens zwei Wochen dauern, vielleicht länger, denn der am besten geeignete Typ ist bei der Standortverwaltung nicht am Lager und muß von woanders her beschafft werden.
Pigafetta: Und worauf sind Sie nun gekommen?
Orbal: Tja, daß es in Wirklichkeit doch eine Zwischenlösung gibt: Man kann die Fenster aufmachen. Ich habe kontrolliert, daß sie nach innen

aufgehen, so daß man die Jalousien auf jeden Fall geschlossen lassen kann. Wenn man zum Beispiel den einen Fensterflügel da drüben in der Ecke und dann das zweite Fenster rechts, schräg hinter Kampenmann, öffnet, würde man eine gleichmäßige und zufriedenstellende Frischluftzufuhr haben. Meinst du nicht, Carl? Es ist ja klar, wenn der Wind ...

Peters: Ruf jetzt die Beteiligten herein, Mateo.

Pigafetta: Brown, machen Sie die Fenster auf.

Peters: Beeil dich, Mateo. Ruf die Beteiligten herein.

Orbal: Du hetzt so furchtbar. Also los, rufen Sie die Beteiligten herein, Brown.

Schmidt: In der gestrigen Sitzung kam die Verhandlung gegen Erwin Velder bis zu dem Augenblick, der der Fahnenflucht des Angeklagten von der Truppe vorausging. Wir behandeln immer noch die Punkte 78 bis einschließlich 82 des Verfahrens, sie betreffen die Anklagepunkte Fahnenflucht und Hochverrat. Velders Bericht gestern wurde unterbrochen, als er erzählte, wie er die versiegelten Befehle aufgemacht hat. Er befand sich immer noch in der Schreibstube des Checkpoint C, nach eigenen Angaben ein sogenanntes Opfer seiner widersprüchlichen Gedankenvorgänge. Die Uhr zeigte fünf Minuten vor zwei, und mit der Verzögerung bei der Ausführung des Befehls hatte er seine Dienstpflicht bereits grob verletzt. Velders weiteres Handeln wirkte sich in gewisser Weise auf die Zukunft der Nation aus. Deshalb ist es wichtig, daß wir uns ein klares Bild von der Gesamtsituation machen. Um das zu tun, rufe ich schriftliche Dokumentationen, in erster Linie ein Fragment eines Tagebuchs auf, das von Aranca Peterson geschrieben wurde und vermutlich als Unterlage für die bereits erwähnten Memoiren dienen sollte, deren Herausgabe sie und Janos Edner gemeinsam planten, aber offenbar niemals vollendeten. Bitte sehr, Leutnant Brown.

Brown: Anlage V V/33. Betrifft: die Situation in Oswaldsburg in der Nacht zum 13. Dezember. Beschlagnahmte Dokumentation, verfaßt von der Landesverräterin Aranca Peterson. Geheimdokument nach § 8, 11 und 14 bis 22.

Peters: Geht das schon wieder los!

Brown: Befehl, Herr Major. Der Text lautet: Ich will nun versuchen, mich daran zu erinnern, was in jener entscheidenden Nacht geschehen ist, der Nacht zum 13., wie und in welcher Reihenfolge es geschah und wie wir es aufgefaßt haben. Tadeusz verließ das Ratszimmer etwa um halb zwölf, gleich nachdem das Endresultat feststand. Oswald muß ungefähr um Mitternacht gegangen sein, gefolgt von seinem ständigen Begleiter Velder, dem Mann, dessen, soviel ich weiß, ziemlich ehrenwertes Sexualleben uns so viel Kummer bereitet hatte. Demzufolge blieben Janos, Dana und ich allein im Raum. Wir saßen eine Weile da, tranken Bier und sprachen nicht viel. Janos hatte sich von seiner an und für sich begreiflichen, aber unnötig heftigen Reaktion erholt (ich muß vielleicht etwas besser auf ihn aufpassen, glaube ich), und nachdem wir uns die Zahlen noch eine Weile angesehen hatten, entwickelte sich eine Unterhaltung, von der ich trotz der relativ kurzen Zeit, die seitdem vergangen ist, nur noch die groben Umrisse im Gedächtnis habe:

Dana: Oswald schien erstaunlich zufrieden zu sein.

Janos: Dazu hat er auch allen Grund. 30000 Sympathisanten, auf die er weiter bauen kann. Gar nicht so schlecht.

Ich: Meinst du, daß er weiterzubauen versucht?

Janos: Davon bin ich überzeugt. Diese Uniformen und das Generalsgebiß hat er sich nicht zum Vergnügen angeschafft.

Ich: Aber die Wahl war doch trotzdem eine überwältigende Manifestation für uns. Er bekam drei Prozent der Stimmen. Sehr viel schlechter kann eine Wahlniederlage doch kaum ausfallen.

Janos: Und wir bekamen 82 Prozent.

Ich: Wie meinst du das?

Janos: Auf die 14%, die für uns gestimmt haben, können wir uns nicht verlassen. Die Tatsache, daß die überhaupt gewählt haben, zeigt, daß sie die Idee nicht begriffen haben – oder daß sie nicht mit ihr zurechtkommen, vielleicht mit uns persönlich. Folglich hätten die ebensogut für Oswald stimmen können. In der Praxis sind also 17% der Bevölkerung hier unzuverlässig. Das sind nicht wenige. Denk mal nach, 17 von hundert.

Dana: Ich habe Angst vor Oswald.

(Das sagte sie sehr plötzlich.)

Janos: Du meinst, daß du ihm nicht traust?

Dana: Nein, ich meine genau, was ich sage. Ich habe Angst vor ihm. Ich bin sonst nicht ängstlich, das wißt ihr, aber ich habe früher schon solche Menschen gesehen, in anderem Zusammenhang und weit weg von hier.

Ich: Aber wonach könnte er denn streben?

Dana: Macht!

Janos: Aber die hat er doch. Er hat alles, was er vernünftigerweise haben kann, von Uniformen und Orden bis zu Flugzeugen und Kanonen.

Dana: Überleg doch mal, vielleicht will er das gar nicht in erster Linie haben – sondern ganz einfach die Macht. In dem Fall ...

Ich: Was ist denn in dem Fall?

Dana: In dem Fall ist es ihm gleichgültig, ob er sich die Macht über eine trostlose Wüste oder über ein ideales Gemeinwesen verschafft. Die Hauptsache ist die Macht an und für sich, als Erscheinung.

Janos: Oswald ist nie so einer gewesen.

Dana: Er ist vielleicht nicht so einer gewesen, aber er kann so einer

geworden sein. Er lebt allein, nicht wahr? Die Anlagen dazu gibt es bei allen, aber ich glaube, sie entwickeln sich besser bei Menschen, die allein leben. Ich weiß das, ich lebe auch allein.
Ich: Keiner kann hier besonders einsam sein, das ist nicht die Absicht. (Naiv, zugegeben, aber ich habe es so gesagt.)
Dana: Ich bin hier verdammt einsam gewesen, oft genug.
Janos: Oswald ist vielleicht dabei, durchzudrehen. Dann müssen wir ihm helfen. Aber ich muß sagen, daß Tadeusz mich mehr reizt. Sein Mangel an Rückgrat hat mich schon öfter irritiert, und der ist mit den Jahren immer schlimmer geworden.
Dana: Tadeusz Haller ist eine zweitrangige Figur. Er ist es immer gewesen, er wird immer versuchen, neue Chancen zu finden in der eitlen Hoffnung, daß sie ihn endlich auf die oberste Treppenstufe führen, die er nie erreichen wird. Ich verstehe nicht, warum ihr euch damals am Anfang mit ihm zusammengetan habt.
Janos: Da gibt es nicht viel zu verstehen. Wir haben Tadeusz lange gekannt. Er ist intelligent, und seine Grundeinstellung ist richtig.
Dana: Kann sein, daß er begabt ist, aber wofür? Und Grundeinstellungen können sich ändern. (Wo habe ich das schon mal gehört? Natürlich, von mir selbst vor langer Zeit.)
Dana: Außerdem ist es nicht ausgeschlossen, daß Oswald in einigen Punkten recht hat. Es gibt vielleicht eine fundamentale moralische Gemeinschaft, die man eine Zeitlang verlassen kann – aber nicht auf die Dauer.
Janos: Was sollte das denn sein?
Dana: Das weiß ich nicht. Wenn ich das wüßte, würde ich nicht hier sitzen.

Wir saßen noch eine Weile zusammen und redeten über dieses und jenes, die gereizte Stimmung wollte sich nicht lösen. Janos wiederholte mehrere Male, daß Oswald und Tade einen Schuß vor den Bug erhalten hatten und daß sie morgen die Achseln zucken würden und daß wir dann bald alle zusammen die Achseln über dieses eigenartige Zwischenspiel zucken und darüber lachen würden. Er sagte auch, wenn Oswald Diktator werden wollte, so brauchte er das nur zu sagen, wir würden das schon irgendwie für ihn bewerkstelligen. Wenn er den Führer spielen wollte, warum eigentlich nicht? Das müßte er eigentlich auch selbst begreifen, sagte Janos, immer noch in einem Ton, als ob er sich selbst überzeugen müßte. Müßte und müßte, sagte Dana. Plötzlich erschauderte sie. (Sie hat eine unbehagliche Art, überempfindlich zu sein und sozusagen die Nerven außen auf der Haut zu tragen.)
Ich wünschte, Ludolf wäre hier, sagte sie.
Ich fragte sie, warum. Aber sie antwortete nicht. Janos saß da und dachte eine Weile nach. Draußen herrschte Totenstille, und wir kamen uns

vor, als ob wir drei ganz allein im Universum wären. (Komisch, auf was für eigenartige Gedanken ich komme.) Dann sagte Janos:
«Ja, Ludolf. Wir können ihm ja ein Telegramm schicken – wenn er überhaupt so nüchtern ist, daß er es lesen kann.»
Wir schrieben gemeinsam einen Text, und Danica ging ans Telefon, um ihn durchzugeben. Sie tippte mehrmals auf die Gabel. Schließlich sagte sie: «Kein Strom.»
«Gib es doch per Telex auf», schlug Janos vor und gähnte. (Dabei blickte er mich vielsagend an, so als ob ich nicht schon lange gewußt hätte, daß er wollte, daß wir beide hinaufgehen und uns ins Bett legen sollten.)
«Da ist auch kein Strom», sagte Dana nach einer Minute.
«Verdammt noch mal!» fluchte Janos. «Ist dieses ganze elende Fernmeldesystem zusammengebrochen? Na ja, ich geh selbst damit rüber in das Fernmeldeamt.»
«Nein», sagte Dana, «ich gehe, ich bin eine alte erfahrene Nachtspaziergängerin.»
Sie nahm den Telegrammtext und ging. Da war die Uhr fünf Minuten vor zwei. Als Janos und ich allein waren, blickte er auf die Wahlergebnisse und lächelte. Das war das erste Mal an diesem Abend. Dann gingen wir hinauf und sahen zu den Kindern hinein, sie schliefen; und dann gingen wir weiter in unser Schlafzimmer.
Wir fingen an uns auszuziehen. Ich stand nackt mitten im Zimmer und Janos immer noch in Hemd und Hose im Badezimmer, als die Tür aufgerissen wurde. Ganz ohne Vorwarnung. Es war Dana. Sie war ganz außer Atem und sagte:
«Das Fernmeldeamt ist von Polizeitruppen besetzt. Oswalds Leute! Alle Verbindungen nach draußen sind gesperrt. Die haben eine Barrikade aus Sandsäcken und Maschinengewehren um das Haus herum aufgebaut. Ich bin mit Mühe und Not wieder weggekommen, wahrscheinlich, weil mich keiner der Soldaten erkannt hat. Ein Offizier sagte, ich sollte nach Hause gehen und mich beruhigen. Alles würde morgen früh vorüber sein, sagte er, und dann könnte ich mein Telegramm abschikken. Ich bin schnell zurückgerannt.»
«Hast du noch was anderes gesehen?»
«Nein, nichts. Überall war es ruhig und still.»
«Verdammt noch mal!» rief Janos.
«Ja», sagte Dana, «was zum Teufel ist das?»
Ich hatte mich schneller wieder angezogen als Janos, obwohl er nur Strümpfe und Schuhe und die Jacke anzuziehen brauchte. Wir gingen hinunter ins Erdgeschoß. Janos setzte die Mütze auf und machte die Haustür auf. Auf der Außentreppe standen drei Soldaten. Sie hatten Schußwaffen in den Händen. Ich hatte keinen von ihnen jemals vorher gesehen. Einer von ihnen grüßte militärisch und sagte sehr höflich:
«Ich muß Sie bitten, im Haus zu bleiben. Das Gebäude ist umstellt. Wir

haben Befehl zu schießen, wenn Sie versuchen sollten, es zu verlassen.»
«Was sind denn das für Dummheiten?» sagte Janos und begann die Treppe hinunterzugehen. Der Soldat, der zu uns gesprochen hatte, hob das Gewehr und entsicherte es, die anderen machten es genauso.
«Sie versetzen mich in eine unhaltbare Situation», sagte er, «Sie lassen mir keine Wahl.»
Janos blieb stehen. Ich sah jetzt, daß der Soldat, der gesprochen hatte, Sterne auf dem Kragenspiegel hatte.
«Es herrscht der militärische Ausnahmezustand», sagte der Soldat. «Die Armee hat die Verantwortung für die Sicherheit übernommen, das gilt für alle. Solange Sie sich im Haus aufhalten, geschieht Ihnen nichts. Im anderen Fall ...»
Orbal: Wer war der Offizier?
Peters: Leutnant de Wilde, das weißt du doch noch. Er wurde am Tag danach degradiert. Ist dann bei Ludolfsport gefallen.
Orbal: Oh, ja ja. Guter Auftritt trotz allem.
Peters: Zu gut.
Brown: Ich fahre fort ... mit dem Einverständnis des Präsidiums.
Schließlich gingen wir ins Haus zurück und starrten uns an. Janos murmelte immer wieder: «Ein Militärputsch ... das Unmöglichste von allem Unmöglichen ... das Abscheulichste ... ein Militärputsch!»
«Gibt es irgendwelche Waffen im Haus?» fragte Dana.
«Du weißt doch genausogut wie ich, daß es keine gibt», antwortete ich. «Hier sind nur wir und die Kinder und das Kindermädchen.»
«Wir müssen hier weg», überlegte Janos.
«Ja», stimmte Dana zu, «aber wie?»
Janos ging von Fenster zu Fenster und blickte hinaus. Überall waren Soldaten.

«Hat dieser Idiot wirklich so viele Leute, um mit so was fertig zu werden?» wunderte er sich.
«Offensichtlich», bestätigte Dana. «Ich habe jetzt an die vierzig uniformierte Männer gezählt. Hier und beim Fernmeldeamt. Und kein einziger dabei, den ich kannte. Irgendwas haben wir übersehen.»
«Ja, wahrscheinlich», gab Janos zu. «Wir stolpern über eins unserer Grundprinzipien, die Arbeitsteilung und mangelnde gegenseitige Überwachung. Und Ludolf ...»
«... nehmen sie morgen früh auf dem Flugplatz fest», ergänzte ich.
Wir sahen uns an, aber niemand von uns war darauf eingestellt, daß die Lage hoffnungslos oder endgültig katastrophal war. Wenn alles zusammen sich plötzlich als ein gigantischer Mummenschanz erwiesen hätte, hätten wir uns gar nicht sehr gewundert, ich jedenfalls nicht.
Genau drei Minuten vor drei trampelte jemand in Militärstiefeln die Treppen herauf. Es hämmerte an der Tür, und eine Stimme rief: «Militär! Aufmachen!»

«Hier ist nicht abgeschlossen!» rief ich. (Wir hatten nie zugeschlossen. Ich glaube, es gab nicht mal einen Schlüssel.)
Die Tür wurde aufgemacht, und ein Soldat trat ein. Er hatte eine Maschinenpistole an einem Riemen um den Hals hängen und einen Stahlhelm auf dem Kopf. Wir erkannten ihn sofort. Es war Erwin Velder, Oswalds privater Kettenhund.

Schmidt: Das reicht. Sie können an dieser Stelle abbrechen, Brown. Die Aufzeichnungen in dem Fragment umfassen zwar noch einige Seiten, aber es dürfte wohl von größerem Interesse sein, Velders eigene Version von dem Verlauf zu hören.

Peters: Unerhört interessant! Wir dürfen also die gleiche Sache, die wir übrigens schon vorher kannten, noch ein weiteres Mal hören.

Pigafetta: Das hört sich tatsächlich nicht besonders ermunternd an.

Schmidt: Hauptmann Endicott, haben Sie den Angeklagten vorbereitet und versucht, ihn dazu zu bewegen, sich kurz zu fassen?

Peters: Versucht zu bewegen ist niedlich.

Endicott: Ja, so gut es nun mal geht.

Peters: So gut es geht. Ist auch niedlich. Verdammt noch mal, was ist das hier eigentlich, ein Kriegsgericht oder ein Kindergarten?

Schmidt: Und er weiß, wo er anfangen soll?

Endicott: Ich glaube schon.

Peters: Dieses ewige Glauben geht mir langsam auf die Nerven. Rollen Sie das Schwein her, Brown, damit endlich was geschieht.

Orbal: Genau, macht schon los.

Schmidt: Velder, wollen Sie uns sagen, was in der Nacht zum 13. Dezember von 1 Uhr 55 an geschah?

Orbal: Das mit den Fenstern war eine glänzende Idee, funktioniert ausgezeichnet, nicht wahr?

Schmidt: Jawohl, Herr Oberst. Na, Velder, um fünf Minuten vor zwei wußten Sie immer noch nicht, was Sie tun sollten.

Velder: Ich saß an dem kleinen Tisch in der Wachstube des Stützpunktes und hörte, wie die Männer da draußen unruhig wurden. Genau um 2 Uhr, als wir dem Befehl nach die Sperren bereits aufgebaut und besetzt haben sollten, ging ich hinaus. Ich kommandierte Aufsitzen, Formation und Abmarsch. Die Kolonne bestand aus einem Jeep, den beiden Lastwagen und zwei leichtgepanzerten Geländewagen für den Mannschaftstransport. Wir fuhren die einzig denkbare Straße, überquerten die südliche Autobahn, die auf beiden Seiten der Kreuzung durch Panzersperren und quergestellte Lastwagen blockiert war. Die Sperre war ausreichend besetzt. Ein Offizier stand auf der Kreuzung und wies nervös darauf hin, daß wir beinahe 15 Minuten verspätet waren und daß die nördliche Straße demzufolge immer noch offen war. Als er mich erkannte, änderte er den Ton merklich. Wir fuhren an den ostwärtigen Außenbezirken von Oswaldsburg vorbei und bogen auf die alte Landstraße nach Ludolfsport ein. Als wir an dem Gasthaus im Quadrat 47 vorbei kamen, wurde wir von einem Posten angehalten, der uns ebenfalls darauf aufmerksam machte, daß wir eine Viertelstunde zu spät dran waren. Die waren die einzigen Soldaten, die ich auf dem Weg traf. Ich ließ die Kolonne auf der Straße weiterfahren, und drei Kilometer von dem Platz entfernt, wo wir die Sperre aufstellen sollten, bogen wir in einen Seitenweg nach Süden ab. Der führte zu einer ehemaligen Kirche, die früher als Schweinestall verwendet worden war, jetzt aber leer stand. Das Dach war eingestürzt, und sie war zu nichts mehr zu gebrauchen. Nachdem ich die Fahrzeuge im Gelände verteilt hatte, teilte ich Wachtposten ein und ließ die restlichen Männer in der Kirchenruine Biwak aufschlagen. Dann ging ich von Wagen zu Wagen, nahm die Verteilerfinger aus dem Motor des Jeeps und des einen Geländewagens. Die Lastwagen ließ ich sein. Die mußten sowieso abgeladen werden, bevor sie zum Mannschaftstransport benutzt werden konnten. Das eine Handfunkgerät setzte ich außer Betrieb, das andere nahm ich an mich. Dann bestimmte ich einen Chef und einen Stellvertreter für die Truppe, gab Befehl, das Gebiet um die Kirche im Falle eines Angriffs um jeden Preis zu halten, und fuhr mit dem intakten Geländewagen zurück nach Oswaldsburg. Als ich an dem Posten bei dem Wirtshaus vorbeigekommen war, hielt ich in sicherem Abstand an und begann mit dem Funkgerät zu arbeiten. Es herrschte immer noch Funkstille, und ich hörte nichts, als ich verschiedene mir bekannte Frequenzen im ersten und dritten Militärbezirk, das heißt im Gebiet von Oswaldsburg und Marbella, einschaltete.

Peters: Stimmt. Die Einteilung der Militärbezirke war die gleiche wie heute.

Velder: Verzeihung?

Peters: Es war nichts, verdammt. Kann man denn kein Wort mehr sagen.

Velder: Entschuldigung, aber ...

Kampenmann: Nichts war aus dem ersten und dritten Militärbezirk zu hören. Weiter, Velder ...

Velder: Aber bald konnte ich den Funkverkehr in anderen Militärbezirken mithören. Wie ich da so saß, schnappte ich eine Meldung im Klartext von einer Gruppe auf, die sich etwa vierzig Kilometer westlich von Ludolfsport auf dem Weg nach Oswaldsburg befinden mußte. Ich hörte nur, was sie sendeten, aber daraus ging hervor, daß in Ludolfsport Straßenkämpfe stattfanden und das Militär die Lage nicht unter Kontrolle hatte. Ich dachte damals zuerst, es sei ein Armeesender, den ich drin hatte, aber bald wurde mir klar, daß es der Funkverkehr zwischen mehreren organisierten Gruppen war, die den Heeresverbänden Widerstand leisteten. Ich schloß daraus, daß das Heer Oswaldsburg und Marbella und die Gebiete rundum unter Kontrolle hatte, daß aber die

Lage in Ludolfsport anders war. Danach fuhr ich weiter durch einen Verkehrstunnel nach Oswaldsburg hinein. Dort gab es nur einzelne Wachtposten, und der Passierschein, den ich an der Windschutzscheibe befestigt hatte, gab mir freie Durchfahrt. Mein erster Gedanke war, meine Familie zu holen, aber gleich nachdem ich den Wagen geparkt hatte und nach oben in die Stadt gegangen war, überlegte ich es mir und ging zur Ratskanzlei. Die wurde von einem etwa fünfzig Mann starken Zug bewacht. Zugführer war ein Leutnant de Wilde, der mich sofort erkannte. Trotz meines niedrigeren Dienstgrades hatte ich, nachdem die Umorganisierung des Militärs durchgeführt worden war, durch meine Stellung beim General und im Hauptquartier oftmals einen psychologischen Vorteil gegenüber den Offizieren. Ich wurde ohne weiteres durchgelassen und kam in den Sitzungsraum. Dort befanden sich Janos Edner, Aranca Peterson und Daniča Rodriguez, die offenbar unter Hausarrest standen. Sie verhielten sich zuerst sehr mißtrauisch, als ich ihnen das wenige, das ich wußte, erzählte. Schließlich sagte Janos Edner: «Wenn es so ist, wie du sagst, dann fahr uns jetzt sofort nach Ludolfsport.» Nach kurzem Nachdenken ging ich darauf ein. Aranca Peterson weckte das Kindermädchen, die Kinder wurden angezogen, und ich führte alle zusammen durch die Postenkette draußen, ohne daß auch nur ein einziger daran zweifelte, daß mein Auftrag ein anderer sein konnte, als die Gefangenen zum Hauptquartier zu bringen. Der kommandierende Offizier, de Wilde, fragte lediglich, ob ich nicht eine extra Begleitung haben wolle und ob er die Kanzlei auch weiter bewachen solle. Ich verneinte seine erste Frage, sagte, daß die Begleitung bei den Autos wartete, und bejahte seine zweite Frage. Ich sagte ihm, daß sich im Haus noch weitere Personen aufhielten. Er begnügte sich damit. Noch einmal überlegte ich, ob ich meine Familie abholen sollte, aber ich ließ es sein. Es schienen viele Militärpatrouillen in den Straßen unterwegs zu sein. Ansonsten schien es, als ob ganz Oswaldsburg schlief. Es war still und dunkel. Wir gingen hinunter in den Verkehrstunnel und zwängten uns in den Geländewagen. Das waren ich selbst und Janos Edner, Aranca Peterson, Daniča Rodriguez, Janos' und Arancas beide Kinder, die zwei und vier Jahre alt waren, und ein Kindermädchen, das Irina Miller hieß. Die nördliche Straße war immer noch offen. Die Funkstille kam uns natürlich zustatten. Ich hatte keinen Überblick über die Lage, und Janos Edner konnte sich auch keinen Vers auf den verwirrenden Funkverkehr, der zwischen schwachen Sendern in und um Ludolfsport hin- und herging, machen. Wir gingen jedoch davon aus, daß Oswaldsburg und Marbella und damit auch der erste und der dritte Militärdistrikt, mit anderen Worten, die beiden größten Städte und mehr als die halbe Fläche der Insel, unter der Kontrolle der Armee waren.

Schmidt: Das reicht, Velder. Roll ihn mal weg, Brown.

Peters: Jetzt machen wir Mittagspause.

Schmidt: Diesen Teil vor der Unterbrechung abzuwickeln wäre von Vorteil. Es scheint mir überflüssig, daß Velder hier sitzen soll und über die militärische Situation berichtet, die in der Anlage mit der Nummer V VI/1 wiedergegeben ist. Diese Anlage rufe ich jetzt auf. Leutnant Brown ...

Peters: Das scheint überhaupt überflüssig zu sein.

Schmidt: Bei allem Respekt vor dem Präsidium, Herr Major, will ich darauf hinweisen, daß nicht alle Anwesenden die Vorgänge so genau kennen wie Sie. Einige von uns waren damals noch nicht in das Land zurückgekehrt, Herr Präsident ...

Orbal: Ja, um Gottes willen, ist genehmigt. Aber danach ist dann Mittagspause, egal, was noch passiert.

Brown: Anlage V VI/1 betrifft: Die Unruhen, Auszug aus der ausführlichen Übersicht, ausgearbeitet von der nationalhistorischen Abteilung des Generalstabs. Geheimdokument nach § 8, 11 und 22. Die Vorlage ist im 12. Band enthalten ...

Orbal: Nun mal los, Brown, schneller!

Brown: Die landesverräterischen Elemente, geführt von Janos Edner, Joakim Ludolf und Aranca Peterson, hatten das Land in einen Zustand der Wehrlosigkeit und des moralischen Verfalls geführt. Die Vorbereitungen für einen Putsch, durch den General Oswald und seine Anhänger aus dem sogenannten Rat entfernt werden sollten und durch den ein anarchistisches und bolschewistisches Terrorregime errichtet werden sollte, waren schon lange angelaufen. Einerseits, um die rote Revolution zu vereiteln, und andererseits, um zu verhindern, daß irgendein Feind von außen das Land ohne weiteres kolonialisieren konnte, hatte General Oswald während des Sommers und Herbstes unter Beachtung strenger Geheimhaltungsmaßnahmen die Miliz umorganisiert und ihre Mannschaftsstärke mehr als verdreifacht. Relativ große Mengen von Waffen und Munition wurden aus freundschaftlich gesinnten Ländern eingeführt, die ebenso wie General Oswald verhindern wollten, daß die Insel in die Hände der roten Horden fiel. Man errichtete eine Reihe von geheimen Bereitschaftslagern, und die reorganisierte frühere Miliz wurde während des Herbstes einem strengen Ausbildungsprogramm unterworfen. Luftwaffe und Marine waren damals immer noch so schlecht gerüstet, daß im Fall einer internen Konfliktsituation kaum mit ihnen zu rechnen war.

Das Land wurde in drei Militärbezirke eingeteilt, die Hauptquartiere befanden sich in Oswaldsburg, der Hauptstadt und dem Mittelpunkt der westlichen und nordwestlichen Teile der Insel, Ludolfsport an der Ostküste und Marbella im Südwesten. Jeder Militärbezirk umfaßte ungefähr ein Drittel der Gesamtfläche des Landes.

Als Befehlshaber in den drei Militärbezirken wurden ernannt:

Erster Militärbezirk (Oswaldsburg und die Zentralprovinz): Oberst, später Generalmajor Henry Winckelman.
Zweiter Militärbezirk (Ludolfsport und die Ostprovinz sowie die Inselgruppe vor der Küste): Oberst Milton Fox.
Dritter Militärbezirk (Marbella und die Südwestprovinz): Oberstleutnant, später Oberst Mateo Orbal.
Das materielle und personelle Potential der Streitkräfte war etwa gleichmäßig auf die drei Militärbezirke aufgeteilt. Am 4. Dezember befahl General Oswald nach einer Serie neuer Provokationen von seiten der volksfeindlichen Gruppen die erhöhte Alarmbereitschaft. Diese Provokationen, die im großen und ganzen das ganze Jahr über stattgefunden hatten, erreichten ihren Höhpunkt mit der Sabotage der demokratischen Wahl am 12. Dezember, als mehr als 80 % der Bevölkerung des Landes davon Abstand nahm, seine bürgerlichen Rechte auszuüben, und zwar aus Schlaffheit, Unkenntnis und Angst vor Repressalien. In dieser Situation, als die Zukunft der ganzen Nation auf dem Spiel stand, entschloß sich General Oswald, die Armee eingreifen zu lassen, obwohl die Zahl und die immer noch mangelhafte Ausrüstung der regulären Truppe den Einsatz zu einem risikoreichen Unternehmen machte. Die genauen Pläne für die Machtübernahme waren unter der Aufsicht des Generals von den Stäben der einzelnen Militärbezirke ausgearbeitet worden. Es galt vor allen Dingen, die Kontrolle über den Staatsapparat mit sowenig Blutvergießen wie möglich zu übernehmen.
Im Hinblick auf die geringe Truppenstärke war das Überraschungsmoment von großer Bedeutung; es galt, schnell zu handeln und alle wichtigen Punkte zu besetzen, ehe es dem Gegner gelang, den Pöbel in einem bewaffneten Aufstand zu organisieren. Der militärische Ausnahmezustand wurde um 01.30 Uhr in der Nacht zum 13. Dezember proklamiert. Eine halbe Stunde später startete die «Operation Nachtübung». Der Kreuzzug gegen die Volksfeinde hatte begonnen.
Im ersten Militärbezirk verlief alles planmäßig. Zur festgesetzten Zeit wurden die Zufahrtswege nach Oswaldsburg blockiert, und die Truppen von General Winckelman rückten in die Hauptstadt ein, wo sie schnell das Elektrizitäts- und Kraftwerk, das Fernmeldeamt, das Wasserwerk, die Feuerwachen und alle anderen wichtigen administrativen und strategischen Punkte in Besitz nahmen. Die Ruhe in der Stadt wurde soweit als irgend möglich bewahrt, es fielen keine Schüsse, und es gab keine schwereren Zusammenstöße. Ein Ausgansverbot trat in Kraft. Nachdem die Besetzung erfolgt war, trat das Spezialkommando der Militärpolizei in Aktion, und zwischen 04.00 und 05.00 Uhr wurden zwischen 300 und 400 Personen geweckt und festgenommen, die der gemeingefährlichen Betätigung und der Vorbereitung des Aufruhrs verdächtigt wurden. Unter diesen befanden sich jedoch nicht die Lan-

desverräter Janos Edner und Aranca Peterson, die als Folge eines Verrats aus der umstellten Ratskanzlei hatten fliehen können. Am Morgen des 13. Dezember, als General Oswald zum Staatschef und Führer der Interims-Regierung der neuen demokratischen Republik ausgerufen wurde, hatte die Armee sowohl in der Hauptstadt als auch in dem übrigen Militärbezirk, abgesehen vom östlichsten Teil der Zentralprovinz, die Lage unter ihrer Kontrolle. Es herrschte völlige Ruhe. In einer Rundfunkbotschaft, die um zehn Uhr am Vormittag gesendet wurde, ermahnte Dr. Tadeusz Haller, Außen-, Justiz- und Kriegsminister der Interimsregierung, die Bevölkerung zur Ruhe und wies sie an, wie üblich ihrer Beschäftigung nachzugehen.
Auch im dritten Militärbezirk nahmen die Ereignisse einen günstigen Verlauf. Nachdem motorisierte Verbände bereits um 01.40 Uhr Verwaltungsgebäude und die strategischen Punkte in Marbella, längs der Küste – also Leuchttürme, Lotsenstationen und so weiter – und in den kleineren Orten der Südwestprovinz besetzt hatten, zog Oberstleutnant Orbal an der Spitze des dritten motorisierten Infanterieregiments in Marbella ein. Kämpfe im eigentlichen Sinne kamen außer im Hafengebiet nicht vor. Dort widersetzten sich einzelne Gruppen der Küstenwache der Miliz und leisteten bewaffneten Widerstand. Diese aufsässigen Männer wurden schnell niedergekämpft, nachdem man Granat- und Flammenwerfer eingesetzt hatte. Die Schießereien führten jedoch zu einer gewissen Beunruhigung der städtischen Bevölkerung und unter den relativ wenigen Touristen, die sich immer noch in diesem Bereich aufhielten. (Um ausländische Staatsbürger in größtmöglichem Umfang zu schonen, waren seit dem 1. Dezember unter Hinweis auf die bevorstehenden Wahlen keine Einreisevisa mehr erteilt worden, und bereits am Nachmittag des 13. Dezember wurde den noch vorhandenen Ausländern die Möglichkeit gegeben, das Land per Flugzeug oder mit Schnellbooten zu verlassen). Drei der Vorpostenboote, die im Hafen lagen, liefen jedoch aus, nachdem die Besatzungen gemeutert hatten, und nahmen Kurs auf Ludolfsport. Nur wenige Festnahmen waren erforderlich, und am Morgen hatten die Heeresverbände die lückenlose Kontrolle nicht nur über die Stadt Marbella, sondern auch über die gesamte Südwestprovinz übernommen. Im Laufe des Vormittags schlossen Oberstleutnant Orbals Spezialeinheiten die Bordelle, Kasinos und Bars. Allerdings wurde die «Operation Nachtübung» in Marbella durch ein Mißverständnis im Stab des Militärbezirks 20 Minuten zu früh befohlen. Das führte dazu, daß die Vorpostenboote, die aus dem Hafen flohen, sich über Funk mit landesverräterischen Zellen in Ludolfsport in Verbindung setzen konnten, was schicksalhafte Folgen für die Entwicklung dort haben sollte.
Orbal: Steht das so da? Das ist ja fürchterlich.
Petersen: Hören Sie zu, Brown, meinen Sie, Sie können sich hinstellen

und dem Kriegsgericht derartige Verunglimpfungen direkt ins Gesicht sagen? Sind Sie nicht mehr ganz bei Trost?
Brown: Ich bitte um Verzeihung, Herr Major, aber ...
Peters: Hier gibt es verdammt noch mal kein Aber! Ich verlange eine Entschuldigung!
Pigafetta: Erlauben Sie mir, darauf aufmerksam zu machen, daß man Leutnant Brown wohl kaum die Wortwahl in einem Geheimdokument der nationalhistorischen Abteilung des Generalstabs anlasten kann.
Orbal: Ach was, lassen wir das doch sein.
Brown: Bei allem Respekt vor dem Präsidium möchte ich darauf hinweisen, daß ich mich am ehesten gekränkt fühlen und mit gutem Grund eine Richtigstellung verlangen darf.
Pigafetta: Was sagen Sie dazu, Peters? Wer soll nun wen um Entschuldigung bitten?
Peters: Was meinen Sie eigentlich, verdammt noch mal?
Pigafetta: Sie waren doch damals Stabschef im dritten Militärbezirk, nicht wahr? Sie waren seinerzeit Major und sind heute noch Major. Und Oberstleutnant Orbal ist zwar Oberst Orbal geworden, war aber während der ganzen Zeit der Unruhen Stabschef von General Winckelman. Nicht wahr, wie gesagt.
Peters: Also wirklich ...
Orbal: Unterbrechung für die Mittagspause. Die Stitzung geht in zwei Stunden weiter.

Orbal: Das hätten Sie nicht sagen sollen, Pigafetta. Jedenfalls nicht in einer öffentlichen Sitzung.
Pigafetta: Ich lasse mir keine unbegründeten Vorwürfe oder Beschuldigungen gegen meine Offiziere gefallen.
Peters: Ich wollte doch nur einen Fehler im Untersuchungsmaterial berichtigen.
Pigafetta: Sagten Sie Fehler?
Orbal: Fangen Sie nicht schon wieder an. Das ist ja ein fürchterlicher Krach, Pigafetta, schlägt einem ja direkt auf die Ohren.
Pigafetta: Das liegt daran, daß die Fenster offen sind.
Orban: Was? Ach so. Rufen Sie die Beteiligten herein, Brown.
Brown: Kapitänleutnant Schmidt hat sich für den Rest des Tages entschuldigen lassen. Die Streitkräfte werden durch den stellvertretenden Auditor, Leutnant Mihail Bratianu, repräsentiert.
Peters: Ausgezeichnet!
Bratianu: Herr Oberst Orbal, Herr Major von Peters, Herr Oberst Pigafetta, Herr Kapitän Kampenmann, Herr Generaladvokat! Ich bitte darum, mit der Anklage fortfahren zu dürfen.
Peters: Genehmigt.
Brown: Ich bitte darum, darauf hinweisen zu dürfen, daß die Verlesung

der Anlage V VI/1 noch nicht abgeschlossen war, als die Sitzung unterbrochen wurde.
Bratianu: Diese Übersicht, ja. Ich beabsichtige nicht, mich darauf zu berufen. Sie brauchen nicht weiter vorzulesen.
Brown: Ich verstehe.
Bratianu: Im übrigen hat dieses Dokument für dieses Verfahren keinen Beweischarakter. Ich beantrage, daß das Kriegsgericht das betreffende Aktenstück aus der Voruntersuchung ausklammert und die Verlesung desselben aus dem Protokoll gestrichen wird.
Peters: Ungeheuer intelligenter und geschickter Auditor!
Orbal: Was murmelst du da schon wieder, Carl?
Peters: Daß Bratianu ein guter Offizier ist. Was für eine schnelle Auffassungsgabe!
Orbal: Stimmt. Wirklich. Wo ist das Formular? Ach so, hier.
Pigafetta: Wenn Ihre privaten Gespräche mit von Peters beendet sind, Orbal, könnte das Präsidium vielleicht dazu übergehen, zum Antrag des Auditors Stellung zu nehmen.
Orbal: Was? Na klar. Genehmigt. Oder nicht, Pigafetta?
Pigafetta: Ja, meinetwegen.
Orbal: Und du, Carl?
Peters: Genehmigt.
Orbal: Kampenmann?
Kampenmann: Ich erhebe Einspruch.
Peters: Was soll denn das?
Orbal: Beruhige dich, Carl. Das Sonder-Kriegsgericht beschließt, daß die Anlage Nummer ... laß sehen ...
Bratianu: Nummer V VI/1, betreffend die Unruhen.
Orbal: Anlage V VI/1, betreffend die Unruhen, aus der Voruntersuchung herausgenommen wird und die Verlesung aus dem offiziellen Protokoll gestrichen wird. Gegen diesen Beschluß hat Kapitän zur See Kampenmann Einspruch erhoben.
Bratianu: Ich rufe Korporal Erwin Velder als Zeugen auf.
Peters: Rollen Sie ihn nach vorn, Brown.
Kampenmann: Ist Ihnen bekannt, daß das Verhör mit Velder nach einer neuen Methode geführt werden muß wegen seines physischen und mentalen Zustandes?
Bratianu: Jawohl, Herr Kapitän, ich kenne den Zustand des Angeklagten.
Kampenmann: Gut, dann wissen Sie auch, daß keine Rede von einem Kreuzverhör sein kann.
Peters: Sie hätten Fürsorgeschwester werden sollen, Kampenmann. Oder Marinehelferin.
Bratianu: Wir haben nun gehört, wie Velder zuerst aus der Armee desertierte und sich unmittelbar danach des widerlichsten und häßlichsten

aller Verbrechen schuldig machte, nämlich des Hochverrats. Bevor wir uns jedoch im einzelnen mit diesem Komplex der Verbrechen beschäftigen, beantrage ich, einen weiteren Anklagepunkt hinzufügen zu dürfen.
Orbal: Aber sicher, Bratianu, was denn?
Bratianu: Velders Fahnenflucht geschah zu einem Zeitpunkt, in dem es ohne weiteres zum Kampf hätte kommen können. Obwohl kein Kriegszustand herrschte, halte ich es für rechtmäßig, die Anklage um den Punkt Feigheit vor dem Feind zu erweitern.
Peters: Genehmigt.
Bratianu: Drehen Sie den Angeklagten so um, daß er mir in die Augen sehen kann. So, danke. Korporal Velder, geben Sie Feigheit vor dem Feind zu?
Velder: Nein.
Bratianu: Sie wollen also nicht wahrhaben, daß Sie Ihren Posten in einem kritischen Augenblick verlassen haben, weil Sie Angst hatten? Sie streiten die Feigheit ab?
Velder: Ja.
Bratianu: Es heißt «Jawohl, Herr Leutnant», haben Sie das schon vergessen? Sehen Sie mir in die Augen!
Velder: Jawohl, Herr Leutnant.
Bratianu: Sie wissen ganz genau, daß Sie nicht nur ein Lump sind, sondern auch ein feiger Lump, Velder. Gestehen Sie?
Kampenmann: Leutnant Bratianu, wir haben schon viele Beispiele dafür gesehen, wohin diese Art des Verhörs führen kann.
Bratianu: Ich verstehe, Herr Kapitän. Aus diesem Grund – ich wiederhole: nur aus diesem Grund – sehe ich von der Fortsetzung des Verhörs in diesem Punkt ab und übergebe diesen Teil der Anklage dem Sonder-Kriegsgericht zur Beurteilung mit dem ausdrücklichen Antrag, daß der Angeklagte trotz seines fehlenden Geständnisses der erwiesenen Feigheit vor dem Feind für schuldig gesprochen wird.
Peters: Ja, das wird schon in Ordnung gehen.
Bratianu: Ich komme zurück auf die Anklage wegen vollendeten Hochverrats. Um dem Angeklagten keine Möglichkeit zu geben, das Kriegsgerichtsverfahren durch Simulation zu sabotieren, lasse ich ihn seine Zeugenaussage in der gleichen erzählenden Form wie früher abgeben. Hauptmann Endicott, wollen Sie bitte darauf achten, daß der Angeklagte sich so deutlich und kurzgefaßt wie möglich ausdrückt.
Endicott: Ich will es versuchen.
Bratianu: Danke. Und nun, Velder! Machen Sie jetzt weiter mit Ihrem Bericht, wie Sie Ihre Kameraden, Ihre Vorgesetzten, Ihren General und Ihr Land verraten haben.
Orbal: Dieser Endicott, was hat er denn jetzt vor? Er sieht so komisch aus.

Peters: Er umhegt den Angeklagten wie üblich. Der hätte auch besser als Fürsorgeschwester gepaßt, oder als Luftwaffenhelferin.
Bratianu: Velder, fangen Sie an.
Velder: Wir fuhren die Straße nach Ludolfsport entlang, die nördliche oder alte Straße, die 120 Kilometer lang ist. Als wir an dem Gasthaus und an der Stelle, wo eigentlich die Sperre sein sollte, vorbei waren, sagte Janos Edner, daß wir an der Kirchenruine vorbeifahren sollten, wo ich die Truppe hatte lagern lassen. Dort wollten wir die Lastwagen und das Material abholen. Ich tat, was er gesagt hatte. Als wir dort ankamen, standen die Feldposten ordnungsgemäß an ihren Plätzen, die übrigen Männer schliefen in der Ruine. Als Edner ihre Ausrüstung sah, änderte er seine Meinung. Er sagte jetzt, daß wir sowohl die Autos als auch die Mannschaften mit uns nehmen sollten. Keiner der Männer schien etwas Verdächtiges zu ahnen, und sie hatten auch nicht versucht, das zurückgelassene Funkgerät in Betrieb zu nehmen. Ich machte die Autos wieder fahrbereit und gab das Kommando zum Aufsitzen. Wir nahmen beide Funkgeräte in unseren Geländewagen, fuhren zurück zur alten Straße und dann mit der ganzen Kolonne weiter nach Osten.
Der einzige Platz, an dem wir Soldaten sahen, war Brock, ein Dorf, das ungefähr vierzig Kilometer von Oswaldsburg entfernt ist. Da war auch eine Straßensperre, aber der Fähnrich, der das Kommando hatte, glaubte, daß wir mit Verstärkungen auf dem Weg nach Ludolfsport seien, und ließ uns ohne weiteres passieren. Bis zum nächsten Dorf waren es nur zwanzig Kilometer, und mitten zwischen den beiden Orten verlief die Grenze zwischen der Zentral- und der Ostprovinz. Und die Grenze zwischen dem ersten und dem zweiten Militärbezirk übrigens auch. Wir hörten jetzt einen regen Funkverkehr aus dem Gebiet vor uns, konnten uns aber kein rechtes Bild davon machen, was dort los war. Im nächsten Dorf war ein großes Durcheinander. Alle Leute schienen auf den Beinen zu sein, und man hatte mit umgekippten Autos und Karren die Straße blockiert. Ziemlich viele Leute mit weißen Armbinden bewachten die Sperre, und einige davon waren bewaffnet, aber nicht sehr viele. Janos Edner und ich stiegen aus und sprachen mit einem, der der Anführer zu sein schien. Er war eigentlich Bauarbeiter und erzählte, daß die Dorfbevölkerung kurz vor zwei Uhr alarmiert worden war. Es war zu einer kurzen Schießerei mit einer Armee-Einheit gekommen, die erschienen war, um das Dorf zu besetzen. Aber der Offizier, der die Einheit führte, war gefallen, und danach hatte ein Teil der Soldaten die Seite gewechselt, und die anderen hatten sich davongemacht. Wir sahen auch mehrere Soldaten mit weißen Armbinden. Ich ließ meine Männer absitzen und unbewaffnet antreten. Sie schienen ziemlich verwirrt zu sein. Der Mann, der die Führung hatte, überließ ihnen die Entscheidung, ob sie zur Volksfront, wie er es nannte, übergehen oder sich gefangennehmen lassen wollten. Sechs Mann gingen

über. Die anderen wurden abtransportiert, wohin, weiß ich nicht. Vielleicht sind sie erschossen worden. Es lagen schon einige Tote auf der Erde, sieben oder acht, glaube ich.
Bratianu: Achten Sie darauf, daß der Angeklagte nicht zu ausführlich erzählt, Hauptmann Endicott. Das Kriegsgericht hat noch etwas anderes zu tun, als diesem Schwein zuzuhören.
Peters: Da haben Sie recht, Bratianu.
Velder: Aranca Peterson fragte, was in Ludolfsport geschehen sei, und der Mann, der der Anführer war, sagte, daß er das nicht wüßte, aber daß Stoloff, der eigentlich Baufachmann war, dort die Leitung übernommen hätte. Er sagte, daß das Telefon in Betrieb sei und man dort anrufen könne. Nach einigem Hin und Her gelang es Janos Edner, Stoloff an den Apparat zu bekommen. Was sie sprachen, weiß ich nicht, aber es lief darauf hinaus, daß wir alle Waffen, die Lastwagen mit dem Material, den Jeep und einen der Geländewagen daließen und dann weiter nach Ludolfsport fuhren. Bis dorthin waren es noch 50 bis 60 Kilometer. Das waren also ich selbst, Janos Edner, Aranca Peterson, Danića Rodriguez, die Kinder und das Kindermädchen. Danića Rodriguez fuhr, während Edner und ich das Funkgerät bedienten. Auf der Landstraße begegneten wir hin und wieder Lastwagen mit bewaffneten Zivilisten. Sie hatten weiße Armbinden und fuhren nach Westen. Es waren natürlich nicht viele, aber ich sah doch so 20 bis 30 Autos mit Freiwilligen. Die Kinder hatten Angst und greinten und weinten.
Bratianu: Das ist ja nicht auszuhalten. Es gibt einen kurzen offiziellen Bericht über die Tragödie im zweiten Militärbezirk, Anlage V VI/7x. Lesen Sie den vor, Brown.
Brown: Anlage V VI/7x. Auszug aus der ausführlichen Übersicht, betreffend die Ereignisse in der Ostprovinz und im zweiten Militärbezirk in der Nacht zum 13. Dezember, ausgearbeitet von der nationalhistorischen Abteilung des Generalstabs. Geheimdokument nach § 8, 11 und 22. Der Text lautet:
Die Entwicklung in Ludolfsport und in der Ostprovinz, die zu einer Serie schwerer Unruhen führte, entstand durch eine Reihe unglücklicher Umstände. In Ludolfsport war seit einigen Monaten ein umfassender Ausbau der Hafenanlagen im Gange, gleichzeitig wurde ein ganz neuer Stadtteil gebaut. Diese Arbeiten wurden von den gleichen besonders ausgebildeten Leuten ausgeführt, die vorher für alle anderen Bauten im Lande zuständig gewesen waren. Deshalb befanden sich etwa 2500 dieser Bauarbeiter in der Stadt, die meisten waren im Hafengebiet untergebracht.
Ein gewisser Boris Stoloff, enger Mitarbeiter des Volksfeindes Janos Edner und seit langer Zeit anerkannter Organisator des Bauwesens, hielt sich ebenfalls in Ludolfsport auf. Um 01.43 Uhr in der Nacht zum 13. Dezember erhielt besagter Stoloff eine Funkmeldung, die ihm die

Absichten des Heeres und General Oswalds klar vor Augen führte und die Vorgänge in der Südwestprovinz beschrieb. Stoloff befand sich um diese Zeit in seinem Arbeitszimmer im Hafengebiet und konnte innerhalb von Minuten die Arbeiter in ihren Wohnbaracken und die gerade am Arbeitsplatz befindliche Schicht alarmieren. Außerdem schloß sich ein Teil des Personals der Schiffe im Hafen der roten Revolution an. Dieses in aller Hast zusammengerufene Gesindel hatte zwar keine anderen modernen Waffen als die von den Vorpostenbooten und aus den Räumen der Küstenwache, aber unbegrenzte Mengen von Sprengstoff, Zündern und Werkzeugen. Das Fernmeldeamt, das an der Grenze des Hafengebiets liegt, wurde von Mannschaften der Küstenwache besetzt, und als die regulären Truppen wenige Minuten später dort erschienen, wurden sie von heftigem Gewehrfeuer empfangen und mußten sich zurückziehen. Als Oberst Milton Fox um 07.00 Uhr an der Spitze von Verbänden des 2. motorisierten Infanterieregiments in die Stadt eindrang, wurden die regulären Truppen aus allen Ecken von Horden aufrührerischer Arbeiter überfallen, die mit geballten Ladungen und sogar mit Tretminen, die sie aus dem Depot der Küstenwache geholt hatten, bewaffnet waren. Der Stabswagen, in dem Oberst Fox fuhr, wurde gesprengt, wobei nicht nur der Fahrer, sondern auch der Stabschef getötet wurden. Der Oberst selbst fiel verwundet zusammen mit zwei anderen höheren Offizieren in die Hände der Aufrührer. Er wurde in das Büro von Boris Stoloff gebracht und später dort ermordet. Zwei Stunden lang fanden unübersichtliche Straßenkämpfe statt. Ihrer Offiziere beraubt und an personeller Stärke hoffnungslos unterlegen – auch viele Zivilisten und sogar Frauen mit Äxten und Küchenmessern hatten sich jetzt den mordgierigen roten Horden angeschlossen –, gelang es den Soldaten nicht, die Straßen und die strategisch wichtigen Gebäude zu besetzen. Als die Truppen sich in Richtung auf das Hauptquartier des Militärbezirks und die Kasernen südlich der Stadt zurückziehen wollten, fanden sie den Rückweg abgeschnitten und die Fahrbahnen teilweise gesprengt. In den Morgenstunden wurden die Kasernen von in aller Eile bewaffneten Zivilisten umringt.
Trotz tapferen Widerstandes fiel das Garnisonsgebiet einige Stunden später in die Hände der Aufrührer. Auf die gleiche Weise entwickelten sich die Ereignisse in den übrigen Orten und Dörfern im 2. Militärbezirk, wo die Soldaten, die zum Schutz der Mitbürger ausgesandt worden waren, überfallen und in vielen Fällen von Guerillaverbänden und Gangsterbanden brutal ermordet wurden. Zwischen fünf und sechs Uhr am Morgen trafen die Volksfeinde Janos Edner und Aranca Peterson in Ludolfsport ein, wo sie sich sofort an die Spitze der roten Revolution setzten. Am nächsten Tag wurden die militärischen Vorratslager geplündert.
Bratianu: Haben Sie das gehört, Velder?

Velder: Ja, einiges ist völlig falsch. Die Soldaten, die in den Kasernen geblieben waren, leisteten keinen Widerstand. Die meisten, die man da zurückgelassen hatte, waren Mitglieder der ehemaligen Miliz. Die steckten ihre Offiziere selbst ins Gefängnis und gingen zur Volksfront über. Oberst Fox wurde nicht ermordet, er war schwer verwundet und starb an seinen Verletzungen im Krankenhaus in Ludolfsport.
Bratianu: Schweigen Sie, Scheusal! Kommen Sie hier nicht mit solchen infamen Lügen! Versuchen Sie nicht, Ihre Vorgesetzten und Ihre gefallenen Kameraden in den Schmutz zu ziehen.
Orbal: Oh, oh, oh, was für ein Lärm. Drinnen und draußen. Ich glaube, wir machen für heute Schluß.
Bratianu: Jawohl, Herr Oberst. Die Anklage gegen Velder in den Punkten 78 bis 82 kann hiermit als ausreichend untersucht und der Angeklagte als überführt angesehen werden. Nach einem weiteren kurzen Verhör bin ich bereit, das Verfahren zu übergeben.
Peters: Ausgezeichnet, Bratianu.
Bratianu: Da die Verhandlung heute mit der Übergabe abgeschlossen wird, kann ich nicht einsehen, welche Gründe dagegen sprechen sollten, den Angeklagten in ein kurzes Kreuzverhör zu nehmen.
Orbal: Nein, verhören Sie nur. Aber machen Sie nicht zu lange.
Bratianu: Velder! Sie geben also die Fahnenflucht und den Hochverrat zu?
Velder: Ja.
Bratianu: Antworten Sie vorschriftsmäßig!
Velder: Jawohl, Herr Leutnant.
Bratianu: Gestehen Sie auch, daß Ihr Verrat und Ihre Feigheit Hunderten Ihrer Kameraden das Leben gekostet hat?
Velder: Nein, Herr Leutnant. Was in der Nacht in Ludolfsport geschehen ist, fand statt, ehe wir dort ankamen. Es wäre genauso verlaufen, unabhängig davon, ob wir hingekommen wären oder nicht.
Bratianu: Widersprechen Sie nicht einem Vorgesetzten!
Velder: Nein, Herr Leutnant.
Bratianu: Schweigen Sie, wenn Sie nicht gefragt werden.
Orbal: Warum wirft er den Kopf so hin und her? Hat er Schmerzen?
Bratianu: Halten Sie den Kopf still, Mann! Bereuen Sie Ihren Verrat?
Velder: Ja, ja.
Bratianu: Es heißt immer noch «Jawohl, Herr Leutnant!».
Orbal: Um Gottes Willen, warum schreit er denn so?
Bratianu: Sie sagen ja, aber ich glaube Ihnen nicht. Drehen Sie sich zum Präsidium, und sagen Sie laut, daß es Ihnen leid tut!
Velder: Ich bitte um Verzeihung ...
Bratianu: Bitten um Verzeihung! Wie können Sie solche Worte in den Mund nehmen?! Ihre Verbrechen sind unverzeihlich! Die können nicht mal mit dem Tod gesühnt werden! Sagen Sie: Ich bin ein Schwein.

Orbal: Was für ein Lärm.
Bratianu: Antworten Sie, Mann!
Endicott: Der Angeklagte ist bewußtlos.
Bratianu: Tatsächlich? Lassen Sie sich auch nicht täuschen?
Endicott: Nein.
Bratianu: Dann übergebe ich an das Gericht. Herr Oberst Orbal! Herr Major von Peters! Herr Oberst Pigafetta! Herr Kapitän Kampenmann! Herr Generaladvokat!
Peters: Schneidiger Auftritt.
Orbal: Es ist gut, Bratianu. Die Beteiligten können gehen. Rollen Sie diesen Götzen weg, Brown. Und Endicott, wenn Sie mit diesen Spritzen weitermachen wollen, so tun Sie das um Himmels willen irgendwo anders und nicht hier drin.
Peters: Fein, daß Bratianu eingesprungen ist. Schmidt hätte wegen dieser Sache noch drei Tage lang geredet.
Pigafetta: Interessanter junger Mann, dieser Bratianu.
Orbal: Die Sitzung des Sonder-Kriegsgerichts wird auf morgen 11 Uhr vertagt.

Elfter Tag

Brown: Anwesend ordentliche Präsidiumsmitglieder Oberst Mateo Orbal, Heer, als Präsident des Kriegsgerichts, Major Carl von Peters, Heer, und Kapitän zur See Arnold Kampenmann, Marine. Oberst Nicola Pigafetta und Generaladvokat Tadeusz Haller fehlen entschuldigt. Oberst Pigafetta wird von seinem persönlichen Stellvertreter Major Tetz Niblack ersetzt, der demzufolge die Luftwaffe repräsentiert. Als Berichterstatter Leutnant Arie Brown, Luftwaffe. Die Anklage der Streitkräfte führt der Auditor, Kapitänleutnant Schmidt, Marine, und der Angeklagte wird von Hauptmann Roger Endicott, Luftwaffe, verteidigt.
Orbal: Was ist denn mit Pigafetta los?
Niblack: Der Oberst ist krank geworden, heißt es.
Orbal: Ist es was Ernsthaftes, was glauben Sie?
Niblack: Nichts deutet darauf hin. Der Oberst rechnet damit, seinen Platz im Präsidium bereits morgen wieder einnehmen zu können.
Orbal: Aha, also nichts Ernsthaftes.
Peters: Und Schmidt ist wieder da. Zu unser aller Freude.
Kampenmann: Ich befürchte, daß Sie mit Ihrer Vorliebe für Leutnant Bratianu ziemlich allein dastehen. Ich persönlich teile sie jedenfalls nicht.

Orbal: Quatsch. Bratianu ist ein vortrefflicher junger Mann. Aus dem wird noch mal was.
Kampenmann: Daran zweifle auch ich nicht.
Orbal: Und es ist wirklich nichts Schlimmes mit Pigafetta? Ich meine, er ist nicht schwer krank?
Niblack: Nein, kaum.
Orbal: Er hat das mit den Fenstern wohl nicht vertragen. Den Zug, nein. Das wird es wohl sein.
Niblack: Fenster?
Orbal: Wir haben Schwierigkeiten mit der Ventilation, verstehen Sie.
Niblack: Aha, ich habe im Kasino davon gehört.
Orbal: Nun ist es so, daß ich selbst auch nicht sehr zufrieden bin. Etwas besser auszuhalten ist es ja, die Belüftung an sich klappt, aber man hört von draußen ständig diesen fürchterlichen Lärm. Von Ihren Flugzeugen. Der Krach, das muß aufhören.
Niblack: Das wird nicht ganz so einfach sein, so etwas auf einem Flugplatz durchzusetzen.
Orbal: Ich habe jetzt zwei Gespräche darüber geführt, teils mit dem Chef der Ingenieurstruppen und teils mit Major Carr von der Standortverwaltung. Die sind auf einen Kompromiß gekommen. Wir haben einen Typ von kleinen, transportablen Ventilatoren, Ventilator Modell 18 für Bürotische heißen die im Verzeichnis der Standortverwaltung. Major Carr hat versprochen, ein Dutzend davon rüberzuschicken. Sind die gekommen, Brown?
Brown: Jawohl, Herr Oberst.
Orbal: Und Sie haben sie angeschlossen?
Brown: Jawohl, Herr Oberst.
Orbal: Na, dann stellen wir sie doch an.
Brown: Die arbeiten bereits, Herr Oberst.
Orbal: Oh, aha. Nun wies Carr in einem Schreiben, das ich erst heute morgen erhalten habe, darauf hin, daß diese Ventilatoren, Modell 18, nicht das Hauptproblem lösen, nämlich den Luftaustausch. Sie können, worauf er sehr richtig aufmerksam machte, eigentlich nur die Luft, die bereits im Raum ist, durcheinanderwirbeln. Aber er hat die Hoffnung, daß sie trotzdem den Aufenthalt hier drinnen etwas erträglicher machen würden, die Illusion eines Luftaustausches geben würden, schrieb er. Wir werden ja sehen. Wir müssen darauf achtgeben, wie sich das auswirkt.
Peters: Laß die Beteiligten hereinrufen, Mateo.
Orbal: Oh, ja, das kommt schon noch. Was hat das übrigens für einen Sinn, wenn Schmidt und Endicott hier ein Rededuell führen, während das Präsidium aus Mangel an Sauerstoff wie gelähmt dasitzt? Mir ist außerdem aufgefallen, daß Velder fürchterlich stinkt. Wir müssen ihn weiter links stellen, Brown, nicht direkt vor mich.

Brown: Verstanden, Herr Oberst.
Orbal: Das ist gut. Na, dann können wir die Beteiligten ja hereinholen.
Schmidt: Da die Anklagepunkte betreffend Velders Hochverrat und Fahnenflucht gestern nachmittag offenbar abschließend behandelt wurden, kann ich in der Anklage weitergehen.
Peters: Was wollten Sie denn sonst tun? Noch mal von vorn anfangen?
Schmidt: Ich komme deshalb jetzt zu den Anklagepunkten 83 bis einschließlich 101, nämlich aufrührerische Tätigkeit, Terror, Mord und Beihilfe zum Mord in 19 verschiedenen Fällen. Dieser Bereich umfaßt die verbrecherische Tätigkeit, die Velder während der Zeit ausübte, als er mit Janos Edner und Aranca Peterson kollaborierte. Da die Beweise, auf die die Anklage sich stützt, in erster Linie aus Velders eigener Aussage und seinen Berichten bestehen, beantrage ich, Korporal Erwin Velder als Zeugen aufrufen zu dürfen.
Peters: Ja, wenn es wirklich notwendig ist. Genehmigt.
Schmidt: Ist Velder imstande, seinen Bericht fortzusetzen?
Endicott: Ja, er hat mehrere Spritzen bekommen.
Schmidt: Velder, berichten Sie nun über Ihre Zusammenarbeit mit den Volksfeinden Janos Edner und Aranca Peterson.
Velder: Wir kamen bald nach fünf am Morgen des 13. Dezember in Ludolfsport an. Dort war eine Menge los, überall in den Straßen standen die Leute mit den weißen Armbinden. Es waren Männer und Frauen. Nur einige wenige trugen Uniformen, und die meisten waren unbewaffnet. Wir hielten zuerst bei einem Hotel in der Innenstadt, wo die Kinder und das Kindermädchen untergeracht wurden. Dann fuhr ich zusammen mit Janos Edner, Aranca Peterson und Daniča Rodriguez zu einem Gebäude im Hafengebiet, in dem Stoloff sein Hauptquartier eingerichtet hatte. Dort war ein buntes Durcheinander, Menschen kamen und gingen, und Autos mit Leuten, alle Arten von Autos, verließen in regelmäßigen Abständen das Hafengebiet. Stoloff saß in Hemdsärmeln an einem Tisch mit drei Telefonen und einem Funkgerät. An der Wand vor ihm hingen zwei große Karten, eine von der ganzen Insel und ein Stadtplan von Ludolfsport. Er gab einen kurzen, zusammenfassenden Bericht, sagte uns, daß kein Zweifel darüber herrsche, daß die Armee sich die Kontrolle über das gesamte Gebiet des ersten und dritten Militärbezirks verschafft hatte, das heißt also die Zentral- und die Südwestprovinz mit Oswaldsburg und Marbella. Dagegen war der Militärputsch in Ludolfsport, wo die Kämpfe inzwischen aufgehört hatten, vollständig mißlungen. Die Lage war ungefähr gleich in den übrigen Teilen der Ostprovinz mit zwei Ausnahmen. Das waren der Leuchtturm und die Lotsenstation auf der Halbinsel 15 Kilometer nördlich der Stadt. Dort war es schwerbewaffneten Armeeverbänden gelungen, die Gebäude zu besetzen und sich auf der Landzunge zu verschanzen. Und die andere Ausnahme waren die Kasernen und die Gebäude beim Mili-

tärbezirks-Hauptquartier, zehn Kilometer südlich von Ludolfsport. Das letztgenannte beunruhigte ihn weniger, sagte er, denn durch die Vernehmung von Gefangenen hatte er erfahren, daß in den Kasernen nur wenige Soldaten zurückgelassen worden waren und daß diese Truppen zum überwiegenden Teil aus Einheiten der alten Miliz bestanden, die Oberst Fox als weniger zuverlässig und bedingt einsatzfähig angesehen hatte. Er berichtete auch, daß größere Teile der regulären Truppen während der Straßenkämpfe aufgerieben worden waren und daß ungefähr zehn Prozent der Soldaten freiwillig auf unsere Seite übergelaufen waren. Es handelte sich dabei fast ausschließlich um Männer, die bereits länger der Miliz angehört hatten. Was ihn am meisten beunruhigte, sagte er, war der Mangel an Waffen und Transportmitteln. Je nachdem wie die Truppen bewaffnet werden konnten, wurden sie in Gruppen aufgeteilt und nach Westen entlang einer der drei großen Straßen geschickt, also der großen Autobahn, der alten Straße nach Oswaldsburg, auf der wir gekommen waren, und der nördlichen Küstenstraße, die allerdings beim Leuchtturm und der Lotsenstation immer noch unterbrochen war. Das Gebiet südlich der Autobahn, die die Ostprovinz ja in einen nördlichen und einen südlichen Sektor teilte, bestand aus einem flachen Landstreifen mit verstreuten Höfen und einem grobmaschigen Netz von kleinen Wegen. Kurz vor sechs kam eine Nachricht, derzufolge die Gruppen bewaffneter Mitbürger, die auf der Autobahn vorgegangen waren, ungefähr 15 Kilometer jenseits der Grenze zur Zentralprovinz auf heftigen Widerstand regulärer Truppen gestoßen waren. Diejenigen, die auf der alten Straße vorgefahren waren, wurden etwa auf der gleichen Linie aufgehalten. Kurz darauf brach der Rundfunk in Oswaldsburg die Funkstille mit einer Mitteilung des Inhalts, daß Oswald sich zum Staats- und Regierungschef hatte ausrufen lassen mit Haller als Außen-, Justiz- und Kriegsminister und daß alle Einwohner ermahnt wurden, den Anweisungen der Armee Folge zu leisten. Stoloff hatte wirklich viel erreicht. Er war auch in Verbindung mit Ludolf gewesen, der mit einer Sondermaschine morgens gegen sieben in Ludolfsport eintreffen sollte. Etwa um acht kam eine Mitteilung darüber, daß das Hauptquartier des Militärbezirks in unsere Hände gefallen war. Zuerst waren Streitigkeiten zwischen den verschiedenen Gruppen von Soldaten in der Kaserne ausgebrochen, und dann war ein Teil der Truppen zu uns übergegangen. Die anderen ergaben sich. Dagegen hielten sich die Verbände auf der Halbinsel immer noch, und die Soldaten konnten von dort aus die Küstenstraße beschießen. Der Armeeverband beim Leuchtturm leistete übrigens vier Tage lang Widerstand, bis die Munition und die Verpflegung zu Ende waren.
Niblack: Jener Stoloff, war das ein Bolschewist?
Velder: Wie bitte? Ich weiß nicht. Das heißt, ich weiß nicht, was er damals war. Er war Bautechniker. Ein kräftiger Mann mit lockigen

Haaren, nicht sehr groß. Aranca, Edner und Stoloff sahen sich die Karte an und kamen zu dem Schluß, daß Oswald die Kontrolle über etwa 65% der Insel hatte, während wir immer noch etwa ein Drittel des Geländes hielten. Später, als die Demarkationslinien gezogen wurden, zeigte es sich, daß die Zahlen etwas vorteilhafter waren. Wir hatten in Wirklichkeit 38% gegenüber 62%. Es fand eine kurze Diskussion über die Aussichten statt, und dann waren sich alle einig, daß das Wichtigste jetzt war, schnell Mannschaften und Stacheldraht und andere Dinge, die man als Sperrmaterial verwenden konnte, dorthin zu schaffen, wo die Truppen etwa fünf Kilometer jenseits der Provinzgrenze ihre östlichsten Stützpunkte errichtet hatten. Ihre Vorpostenkette, wie Stoloff sagte. Wir waren uns auch einig, daß wir zu wenige Soldaten und Waffen hatten, um sogleich einen Angriff zu wagen. Stoloff berichtete, daß er Oberst Fox, der trotz seiner schweren Verwundungen noch drei oder vier Tage lebte, und andere Offiziere verhört hatte und auf diese Weise ein klares Bild von der tatsächlichen Stärke der Armee in den beiden anderen Militärbezirken gewonnen hatte. Er sagte, er sei überzeugt, daß Oswald niemals einen ernsthaften Vorstoß auf Ludolfsport wagen würde, ehe er nicht Verstärkungen herangeschafft hätte. Aranca Peterson fragte, wo solche Verstärkungen denn herkommen sollten. Da antwortete Janos Edner: «Es gibt sicher viel zuviele, die gern reguläre Truppen als sogenannte Freiwillige zu Oswalds Unterstützung schikken würden.» Und Stoloff sagte: «Diese Art von Hilfe können wir auch bekommen, wenn wir sie brauchen.» Janos Edner widersprach: «Das werden wir niemals akzeptieren.» Dies war die erste Diskussion zu diesem Thema. Am Morgen wurden die Bereitschaftslager der Armee gefunden und geöffnet. Es zeigte sich, daß sie zehnmal soviel an Waffen und Munition enthielten, als irgendjemand vermutet hatte. Jetzt konnten mindestens drei Viertel derjenigen, die Waffen tragen konnten, auch welche bekommen. Außerdem berichtete Stoloff, daß große Lager mit Baumaterial vorhanden seien. Gegen zehn Uhr kam Joakim Ludolf, und dann wurde Kriegsrat gehalten.

Schmidt: Wir machen hier mal eine Pause, Velder.

Niblack: Warum hat der General nicht gleich die Luftwaffe eingesetzt? Während meiner Jahre in Afrika und Südostasien setzten wir fast ausschließlich die Luftwaffe im Kampf gegen die Guerillas und gegen die Zivilbevölkerung ein. Keine Sprengbomben oder Kernwaffen, sondern Napalm und Gas. Und dann natürlich Schnellfeuerwaffen gegen dicht bebaute Gebiete und größere Gruppen von Zivilisten. Das hat einen durchschlagenden moralischen Effekt. Wenn man in solchem Zusammenhang überhaupt von Moral sprechen kann, haha.

Kampenmann: Damals existierte keine einsatzfähige Luftwaffe.

Niblack: Die Luftwaffe ist immer einsatzfähig. Hat schon an und für sich eine moralische Wirkung, die nicht zu verachten ist. Ist wohl eine

Frage des Niveaus, das Gefühl des am Boden Befindlichen, daß er aus der Luft kontrolliert wird, rein körperlich also. Ich habe mich zum Beispiel gefragt, warum wir und so viele andere Länder immer noch berittene Polizisten gegen Demonstrationen einsetzen. Das hat doch kaum noch was mit Tradition zu tun.
Orbal: Was?
Niblack: Hergott noch mal, natürlich nicht! Wie viele der heute lebenden Menschen haben jemals von einer Sotni Kosaken gehört? Nicht ein Promille, davon bin ich überzeugt. Und noch weniger Menschen wissen ausreichend über das Phänomen Bescheid, um traditionsbedingten Respekt vor einer berittenen Obrigkeit zu empfinden. Nein, glauben Sie mir, es handelt sich um etwas ganz anderes. Trotzdem ist ein berittener Polizist in einer Volksmenge sehr leicht unschädlich zu machen, wenn man den Kniff kennt. Man muß nur mit einem normalen Taschenmesser das Zaumzeug durchschneiden. Aber wie viele denken denn an so was? Nein, das ist wirklich eine ganz andere Tatsache, wie ich schon gesagt habe. Auf die gleiche Weise habe ich mal in Afrika eine ganze Kolonne Infanterie unschädlich gemacht, ja, Neger oder Araber oder eine andere Sorte von Eingeborenen natürlich. Äxte, wie wir sie damals allgemein nannten. Zerstreute sie einfach, machte die Kompanie kriegsuntauglich, kurz gesagt. Die Kerle warfen ihre Waffen weg und rannten los. Und was hatte ich, glauben Sie? Ein normales Aufklärungsflugzeug. Unbewaffnet! Kaum genug Brennstoff im Tank. Da kommt das psychologische Moment ins Spiel.
Peters: Dies hier ist eigentlich ein Kriegsgericht. Wir befinden uns in einer Verhandlung.
Niblack: Ja? Warum betonen Sie das so? Als ob ich das nicht wüßte! Hab übrigens auch mal vor einem Kriegsgericht gestanden. Bin im Tiefflug über eine Art Tierzucht, eine Nerzfarm. Zehntausend von diesen Nerzen gingen drauf, stellen Sie sich vor, zehntausend! Bekamen einen Herzschlag oder wurden verrückt vor Angst und bissen sich gegenseitig tot. Tiere sicherlich, aber genau die gleiche Erscheinung, wenn man es näher analysiert.
Peters: Was wollten Sie sagen, Schmidt?
Niblack: Bin natürlich freigesprochen worden. Wissen Sie, was ich danach getan habe? Haha! Rief den Tierpark an und fragte, ob nicht wenigstens genügend Tiere für zwei Pelze für meine Frau übriggeblieben seien. Die Idioten rannten zum General und beschwerten sich über mich. Er hat sich beinahe totgelacht. Danach ist es beim Geschwader zu einem richtigen Sport geworden, Nerze und Füchse und Bisamratten zu erschrecken.
Orbal: Was? Wieso? Ich begreife absolut nichts.
Schmidt: Entschuldigen Sie, wenn ich Sie unterbreche. Der sogenannte Kriegsrat, den der Angeklagte erwähnte, wird nirgendwo anders be-

schrieben als in seinem eigenen Bericht und in seinen Aussagen. Nichtsdestoweniger scheint kein Zweifel darüber zu herrschen, daß er tatsächlich stattgefunden hat und für das, was später geschah, und Velders weitere verbrecherische Tätigkeit von größter Bedeutung war.

Peters: Einen Moment mal. Ich will diese Frage, die Niblack gestellt hat, etwas aufführlicher beantworten. Wir hatten sehr wenige einsatzfähige Flugzeuge damals, als die Unruhen begannen. Aber der General schickte am 13. Dezember zwei von unseren Beobachtungsflugzeugen in den Luftraum über Ludolfsport, um sich Klarheit über die Lage zu verschaffen.

Niblack: Ja, das habe ich mir doch gedacht. Da sehen Sie, noch ein Beweis dafür, daß, wenn es überhaupt Flugzeuge gibt, egal was für eine Art von Maschinen ... wissen Sie, ich war dabei, Schrecken und Unheil zu verbreiten mit beinahe allem, was fliegen kann, von alten lahmen Enten aus Wellblech bis zu kleinen Feuerleitflugzeugen, die wie Erntewagen aussahen ...

Peters: Einen Augenblick noch. Beide Flugzeuge wurden abgeschossen. Von der Erde aus. Kannst du dich daran erinnern, Mateo?

Orbal: Aber natürlich.

Peters: Danach hatten wir keine Flugzeuge mehr. Vielleicht sind Sie jetzt so gut und halten den Mund, Niblack. Machen Sie weiter, Schmidt.

Schmidt: Velder!

Velder: Verzeihung, ich habe nichts gehört.

Schmidt: Velder, Sie waren also bei dem Treffen, das Sie Kriegsrat nennen, dabei.

Velder: Ja. Am Nachmittag, nachdem Ludolf gekommen war. Wir haben uns im Hafenbüro versammelt. Zuerst haben wir uns Oswalds und Tadeusz Hallers Reden im Radio angehört. Die versicherten beide, daß sie die Lage unter Kontrolle hätten und daß überall Ruhe herrschte, daß der Ausnahmezustand aber aufrechterhalten würde, bis die Roten – das sollten wir wohl sein – in ihren Schlupflöchern in der Ostprovinz ausgeräuchert worden waren. Edner und Stoloff hatten eine Reihe von Informationen von einzelnen Leuten erhalten, die teils aus Oswaldsburg geflohen, teils über See aus Marbella gekommen waren. Und was die sagten, schien zu bestätigen, wovor wir Angst hatten, nämlich daß die Armee die Insel bis auf das Ende, an dem wir uns befanden, unter ihrer Kontrolle hatte. Wovon soll ich jetzt erzählen?

Schmidt: Vom Kriegsrat.

Velder: Wer daran teilgenommen hat? Jonas Edner, Aranca Peterson, Joakim Ludolf, Stoloff und ich selbst. Und Dana, die als eine Art Sekretärin dabei war. Außerdem kam Gaspar Bartholic hinzu. Es war das erste Mal, das ich ihn sah. Er kannte wohl Edner und Ludolf schon lange, hatte sich aber in verschiedenen Städten im Ausland aufgehalten. Jetzt war er wegen des Krieges zusammen mit Ludolf hergekommen.

Peters: Wir weigern uns, diesen Ausdruck zu akzeptieren.
Velder: Entschuldigung, wie bitte?
Schmidt: Ich habe mit Velder in den letzten Tagen umfangreiche Versuche angestellt. In einem Fall wie diesem, wo er «Krieg» dachte, aber «Unruhen» meinte, ist es sinnlos, zu versuchen, ihn zu korrigieren. Wenn man ihn einige Male verbessert hat, verliert er den Faden, und man kann nicht mehr weitermachen. Darum empfehle ich dem Präsidium, derartige Details zu übersehen.
Kampenmann: Ja, das scheint das einzig Vernünftige zu sein.
Peters: Sollen wir uns hier wirklich aber auch alles bieten lassen, nur weil die Sau zufällig schwachsinnig ist?
Niblack: Ich muß mal sagen, daß ich so gut wie gar nichts von dem hier verstehe. Und es ist ja wirklich bedauernswert, wie der Angeklagte da aussieht. Wie hat er denn das fertiggebracht? Aber Ihr Ton, Peters, der gefällt mir. Rauh, aber herzlich, wenn ich mal so sagen darf. Ob ich so freundlich sein könnte und den Mund halten, haha! Das ist ganz nach meiner Art. Das erinnert mich an ...
Peters: Herrgott im Himmel!
Niblack: Sind Sie religiös, von Peters? Die meisten Flieger werden das, früher oder später. Vielleicht eine Frage des Niveaus, auch das. Oder eine logische Evolution, ebenso wie die sogenannte Angst vorm Fliegen. Die scheint es ja bei allen zu geben, Berufsfliegern wie bei normalen Passagieren. Gar nicht so sonderbar, wenn man es mal untersucht. Bei jedem Start kommt man, statistisch gesehen, einem bestimmten Punkt näher, unabhängig davon, in welchem Augenblick das eintrifft, so handelt es sich um einen Vorfall, den man am liebsten vermeiden will. Wenn man sich zwei statistische Kurven vorstellt, eine, welche die Flugstunden zeigt, und eine, die, lassen Sie es mich so sagen, die unvermeidlichen Flugzeugunfälle graphisch erfaßt. Zwei Parabeln, die sich unausweichlich näher kommen. Völlig logisch, nicht wahr? Gibt es so was Ähnliches auch auf See, Kapitän?
Kampenmann: Nein.
Orbal: Vielleicht die Seekrankheit?
Kampenmann: Nein, das ist wohl kaum etwas Vergleichbares.
Orbal: Ich dachte, Parabel wie Parabel.
Niblack: Das habe ich nicht richtig verstanden. Wie meinen Sie das, Herr Oberst? Zum Beispiel das ...
Peters: Machen Sie weiter, Velder. Erzählen Sie, verdammt noch mal. Alles ist besser als dies hier.
Schmidt: Sie haben von Gaspar Bartholic gesprochen, Velder?
Velder: Ja, der war da. Er wurde als militärischer Experte angesehen.
Schmidt: Eher wohl Fachmann für Aufstände, Bürgerkriege und Terrormaßnahmen, entschuldigen Sie den Einwurf.
Velder: Ja, Bartholic wußte viel von solchen Sachen. Janos Edner und

Stoloff gaben eine Zusammenfassung der Lage. Zuerst Edner, der erklärte, daß die Insel durch eine Nord-Süd-Linie etwa auf halbem Wege zwischen Ludolfsport und Oswaldsburg geteilt war. Die zwei Drittel des Landes, die westlich von dieser Linie lagen, wurden von Oswald und Haller, mit anderen Worten, von der Armee beherrscht. Der restliche Teil, also der ostwärts der Linie, war in unseren Händen. Er sagte auch, daß im Augenblick keine der Parteien stark genug war, die andere anzugreifen und zu überwältigen. In unserem Gebiet gab es kein Risiko für neue Putsche oder Umsturzversuche, aber man konnte auch nicht damit rechnen, daß die Bevölkerung in der Zentral- oder der Südwestprovinz fähig war, einen Aufstand gegen die Armee zu bewerkstelligen, denn dort gab es weder Waffen noch eine Führung. Dann berichtete Stoloff über praktische Einzelheiten, wie er sich ausdrückte. Die eroberten Militärdepots waren in mancher Hinsicht gut ausgestattet, sagte er. Unter anderem hatte es sich gezeigt, daß sie große Mengen von Munition und, erstaunlich genug – für uns wie ein Geschenk des Himmels –, nicht weniger als 400000 Meter Stacheldraht enthielten. Zusammen mit den erheblichen Mengen an Beton, Eisenträgern, Maschinen und Werkzeugen, die aus anderen Gründen bereits in dem Gebiet um Ludolfsport lagen, reichte der Stacheldraht aus, eine ziemlich wirksame Absperrung entlang der Grenze zu errichten, die wir bereits jetzt anfingen, Demarkationslinie zu nennen. An anderem Material gab es vergleichsweise genügende Mengen an Handfeuerwaffen, außerdem einige Maschinengewehre und Granatwerfer, aber keine Artillerie, keine Kampfflugzeuge und keine Panzer, die übrigens auch beim Gegner Mangelware waren. Die Transportmittel reichten so eben. Davon hatte Oswald allerdings mehr als genug. Wir verfügten dagegen über den besten Hafen und die größten Lebensmittellager. Außerdem war die zusammenhängende Minensperre intakt, und zusammen mit der topographischen Struktur der Küstenlinie bildete sie eine Garantie gegen Überraschungsangriffe von See her. Stoloff schloß seinen Vortrag damit, daß er sagte, wir seien im Moment beim Material deutlich unterlegen, bei der Mannschaftsstärke etwa einskommafünf zu eins. Wir waren auch beim militärisch ausgebildeten Personal unterlegen, aber diesen Nachteil konnte man leichter aufholen, und außerdem hatte er keine so große Bedeutung, denn Oswald mußte einen nicht geringen Teil seiner Soldaten dazu verwenden, die innere Ordnung aufrechtzuerhalten. Danach kam Janos Edner auf das zu sprechen, was sich als die wirkliche Kernfrage erweisen sollte, obwohl ich daran vorher nicht einen einzigen Gedanken verschwendet hatte. Ich glaube auch nicht, daß jemand anderes das getan hat. Wir hatten ja an so vieles andere zu denken gehabt, und außerdem war alles so schnell gegangen. Janos Edner fragte also: «Was sollen wir tun?» Die Frage wurde einem nach dem anderen gestellt. Joakim Ludolf, der einen ganz verbissenen Eindruck mach-

te – so hatte ich ihn noch niemals gesehen –, sagte sofort: «Losschlagen!» Aranca Peterson: «Nein, alles andere, aber nicht das. Keine Gewalt und kein Krieg. Wenn wir nicht mal auf diesem kleinen Stück der Insel in Frieden leben können, ist es besser, alles aufzugeben und von hier wegzufahren.» Janos Edner selbst sagte, daß er sehr unsicher sei, daß er eigentlich der gleichen Meinung wie Aranca Peterson sei, aber daß er sich gleichzeitig weigere, vor der Gewalt und dem Verrat zu kapitulieren, «vor ein paar armen Schwachköpfen, die Diktator werden wollten», so drückte er sich wörtlich aus. Damit hatten die eigentlichen Mitglieder im Rat ihre Meinung gesagt, und die Frage ging weiter an uns andere. Gaspar Bartholic sagte, er hätte eigentlich kein Recht, die Entscheidung zu beeinflussen, aber er stände zur Verfügung, welchen Beschluß wir anderen auch immer fassen würden. Stoloff warf Ludolf einen kurzen Blick zu und sagte: «Kämpfen.» Dann war ich an der Reihe. Ich sagte etwas sehr Unschlüssiges: «Ich weiß nicht. Ich werde kämpfen, wenn wir es für notwendig halten. Aber ich will nicht.» Das stimmte übrigens genau, so fühlte ich wirklich. Die letzte, die zu Wort kam, war Dana Rodriguez. Sie saß eine ganze Weile da und rauchte und starrte auf die Wand. Dann sagte sie: «Tja, kämpfen.»
Niblack: Sonderbarer Kriegsrat, muß ich schon sagen. Was für Menschen! Kannten Sie diese Wahnsinnigen, Herr Oberst Orbal?
Orbal: Was?
Kampenmann: Machen Sie weiter, Velder.
Velder: Weitermachen, ach ja. Na, damit war das Problem nicht gelöst. Janos Edner fragte, ob diejenigen, die für Kampf waren, damit meinten, wir sollten eine eigene Armee organisieren und angreifen, um die alte Ordnung wiederherzustellen. Ludolf antwortete: «Natürlich.» Stoloff sagte: «Selbstverständlich, aber bis auf weiteres müssen wir uns wohl in erster Linie auf einen Verteidigungskrieg einrichten.» Dana kam mit einer Gegenfrage: «Welche Alternative könntest du dir denn vorstellen?» Und Janos Edner antwortete: «Wir können uns damit begnügen, das Gebiet, das wir haben, zu verteidigen.» Dana widersprach sofort: «Friedliches Zusammenleben mit Oswald? Das ist keine Alternative. Nur eine ungewöhnlich naive Art, Selbstmord zu begehen.» Daraufhin äußerte sich auch Gaspar Bartholic und sagte: «Sie haben recht, Miss Rodriguez. Es gibt nur die Entscheidung entweder – oder. Freund Stoloff hat leider ebenfalls recht. Wir müssen zuallererst unsere Verteidigung aufbauen und konsolidieren. Danach die verlorenen Provinzen aufbauen und konsolidieren. Danach die verlorenen Provinzen angreifen und zurückerobern. Militärische Offensiven erfordern Mittel, Planung und Ausbildung; Verteidigung erfordert in erster Linie nur eines: den Willen, sich zu verteidigen.» Nach einer Weile seufzte Aranca Peterson und sagte: «Das Schlimmste ist, daß wir alle zusammen recht haben. Wenn wir hierbleiben wollen, müssen wir offenbar eine Art

Krieg führen. Ich will hierbleiben, aber ich will nicht kämpfen, mich eigentlich auch nicht verteidigen, trotzdem werde ich offensichtlich dazu gezwungen.»

Schmidt: Ja, Velder, machen Sie weiter.

Velder: Ich kann mich daran genau erinnern, also an das, was Aranca Peterson gesagt hat, vor allem wohl deshalb, weil es das war, was ich selbst auch fühlte. Ich war auch sehr wegen meiner Kinder, meiner Familie beunruhigt. Sehnte mich nach ihnen.

Peters: Ich muß sagen, Endicott, daß, auch wenn Velder schwachsinnig und einäugig und todkrank ist, so darf er einfach nicht dasitzen und soviel Unsinn reden, wie er will. Gibt es denn keine Möglichkeit, ihn dazu zu kriegen, daß er sich an die Tatsachen hält? Ich kann mir einfach nicht vorstellen, daß ich dreißig Jahre militärischer Ausbildung durchlaufen habe, nur um hier zu sitzen und mir so was anhören zu müssen.

Schmidt: Es wurde bei diesem Treffen auch so etwas wie ein Beschluß gefaßt. Ein Beschluß über eine Art allgemeiner Planung, stimmt's, Velder?

Velder: Sehr richtig. Sehr richtig. Das Gespräch über die Prinzipien ging noch eine ganze Zeit weiter, aber dann wurden sehr schnell eine Reihe praktischer Maßnahmen beschlossen. Wir beherrschten, wie gesagt, die gesamte Ostprovinz sowie einen fünf Kilometer breiten Streifen der Zentralprovinz. Jetzt wurde das Gebiet in einen nördlichen und einen südlichen Sektor eingeteilt, die Autobahn von Ludolfsport nach Oswaldsburg bildete die natürliche Grenze. Der nördliche Sektor wurde unter den Befehl von Janos Edner und der südliche unter den von Joakim Ludolf gestellt. Da die Autobahn fünf Kilometer südlich der Stadt aufs Meer stieß und dann nach Norden entlang der Küste weiterlief, gehörte Ludolfsport nun zum nördlichen Sektor, also zu Edners Gebiet. Gaspar Bartholic wurde zum Ratgeber oder Stabschef bei Edner bestimmt, und Boris Stoloff erhielt die gleiche Aufgabe bei Ludolf. Wir andern konnten uns anschließen, an wen wir wollten. Daß Aranca Peterson bei Janos Edner bleiben würde, war selbstverständlich, und Daniča Rodriguez hatte ja schon in der Zeit vor der Befreiung mit ihnen zusammengearbeitet. Ich zögerte auch nicht, ich fühlte mich Edner damals mehr verbunden als Ludolf. Und vielleicht hatte ich zu Janos größeres Vertrauen; mit Ludolf war immer irgend etwas, das ich nicht richtig verstehen konnte. Gleichzeitig wurde die Volksfront offiziell proklamiert. Solange Oswald an der Macht war und die Gefahr der faschistischen Diktatur weiterbestand, wurden alle Gegensätze und offenen Meinungsverschiedenheiten weggeräumt. Der Krieg, wenn man nun überhaupt davon sprechen konnte, sollte selbstverständlich eine gemeinsame strategische Planung haben, aber ansonsten sollten die Sektoren als verwaltungsmäßig unabhängige Teile des Landes gelten. Die Mitglieder der neuen Miliz und überhaupt alle Menschen in der

Provinz sollten in größtmöglichem Umfang selbst entscheiden, in welchem der Sektoren sie Dienst tun, wohnen oder arbeiten wollten. Die Führung der beiden getrennten Sektoren sollte selbst bestimmen, in welchem Umfang sie Hilfe aus dem Ausland erbitten oder Einkäufe im Ausland tätigen wollte. Die Volksfront selbst sollte als gemeinsame politsche Führung tätig werden. Die vorhandenen materiellen Mittel sollten gleichmäßig auf die Sektoren aufgeteilt werden. Das gemeinsame Ziel war in erster Linie, die Ostprovinz zu verteidigen, später die beiden anderen Provinzen von der Militärdiktatur zu befreien. Die Volksfront erklärte sich zur offiziellen Regierung der Nation, und alle Personen unter Waffen sowohl im nördlichen als auch im südlichen Sektor sollten als Angehörige der gleichen zivilmilitärischen Organisation, der Regierungsmiliz, gelten. Die ganze Zeit über, während der Kriegsrat tagte, und das dauerte bis in den späten Abend, kamen Nachrichten aus den verschiedenen Teilen der Provinz herein. Am Abend war es Stoloffs Fachleuten bereits gelungen, eine beinahe zusammenhängende Sperre von Norden nach Süden zu errichten, von Küste zu Küste mit andern Worten. Tausend Meter weiter nach Westen waren auch Oswalds Leute, außer Soldaten auch viele Zivilisten, von denen angenommen werden konnte, daß sie Zwangsarbeiter waren, dabei, eine ähnliche Sperre zu errichten. Kaum ein Schuß fiel an der Grenze, und sowohl im Osten wie auch im Westen schien die Lage ruhig zu sein. In weniger als 24 Stunden war das Land in der Mitte durchgeschnitten worden, wie mit einem Rasiermesser. Ich erinnere mich noch an einen Gedanken, der mir kam, als ich nach Beendigung des Kriegsrates Stoloffs Büro verließ. Vierundzwanzig Stunden vorher war der Gedanke an eine Militärdiktatur uns ferner gewesen als eine Reise auf den Mond. Jetzt war die Nation bereits in drei Teile zerfallen, unter Leitung von drei Männern, die in der Praxis die Macht von Diktatoren hatten: Edner, Ludolf und Oswald. Und das war nicht nur etwas, das mir einen Augenblick lang durch den Kopf ging. Es waren ja diese drei, die später unter dem Begriff «Die drei Generale» bekannt werden sollten.
Peters: Jetzt halte ich es keine Minute länger aus. Mittagspause bitte! Wenn man nach dem, was man sich hier anhören mußte, überhaupt noch etwas von Pigafettas Schweinefutter hinunterbekommt.
Orbal: Ausgezeichnete Idee. Die Sitzung wird für zwei Stunden unterbrochen.

Orbal: Na, auf wen warten wir noch?
Peters: Niblack natürlich. Er sitzt wohl noch im Kasino und redet Unsinn. Was hat sich Pigafetta denn bloß dabei gedacht, uns so einen Quatschkopf herzuschicken?
Orbal: Du mußt nicht so kritisch sein, Carl. Ich finde diesen Niblack ganz sympathisch.

Peters: Sympathisch?
Orbal: Dafür, daß er Flieger ist. Das da mit diesen Hühnern oder was das noch war, das war doch 'ne ganz hübsche Geschichte. Dagegen kann ich nicht behaupten, daß diese Ventilatoren auch nur den geringsten Nutzen bringen.
Peters: Ich wünsche mir nur, daß dieses Trara erst zu Ende ist, damit man wieder seinen Dienst machen kann. Hier sitzt man rum und verschwendet einen Tag nach dem anderen an so ein Schwein wie den Velder.
Orbal: Übrigens Velder. Was hatte der denn da um den Hals hängen? Das Ding, das so aussah wie ein kleiner Campingkocher?
Kampenmann: Eine besondere Art von Mikrophon, damit soll die Stimme verstärkt werden.
Orbal: Verdammt! Aber man versteht ihn tatsächlich besser. Könnte man nicht was Ähnliches dem Bratianu umhängen, aber mit entgegengesetzter Wirkung? Stimmdämpfend. Dann wäre der absolut perfekt.
Peters: Nörgel nicht an dem Bratianu rum. Obwohl Schmidt ihn systematisch hintangestellt hat, haben wir durch ihn bereits jetzt mehrere Tage eingespart.
Orbal: Ich habe nur einen Scherz gemacht, Carl. Hier kommt jetzt endlich Niblack. Rufen Sie die Beteiligten herein, Brown.
Schmidt: Nach der Aufteilung der aufständischen Ostprovinz in zwei Sektoren schloß sich Velder also dem Volksfeind Janos Edner an, bei dem er zunächst als Adjutant Dienst tat. Wir können davon ausgehen, daß er diesen Posten vom 13. Dezember bis zum 15. März innehatte. Ich setze voraus, daß die Herren des Kriegsgerichts sich an die allgemeine politische Lage unmittelbar nach der Teilung des Landes erinnern oder sich damit vertraut gemacht haben.
Niblack: Nein, davon habe ich wirklich keinen blassen Schimmer. Ich war zu jener Zeit in Südafrika. Übrigens ein interessanter Auftrag.
Schmidt: Wenn es so ist, rufe ich die Zusammenfassung in Anlage V VI/47 auf. Darf ich darum bitten, daß der Text verlesen wird?
Brown: Anlage V VI/47, enthaltend Berichte über die Unruhen im Dezember und unmittelbar nach dem Jahreswechsel; Zusammenfassung auf der Grundlage zeitgenössischen und ausländischen Quellenmaterials. Der Text lautet:
Nach dem Mord an Oberst Fox und seinen Offizieren errichteten die Roten in Ludolfsport und der Ostprovinz ein echtes Terrorregime. Von ausländischer Seite wurden eine Reihe von diplomatischen Schritten und Aktionen unternommen, um General Oswald und die nationalistische Regierung dazu zu bewegen, die Demarkationslinie als Staatsgrenze anzuerkennen, was de facto auch eine Anerkennung der Souveränität der revoltierenden Ostprovinz bedeutet hätte. Daß mit solchen Versuchen, die Regierung unter Druck zu setzen, beabsichtigt wurde,

den Zerfall und die Schwächung des Landes zu beschleunigen, steht außer Zweifel. Der Staatschef und die Regierung weigerten sich deshalb auch standhaft, irgendwelche Zugeständnisse zu machen. Daß entlang der Demarkationslinie in den folgenden Wochen eine scheinbare Ruhe herrschte, beruhte eher auf der militärischen Situation als auf der politischen. Die Mittel der nationalen Armee, die bereits vor der Machtübernahme begrenzt waren, wurden während des Aufstandes in der Ostprovinz teilweise verbraucht, und im Stab von General Oswald war man der Ansicht, daß die Säuberungsoperationen nicht weiter durchgeführt werden sollten, bevor nicht Verstärkungen an die Demarkationslinie herangeführt worden waren. Bereits in der dritten Dezemberwoche wurden zehn Jahrgänge zum Wehrdienst eingezogen, und eine gesteigerte Ausbildungsphase begann. Gleichzeitig sicherte sich die Regierung durch Verträge mit freundschaftlich gesinnten Ländern umfangreiche Waffenlieferungen, und viele Freiwillige aus diesen Staaten, darunter eine große Zahl erfahrener und hochdekorierter Offiziere, kamen der nationalen Befreiungsarmee zu Hilfe. Die Revolutionäre waren allerdings auch nicht untätig, und bald ergoß sich dorthin ein regelmäßiger Strom von Material und Personal aus verschiedenen sozialistischen Staaten, die hier ihre Chance sahen, Irrlehren zu verbreiten und auf der Insel Fuß zu fassen. In dieser Situation boten die freundschaftlichen Demokratien General Oswald einen Pakt an, demzufolge ein gemischtes Expeditionskorps mit der offiziellen Bezeichnung ‹Friedenskorps› zur Unterstützung der nationalen Freiheitsarmee eingesetzt werden sollte. Im Gegenzug verpflichteten sich General Oswald und die nationale Regierung dazu, den beteiligten Staaten die kleinen Inseln vor der Ostküste für fünfzig Jahre als Luftwaffen- und Marinestützpunkte zu überlassen. Dieser Vertrag wurde am 9. Januar unterzeichnet, und bereits vierzehn Tage später wurden die ersten Verbände des Friedenskorps in Marbella ausgeladen. Nur eine Woche später wurde ein internationales Nichteinmischungsabkommen beschlossen, demzufolge weder Truppen noch schwere Waffen einem der beteiligten Partner zur Verfügung gestellt werden durften. So gut wie alle betroffenen Staaten unterzeichneten dieses Abkommen.

Schmidt: Danke, Brown. Velder hatte also seinen Hochverrat vollzogen, indem er sich der revolutionären Bewegung in der Ostprovinz anschloß. Wir wollen uns jetzt seinen eigenen Bericht über die Ereignisse bis zum 15. März anhören. Ist der Angeklagte bereit?

Endicott: Ja. Sie können jetzt anfangen, Velder.

Velder: Die Lage entlang der Front war den ganzen Dezember und beinahe den ganzen Januar hindurch vollständig ruhig. Janos Edner richtete sein Hauptquartier ungefähr dreizehn Kilometer ostwärts der Demarkationslinie ein, in einem ehemaligen Gutsgebäude auf halbem Wege zwischen der Autobahn und der nördlichen Straße. An diesem Platz hatte die Armee schon früher eine heimliche Kommandozentrale mit zehn unterirdischen Räumen eingerichtet, die durch ein Tunnelsystem verbunden waren. Sie waren aus Fachwerk und Beton, und ihre Dekken lagen etwa 30 cm unter der Erdoberfläche. In dieser Zentrale arbeiteten Gaspar Bartholic, Aranca Peterson, Danica Rodriguez, ich selbst und noch einige andere während der nächsten Monate. Janos und Aranca ließen sich nicht davon abbringen, ihre Kinder und das Kindermädchen bei sich zu behalten. Zuerst wohnten wir alle in den alten Gutsgebäuden, aber nachdem Bartholic eine Woche lang jeden Tag auf sie eingeredet hatte, zogen Edner und seine Familie hinunter in den Bunker, und bald danach zogen auch wir anderen dorthin um. Währenddessen geschahen eine Menge Dinge, man kann sagen, daß eine ständige Hektik herrschte. Die Verteidigungslinie wurde eiligst bis zu einer Tiefe von sechs Kilometern ausgebaut mit einem System von Minenfeldern, Schützengräben, Panzersperren und Stacheldrahtverhauen. Die Zeichnungen wurden hauptsächlich von Bartholic, Edner und mir angefertigt, ebenso der allgemeine Verteidigungsplan. Der Geist und die Stimmung waren in jenen ersten Monaten im nördlichen Sektor sehr gut. Alle waren vom Erfolg überzeugt, aber keiner war sich richtig klar darüber, wie dieser Erfolg errungen werden sollte. Einige wollten, daß wir sofort angreifen sollten, andere meinten, daß Kämpfe gar nicht notwendig sein würden, sondern daß alles mit der Zeit auf dem Verhandlungswege zu regeln sei. Erst viel später haben wir begriffen, daß wir gleich hätten angreifen sollen, gleich am ersten Tag.

Niblack: Darf ich eine Frage einwerfen? Wie konnten die Rebellen alle diese Maßnahmen finanzieren?

Schmidt: Joakim Ludolf und Boris Stoloff hatten länger vorausgeplant, als irgend jemand hätte ahnen können. Einerseits hatten sie in aller Heimlichkeit die Goldreserven, die ziemlich groß waren, zwischen Ludolfsport und Oswaldsburg aufgeteilt, andererseits hatten sie sich umfangreiche Hilfe aus dem Ausland gesichert.

Velder: Wenn man bedenkt, wie schlecht, geographisch gesehen, unsere Lage war, ich meine, wie weit entfernt die Länder waren, die uns möglicherweise helfen konnten, dann kamen die Hilfssendungen sehr schnell in Gang. Bereits nach etwa einer Woche wurde an jedem Tag mindestens ein Frachtschiff in Ludolfsport entladen. Und bereits damals arbeiteten der nördliche und der südliche Sektor so unabhängig voneinander, daß wir tatsächlich nicht erfuhren, daß Ludolf eine Fahrrinne durch die Minensperren in der Bucht südöstlich von Ludolfsport hatte räumen lassen und daß der größte Teil von deren Material nachts dort entladen und direkt auf den Strand gestapelt wurde. Und es waren wirklich keine kleinen Mengen, um die es da ging.

Niblack: Ich habe so was gehört, als ob der so oft erwähnte Stoloff Festungsbauingenieur gewesen ist. Stimmt das?

Peters: Ja, soviel ich weiß.
Schmidt: Es verhielt sich auch so, daß der größte Teil der Lieferungen, die Ludolf und Stoloff von ihren sogenannten guten Freunden aus dem Ausland erbaten und bekamen, weniger aus Truppen und Offensivwaffen bestand als aus technischen Experten, Baumaterial, Maschinen, Verpflegung und defensiven Hilfsmitteln. Offensichtlich ohne sich dessen bewußt zu sein, gingen Ludolf und Edner und damit auch die Planung in dem südlichen beziehungsweise dem nördlichen Sektor von völlig unterschiedlichen taktischen Überlegungen aus. Lassen Sie Velder jetzt weitererzählen, Hauptmann Endicott.
Velder: Während der ersten Monate kamen auch eine ganze Menge Freiwilliger. Eine ganz sonderbare Mischung von Leuten, Idealisten unterschiedlichster Art. Und Abenteurer natürlich. Eine ganze Reihe von denen wurden von der Kontrollbehörde, die Aranca Peterson in Ludolfsport eingerichtet hatte, abgewiesen. Trotzdem wurden natürlich nicht wenige Agenten und Spione hinter unsere Linien geschmuggelt. An ausgebildeten regulären Mannschaften bekamen wir eigentlich nur wenige Spezialisten, die Gaspar Bartholic direkt unterstellt wurden. Janos Edner war überhaupt nicht glücklich über diese personelle Aufstockung. Praktisch jeder Mann in der Provinz hatte sich freiwillig zu den Waffen gemeldet, und er war der Meinung, daß wir genug Männer unter Waffen hätten. In gewisser Weise hatte er auch recht damit.
Orbal: Rollen Sie den Angeklagten ein Stück zur Seite, Endicott. Er stinkt ja wie ein offenes Grab.
Velder: Ludolf seinerseits weigerte sich, solche Freiwilligen überhaupt bei sich aufzunehmen, mit Ausnahme einzelner, die ein spezielles Empfehlungsschreiben vorweisen konnten. Dagegen hatte er Frauen in seiner Miliz, unter anderem Carla, meine jüngste Frau, der es geglückt war, über die Demarkationslinie zu fliehen. Das wußte ich damals nicht. Sie war nur eine von vielen Frauen, die in der Miliz des südlichen Sektors aktiv Dienst taten.
Orbal: Das stimmt übrigens. Ich habe einige von ihnen gesehen, richtige Amazonen. Sahen wie richtige Vollblutweiber aus. Die meisten waren natürlich gefallen, als wir sie gesehen haben. Wir, wir hatten ja nur die Feldmatratzen. Die Helferinnen. Diese Edelnutten. General Winckelman hat sich übrigens einmal gründlich blamiert. Er kommt mitten in der Nacht in das Kantinenzelt und sieht eine Feldmatratze auf einem Bett liegen. Eine Nachrichtenhelferin, denkt er. Der General überlegt natürlich nicht lange und macht sich über sie her, erst von vorn und dann von hinten, und wie er gerade beim dritten Mal ...
Peters: Beruhige dich doch, Mateo. Nicht hier mitten in der Verhandlung ...
Orbal: Was ist denn mit dir los? Verhandlung, was soll denn das heißen? Wir sind doch unter Männern hier. Also, wie er gerade beim dritten

Mal ist, wird draußen eine Leuchtrakete abgefeuert, und was sieht er auf dem Feldbett? Seine eigene Frau! Er war im Dunkeln in das falsche Zelt gegangen, und sie war aus der Stadt gekommen, um ihm den Sold abzuknöpfen. War drei Wochen lang impotent wie ein Eunuch, hat er mir selbst erzählt. Und das kann man sich auch lebhaft vorstellen.

Niblack: Herrliche Geschichte. Ich erinnere mich an eine ähnliche Episode aus Angola ...

Kampenmann: Vielleicht sollten wir jetzt weitermachen.

Schmidt: Der Angeklagte erwähnte etwas von Spezialisten, die Gaspar Bartholic direkt unterstellt .waren. Ich möchte gern genauer wissen, worin die Spezialausbildung dieser Männer bestand und wie er selbst mit diesen Männern und mit Gaspar Bartholic zusammengearbeitet hat.

Orbal: Was murksen Sie denn da dauernd rum, Endicott? Dieses ewige Zischeln mit dem Angeklagten. Das sieht ja beinahe pervers aus.

Velder: Bartholics Leute waren eine Art Ranger, besonders ausgebildet für schnelle Kommandounternehmen in feindlichem Gebiet. Sie waren zu Gruppen von vier bis zehn Mann zusammengefaßt, und wir schickten hin und wieder solche Spähtrupps auf die andere Seite der Demarkationslinie. Ich war im Hauptquartier derjenige, der das Gelände am besten kannte, deshalb half ich mit, Erkundungsziele auszuwählen und die Geländeabschnitte festzulegen, in denen sich die Patrouillen am sichersten bewegen konnten, ohne entdeckt zu werden. Häufig verwendeten sie Gummiboote und umgingen die Flanke des Feindes auf dem Wasser. Die Gesamtstärke dieser Truppe belief sich auf etwa 300 Mann. Wir hatten eigentlich wenig Nutzen von ihnen, und sehr bald wurden sie in den südlichen Sektor geschickt.

Schmidt: Ich brauche das Präsidium wohl nicht besonders daraufhinzuweisen, daß diese «Spezialtruppen» in Wirklichkeit professionelle Terroristen waren, Mörderbanden, die nur zum Töten ausgebildet worden waren. Festgehalten werden muß nur, daß Velder der Organisator der Machenschaften dieser Mörder und Terroristen war. Ich könnte unzählige Beispiele für deren grausame und rücksichtslose Aktivitäten vortragen.

Peters: Lassen Sie das bleiben, Schmidt. Über diese Dinge wissen wir mehr als Sie.

Endicott: Ich glaube, es wird jetzt notwendig, daß der Angeklagte eine Spritze bekommt. Ich will gleich mal ...

Orbal: Nein, Endicott, auf gar keinen Fall. Diese Geschmacklosigkeiten können Sie vor Beginn der Verhandlung oder in den Sitzungspausen durchführen. Sie verstehen mich doch ...

Velder: Die Zuversicht war groß, wie gesagt. Wir wußten natürlich, daß Oswald Verstärkungen erhalten hatte, aber nicht, wie groß diese waren und wie sie sich zusammensetzten. Viele hundert Menschen ka-

men über die Demarkationslinie zu uns herüber, aber die brachten nur selten eine wertvolle Information mit. Es schien so, als ob es Oswald und Haller gelungen sei, das Land auf der anderen Seite in einen richtigen Polizeistaat zu verwandeln, in dem alles verboten oder abgesperrt war und in dem der einzelne nichts von dem, was geschah, erfuhr. Bei uns wußten alle beinahe alles, und das war auch nicht richtig. Und die Stimmung war zwar zuversichtlich und siegesgewiß, aber viel zuviele dachten wie Aranca Peterson, daß eine Art Wunder geschehen würde und wir siegen würden, ohne dafür kämpfen zu müssen, wie auch immer sie sich das vorgestellt hatten. Als wir feststellten, daß Ludolf und Stoloff dabei waren, auch die Strecke an der Autobahn zu verminen und zu befestigen, also ihre eigene Grenze zu *uns*, begriffen wir erst, wie wenig wir über die Situation in der Ostprovinz wußten. Den ganzen Januar über tat Oswalds Armee gar nichts, nur er selbst und Haller überschütteten uns in regelmäßigen Abständen, manchmal beinahe täglich, mit Haß und Drohungen im Radio, in Flugblättern oder in ihrem eigenen Fernsehen, das wir natürlich empfangen konnten, wenn wir wollten. Irgendwie sind wir durch die Ruhe und das Warten mürbe gemacht worden, ich weiß immer noch nicht, wie das zuging. Etwa eine Woche nach der Unterzeichnung des Internationalen Nichteinmischungs-Vertrages – der übrigens von denen vorangetrieben worden war, die uns in Wirklichkeit ans Leder wollten, denn Oswald schien weder damals noch später Versorgungsschwierigkeiten zu haben, denn diejenigen, die ihn unterstützten, umgingen das Abkommen oder hielten sich ganz einfach nicht daran – ja, also etwa eine Woche danach, muß der 7. Februar gewesen sein ... nein, es war der 8. ... am Abend des 8. fand im Hauptquartier eine Konferenz statt. Bei uns also, im nördlichen Sektor. Ludolf und Stoloff kamen dazu in einem gepanzerten Kettenfahrzeug an, so eins hatten wir vorher noch nie gesehen. Und Ludolf trug eine Generalsuniform, sehr schlicht und streng nach dem Overalltyp geschnitten, aber eine Generalsuniform. Die Konferenz dauerte die ganze Nacht lang. Edner und Bartholic erläuterten einen Plan, den wir in der Zeit davor ausgearbeitet hatten.
Wir sagten – ich habe mich auch dazu geäußert, wirklich –, daß wir jetzt so gut als möglich gerüstet wären und der Augenblick für einen Agriff gekommen sei. Von jetzt an, sagten wir, konnte sich die Waagschale nicht mehr länger zu unseren Gunsten neigen, jetzt arbeitete die Zeit für Oswald. Unser Angriffsplan war genau ausgearbeitet, er lief darauf hinaus, daß die linke Flanke der Armee von der Seeseite her umgangen werden sollte, danach mußte ein Durchbruch durch die Front im Zentrum erfolgen und ein Keil in Richtung auf Oswaldsburg vorgetrieben werden. Bartholic trug am großen Kartentisch vor. Wir wußten in etwa, wie die Armee gruppiert war, und die Spezialkommandos sollten gleich nach Mitternacht eingesetzt werden, um das Nachrichtennetz zu

zerstören und zu versuchen, die Stäbe und Kommandostellen zu liquidieren. Die kleine Luftwaffe, die wir hatten, sollte die gleiche Aufgabe erhalten, aber damit war nicht viel Staat zu machen. Wir waren bereit, alles, was wir hatten, auf einen Schlag einzusetzen. Edner unterbrach mit dem Hinweis, daß wir mit der Unterstützung großer Teile der Bevölkerung in den besetzten Provinzen rechnen könnten. Aranca Peterson war bei dieser Besprechung nicht dabei; dies war, soviel ich weiß, die einzige wichtige Konferenz, bei der sie freiwillig fehlte, während der ganzen Zeit, seit ich sie kannte. Sie fand den Gedanken daran, daß wir als erste mit Gewaltmaßnahmen anfangen sollten, so fürchterlich, daß sie so etwas nicht einmal hören wollte, sondern wegging und sich schlafen legte. Ludolf und Stoloff sagten während des ganzen Vortrages nicht ein einziges Wort.

Als Bartholic und Edner fertig waren, meinte Ludolf, daß der ganze Plan ihm zusage, aber sehr riskant sei. Deswegen sollte in erster Linie die Miliz des nördlichen Sektors bei der Offensive eingesetzt werden. Seine eigenen Truppen sollten eine Serie von Scheinangriffen unternehmen, aber sich im übrigen zurückhalten, um hinter uns eine Auffanglinie zu bilden für den Fall, daß etwas schiefgehen sollte und es Oswald glücken sollte, zum Gegenangriff übergehen zu können. Danach gab er einige gute Ratschläge, ja beinahe Anweisungen über die Art und Weise, wie die für den Durchbruch vorgesehene Stelle vorbereitet werden sollte, und versprach Unterstützung durch Spezialmaterial. Stoloff sagte, daß Oswald vermutlich als Soldat ein ahnungsloser Tropf sei, aber daß man Winckelman, Orbal und andere alte Landsknechte aus dem Haufen nicht unterschätzen dürfe. Das hörte sich genauso an, als ob sie alles schon vorher gewußt hätten, bevor sie kamen, sowohl das, was wir sagen würden, als auch das, was sie antworten wollten. Dann wurde beschlossen, daß der Angriff zehn Tage später erfolgen sollte, um vier Uhr früh am 18. Februar. Danach schüttelten wir uns alle die Hände, und Ludolf und Stoloff fuhren in ihrem Panzerwagen davon. Ja, Sie verstehen, dies ist wirklich nur eine Zusammenfassung, es wurde viel mehr vorbereitet und besprochen, aber so lief das ab, sozusagen. Aber ich kann mich daran erinnern, daß Ludolf ganz kurz, bevor er die Mütze aufsetzte und ging, sozusagen im Aufbrechen, Edner fragte: «Habt ihr genug Schnaps?» Edner blickte ihn erstaunt an und sagte, daß er das nicht wüßte, er wollte sich aber danach erkundigen, und da sagte Ludolf: «Ich habe alles, was man sich vorstellen kann, für zwei Jahre im voraus. Und zwei Dutzend Literflaschen Whisky.» Dann ging er. Alles war natürlich geheim, und während der ganzen nächsten Woche saßen wir an der Ausarbeitung der Einzelpläne. Ich kam kaum ein einziges Mal aus dem Bunker heraus, aber ich hörte, daß in Ludolfsport die ...

Orbal: Was? Was ist denn jetzt?

Niblack: Ist er mitten im Satz eingeschlafen?

Endicott: Jawohl, Herr Major.
Peters: Prima. Dann machen wir jetzt Schluß.
Orbal: Na klar. Vergiß nicht diese Geschichte in Angola, Niblack. Die Sitzung des Sonder-Kriegsgerichts wird auf Montag, den 12. April, elf Uhr, vertagt.

Zwölfter Tag

Brown: Anwesend Oberst Orbal, Heer, als Vorsitzender des Kriegsgerichts, Major Carl von Peters, Heer, Major Tetz Niblack, Luftwaffe, und Kapitän zur See Arnold Kampenmann, Marine. Auditor Kapitänleutnant Wilfred Schmidt, Marine; der Angeklagte wird verteidigt von Hauptmann Roger Endicott, Luftwaffe. Berichterstatter Leutnant Arie Brown, Luftwaffe. Oberst Nicola Pigafetta und Generaladvokat Tadeusz Haller fehlen entschuldigt.
Orbal: Wie ist die Lage, Niblack? Haben Sie etwas Neues gehört?
Niblack: Vor einer Stunde wurde gesagt, die Situation sei unverändert.
Peters: Stirbt er?
Niblack: Niemand von uns hat eigentlich gewagt, diesen Gedanken zu Ende zu denken. Aber sein Zustand scheint ernst zu sein.
Orbal: Und Sie, Brown, haben Sie was Neues gehört?
Brown: Nicht direkt, Herr Oberst. Vor einer Stunde wurde im Kasino erzählt, daß der Zustand des Generals sich etwas gebessert hätte.
Peters: Verbrennungen dritten Grades. Er wird wohl sterben.
Orbal: Und wenn Widder wirklich von uns geht, wird Pigafetta dann Oberbefehlshaber der Luftwaffe?
Niblack: Das ist abzusehen.
Peters: Verdammt!
Niblack: Oberst Pigafetta ist ja bereits Stellvertreter, und ohne Zweifel hat er die größten Verdienste. Aber die endgültige Entscheidung liegt natürlich beim Staatschef.
Peters: Die Abteilung für unnötige Hinweise hat in diesem Raum erstaunlich viele Mitglieder.
Orbal: Passen Sie mal auf, Niblack, Sie sind doch selbst Flieger, was hatte Widder denn verdammt noch mal in diesem Apparat zu suchen?
Niblack: General Widder war ... ist, meine ich natürlich, ein erfahrener und geschickter Pilot und hat immer großes Interesse für die technischen und praktischen Seiten des Dienstes gezeigt.
Orbal: Wohin wollte er fliegen?
Niblack: Nirgendwohin, nehme ich an. Es handelte sich um einen routinemäßigen Start.

Orbal: Routinemäßigen Start! Ein General, der plötzlich auf eigene Faust irgendwohin fliegen will. Kein Wunder, daß das schiefgeht.
Peters: Komisch, daß solche routinemäßigen Starts an einem Sonntag stattfinden.
Niblack: Nicht in diesem Fall. General Widder hatte ... hat die Angewohnheit, jeden Sonntag um elf Uhr einen Inspektionsflug zu unternehmen. Er hat jedesmal die gleiche Maschine benutzt.
Peters: Würde mich interessieren, wie der General reagiert hat, ich meine also den Staatschef.
Orbal: Gefreut haben wird er sich nicht. Hat Widder immer die Stange gehalten.
Kampenmann: Ich hörte, daß die Maschine praktisch in der Luft explodiert sein soll. Kann das stimmen?
Niblack: Jedenfalls fiel der Motor unmittelbar nach dem Start aus, und sie stürzte auf dem Flugplatz hinter dem Ende der Startbahn ab. Ob sie vor oder nach dem Absturz zu brennen anfing, steht noch nicht fest.
Peters: Motorausfall, so was gibt's natürlich.
Kampenmann: Wir wissen bisher noch gar nichts, wie gesagt. Es ist eine Sonder-Untersuchungskommission gebildet worden, zu der auch Oberst Pigafetta gehört. Aus diesem Grund konnte er heute auch nicht hierherkommen.
Orbal: Pigafetta braucht solche Starts wohl nicht zu machen, was?
Niblack: Nein, nicht so oft.
Orbal: Das habe ich mir beinahe gedacht. Na, dann wollen wir mal anfangen. Laß die Beteiligten herein, Brown.
Schmidt: Ich beantrage, meine Anklage weiterführen zu dürfen, und zwar in den Punkten 83 bis einschließlich 101, dabei geht es um aufrührerische Tätigkeit, Terror, Mord und Beihilfe zum Mord. Da die Beweisführung des Auditors sich in erster Linie auf die Berichte des Angeklagten stützt, beantrage ich, den Korporal Erwin Velder als Zeugen aufrufen zu dürfen.
Peters: Aha, nun geht es wieder los.
Orbal: Genehmigt, Schmidt, genehmigt.
Endicott: Von welchem Punkt an wollen Sie den Angeklagten weitererzählen lassen? Laboratoriumsassistent Gerthoffer hat den Angeklagten noch einmal untersucht. Er sagt, daß Velder geistig in einem solchen Zustand ist, daß er seine vereinfachten Berichte praktisch mit dem Wort fortsetzen kann, das er auf den Lippen hatte, als er am Freitag das Bewußtsein verlor.
Niblack: Na, dann laßt ihn das doch tun. Das scheint ein interessantes Experiment zu sein.
Endicott: Velder, fangen Sie an. Aber ich hörte, daß in Ludolfsport die ...
Velder: Lage wie sonst auch war. Schiffe kamen und verließen den Ha-

fen. Die Stadt machte einen beinahe friedlichen Eindruck, behaupteten Leute, die von dort kamen. Entlang der Demarkationslinie war es immer noch ruhig und still. Unsere und Oswalds Leute patrouillierten die Vorpostenlinien entlang. Zwischen ihnen lag ein Streifen von etwa einem Kilometer Breite, ein Niemandsland, das sich quer über die Insel zog, von Norden nach Süden. Wir hatten keine weiteren Konferenzen mehr mit Ludolf und Stoloff, sprachen aber jeden Tag miteinander. Deren eigene Fernmelder hatten eine Leitung zwischen den Hauptquartieren gebaut, beinahe so, als ob sie uns nicht zutrauten, so etwas fertigzukriegen. Nach dem, was wir erfuhren, schien Ludolf ruhig und zufrieden zu sein. Janos Edner war auch sehr zuversichtlich vor dem Angriff, von dem er hoffte, daß es ein kurzer, unblutiger Siegeszug werden würde – genauso drückte er sich mehrere Male aus. Wenn diese Geschichte überstanden wäre, sagte er, würden sowohl die Miliz als auch die Armee aufgelöst werden, und diesmal für immer. Wir alle im Hauptquartier stimmten ihm zu, bis auf Gaspar Bartholic, der es vorzog, lieber gar nichts zu sagen. Aranca Peterson, die ja eigentlich eine negative Einstellung sowohl zum Angriff als auch zur Verteidigung hatte, organisierte mit großer Energie Krankenpflegepersonal, Verbandsplätze und Lazarette. Wir waren vergleichsweise gut mit Ärzten, Krankenschwestern und Medikamenten ausgestattet, und ich hatte den Eindruck, daß sie gute Arbeit leistete und ...

Niblack: Ehrlich, hat das nicht genauso funktioniert, wie er gesagt hat! Er hat genau da angefangen, wo er abgebrochen hat. Ich habe die Stelle jetzt im wörtlichen Protokoll gefunden. Erstaunlich, erstaunlich!

Velder: Verzeihung? Was haben Sie gesagt?

Kampenmann: Niblack, wir müssen Sie darum bitten, daß Sie es soweit als möglich vermeiden, Velder zu unterbrechen. Es führt zu schlimmsten Konsequenzen, wenn man versucht, ihn einem Kreuzverhör zu unterziehen oder ihm ins Wort zu fallen.

Peters: Ich persönlich bin immer noch der Überzeugung, daß die Hälfte von all dem reiner Bluff ist. Ich kann mir verdammt gut vorstellen, daß er dasitzt und uns auslacht hinter der Totenmaske von einem Gesicht. Stellen Sie sich doch mal vor, ein mistiger Deserteur und Korporal, der eine Chance bekommt, einen Oberst, zwei Majore, zwei Hauptleute, einen Leutnant und einen Kapitän zur See nach seiner Pfeife tanzen zu lassen! Das ist doch weiß Gott grotesk.

Orbal: Laß Velder jetzt weitermachen, Carl. Ja, ja, Endicott, fangen Sie an, mit ihm herumzumurksen. Kümmern Sie sich nicht um uns.

Velder: Und Verwundetenbetreuung sollten wir dann auch sehr bald brauchen. Das einzige, was von unserer Seite aus unternommen wurde und was Kampftätigkeit genannt werden konnte, waren Spähtrupps aus den Spezialverbänden, die Bartholic und ich jede Nacht über die Grenze schickten. Die kamen jedesmal heil und sicher wieder zurück, aber es dauerte auch nicht lange, bis ich dahinterkam, daß deren Tätigkeit auf der anderen Seite bei weitem nicht so unschuldig war, wie es sich in den Berichten anhörte. Das hatte ich übrigens schon viel früher begriffen. Deren Ausrüstung mit Stiletten, Gaspatronen und Klavierdraht zeigte doch recht deutlich, was sie eigentlich im Sinn hatten. Ludolf war die ganze Zeit über sehr an diesen Sonderkommandos interessiert. Er fragte bei jeder Gelegenheit, ob wir sie auch sinnvoll einsetzen würden, und etwa fünf Tage vor dem Angriff verlegten wir dann auch die Hälfte von denen in den südlichen Sektor. Am 15. Februar ...

Orbal: Was ist denn jetzt wieder?

Endicott: Ich weiß nicht.

Kampenmann: Weint er?

Orbal: Das sieht jedenfalls recht eigenartig aus.

Endicott: So, ja, Velder, machen Sie weiter.

Velder: Am 15. Februar hatten wir morgens ein langes Gespräch über die Lage und die Voraussetzungen. Wir waren immer noch sehr optimistisch und glaubten an einen schnellen Erfolg. Auf internationaler Ebene herrschte offensichtlich auch Optimismus. Weil es keine militärischen Aktivitäten gab, glaubten die Diplomaten ganz allgemein, daß die Krise gelöst und die Teilung des Landes ein Faktum sei. Janos Edner und Aranca Peterson waren sehr aufgebracht darüber, daß ausländische Zeitungen und viele andere Ausländer uns abwechselnd immer wieder das «sozialliberale» und das «linksradikale» Regime nannten. Danića Rodriguez war dagegen der Ansicht, daß, wenn sie nun unbedingt nach einer Bezeichnung suchten, dann paßte eine der beiden immer noch am besten. Wir waren gerade dabei, die Einteilung der Transportmittel und die Verlegung der Boote durchzugehen – das Umfassungsmanöver sollte dadurch geheimgehalten werden, daß man die Landungstruppen in kleinen Booten von Ludolfsport aus losschickte –, als das Telefon klingelte. Gaspar Bartholic ging ran, hörte einen Augenblick zu. Ich erinnere mich, daß er die rechte Hand hob und uns ein Zeichen gab, still zu sein. Dann legte er die Hand auf die Sprechmuschel und sagte: «Ludolfsport wird bombardiert, zwischen zehn und fünzehn Maschinen werfen Bomben auf den Hafen.» Gleich danach brach die Verbindung ab. Danach erfolgte eine Serie von Luftangriffen auf Straßen, Fahrzeughallen und andere Ziele sowohl im nördlichen als auch im südlichen Sektor. Die dauerten etwa zwei Stunden. Achtzehn Flugzeuge wurden vom Boden aus und von unseren wenigen Jagdflugzeugen abgeschossen. Das waren gar nicht wenige, und wir glaubten zu wissen, daß Oswald nicht viel mehr Maschinen haben konnte. Trotzdem war der Angriff überraschend gekommen, und die Schäden waren ziemlich groß. Als wir uns einen Überblick verschafft hatten, stand allerdings fest, daß wir den Angriff am 18. immer noch, wie geplant, durchführen können würden. Janos Edner hatte gegen drei Uhr am Nachmittag telefonischen Kontakt mit dem Hauptquartier im südlichen Sektor. Ludolf sagte nur: «Keine Schäden.» Nach einem kurzen Augenblick fügte er hinzu: «Wir sind auf der Oberfläche nicht so verwundbar wie ihr.» Eine Stunde später, genau fünf Minuten nach vier am Nachmittag, begann das Artilleriefeuer. Das löste einen echten Schock aus. Wir hatten nie richtig ernsthaft mit Artilleriebeschuß gerechnet, und ich verstehe immer noch nicht richtig, woher dieser fürchterliche Feuersturm kam.

Peters: Das ist recht einfach. Der kam von 96 Feldbatterien, 288 Geschützen. Das lag an dem Nichteinmischungs-Vertrag. Die Signatarmächte meinten, es sei allzu riskant, uns mit einer Luftwaffe auszustatten. Deshalb entschlossen wir uns, das Gesindel staft dessen mit Artillerie fertigzumachen. Der Staatschef entschloß sich, so lange zu warten, bis wir genügend Geschütze hatten und die Batterien in Stellung gegangen waren. Aber dann, als wir so richtig in Gang gekommen waren, gab es eine anständige Artillerievorbereitung. Die Luftwaffe, die wenigen Maschinen, die wir trotzdem hatten, war schon am ersten Tag am Ende.

Orbal: Aber es war ja unerhört, wie lange der Artilleriebeschuß dauerte. Ich erinnere mich, daß Winckelman stinkwütend war, weil er nicht gleich vorgehen und das rote Pack ausradieren konnte.

Schmidt: Mit Erlaubnis des Präsidiums bitte ich darum, daß der Angeklagte seinen Bericht weiter vortragen darf.

Orbal: Was? Na ja, meinetwegen.

Velder: Wir warteten darauf, daß der Beschuß aufhören würde, aber der ging immer weiter. Die machten Stunde um Stunde weiter, bis um sechs Uhr am nächsten Morgen. Da dachten wir, sie würden nun angreifen, und die Männer in den vordersten Linien machten sich bereit. 45 Minuten lang war es totenstill. Dann begannen die Geschütze wieder zu schießen. Das war kaum zu fassen, aber so ging es Tag um Tag weiter.

Orbal: Das war durchaus nicht unfaßbar. Wir schossen mit annähernd 90 bis 110 Geschützen in langsamem Salventakt 23 Stunden und 15 Minuten pro Tag. Der Feuerleitplan lief darauf hinaus, systematisch Quadrat für Quadrat bis zu einer Tiefe von 10000 Metern hinter der Demarkationslinie zu beschießen. Gott allein weiß, wie viele Geschützrohre wir dabei ausgeleiert haben. Aber es hat sich gelohnt. Das schönste Konzert, das ich jemals gehört habe. Oder was sagst du, Carl?

Peters: Ja, wirklich. Was ist denn nun schon wieder mit Velder? Die gleiche alte Geschichte?

Endicott: Ich beantrage eine kurze Pause, um ...

Orbal: Ja, tun Sie, was Sie wollen, wenn Sie bloß diesen Trauerkloß erst mal aus dem Raum rollen. Übrigens können wir ebensogut raufgehen und uns ein Bier und ein Sandwich genehmigen und dabei Pigafettas Kasinonutten anstarren. Die Sitzung wird für 45 Minuten unterbrochen.

Orbal: Schwere Verbrennungen, aber er kann, wie gesagt, durchkommen.
Peters: Glaube ich nicht. Aber es wäre gut, wenn er überleben würde.
Orbal: Natürlich. Holen Sie die Beteiligten herein, Brown.
Schmidt: Der Zustand des Angeklagten ist alles andere als zufriedenstellend. Es wäre gut, wenn wir ihn nicht unterbrechen würden, es sei denn im äußersten Notfall. Wir versuchen jetzt weiterzumachen, Endicott.
Peters: Diese Versuche fangen an, ins Absurde zu gehen, Schmidt. Wie wäre es denn, wenn Velder zur Abwechslung mal eine ordentliche Abreibung bekäme? Dann würde er vielleicht mal was erzählen, was wir bisher noch nicht gewußt haben.
Endicott: Fangen Sie jetzt an, Velder.
Velder: Bereits nach dem ersten Tag begriffen wir, daß der Angriff niemals durchgeführt werden würde. Die Verluste waren bereits zu groß. Die Gelegenheit war für immer vorbei, sagte Janos Edner. Aber die Enttäuschung bei uns wurde durch den Willen zur Verteidigung aufgewogen. Im Bunker des Hauptquartiers sprachen wir von Kapitulation, aber die Menschen draußen in den Schützengräben redeten nur vom Kampf bis zum letzten Mann. Ganz eigenartig war es mit Ludolf. Er sagte Tag für Tag am Telefon: «Keine ernsthaften Schäden. Nein, so gut wie keine Verluste.» Und dann wiederholte er: «Wir sind auf der Oberfläche nicht so verwundbar wie ihr.» Wir taten jedenfalls, was wir konnten, gruben uns immer tiefer ein. Arbeiteten rund um die Uhr, jetzt am Verteidigungsplan. Aus dem südlichen Sektor gab uns Stoloff den einen oder anderen guten Ratschlag. Schickte bei mehreren Gelegenheiten Fachleute und Maschinen. Das Artilleriefeuer dauerte so lange, daß sich die Menschen daran gewöhnten. Der Beweis dafür, daß Menschen sich an alles gewöhnen können, sagte Edner. Die Leute lernten auch, sich zu schützen. Die Verluste an Menschenleben wurden schnell geringer. Eigenartigerweise dauerte es ziemlich lange, bis sie das Gelände zu beschießen begannen, in dem das Hauptquartier lag. Wir merkten bald, daß sie keine Phantasie hatten, sondern nach geometrischen Tabellen schossen. Wir reagierten mit blitzschnellen Evakuierungen. Auf diese Weise retteten viele Menschen ihr Leben.
Endicott: Weiter, Velder.
Velder: Unser Bunker war schlecht gebaut, der war ja von der Armee gebaut worden, aber wir hatten die Decke verstärkt. Sogar Stoloff hatte gesagt, daß sie einen Volltreffer aushalten würde. Am 4. März um neun Uhr begannen sie, das Quadrat zu beschießen, in dem das Hauptquartier lag. Das erste Geschoß traf den Bereich, in dem Janos Edner und Aranca Peterson wohnten. Die Granate durchschlug glatt die Kasematte und explodierte in dem Kinderzimmer. Die Kinder und das Kindermädchen hatten sich gerade hingelegt. Es muß eine Haubitze gewesen sein.

Kampenmann: Was haben Sie gesagt, Velder?
Peters: Er sagte, daß das Geschoß von einer Haubitze abgefeuert worden sein muß, ausnahmsweise eine richtige Vermutung.
Velder: Das war deren eigene Schuld. Die Kinder hätten schon lange vorher evakuiert werden müssen. Aber das wollte ja keiner, weder Janos Edner noch Aranca Peterson, noch die Kinder selbst. Dann bekamen wir noch drei Volltreffer in anderen Teilen des Bunkers. Keiner davon durchschlug die Decke. Janos Edner und Aranca Peterson reagierten immer etwas eigenartig und meistens beide auf die gleiche Art, so als ob sie nicht zwei verschiedene Menschen gewesen wären. Diesmal sprachen sie so gut wie gar nichts. Aber mir fiel auf, daß sie sich häufiger als sonst anblickten. Bei einer Besprechung eine Woche später, das war am 11. März, verlor Aranca die Fassung. Das war das einzige Mal, daß ich sie so gesehen habe. Übrigens schoß da gerade unsere eigene Artillerie. Die taugte nicht viel, Oswald hatte fünfmal so viele Geschütze wie wir. Die Bilanz war ziemlich negativ, das einzig Gute waren die Berichte darüber, daß der Verteidigungswille draußen in den Schützengräben stärker als jemals vorher war. Wahrscheinlich waren die gefälscht. Aranca Peterson sagte: «Kampflust, Verteidigungswillen ...» Janos Edner fügte hinzu: «Ja, darauf müssen wir uns jetzt verlassen, um siegen zu können.» Da ließ sie sich gehen und schrie: «Siegen, siegen, siegen! Und wenn wir gesiegt haben, ja, dann müssen wir wieder siegen, ja, dann sollen wir hundert Jahre lang immer nur siegen!» Halb schrie sie und halb sang sie das hinaus. Nach einer Weile beruhigte sie sich. Edner blickte sie an und sagte: «Siehst du nicht ein, daß wir das müssen?» Und sie antwortete: «Ja, das sehe ich ein.» Sie war eine merkwürdige Frau, diese Aranca Peterson. Ich erinnere mich, daß ich sie ansah, und da dachte ich darüber nach. Bartholic fiel das übrigens auch ein, er sagte es mir wenig später. Ihre Kinder waren tot, und die Idee war zum Teufel und ...
Orbal: Können Sie nicht versuchen, daß Velder sich etwas mehr konzentriert, Endicott?
Endicott: Das scheint heute nicht leicht zu sein, aber ich will mein Bestes versuchen.
Velder: Jeden Morgen zur Zeit der Feuerpause gingen wir vor in die vordersten Linien. Am 14. März waren wir wie üblich vorn. Um sechs Uhr hörte das Artilleriefeuer auf, und in den Schützengräben wurde Alarm gegeben. Genauso war es an den 26 Tagen davor auch gewesen. Die Männer gingen auf ihre Posten, sie sahen ziemlich gleichgültig aus.
Peters: Ja so, weiter, Mensch!
Velder: Weitermachen, ja. Das Artilleriefeuer setzte nie wieder ein. Genau um halb sieben begann die Offensive. Zuerst kamen die Spezialfahrzeuge durch die Minenfelder gepflügt, danach die Panzer. Dann die Infanterie mit Asbestanzügen und Flammenwerfern. Die gingen wie

durch ein Meer von Flammen. Das sah langsam aus. Und unerbittlich. Die Mannschaft an einem Maschinengewehr ganz in der Nähe von dem Platz, an dem wir standen, fiel, und Bartholic und ich legten uns hinter das Gewehr und schossen, bis nach einer Viertelstunde Ersatz herankam. Ich war ein ganz guter Schütze und habe mindestens zehn Mann fallen sehen.

Schmidt: Ich bitte das Präsidium, dies letzte besonders zur Kenntnis zu nehmen.

Velder: Das war das erste Mal, daß ich in meinem ganzen Leben jemanden tötete oder ernsthaft verletzte. Sehr eigenartiges Gefühl.

Endicott: Wie meinen Sie das, Velder? Sehr eigenartig, daß ...

Velder: ... daß ich überhaupt nicht reagierte. Wir waren wohl vom Geist des Militärischen vergiftet, wie Edner sagte. Wir kehrten zum Hauptquartier zurück, Bartholic und ich. Die Stimmung dort war wie am Jüngsten Tag. Der Plan funktionierte im großen und ganzen, die Front hielt den ganzen Tag über, aber die Verluste waren alarmierend. Sie überstiegen die kalkulierten Erwartungen, sagte Bartholic. Werde nie den Blick vergessen, mit dem Aranca Peterson ihn daraufhin ansah. Ludolf berichtete auch von heftigen Angriffen an der ganzen Front seines Sektors, sagte aber, daß seine Front intakt sei und die Verluste gering waren. Während der Nacht ließen die Angriffe nach, aber um fünf herum am nächsten Morgen, dem 15. März, fingen sie erneut mit voller Stärke an. Um zehn herum hatten Oswalds Verbände einen vier Kilometer tiefen Keil in unsere Stellungen getrieben, gleich nördlich der Autobahn. Eine Stunde später kam die Meldung, daß der Feind durchgebrochen war, und wir dirigierten alles, was an taktischen Reserven noch verfügbar war, dorthin, um den Durchbruch abzuriegeln. Die Verluste waren jetzt groß und alle Verbandsplätze überfüllt. Etwas später hatte Edner zum letztenmal Kontakt zu Ludolf. Alle anderen Verbindungen waren zu diesem Zeitpunkt bereits unterbrochen. Ich versuche das Gespräch wiederzugeben ...

Endicott: Lange hält er es nicht mehr aus.

Schmidt: Wir können diesen Abschnitt aus der Voruntersuchung vortragen, Aktenzeichen V VII/10 A. Bitte sehr, Brown.

Brown: Akte V VII/10 A, Verhör mit Erwin Velder, Verhör Nr. 167. Der Text enthält das Gespräch über Funk zwischen den Volksfeinden Janos Edner und Joakim Ludolf, das am 15. März etwa um 11.20 Uhr geführt wurde.

Edner: Frontdurchbruch drei Kilometer nördlich der Autobahn.

Ludolf: Wie breit?

Edner: Etwa 800 Meter.

Ludolf: Ich verstehe.

Edner: Wir sind geschlagen, verstehst du? Wir sind geschlagen!

Ludolf: Ihr vielleicht, aber nicht wir. Die haben heute morgen um

neun Uhr einen kleinen Einbruch erzielt, aber das ist ihnen teuer zu stehen gekommen. Der ist jetzt wieder bereinigt.
Edner: Wir können nicht mehr lange durchhalten.
Ludolf: Ich verstehe.
Edner: Und du?
Ludolf: Ich mache weiter. Was hast du vor?
Edner: Kapitulieren. Es ist sinnlos, Menschen, die mit falschen Vorstellungen hergekommen sind, einfach abschlachten zu lassen.
Ludolf: Kapitulieren ist auch nicht besonders sinnvoll.
Edner: Ich habe keine andere Wahl.
Ludolf: Ich verstehe. Wann?
Edner: Muß noch mit Bartholic darüber sprechen.
Hier hat es eine Pause gegeben.
Edner: In vier Stunden. Schon das ist zuviel. Hier sterben in jeder Minute mehrere Menschen.
Ludolf: Na gut. Also um drei Uhr. Mach folgendes ... Hörst du mich?
Edner: Ja.
Ludolf: Laß die Verbände, die an der Front stehen, sich vom Feind lösen und zurückgehen.
Edner: Aber eure Flanke, die wird dann entblößt.
Ludolf: Keine Sorge. Die hält.
Edner: Hält?
Ludolf: Ja. Wo willst du selbst denn hin?
Edner: Weiß ich nicht.
Ludolf: Du bist hier willkommen. Allerdings ...
Edner: Ja?
Ludolf: Du mußt dich unter meinen Befehl stellen. Du behältst natürlich deinen Dienstgrad.
Edner: Ich habe keinen Dienstgrad. Übrigens ist das sinnlos. Ich bin am Ende.
Ludolf: Hör doch mal zu. Wir öffnen eine kleine Lücke in unseren Linien bei Punkt B 3, Kilometer 12 an der Autobahn. Also an der Kreuzung, wo die alte Straße nach Süden abzweigt. Die wird in 15 Minuten geöffnet ab ... jetzt.
Edner: Ja?
Ludolf: Wertvolles Material und Verbände sowie Einzelpersonen mit hohem Kampfwert können sich auf diesem Weg in den südlichen Sektor begeben. Hörst du mich? Wertvolles Material und Personen mit hohem Kampfwert! Nichts anderes.
Edner: Ich höre dich.
Ludolf: Vor allem möchte ich Bartholics Kommandos haben, jeden Mann!

Edner: Ich verstehe.
Ludolf: Und andere, die kämpfen wollen und können. Ist das Depot in Ludolfsport noch in Betrieb?
Edner: Soviel ich weiß, ja.
Ludolf: Gib Befehl, daß es sofort evakuiert wird. Ich schicke soviel Transportmittel, wie ich zur Verfügung habe.
Edner: Moment mal, ich will es Bartholic sagen.
Hier ist wieder eine Pause eingetreten.
Edner: Ja, das geht in Ordnung.
Ludolf: Noch etwas. Zieh schon jetzt alle verfügbaren Reserven zusammen, um die Lücke im Sperrwerk zu sichern.
Edner: Die Reserven sind bereits fast alle verbraucht.
Ludolf: Weder kann noch will ich dort Menschen opfern. Du mußt die besten Verbände aus der Frontlinie ziehen, sobald die sich vom Feind gelöst haben. Die Lücke und die Straßen dorthin müssen um jeden Preis gehalten werden bis zum Moment der Feuereinstellung. Am liebsten noch eine halbe Stunde länger. Du kannst ja dafür sorgen, daß gerade diese Truppen der Kapitulationsbefehl nicht erreicht. Blockier deren Funkverbindungen, laß sie sich eingraben. Und du gibst den Befehl genau um 16.00 Uhr. Warte einen Augenblick. Stoloff will etwas sagen.
Stoloff: General Edner? Hier ist Oberst Stoloff. Ich rate Ihnen, die Zerstörungsverbände jetzt sofort anfangen zu lassen. Zerstören Sie alle Anlagen und alle Vorräte, die Sie nicht in den südlichen Sektor evakuieren lassen können. Besonders alle Hafenanlagen in Ludolfsport müssen gesprengt werden. Die Einfahrt muß vermint und blockiert werden, und alle Schiffe, die den Hafen nicht verlassen, müssen auf Grund gesetzt werden. Ich habe vor drei Minuten einen Trupp von 60 Mann hinübergeschickt, die die praktischen Maßnahmen durchführen. Das war alles. Viel Glück!
Ludolf: Ist sonst noch was? Grüß Aranca und die anderen.
Edner: Du, warte einen Moment. Bist du sicher, daß du das Richtige tust?
Ludolf: Ja. Viel Glück.
Edner: Gleichfalls.
Ludolf: Noch eins. Sieh zu, daß er dich nicht lebend erwischt.
Damit war das Gespräch beendet.

Schmidt: Ich bin mir bewußt, daß die Zeugenaussage eines Angeklagten in dieser Form etwas ungewöhnlich ist. Aber unter den bekannten Umständen sehe ich es als richtig an. Laboratoriumsassistent Gerthoffer hat dem Vernehmungsprotokoll eine Notiz beigefügt, in der er Velders Wiedergabe des Gesprächs «ein Meisterstück an Merkfähigkeit» nennt. Er weist darauf hin, daß Velder dieses Gespräch bei fünf verschiedenen Gelegenheiten wiedergegeben hat, ohne auch nur ein einziges Wort zu ändern. Ein schlagender Beweis für den gedächtnisstimulierenden Effekt der chirurgischen Methode, schreibt er.

Orbal: Ach ja, Niblack, gestern abend ist mir eine Sache eingefallen, die Sie gesagt haben. Sie haben von Peters gefragt, ob er religiös sei. Das war ja an und für sich schon ganz amüsant. Aber danach haben Sie erzählt, daß die meisten Flieger religiös wären und daß das wohl eine Niveaufrage sein könnte. Meinen Sie, daß man Gott näher ist, wenn man fliegt?

Niblack: Habe ich so was wirklich gesagt?

Peters: Los jetzt, Schmidt. Wir können nicht ewig so weitermachen.

Schmidt: Was in den Stunden zwischen 11 und 16 Uhr am 15. März geschah, ist so gut bekannt, daß wir uns mit einer kurzen Wiederholung begnügen können. Eine solche findet sich in der Anlage V VII/101x der Voruntersuchung. Bitte sehr, Leutnant Brown.

Brown: Anlage V VII/101x. Betrifft: die Unruhen. Übersicht, zusammengestellt von der nationalhistorischen Abteilung des Generalstabes. Der Text lautet:

Um die Mittagszeit des 15. März hatten die gemeinsam operierenden Verbände der Sturminfanterie und der Panzertruppe aus dem Friedenskorps und der nationalen Freiheitsarmee die Demarkationslinie nördlich der Autobahn auf ihrer ganzen Länge überschritten und an zwei Stellen die Stellungen der Rebellen durchbrochen. Offenbar um einem Aufrollen zuvorzukommen, begannen die revolutionären Freischärler sich zurückzuziehen. Der Rückzug begann erst langsam und mit hinhaltendem Widerstand, wurde dann aber immer ungeordneter und ging schließlich an einigen Stellen in eine regelrechte Flucht über. Um 16.30 Uhr, als die taktische Lage der Rebellenverbände sich weiter verschlechtert hatte, hielt es deren Führer Janos Edner für richtig, den Kampf aufzugeben. Die Mitteilung über die Kapitulation wurde im Klartext über Funk verbreitet. Da es jedoch eindeutig war, daß die roten Kräfte, die sich im südlichen Sektor befanden, nicht mit einbezogen waren, ließ General Oswald den Vormarsch weiterlaufen. Am späten Nachmittag gegen 18 Uhr befand sich der größte Teil der Rebellen in wilder Flucht nach Osten, aber einzelne Truppenteile hielten in ihren Stellungen aus und weigerten sich, zu kapitulieren. Kurz nach acht Uhr am nächsten Morgen rückten motorisierte Einheiten des Friedenskorps in Ludolfsport ein, wo aller Widerstand aufgehört hatte. Dagegen verteidigte sich ein Rebellenverband, den die Nachricht von der Kapitulation offensichtlich nicht erreicht hatte, in einer hastig ausgebauten Stellung nördlich der Autobahn etwa fünfzehn Kilometer südwestlich von Ludolfsport bis zehn Uhr am nächsten Vormittag, als er endgültig niedergekämpft war. Damit hörte jeder organisierte Widerstand im nördlichen Teil der Ostprovinz auf. Die Volksfeinde Janos Edner und Aranca Peterson flohen aus dem Land und hinterließen es zerstört und in weiten Teilen verödet. Die Hafenanlagen, Lagerhäuser und viele andere Gebäude in

Ludolfsport waren gesprengt worden, ebenso die Flugplätze und große Teile des Straßennetzes. Zahlreiche fanatische Mitglieder der roten Miliz waren in den roten Sektor geflüchtet, wohin auch große Mengen wertvollen Materials transportiert worden waren.
Schmidt: Viel mehr braucht dieser Darstellung nicht hinzugefügt zu werden. Wir sind allerdings jetzt schon zu den Anklagepunkten 103 und 104 gekommen, bei denen es um Sabotagetätigkeit und Begünstigung der Flucht außer Landes geht.
Kampenmann: Sie überspringen einen Anklagepunkt, soviel ich feststellen kann, nämlich Nummer 102.
Peters: Müssen Sie sich denn in alles einmischen, Kampenmann? Auf diese Weise kommen wir nie zu einem Abschluß.
Schmidt: Anklagepunkt 102 hat einen anderen Hintergrund. Aus Gründen der Zeitersparnis halte ich es für besser, hier von der chronologischen Reihenfolge abzuweichen.
Kampenmann: Ich verstehe.
Orbal: Tatsächlich? Wer das schon von sich sagen könnte!
Schmidt: Ich möchte jetzt in der Zeugenvernehmung weitermachen. Ist der Angeklagte bereit, Hauptmann Endicott?
Peters: Das ist doch kaum zu glauben, wie langsam das alles vor sich geht. Na, Endicott, haben Sie ihn genug gehegt und gepflegt? Macht das Schwein das Maul jetzt auf oder nicht?
Endicott: Wir können jetzt weitermachen, Herr Major.
Velder: Wir räumten das Hauptquartier um ein Uhr herum, aber wir brauchten beinahe drei Stunden, um nach Ludolfsport hineinzukommen. Überall herrschte eine heillose Unordnung. Die Straßen waren durch Truppen und Fahrzeuge blockiert und an vielen Stellen bereits gesprengt. In Ludolfsport herrschte das totale Chaos. Stoloffs Zerstörungstrupps aus dem südlichen Sektor waren bereits mehrere Stunden an der Arbeit gewesen, und jetzt zerstörten sie nicht nur mehr Vorratslager und militärische Anlagen oder Verwaltungsgebäude, sondern auch Läden und normale Wohnblocks. Viele Menschen waren verzweifelt, und an manchen Stellen leisteten die Leute sogar Widerstand. Janos Edner wurde rasend und befahl, daß die Plünderungen, wie er es nannte, sofort aufhören sollten, aber der Offizier aus dem südlichen Sektor, der die Zerstörungen leitete – es war ein Ausländer, den niemand von uns jemals vorher gesehen hatte –, sagte einfach, daß er uns nicht unterstellt sei und strikt seinen Anweisungen folgen würde. Da versuchten Aranca Peterson und Janos Edner, mit Ludolf Kontakt aufzunehmen, aber es war nicht länger möglich, eine Verbindung herzustellen. Kurz nach drei kam der Hafenkommandant zu uns. Er war sehr nervös und sagte, daß der Hafen vollständig zerstört sei. Nicht einmal kleine Boote konnten ihn mehr verlassen, und außerdem gab es dort nichts Schwimmendes mehr. Er ermahnte uns, sofort zu der Lotsenstation fünfzehn

Kilometer nördlich der Stadt zu fahren, wo ein Vorpostenboot der Miliz wartete, um uns an Bord zu nehmen. Die Straße dahin war immer noch offen, aber wenn wir noch länger in Ludolfsport bleiben würden, könnte er für unsere Sicherheit nicht mehr garantieren. Aranca Peterson sagte, daß es im Augenblick nichts auf der Welt gäbe, das sie weniger interessierte als ihre eigene Sicherheit. Zwanzig Minuten nach drei kamen wir jedenfalls los, mit einem Geländewagen, und zehn Minuten vor vier waren wir an der Lotsenstation. Das Patrouillenboot, das etwa so groß wie ein kleineres Torpedoboot war, lag klar zum Auslaufen da, sie mußten nur das Tarnnetz entfernen und ablegen. Genau um 16.00 Uhr gab Janos Edner vom Radiosender der Lotsenstation aus den Kapitulationsbefehl. Er sagte nur: «Um zu vermeiden, daß noch mehr Menschen sterben müssen, befehle ich der Miliz im nördlichen Sektor die Feuereinstellung. Wir haben bewiesen, daß wir unfähig sind, unsere Feinde mit deren Waffen, nämlich mit Gewalt und Einfältigkeit, zu bekämpfen, und das ist ein Anlaß für uns, stolz zu sein.» Er schwieg einen Augenblick, und dann fügte er hinzu: «Tut, was ihr wollt.» Fünf Minuten nach vier legte das Boot vom Anleger ab. An Bord befanden sich außer der Besatzung Janos, Aranca, Bartholic, Dana Rodriguez, ich selbst, der Hafenkapitän von Ludolfsport, der Fahrer, der uns hergebracht hatte, und das Personal vom Leuchtturm und der Lotsenstation. Der Kapitän hatte Angst vor einem Fliegerangriff, aber das einzige, was wir sahen, waren zwei Armeehubschrauber, die über der Küste kreisten, wahrscheinlich Aufklärer.
Peters: Na, warum hört er plötzlich auf? Reiß dich zusammen, Mateo! Schlaf bloß nicht wieder ein.
Orbal: Was ist denn? Was macht ihr denn?
Endicott: Der Angeklagte ist gleich wieder soweit. Man hat mir gesagt, daß sein Erinnerungsvermögen sozusagen in Kapitel aufgeteilt ist, wie in einem Buch.
Peters: Wer ist «man», verdammt noch mal?
Endicott: Laboratoriumsassistent Gerthoffer.
Peters: Es ist doch sehr eigenartig, daß die Leute sich nie exakt ausdrükken können.
Velder: Sobald wir vom Ufer freigekommen waren, ging Bartholic unter Deck, während wir anderen auf dem Achterdeck stehenblieben und auf die Insel blickten. Ich glaubte damals, es würde das letzte Mal sein, daß ich sie sehen könnte. Was die anderen dachten, weiß ich nicht. Aber ich kann mich daran erinnern, daß ihre Gesichter ohne jeden Ausdruck waren. Es war ja Winter und außerdem ein grauer und diesiger Tag. Über Ludolfsport stand eine riesige Rauchwolke, die von den brennenden Häusern und Lagern stammte, die die Zerstörungsgruppen angesteckt hatten. Und weiter im Norden brannten die Benzin- und Öllager auf dem Flugplatz. Der Rauch stieg in die Wolken und lag wie eine

lange, dicke Nebelwand über der Insel. Die Wolke war ganz schwarz, aber hin und wieder blitzte es, ich nehme an, das waren neue Brände und Explosionen. Dana Rodriguez schüttelte sich und sagte: «Unsere Insel.» Dann zuckte sie mit den Schultern und ging hinunter ins Schiff. Aranca Peterson sagte gar nichts und verzog keine Miene, aber Janos Edner meinte: «Ich bin nach wie vor der Ansicht, daß wir recht hatten und das auch bewiesen haben.» Dann schwiegen wir eine Weile. Aber wir sprachen später weiter. «Dies muß als der Zusammenbruch des sozialliberalen-linksradikalen Regimes angesehen werden», sagte Janos Edner. «Denkst du auch daran, daß wir sie nicht hätten im Stich lassen sollen?» fragte Aranca. «Nein», antwortete Edner, «warum hätten wir das nicht tun sollen?» «Die haben doch an uns geglaubt», widersprach Aranca. «Nicht fest genug», stellte Janos fest. «Oswald muß verrückt geworden sein», sagte Aranca. «Vermutlich. Jetzt ist es jedenfalls seine verdammte Insel», stimmte Janos zu. «Und Ludolfs», ergänzte ich. Das Wetter war schlecht, und die See spülte ständig über das Deck, deshalb ging ich bald danach ins Ruderhaus, aber Aranca Peterson und Janos Edner standen weiter auf dem Achterdeck, bis nur noch eine schwarze Wolkenbank über dem Horizont zu sehen war.

Niblack: Das hört sich recht poetisch an, aber ich verstehe nicht, was es mit den Verbrechen des Angeklagten zu tun hat.

Kampenmann: Fluchthilfe. Er half diesen Leuten doch, das Land zu verlassen.

Schmidt: Einerseits. Andererseits zeigt diese Episode einiges von den Beweggründen für Velders nächsten Schritt in den Untergang, dem, der ihn endgültig aus jeder menschlichen Gemeinschaft verstieß. Sehen Sie zu, daß er weiter berichtet, Hauptmann Endicott.

Velder: Normalerweise hätte es vier Stunden bis zum nächsten neutralen Hafen gedauert, der lag übrigens in dem alten sogenannten Mutterland. Aber das Wetter war so schlecht, daß wir fünf Stunden für die Überfahrt brauchten. Wir baten um Asyl, und die Polizei schickte uns zur Quarantänestation, wo wir festmachten. Die Behörden schienen nicht glücklich über unser Eintreffen zu sein, und es begann ein großes Telefonieren hin und her. Schließlich sagten sie, daß wir über Nacht in der Quarantänestation bleiben dürften und am nächsten Morgen weiteren Bescheid erhalten sollten. Bevor wir an Land gingen, versammelte der Kapitän des Vorpostenbootes uns alle an Deck und sagte: «Ich beabsichtige, bereits heute nacht zur Insel zurückzukehren. Jeder, der mitkommen und sich General Ludolf anschließen will, ist willkommen. Aber Sie haben nur eine Stunde Zeit. Wir müssen dort ankommen, ehe es hell wird.» Danach gingen wir an Land. Wir erhielten warmen Kaffee und wurden in einige Unterkünfte in dem Quarantäne-Gebäude eingewiesen. Janos Edner und Aranca Peterson sagten, daß sie nicht daran dächten, zurückzukehren, denn sie zweifelten stark daran, daß

Ludolf in Übereinstimmung mit ihren Ideen und Prinzipien handeln würde. Danića Rodriguez sagte: «Nein. Ich habe genug davon. Das hat schon sechs Jahre lang gedauert. Außerdem glaube ich zu wissen, wie das ausgeht.» Wir besprachen die Angelegenheit auch mit Bartholic, der folgendes sagte: «Ich habe das Gefühl, daß ich an anderer Stelle Nützlicheres leisten kann. Es tut mir leid, daß es nicht besser gegangen ist, aber ich habe getan, was ich konnte.» Dana Rodriguez sagte: «Keiner hier macht dir Vorwürfe.» Bartholic saß einige Minuten schweigend da, dann antwortete er: «Das war von Anfang an zum Scheitern verurteilt. Ehrlich gesagt sind eure Ideen es nicht wert, daß man dafür kämpft.» Da regte sich Aranca Peterson auf: «Es war auch niemals unsere Absicht, daß irgendwer für unsere Ideen kämpfen sollte.» Und das war das letzte, was ich sie sagen hörte. «Außerdem spielen die, wie man sieht, die ganze Zeit lang dem falschen Partner in die Hände», sprach Bartholic weiter. Ich habe mich nicht mal verabschiedet, denn ich sah, daß sowohl Aranca als auch Janos verstanden, was ich vorhatte, und Bartholic war mir gleichgültig. Der sollte mit seinem Anarchosyndikalismus und seinen Spezialisten bleiben, wo er wollte. Ich ging hinunter auf den Kai und an Bord des Vorpostenbootes, und eine Viertelstunde später legten wir ab und liefen langsam aus dem Hafen aus, und ich glaube nicht, daß irgend jemand Notiz von uns nahm.

Schmidt: Damit können wir die Anklagepunkte 83 bis einschließlich 101 sowie 103 und 104, also aufrührerische Tätigkeit, Terror, Mord, Beihilfe zum Mord, organisierte Sabotage und Unterstützung bei der Flucht aus dem Land, als abgeschlossen betrachten. Für alle Punkte liegt das Geständnis des Angeklagten vor und außerdem seine eigene Zeugenaussage. Da wir heute noch Zeit haben und der Angeklagte wieder zu Kräften gekommen zu sein scheint, schlage ich vor, daß wir die Vernehmung mit Anklagepunkt ...

Orbal: Was ist denn das für ein Lärm? Ist das eine Klingel oder was sonst?

Peters: Hört sich wie ein Telefon an.

Niblack: Das ist das Telefon hier auf dem Regal unter dem Tisch. Einen Moment, ich gehe ran ...

Orbal: Was ist das für ein Heini, der mitten während der Sitzung hier anruft?

Niblack: Hallo ... ja, Niblack am Apparat ... jawohl, Herr Oberst ... jawohl, Herr Oberst ... ich verstehe, Herr Oberst ...

Velder: Verzeihung? Was haben Sie gesagt?

Peters: Schnauze, Schweinehund!

Niblack: Meine Herren, das war Oberst Pigafetta, der eben angerufen hat. General Widder ist vor zehn Minuten im Militärkrankenhaus in Oswaldsburg gestorben, ohne das Bewußtsein wiedererlangt zu haben.

Orbal: Verdammt!
Peters: Habe ich es nicht gesagt?
Orbal: Was machen wir jetzt?
Peters: Wir halten eine Schweigeminute.
Orbal: Fabelhafte Idee. Als Ehrung und zum Andenken des gefallenen Luftwaffenchefs General ... wie hieß er doch gleich mit Vornamen?
Brown: Jan, Herr Oberst.
Orbal: Ja, richtig. Als Ehrung und zum Andenken an General Jan Widder erheben wir uns zu einer Schweigeminute. Alle nehmen Grundstellung ein. Nehmen Sie die Zeit, Brown.

Orbal: Zum Teufel, Brown. Ist die Zeit noch nicht um?
Brown: Noch fünf Sekunden, Herr Oberst. Jetzt.
Orbal: Na gut. Dann wird Pigafetta jetzt also Luftwaffenchef.
Peters: Und General. Scheiße.
Kampenmann: Mit Rücksicht auf das, was geschehen ist, erscheint es mir angebracht, die Sitzung für heute zu beenden.
Orbal: Recht haben Sie. Haben Sie noch etwas zu sagen, Schmidt?
Schmidt: Ich beantrage, den Teil des Verfahrens, der die Anklagepunkte 83 bis einschließlich 101 sowie 103 und 104 umfaßt, dem Sonder-Kriegsgericht zur Urteilsberatung übergeben zu dürfen.
Peters: Genehmigt. Die Beteiligten können gehen.
Orbal: Schreckliche Geschichte, das mit Widder!
Niblack: Ich fühle mich ganz matt vor Trauer und Rührung.
Orbal: Was? Na, jetzt hat es doch keinen Sinn mehr, deswegen die Ohren hängen zu lassen. Ist ja doch nichts mehr zu machen. Übrigens herrliche Geschichte, Niblack, was Sie da aus Afrika erzählt haben. Hab sie gestern abend im Kasino ausprobiert. Großen Erfolg gehabt. Jetzt habe ich allerdings vergessen, was Fotze auf suaheli heißt.
Niblack: Kwahashu.
Orbal: Genau. Schweres Wort. Muß ich mir aufschreiben.
Peters: Schließ die Sitzung jetzt, Mateo.
Orbal: Na klar. Wir werden morgen wohl den Widder eingraben, kann ich mir vorstellen. Die Sitzung wird auf Mittwoch 11 Uhr vertagt.

Dreizehnter Tag

Brown: Anwesend Oberst Orbal, Heer, als Vorsitzender des Sonder-Kriegsgerichts, Major Carl von Peters, Armee, Kapitän zur See Kampenmann, Marine. Auditor ist Kapitänleutnant Wilfred Schmidt, Marine, und der Angeklagte wird verteidigt von Hauptmann Roger Endicott, Luftwaffe. Berichterstatter ist Leutnant Arie Brown, Luftwaffe. Generaladvokat Tadeusz Haller fehlt entschuldigt.

Orbal: Wo ist der Repräsentant der Luftwaffe denn? Kommt weder Pigafetta noch Niblack?

Brown: Oberst Pigafetta hat sich nicht entschuldigt. Wahrscheinlich wird er in wenigen Minuten hiersein.

Orbal: Und Haller boykottiert die Sitzungen offenbar ganz und gar. Scheint durch wichtige Regierungsangelegenheiten verhindert zu sein. Na ja, wir fangen jedenfalls an. Brown, rufen Sie ...

Kampenmann: Das geht leider nicht. Auf den Generaladvokaten können wir verzichten, aber im Präsidium müssen alle drei Teilstreitkräfte vertreten sein.

Peters: Das stimmt tatsächlich. Steht im Formular. Da, Mateo, § 11.

Orbal: Dann werden wir wohl warten müssen. Unheimlich viel Flitterkram hatten Sie gestern bei dem Begräbnis an der Uniform, Kampenmann.

Kampenmann: Es war Paradeuniform befohlen worden. Kann man nichts dagegen tun.

Orbal: Sah aus wie bei so einem Kerl, wie sie vor großen Hotels stehen und die Autos heranwinken.

Peters: Ich habe heute morgen in der Stadt etwas ganz Erstaunliches gehört. Es wird behauptet, daß der General Pigafetta nicht ernennen will.

Orbal: Wen will er denn um Gottes willen sonst zum Luftwaffenchef machen?

Peters: Den Stabschef der Luftwaffe vielleicht.

Orbal: Bloch? Das soll doch ein ziemlicher Schafskopf sein. Sogar für einen Flieger.

Peters: Tja, ich weiß auch nicht. War ja auch nur ein Gerücht.

Orbal: Wann soll denn darüber entschieden werden?

Peters: Bei der nächsten Audienz. Heute in einer Woche.

Orbal: Schade, daß Haller nicht hier ist. Der weiß das sicher. Jetzt kommt jedenfalls Pigafetta.

Pigafetta: Es tut mir leid, daß ich mich verspätet habe, aber die Ereignisse der letzten Tage haben für mich mehr als genug zu tun mit sich gebracht.

Orbal: Ich wollte ein paar Worte sagen ... ja. Als ältester anwesender Offizier möchte ich unser aller tiefempfundenes Beileid in bezug auf den tragischen Verlust, der die Luftwaffe und die ganze Nation getroffen hat, ausdrücken.

Pigafetta: Danke. Wie Sie verstehen werden, war das ein sehr harter Schlag, nicht zuletzt für mich persönlich.

Kampenmann: Wie weit sind Sie denn mit der Untersuchung gekommen?

Pigafetta: Die Arbeit der Unfallkommission ist abgeschlossen. Der Bericht wurde heute morgen überreicht. Aber wie so oft in solchen Fällen, ist die direkte Unfallursache nur schwer festzustellen.
Kampenmann: Man behauptet, daß das Flugzeug in der Luft explodierte oder zumindest Feuer fing.
Pigafetta: Quatsch. Der Motor des Generals blieb unmittelbar nach dem Start stehen. Das Flugzeug war natürlich vollgetankt und fing an zu brennen, nachdem es auf dem Boden aufgeschlagen war. Als die Rettungsmannschaften den General endlich aus dem Wrack geborgen hatten, hatte er schon schwere Brandverletzungen. Leider gibt es zahlreiche Beispiele für ähnliche Unfälle, bei den Luftwaffen aller Länder.
Orbal: Unheimlich gute Rede haben Sie gestern gehalten, Pigafetta. Schneidig und ergreifend. Das hat der Staatschef auch gemeint.
Pigafetta: Ich hoffe, Sie verstehen, daß ich mich in einer sehr angespannten Situation befinde, einerseits weil ich gezwungen bin, als Luftwaffenchef einzuspringen, und andererseits muß ich an diesen Kriegsgerichts-Auftrag denken.
Orbal: Aber sicher. Wir haben auch nicht mehr viele Tage vor uns. Vielleicht ist es das beste, wenn wir gleich anfangen. Rufen Sie die Beteiligten herein, Brown.
Schmidt: Wir haben nun gehört, wie das linksradikale Regime abgelöst wurde und wie die Zusammenarbeit des Angeklagten mit den Volksfeinden Janos Edner und Aranca Peterson endete.
Kampenmann: Wo sind diese Personen danach abgeblieben? Das geht aus der Voruntersuchung nicht hervor.
Schmidt: Danička Rodriguez soll sich in Afrika aufhalten, und als man zuletzt von Gaspar Bartholic hörte, war er in Südamerika. Was aus den Volksfeinden Janos Edner und Aranca Peterson wurde, ist demgegenüber vollständig geklärt.
Kampenmann: Was ist aus ihnen denn geworden?
Schmidt: Damit hat Velder nichts zu tun. Aber es gibt eine besondere Anlage, V IX/13xxB, die darüber Auskunft gibt. Die besteht aus einem Fragment der unveröffentlichten und offenbar auch unvollendeten Memoiren, an denen Janos Edner und Aranca Peterson arbeiteten. Das Dokument wird seit einem Jahr in dem Archiv der Geheimpolizei aufbewahrt und ist als streng geheim eingestuft worden. Der Inhalt hat direkt nichts mit dem Fall Velder zu tun, nur insoweit, als er ein passives Indiz dafür ist, daß dessen Verbindungen zu Janos Edner tatsächlich am Abend des 15. März abbrachen und nie wieder aufgenommen wurden. Ich bin der Meinung, daß dieses Dokument einen Beweiswert in diesem Verfahren hat, aber wenn das gewünscht wird, kann es natürlich verlesen werden. Leutnant Brown ...
Peters: Kampenmann, wozu soll das eigentlich gut sein? Haben wir denn nicht schon genug vorgelesen bekommen?

Kampenmann: Mir scheinen die Informationen wertvoll zu sein, um ein klares Bild zu bekommen, aber wenn Sie nicht ...
Schmidt: Oh, das Fragment ist ganz kurz. Der Text scheint von Janos Edner vor etwa vierzehn Monaten geschrieben worden zu sein. Auf dem ersten Blatt steht sogar ein Datum. Soviel man feststellen konnte, scheint es sich um ein Vorwort der geplanten Memoiren zu handeln. Bitte, Leutnant Brown.
Brown: Anlage V IX/13xxB. Betrifft: Bericht über die Zustände und Ereignisse nach dem Durchbruch und Sieg des Nationalismus. Beschlagnahmte Dokumentation, verfaßt von dem Landesverräter und Volksfeind Janos Edner. Geheimdokument nach §§ 8, 9, 11 und 14 bis 22. Der Text lautet:
Das Haus, in dem wir wohnen, liegt auf einem steinigen Hügel, und davor ist das Meer, das im Sommer blau und im Winter grau ist.
Wir hatten etwas Geld im Ausland hinterlegt, nicht viel, aber genug, um uns dieses kleine weiße Haus kaufen zu können und darin zu leben, und wir wohnen in dem einzigen Land, das uns eine Aufenthaltsgenehmigung geben wollte.
Vor dem Haus ist ein Altan, dort sitzen wir und blicken auf das Meer hinaus, und darunter schlängelt sich ein schmaler, steiniger Pfad hinunter zum Gartentor und zur Landstraße. In den ersten Jahren ist es vorgekommen, daß Leute am Zaun stehenblieben und zu uns heraufblickten, und manchmal haben sie fotografiert, aber jetzt habe ich schon lange keinen mehr gesehen.
Damals hat mich das sehr gestört, aber jetzt, wo keiner mehr kommt, vermisse ich sie. Zu jener Zeit dachte ich öfter daran, daß jemand, den ich noch niemals vorher gesehen hatte, die Gartentür aufmachen und heraufkommen würde und dabei die ganze Zeit die Hand in der Manteltasche halten würde. Aber jetzt habe ich zu warten aufgehört. Damals hatten wir einen Revolver im Haus, aber Aranca hat ihn vor mehr als einem Jahr weggeworfen. Sie hat Schußwaffen noch nie gemocht.
Diesen Bericht wollen wir natürlich gemeinsam schreiben, aber den letzten Schliff gebe ich ihm, denn ich habe schon immer am besten von uns beiden formulieren können. Er erhebt keinen Anspruch, bis ins letzte Detail genau zu sein, denn er enthält Dinge, die wir aus zweiter und dritter Hand haben, und sicher gibt es auch manches, das wir nie erfahren haben. Natürlich ist er auch nicht ganz objektiv. Ich glaube übrigens nicht, daß es hundertprozentige Objektivität überhaupt gibt.
Wir haben uns viel Zeit genommen, aber jetzt wollen wir anfangen und sitzen also hier und blicken auf das Meer, und hin und wieder zieht ein Fischerboot am Horizont vorbei. So also hat es enden sollen, obwohl ich selbst mich immer allein in einem dunklen Hotelzimmer sah, wo ich rauchend auf dem Rücken auf dem Bett lag und an der Decke die Refle-

Etwas Geld …

... hatte er im Ausland hinterlegt, der Herr Volksfeind.

Usurpatoren pflegen als erstes die Gegner, als nächstes das Geld beiseite zu schaffen. Vor dem nächsten Umsturz wird Kassensturz gemacht.

Glücklich, wer seine Kapitalanlagen ohne militärische Anlagen sicher weiß.

xe der Straßenlaternen sah und den Geräuschen einer fremden Stadt lauschte. Aber natürlich war das viel zu romantisch.

Wir sitzen hier, und wenn die Dämmerung kommt, machen wir nur selten die Benzinlampe an. Wir denken an die gleichen Dinge, aber wir sprechen beinahe nie darüber.

Hier endet der Text.

Orbal: Völlig unverständlich, wie üblich.

Schmidt: Na ja, es handelt sich auch nur um ein Fragment. Es ist allerdings bewiesen, daß Janos Edner dies vor genau vierzehn Monaten und zehn Tagen geschrieben hat, am 11. Februar letzten Jahres.

Kampenmann: Was ist denn danach geschehen?

Schmidt: Zehn Tage später, also am 23. Februar, teilten die Behörden in dem Land, in dem sie sich niedergelassen hatten, mit, daß Janos Edner und Aranca Peterson nicht mehr am Leben waren. Sie waren von einer oder mehreren Personen ermordet worden, die nachts durch ein offenes Fenster in ihr Haus eingestiegen waren und sie mit einer Maschinenpistole erschossen hatten. Sie waren offensichtlich im Bett überrascht worden, denn als das Dienstpersonal am nächsten Morgen hinkam, lagen beide tot in ihren Betten. Die Täter sind noch nicht ermittelt worden. Die Polizei da unten vermutet, daß es sich um einen normalen Raubüberfall handelt und daß die Mörder Geld gesucht haben. Sowohl Janos Edner als auch Aranca Peterson waren staatenlos, und die Angelegenheit erregte kein besonderes Aufsehen.

Kampenmann: Darf ich noch etwas fragen. Wie konnten diese Dokumente da in das Archiv der Geheimpolizei gelangen?

Schmidt: Davon habe ich wirklich nicht die geringste Ahnung.

Peters: Haben Sie noch weitere eigenartige Fragen, Kampenmann? Oder ist der interne Meinungsaustausch zwischen den Repräsentanten der Marine damit beendet, so daß wir möglicherweise auf die eigentliche Verhandlung zurückkommen können? Dies ist bekanntlich ein Kriegsgericht.

Schmidt: Ich rufe jetzt den Punkt 102 der Anklage gegen Erwin Velder auf. Innerhalb des Blocks, der von den Punkten 82 bis einschließlich 127 gebildet wird, nimmt dieser Punkt in gewisser Weise eine Sonderstellung ein. Nichtsdestoweniger handelt es sich, wie bei so vielen von Velders Untaten, hier um eine von besonders roher und undelikater Art. Das Justizministerium hat eigens darauf hingewiesen, daß dieser Punkt einer sorgfältigen Beurteilung unterzogen und eingehend untersucht wird. Die Anklage lautet auf Vergewaltigung.

Orbal: Was sagen Sie? Vergewaltigung?

Schmidt: Das Verbrechen wurde zeitlich etwas früher begangen als ein Teil der Ereignisse, die wir bereits behandelt haben. Die Begebenheit, auf die sich die Anklage bezieht, fand am Abend des 3. Februar in Janos Edners sogenanntem Hauptquartier statt, wo der Angeklagte damals Dienst tat.

Orbal: Na, kommen Sie zur Sache. Wen hat er vergewaltigt?

Schmidt: Das Opfer war eine von Janos Edners Mitarbeiterinnen oder besser gesagt Mittäterinnen, die in früherem Zusammenhang bereits erwähnte Danica Rodriguez.

Orbal: Soso. Also die Frau mit dem Schnurrbart.

Schmidt: Da die Anklageschrift und das Beweismaterial sich in diesem Fall allein auf das Geständnis und die Aussage des Angeklagten stützten, beantrage ich, den Korporal Erwin Velder als Zeugen aufrufen zu dürfen.

Orbal: Genehmigt. Achten Sie darauf, daß dieses komische Mikrofon ordentlich funktioniert, Endicott, damit wir hören, was er sagt. Und Schmidt, lassen Sie ihn nicht so billig wegkommen wie neulich, als er sich weigerte, die Orgien mit den beiden Nutten zu beschreiben, die er bei sich zu Hause wohnen hatte.

Schmidt: Ist der Angeklagte bereit? Hat er begriffen, über welchen Abschnitt er berichten soll?

Endicott: Ja, das müßte in Ordnung gehen.

Orbal: Rollen Sie ihn hier vorne hin. So, ja. Nun mal los, Velder.

Endicott: Velder, es handelt sich also um das, was am Abend des 3. Februar passiert ist.

Velder: Ja, um Dana. Ja, natürlich.

Orbal: Los, los, nun fangen Sie schon an.

Velder: Edners Hauptquartier wurde bereits am 15. Dezember in diesem Gutshaus eingerichtet, und vor dem ersten Januar waren wir alle in den Bunker umgezogen. Oberst Fox hatte den Bunker als operative Zentrale für den Fall bauen lassen, daß die Machtübernahme in der Centralprovinz mißglücken sollte und er gezwungen sein würde, Truppen nach Westen zu schicken in Richtung Oswaldsburg. Das hat man uns jedenfalls hinterher gesagt, und wir hielten das für ganz glaubhaft.

Orbal: Was hat das mit der Sache zu tun?

Peters: Ja, das kann man sich wirklich fragen. Sehen Sie zu, Endicott, daß dieses Geschwafel so schnell wie möglich vorbei ist. Wir wollen hier nicht unser Leben lang sitzen.

Velder: Verzeihung? Ja, wie gesagt, der Bunker. Das war dort, wo Janos' und Arancas Kinder ermordet wurden ... und das Kindermädchen. Ein junges Mädchen noch. Irina Miller hieß sie.

Orbal: Was ist denn das für ein Gerede? Müller? Hat er die auch vergewaltigt?

Velder: Das Geschoß durchschlug die Betondecke und verwüstete den ganzen Raum. Alles wurde zerfetzt. Alle.

Peters: Offenbar ein Aufschlagzünder mit Verzögerung.

Orbal: Verflucht noch mal, Endicott, sehen Sie gefälligst zu, daß der Angeklagte zur Sache kommt. Der verliert ja völlig den Faden.

Endicott: Ich brauche nur ein paar Minuten, Herr Oberst.
Orbal: Ja ja, verdammt noch mal!

Endicott: Jetzt müßte es eigentlich gehen, Herr Oberst, wenn Sie versuchen, ihn nicht zu unterbrechen.
Velder: Die ganze Anlage bestand eigentlich aus drei Bunkern, die untereinander durch unterirdische Gänge verbunden waren. Fünf der Räume benutzten wir als Schreibstube, Funkzentrale, Befehlsraum, Operationsabteilung und so weiter. Die stellten eine Gruppe für sich da. Die andere Gruppe war in zwei Räume geteilt, und da wohnten Janos Edner, Aranca Peterson, die Kinder und das Kindermädchen. Und im dritten Teil hatten Bartholic, Dana Rodriguez und ich selbst unsere Unterkünfte, jeder sein Zimmer, die lagen genau nebeneinander. Elektrischen Strom und Wasser bekamen wir aus einem eigenen Versorgungsnetz, das ebenfalls schon früher angelegt worden war, von der Armee.
Peters: Äußerst interessant.
Endicott: Herr Major von Peters, ich bitte Sie ...
Peters: Ach was.
Velder: Es war nun so, daß ich bis zu der Nacht, in der alles geschah, was dann zum Krieg führte, ein ganz normales Leben geführt habe, wie man so sagt, selbstverständlich auch in sexueller Hinsicht.
Peters: Warum selbstverständlich?
Orbal: Das verstehst du doch. Mit diesen beiden Nutten. Machen Sie weiter, Velder.
Velder: All das, ebenso wie so vieles andere, änderte sich ja nun dadurch, daß ich in jener Nacht Aranca und Janos aus der Kanzlei des Rates holte. Danach ... ja, danach habe ich meine Frauen nicht mehr getroffen und hatte keinen Kontakt mehr zu Frauen. In das Hauptquartier zogen wir also am 15. Dezember, und danach blieben wir dort drei Monate lang. Wir arbeiteten ja alle zusammen, und ich war also am Tag ständig mit Dana Rodriguez zusammen, und nachts schliefen wir in Zimmern, die nebeneinanderlagen. Ich kann nicht verhehlen, daß sie sehr bald einen großen Eindruck auf mich machte. Weswegen sollte ich das übrigens abstreiten? Sie lief ständig in einem Khakioverall und in Gummistiefeln herum, und man konnte nur zu gut sehen, daß sie nichts darunter anhatte. Anfang Januar fragte ich sie, ob sie mit mir ins Bett gehen wollte, und sie antwortete: «Nein.» Nichts weiter, nur dies eine Wort. Später habe ich sie noch öfter gefragt, nicht jeden Tag, aber wohl so jeden zweiten. Jedesmal sagte sie nur: «Nein.» Als ich einige Male fragte, warum, sagte sie nur: «Darum, weil ich nicht will.» Jeden Tag, der verging, machte sie mehr Eindruck auf mich, aber es schien nicht so, als ob einer der anderen sich um sie bemühte. Edner hatte ja Aranca, und Bartholic fuhr hin und wieder weg, um seine Sache woanders zu erledigen, glaube ich. Ich verstand Dana überhaupt nicht, obwohl ich

der Ansicht war, daß ich über Frauen eine ganze Menge wußte. So viel habe ich jedenfalls gesehen, daß sie in sexuellen Dingen nicht völlig gleichgültig und an mir nicht ganz uninteressiert war. Manchmal überraschte ich sie dabei, wie sie mich ansah, und einige Male waren ihre Augen dabei ganz trübe, aber trotzdem sagte sie immer wieder nein. Sie hatte keinen anderen, da bin ich ganz sicher, denn wir hatten nur eine Bretterwand zwischen uns, und ich hörte fast alles, was sie tat. Obwohl ich nie an Gewalt in sexuellen Dingen geglaubt habe und so was auch noch nicht ausprobiert hatte, machte sie mich ganz verrückt. Das wurde Tag für Tag schlimmer und schließlich ...

Orbal: Los, los, weiter, verflucht noch mal!

Velder: Weitermachen, weitermachen. Ja, schließlich hielt ich es nicht länger aus. Es war am Abend des 3. Februar, spät, denn wir hatten lange an dem Offensivplan gearbeitet, und kurz bevor wir auseinandergingen, hatte sie mich wieder so angesehen. Bartholic war irgendwohin gefahren, nach Ludolfsport, glaube ich. Ich zog mich aus und wusch mich und wollte mich hinlegen, ja, und da hörte ich, wie sie in ihr Zimmer kam und dann unter die Dusche ging. Sie hatte das Zimmer bekommen, weil es da eine Dusche gab. Und da hielt ich es nicht mehr länger aus und ging auf den Flur und zu ihr hinein.

Orbal: Nackt?

Velder: Na sicher. Die Türen waren nicht abgeschlossen, wir schlossen niemals ab. Als sie sich also abgetrocknet hatte und aus dem Badezimmer trat, stand ich da. Sie starrte mich an und sagte: «Raus!» Sie war viel hübscher, als ich vermutet hatte, noch attraktiver, wenn ich so sagen darf. Ich war völlig außer mir. Außerdem starrte sie mich an, als ob nicht nur ich selbst, sondern auch sie verrückt war. Ich nahm sie und legte sie auf das Bett auf den Rücken, aber das ging überhaupt nicht. Sie war stark und behende und schlug wie eine Besessene um sich und riß sich los und kam auf die Füße. Sie schrie nicht, denn sie wußte ja ebensogut, daß Bartholic nicht da war und niemand sie hören konnte. Ich ließ sie nicht los, sondern wir rangen miteinander, und sie versuchte, mich mit den Knien zu treffen, und ich schlug sie, und da fielen wir alle beide hin. Dana lag unten, und als wir fielen, schlug ihr Kopf so hart auf den Betonfußboden auf, daß sie das Bewußtsein verlor. Jedenfalls beinahe.

Orbal: Und da haben Sie also losgelegt ...

Peters: Still, Mateo. Haben Sie die Vergewaltigung vollzogen?

Velder: Ja, na klar. Aber ich hätte es nicht tun können, wenn sie nicht einerseits beinahe bewußtlos gewesen wäre und andererseits, ja, so gut darauf vorbereitet. Also sexuell. Gerade als es mir kam, schlug sie die Augen auf, und da kam es ihr auch, sehr stark übrigens und ... Sie hob die Beine und ich dachte schon, sie würde nun endlich nachgeben. Natürlich dachte ich das. Aber statt dessen klemmte sie ihre Füße auf mei-

ne Nieren und machte sich gar nichts daraus, daß ich in ihr drin war und sie mitten im Orgasmus ...
Peters: Das ist ja die reinste Pornographie.
Orbal: Steht das im Buch drin?
Velder: Das tat weh, und sie rangelte sich los und kam auf die Füße und stieß mich dreimal mit den Füßen, so fest sie konnte. Mein Unterleib verkrampfte sich, und ich lag ganz zusammengerollt auf allen vieren an der Tür. Glaubte beinahe, sie würde mich auf der Stelle umbringen, aber sie machte die Tür auf, setzte einen Fuß auf meine Schulter und rollte mich hinaus auf den Flur. Es dauerte eine ganze Weile, bis ich in mein Zimmer gehen konnte. Nach diesen Fußtritten ist es mir übrigens nie wieder richtig gut gegangen. Als ich sie am nächsten Morgen traf, sagte sie: «Wenn es einen Sinn hätte, würde ich dich wegen der Sache gestern anzeigen.» Das meinte sie sicher so, und wenn das vor dem Krieg passiert wäre, wäre ich ausgewiesen worden, das ist klar.
Peters: Was suchst du denn, Mateo?
Schmidt: Das fängt auf Seite 401 an, Herr Oberst.
Orbal: Aha, vielen Dank, Schmidt.
Schmidt: Na, hiermit kann die Sache ...
Velder: Dana hat das wirklich so gemeint, glaube ich. Drei Tage später war sie beinahe den ganzen Tag über weg, das war ein Donnerstag, daran erinnere ich mich. Sie schien sehr zielbewußt vorzugehen. Als wir am Abend im Kartenraum arbeiteten, fragte Aranca sie, wo sie gewesen sei, und da sagte sie ohne weiteres, beinahe im Vorbeigehen: «Ich bin in Ludolfsport gewesen und hab mich auskratzen lassen. Erwin war so idiotisch, mich vor ein paar Tagen zu vergewaltigen. Hat einen ganzen Jahresbedarf in mich hineingepumpt.»
Schmidt: Lassen Sie uns diese unerfreuliche und schamlose Geschichte möglichst bald abschließen. Hiermit ist klar bewiesen, daß Velder sich der schweren Vergewaltigung in Verbindung mit Körperverletzung unter erschwerten Umständen schuldig gemacht hat. Ich übergebe diesen Teil des Verfahrens dem Kriegsgericht zur Urteilsberatung.
Peters: Das schlägt einem ja beinahe auf den Magen. Jetzt machen wir Mittagspause. Mateo, unterbrich die Sitzung.
Orbal: Was? Warum denn? Was hast du denn?
Peters: Wir machen jetzt eine Pause. Unterbrich die Sitzung.
Orbal: Die Sitzung wird für zwei Stunden unterbrochen.

Pigafetta: Wirklich diensteifrig von Ihnen, Orbal, diesen dicken Band mit den Voruntersuchungs-Unterlagen auch noch mit ins Kasino zu schleppen und dort während der Mittagspause darin zu lesen.
Orbal: Wie? Was ist denn?
Peters: Ruf die Beteiligten herein, Mateo.
Orbal: Natürlich. Lassen Sie sie herein. Ich muß sagen, wenn man die

Vernehmung von Velder in diesem Buch nachliest, bekommt man ein viel klareres und eindeutigeres Bild von den Ereignissen, als wenn man ihn selbst erzählen läßt. Sieh doch mal hier, Carl. Lies mal diesen Abschnitt.
Peters: Werde ich später tun.
Schmidt: Ich komme jetzt zum letzten Teil des Verfahrens der Streitkräfte gegen Erwin Velder. Dieser Abschnitt umfaßt die Anklagepunkte 105 bis einschließlich 127. Es handelt sich um Mord, Beihilfe zum Mord, Beihilfe zum Massenmord, Vorbereitung zur Ausrottung von Menschen, umstürzlerische Tätigkeit gegen die Gemeinschaft, bewaffneten Aufruhr, Hetze gegen Andersdenkende, verbrecherische Promiskuität und verbrecherischen Kommunismus. Sämtliche Verbrechen wurden während der Zeit begangen, als der Angeklagte als Verbündeter des Volksfeindes Joakim Ludolf auftrat. Bekennt sich der Angeklagte dieser Taten für schuldig?
Endicott: Ja, der Angeklagte gibt das zu.
Schmidt: Die Verhältnisse und Ereignisse, die in der Anklageschrift eine Rolle spielen, sind in diesen wie in mehreren bereits früher verhandelten Fällen hauptsächlich aus den eigenen Angaben des Angeklagten, die er während der Vernehmungen gemacht hat, zu ersehen. Deshalb beantrage ich, den Korporal Erwin Velder als Zeugen vorladen zu dürfen.
Peters: Genehmigt.
Schmidt: Bevor ich den Angeklagten mit seinem Bericht über die Ereignisse vom 16. März an beginnen lasse, rufe ich eine Übersicht auf, die die politische und militärische Lage offenlegt, wie sie nach dem 15. des gleichen Monats entstanden war. Anlage V VIII/9. Bitte, Leutnant Brown.
Brown: Anlage V VIII/9. Betrifft: die Unruhen. Übersicht, zusammengestellt von der nationalhistorischen Abteilung des Generalstabes. Der Text lautet:
Mit dem Zusammenbruch des linksradikalen Rebellenregimes und der Flucht der Volksfeinde Janos Edner und Aranca Peterson wurde der nördliche Teil der Ostprovinz von der Terrorherrschaft befreit, die dort drei schreckliche Monate lang gewaltet hatte. Nachdem die militärischen Säuberungsaktionen, die drei Tage dauerten, abgeschlossen waren, ergriffen der Staatschef und die Regierung alle nur erdenklichen Maßnahmen, um in dem befreiten Gebiet wieder normale, anständige Zustände einzuführen. Die ehrenvolle nationale Befreiungsarmee war ebenso wie das Friedenskorps gezwungen gewesen, Menschenleben und wertvolles Material bei diesem Teil des Kreuzzuges zu opfern. Aber Kalkulationen ergaben trotz allem, daß die Verluste sich auf ein Drittel dessen beschränkten, was den Aufrührerischen zugefügt worden war. Am 20. März hielt General Oswald seinen Einzug in Ludolfsport – seitdem in Oswaldsport umgetauft –, wo der Sieg mit einer Mili-

tärparade gefeiert wurde, an der alle Teilstreitkräfte der nationalen Verteidigungsarmee teilnahmen. Die Zerstörungen in der Stadt waren auf Grund der Plünderungen der Rebellen sehr umfangreich. Große Teile der Bebauung waren gesprengt oder angezündet worden und nicht mehr bewohnbar, und im Hafengebiet waren die Schäden so groß, daß größere Schiffe erst vier Monate später einlaufen und ihre Ladungen löschen konnten. Die Reparaturen wurden übrigens in großem Umfang von kommunistischen Saboteuren erschwert, die in die Arbeitsgruppen aus den Umschulungslagern eingeschleust worden waren. Diese Arbeitsgruppen hatten die Hauptlast des Wiederaufbaus zu tragen. Anfang November konnten jedoch größere Teile der Hafenanlagen wieder zur Benutzung freigegeben werden, wenn auch in begrenztem Umfang. Die Mitläufer der linksradikalen Bewegung, die den Truppen in die Hände gefallen waren, wurden zuerst in acht Lagern interniert, die in verschiedenen Teilen des Landes lagen. Zwischen 300 und 400 Personen, die sich des Mordes, der Plünderungen und der Wühlarbeit gegen die rechtmäßige Regierung des Landes schuldig gemacht hatten, wurden hingerichtet oder zu langjährigen Zuchthausstrafen verurteilt, nachdem ihnen vor Militärgerichten der Prozeß gemacht worden war. Im übrigen behandelte General Oswald die Aufrührer mit großer Milde. Viele von ihnen waren zweifellos von einer falschen und rücksichtslosen Propaganda verführt worden; um diese Unglücklichen zu retten, wurden die ursprünglichen Sammellager bereits nach einigen Monaten in regelrechte Umschulungslager umgewandelt, in denen für ihre Wiederanpassung an die Gemeinschaft Sorge getragen wurde. Auf diese Weise konnte der steigende Bedarf an Arbeitskräften für die Industrie und den Wiederaufbau ...

Schmidt: Hier können Sie abbrechen, Brown, und drei Seiten weiterblättern, bis zum vierten Abschnitt.

Brown: Aha, die militärische Lage also. Der Text lautet:

Nach der Besetzung von Oswaldsport (Ludolfsport) und dem Sieg im Norden befanden sich allerdings immer noch der südliche Teil der Ostprovinz und ein paar kleine Inseln vor der Ostküste, insgesamt etwas weniger als der siebte Teil der gesamten Fläche des Landes, in den Händen der Rebellen. Führer der Aufständischen in diesem Gebiet war der Volksfeind Joakim Ludolf, unterstützt von dem bolschewistischen Landstreicher Boris Stoloff. Die topografischen Verhältnisse in diesem Landesteil, der im Norden von der inzwischen zerstörten und unpassierbaren Autobahn zwischen Oswaldsburg und Oswaldsport (Ludolfsport), im Westen von einem reißenden Fluß ungefähr fünf Kilometer westlich der Grenze zwischen der Ost- und der Zentralprovinz und im Süden und Osten vom Meer begrenzt wurde, eigneten sich ausgezeichnet für die Absicht der Aufständischen. Das Gebiet bestand aus einem hügeligen Hochland mit wenig ausgebautem Straßennetz, das dünn nur mit einigen Bauernhöfen und Heustadeln besiedelt war. Die Küsten waren steil und unzugänglich und konnten gegen Invasionsversuche von See her leicht geschützt werden. Die Landesgrenze zwischen der Autobahn und dem südlichen Teil des Flusses, das heißt die alte Demarkationslinie, war stark befestigt und wurde von den Roten, die sich in diesem Gebiet verschanzt hatten, verzweifelt und absolut rücksichtslos verteidigt. Am 25. März entschloß sich General Oswald, die erste und zweite Armeedivision umzugruppieren, bevor er die endgültige Säuberung des roten Sektors in Angriff nahm.

Schmidt: Das reicht, Brown. Ich fahre jetzt fort mit Velders eigener Schilderung dessen, was nach dem 15. März geschah. Ist der Angeklagte bereit?

Endicott: Ja, es kann losgehen.

Peters: Rollen Sie das Schwein her.

Orbal: Nein, verflucht, Endicott, stellen Sie ihn doch nicht mir direkt vor die Nase. Da, vor Kampenmann, ja, so, das ist besser.

Schmidt: Velder, wir wollen jetzt hören, wie es mit Ihnen weitergegangen ist, nachdem Sie in der Nacht zum 16. März die Quarantänestation verlassen haben und an Bord des Vorpostenbootes Nummer 3 gegangen sind.

Peters: Können Sie sich nicht etwas gepflegter und genauer ausdrücken, Schmidt? Das heißt doch sicher nicht ‹an Bord des Vorpostenbootes›?

Kampenmann: Doch, der Ausdruck ist korrekt.

Peters: Komisch.

Velder: Das Wetter war während der Nacht sehr schlecht. Hohe Wellen. Ich wurde seekrank und mußte mich übergeben ...

Orbal: Nur Geschmacklosigkeiten ...

Velder: ... aber gegen halb fünf am Morgen kamen wir in den Windschatten der Bucht südlich von Ludolfsport. Ein kleines Lotsenboot oder so was Ähnliches kam uns entgegen und zeigte uns den Weg zwischen den Minenfeldern. Als wir ans Ufer kamen, dort sind ja hohe, steile Kalksteinklippen, wurde das Boot in einen unterirdischen Raum geholt, offenbar eine alte, ausgebaute Höhle, in der schon drei Boote der gleichen Art lagen. Die Männer, die uns in Empfang nahmen, sprachen wenig, sie arbeiteten entschlossen und effektiv. Offensichtlich gehörten sie der Miliz an, denn sie trugen ebensolche Khakioveralls wie Stoloff und Ludolf, aber ohne Dienstgradabzeichen. Alle hatten fünfzackige rote Sterne an den Mützen. Das verwunderte mich etwas. Dann wurde ich zu einem kleinen Auto geführt, das war eine Art Jeep auf Gleisketten, sah ganz ähnlich aus wie das Panzerauto, mit dem Ludolf und Stoloff etwa einen Monat vorher zu unserem Hauptquartier gekommen waren. Fahrer war eine Frau, die auch einen Overall und eine Mütze mit Stern trug. Der größte Teil des Weges führte durch Tunnel, kurze Strecken auch auf der Erdoberfläche, es war immer noch dunkel, und ich konnte nichts Ungewöhnliches erkennen. Es dauerte ungefähr eine halbe Stunde, bis wir zu Ludolfs Hauptquartier kamen. Davon war über der Erde nichts zu sehen. Ich wurde in einen Fahrstuhl gebracht und fuhr hinunter, ziemlich tief, schien es mir. Dann wurde ich durch einen Korridor geführt und kam in einen Raum, der, wie sich später herausstellte, die Operationszentrale des Hauptquartiers war. General Ludolf und Oberst Stoloff . . .

Peters: Jetzt reicht's aber! Damit muß endlich Schluß sein . . .

Pigafetta: Hören Sie doch auf, sich wegen solcher Kleinigkeiten aufzuregen, von Peters. Sonst werden wir doch niemals fertig.

Peters: Kleinigkeiten! Diese Schweinehunde General und Oberst zu nennen . . .

Velder: Die waren da drin und schienen in bester Form zu sein, obwohl keiner von ihnen in den letzten vierundzwanzig Stunden geschlafen haben konnte.

Peters: Zum Donnerwetter, jetzt unterbricht er mich schon wieder.

Orbal: Beruhige dich doch, Carl. Laß diese Schafsköpfe doch einfach reden.

Pigafetta: Moment mal, was haben Sie gesagt?

Orbal: Gar nichts. Machen Sie weiter, Velder. Warum sagt er denn nichts mehr?

Endicott: Der Angeklagte ist verwirrt, hat einfach den Faden verloren. Einen Augenblick noch.

Orbal: Wie oft soll ich Ihnen das noch sagen, Endicott: Wenn Sie diese widerlichen Sachen da mit ihm machen, dann rollen Sie ihn gefälligst hinaus in den Vorraum.

Endicott: Gehst du mir mal bitte zur Hand, Brown?

Orbal: Zehn Minuten Pause. Verdammt noch mal, muß man denn diese Geschmacklosigkeiten Tag für Tag über sich ergehen lassen?

Pigafetta: Ich bin mir nicht mehr länger darüber im klaren, wen oder was ich in diesen Räumen geschmacklos finden soll.

Orbal: Die Luft, Pigafetta, die Luft. Die ist das Allerschlimmste. Im Winter haben wir gefroren, daß die Zähne klapperten, jetzt wird man lebend gegrillt. Und bis jetzt stehen nur drei Möglichkeiten zur Wahl: weggeweht oder taub zu werden oder zu ersticken. Wie halten Sie das bloß aus?

Pigafetta: Dieser kleine eigenartige Propeller, der mir andauernd Luft um die Beine weht, ist das eine von Ihren . . . Verbesserungen?

Orbal: Na klar. Aber nicht besonders effektiv, das gebe ich zu. Ich schlage vor, daß wir in ein anderes Gebäude umziehen. Zum Beispiel in das Haus des Armeestabs.

Pigafetta: Da mache ich nicht mit.

Orbal: Was? Warum denn nicht? Darüber braucht man sich doch gar nicht lange zu streiten.

Pigafetta: Außerdem scheint es mir höchst unnötig und unpraktisch, den Sitzungssaal zu wechseln, wo wir doch kurz vor dem Ende der Verhandlungen stehen.
Kampenmann: Ja, das scheint wirklich überflüssig.
Peters: Wie lange soll diese elende Geschichte eigentlich noch dauern, Schmidt?
Schmidt: Nur noch wenige Tage. Das hängt von der Kondition des Angeklagten ab.
Orbal: Da kommt das Gefährt ja wieder rein. Na gut, nun aber mal los!
Schmidt: Wir haben jetzt gehört, wie der Angeklagte den Volksfeind Joakim Ludolf aufgesucht und sich ihm zur Verfügung gestellt hat. Zunächst interessiert es uns jetzt, die vier unterschiedlichen Stadien offenzulegen, in denen Velder an Ludolfs verbrecherischen Anstrengungen, die Macht an sich zu reißen, beteiligt war. Das erste Stadium war – immer noch auf der Grundlage der Geständnisse des Angeklagten, die beinahe das einzige zugängliche Material zu diesem Fall sind – die sogenannte «generelle Methode». Lassen Sie ihn jetzt weitermachen, Endicott.
Velder: Ludolf war recht wortkarg. Er sagte eigentlich nur flüchtig guten Tag. Stoloff dagegen war redseliger. Er war der Ansicht, daß ich mehr als die meisten anderen über Oswald wissen müßte und daß ich außerdem Zeuge des Zusammenbruchs im nördlichen Sektor gewesen sei und in der Praxis Proben der faschistischen Taktik beobachtet hätte. Dann sagte er, daß ich in Zukunft dem Stab angehören sollte. Ludolf fragte, was aus Janos und Aranca geworden sei, und als ich erzählt hatte, was ich wußte, zuckte er mit den Schultern. Was geschah weiter?
Peters: Fragen Sie mich, Idiot?
Velder: Na, also Stoloff gab einen schnellen Überblick über die Lage. Er zeigte auf der Lagekarte, daß Verbände der Armee entlang der alten Demarkationslinie – der Westfront, wie er es nannte – angegriffen und versucht hätten, den Fluß zu überschreiten, und daß sie an drei oder vier Stellen auch im Norden angreifen würden, entlang der Autobahn. Aber dort waren es schwächere Kräfte. Er bezeichnete die Lage als günstig und sagte, daß der äußere Verteidigungsgürtel mit den Methoden, die die Armee bis jetzt angewandt hätte, nicht bezwungen werden könnte. Die gesamte Landesgrenze war sicher befestigt, und die Minenfelder lagen in drei Gürteln. Er sah es auch als ausgeschlossen an, daß Oswalds Truppen im Westen den Fluß und die Schlucht überschreiten könnten, denn die Befestigungen auf unserer Seite waren in die Bergwand hineingesprengt und konnten von der Artillerie nicht erfaßt werden.
Peters: Verflucht! Muß man den Kerl da sitzen sehen und sich das in dem Ton anhören. Als ob ich mich nicht sehr genau an diesen verdammten Fluß erinnere. Monat für Monat ... ja, aber jetzt ist es ja sowieso egal.

Kampenmann: Ich habe mich damit vertraut gemacht. Sie waren in die gleiche Lage gekommen wie Cadorna am Isonzo damals. Sie konnten die Hügel nicht nehmen, ohne über den Fluß zu gehen, und sie konnten nicht über den Fluß kommen, ohne die Hügel zu beherrschen.
Pigafetta: Mein lieber Kampenmann, Ihr Eifer ist grenzenlos. Was wissen Sie über den Isonzo?
Kampenmann: Daß es am Ende zu Caporetto führte.
Pigafetta: Aber erinnern Sie sich möglicherweise auch daran, wer den Krieg gewonnen hat?
Peters: Pigafetta hat recht, trotzdem ist dies hier ein Kriegsgericht und keine Akademie für Stabsoffiziere.
Pigafetta: Vor allem ist es kein Forum für Amateurhistoriker und Kaffeehaus-Strategen. Machen Sie mit dem Zeugenverhör weiter.
Velder: Es kam genauso, wie Stoloff gesagt hatte. Die Armee griff zehn Tage lang an, ohne weiter als einige Meter voranzukommen. Dann begriff Oswald, daß er die Taktik ändern mußte, und die Angriffe hörten auf. Danach gab es vor allem Artilleriebeschuß, aber der richtete keinen nennenswerten Schaden an.
Schmidt: An dieser Stelle möchte ich den Angeklagten auf ein anderes Thema bringen. Was verstand man unter dem Begriff «generelle Methode»? Wie groß war Velders Anteil an der Durchführung dieser Methode, und in welchem Umfang war er für die Folgen verantwortlich?
Endicott: Velder, die generelle Methode ...
Velder: ... hatte zwei Seiten, eine ideologische und eine militärische. Die ideologische baute auf die Anwendung kommunistischer Lehren und Gedankengänge. Außerdem darauf, daß jedem Mann und jeder Frau im südlichen Sektor etwas vermittelt wurde, das Ludolf den «endgültigen Verteidigungswillen» nannte. Er besaß diese Eigenschaft selbst und hatte sie offenbar schon lange. Ebenso Stoloff. Man mußte den Feind so in Grund und Boden verachten und hassen, daß es viel besser war zu sterben, als zu fliehen oder aufzugeben. Solche Glaubenssätze wurden den Leuten höchst systematisch eingehämmert, anfangs. Später sprach man nicht mehr über diese Dinge. Ich begriff nach und nach, daß die meisten von denen, die sich im südlichen Sektor befanden, schon früher so gedacht hatten, mehr oder weniger unbewußt, und daß sie sich sonst nicht dort befunden hätten. Alle Menschen im südlichen Sektor gehörten der Miliz an, Männer und Frauen. Kinder und Leute, die so alt waren, daß sie nicht mehr zu gebrauchen waren, hatte man offensichtlich schon viel früher evakuiert. Es wurde auch eine ganze Menge unternommen, damit keine neuen Kinder geboren werden sollten. Abtreibungen konnten selbstverständlich ohne jede Formalität vorgenommen werden, und außerdem wurden an die Frauen Präventivtabletten ausgegeben.
Endicott: Und die militärische Seite ...

Velder: ... bestand aus einem Verteidigungs- und Festungssystem, das Stoloff geschaffen hatte. Er kümmerte sich um die militärischen Angelegenheiten und Ludolf sozusagen um die psychologischen und geistigen. Als ich sah, was sie in diesen drei Monaten geschafft hatten, wollte ich erst meinen Augen nicht trauen. Als ich dann nachbohrte, gab Stoloff zu, daß ein Teil der Anlagen bereits früher unter den verschiedensten Vorwänden gebaut worden waren und daß sie auch für unterschiedliche zivile Aufgaben hätten genutzt werden können. Na, was war's? Ja, die generelle Methode ging von der Theorie aus, daß der ganze südliche Sektor eine einzige Festung sei. Zuerst kam also der äußere Verteidigungsgürtel, Minenfelder, Schützengräben und Bunker, die sich hintereinander an der ganzen nördlichen Grenze entlangzogen. Der Fluß im Westen und die Hügel dahinter waren an und für sich eine natürliche Befestigung. Damit hatte man nicht so viel Arbeit gehabt. Entlang der Küste bestand der äußere Verteidigungsgürtel aus elektrischen und magnetischen Minenfeldern, die ja zum Teil schon vorher dagewesen waren, außerdem hatte man den Strand selbst vermint. Aber das war nur der Anfang, wenn ich so sagen darf. Hinter dem äußeren Verteidigungsgürtel gab es drei Festungsgürtel. Der äußerste davon bestand aus 32 Forts, die untereinander durch unterirdische Gänge verbunden waren. In dem zweiten befanden sich 20 Forts oder Verteidigungsnester und im dritten zwölf. Viele davon hatten mehrere Etagen. Ganz innen drin befand sich das Hauptquartier. Zuerst war vieles davon nur teilweise fertiggestellt, aber die erste Kette, 32 in den Fels gesprengte oder in die Erde gebaute Betonforts, waren bereits fertig; an den inneren Gürteln waren die Arbeiten in vollem Gange. Das Hauptquartier selbst war fertig, lange bevor der Krieg begann. Stoloff hatte es gebaut, in drei Etagen unter der Erdoberfläche, als Laboratorium und Lagerraum. Aber von Anfang an hatte man offensichtlich damit gerechnet, daß der Bunker leicht für militärische Zwecke umfunktioniert werden konnte. Als ich zum erstenmal alles zusammen auf einer Karte sah, kam es mir vor wie drei verschieden große Halsketten mit Kugeln, die ineinander lagen, und in der Mitte war ein Stern.
Peters: Hübsche Halsketten, muß man wirklich sagen.
Velder: Das war eine einzige Festung, alles zusammen. Wie ein Termitenhügel. Der ganze südliche Sektor. Stoloff rechnete damit, daß die Bauarbeiten innerhalb von sechs Monaten abgeschlossen sein würden, und das klappte auch. Im August waren alle drei Befestigungsringe fertig. Es gab auch enorme Vorräte. Man rechnete damit, daß der Proviant, der Treibstoff, die Munition und die Medikamente auch unter ungünstigen Umständen zwei Jahre lang reichen würden. So stellte man sich die generelle Methode vor. Zuerst dachte ich, sie sei schrecklich. Das war kein Land, kein Platz, auf dem Menschen wie Menschen leben konnten. Aber bald wurde ich von der überall herrschenden Gei-

steshaltung und von der Idee mitgerissen. Ich hatte diesen Geist wohl auch von Anfang an im Unterbewußtsein gehabt. Das war es wohl gewesen, was mich dorthin geführt hatte, natürlich. Als ich eine Woche lang dagewesen war, bekam ich einen Offiziersrang im Stab. Wir hatten sehr viel zu tun, arbeiteten in den ersten Monaten achtzehn Stunden am Tag.

Schmidt: Das war es also, was die «generelle Methode» genannt wurde.

Velder: Erschreckende Ideologien, hart wie Mühlsteine.

Kampenmann: Was haben Sie gesagt, Velder?

Velder: Das hat Janos Edner nach seinem letzten Treffen mit Ludolf und Stoloff gesagt. «Unsere Insel darf kein Experimentierfeld für erschrekkende mühlsteinharte Ideologien werden, die die Menschen zwischen sich zermahlen.»

Orbal: Was sagt er? Was sind denn das für eigenartige Redewendungen?

Velder: Strategisch gesehen sollte es so verlaufen: Wir sollten nichts unternehmen, bis unser Verteidigungssystem ausgebaut und kampfbereit war. Uns nur gegen Angriffe verteidigen. Die Verluste niedrig halten. Danach, wenn das gesamte Festungssystem einsatzbereit war, sollte Plan A anlaufen. Den arbeiteten wir sehr sorgfältig aus. Damals begannen die Überfälle.

Peters: Für heute reicht es jetzt.

Velder: Es war alles wie ein Traum. Wir waren völlig isoliert, wir alle, die wir uns im roten Sektor befanden. Es wurde niemals ein Kommuniqué veröffentlicht, wir hatten nur sehr wenige Kontakte zur Außenwelt. Es kam uns so vor, als ob alle uns vergessen hätten. Niemand dachte mehr daran, daß Krieg war. Nur wir und dann Oswald. Wir hofften, er würde uns unterschätzen. Drei Pläne arbeiteten wir im Stab aus, Plan A, Plan B und C. Letzterer war ein Plan für den Notfall, das war eine Idee von Ludolf gewesen. Manchmal glaube ich, er selbst hat den am besten gefunden.

Peters: Es reicht jetzt, habe ich gesagt. Können Sie das Miststück zum Schweigen bringen, Endicott?

Orbal: Mal paßt dir dies nicht und mal jenes. Ist genau wie mit Pigafettas Klimaanlage.

Velder: Im August, am dritten, fingen wir also an ...

Peters: Schnauze, Mensch! Rollen Sie ihn hinaus.

Orbal: Die Sitzung wird bis morgen elf Uhr unterbrochen.

Brown: Anwesend Oberst Orbal, Heer, als Vorsitzender des Präsidiums des Sonder-Kriegsgerichts, Oberst Nicola Pigafetta, Luftwaffe, Major Carl von Peters, Heer, und Kapitän zur See Kampenmann, Marine. Auditor ist Kapitänleutnant Wilfred Schmidt, Marine, und der Angeklagte wird von Hauptmann Roger Endicott, Luftwaffe, verteidigt. Berichterstatter ist Leutnant Brown.
Pigafetta: Vorname und Teilstreitkraft, Brown.
Brown: Berichterstatter ist Leutnant Arie Brown, Luftwaffe. Generaladvokat Tadeusz Haller fehlt entschuldigt.
Orbal: Haller scheint sich hier nicht mehr sehen lassen zu wollen.
Pigafetta: Nein, der wird wohl nicht mehr kommen, glaube ich.
Peters: Woher wissen Sie denn das?
Pigafetta: Wie Sie genau wissen, hat der Generaladvokat bei dieser Angelegenheit eine doppelte Aufgabe. Einerseits nimmt er an den Sitzungen als Beobachter teil, andererseits ist er Vorsitzender der sogenannten gemischten Kommission aus dem Justizministerium und der juristischen Abteilung des Generalstabes, die damit beschäftigt ist, die formellen Urteile und die Urteilsbegründungen im Verfahren gegen Velder auszuarbeiten.
Kampenmann: Wenn ich richtig verstanden habe, wird das Urteil in der Praxis sofort nach dem Schlußplädoyer vorliegen?
Pigafetta: Ja, zusammen mit ausführlichen Begründungen. Denken Sie daran, daß es sich um Urteile handelt, die bereits im vorhinein entschieden worden sind.
Kampenmann: Das Urteil des Kriegsgerichts wird also im großen und ganzen ohne unser Mitwirken aufgesetzt?
Orbal: Sie mischen sich aber auch in jede Kleinigkeit ein, Kampenmann.
Pigafetta: Das gesammelte Material wird dem Präsidium natürlich vorgelegt. Danach können wir zum Urteil und zur Urteilsbegründung Stellung nehmen.
Kampenmann: Ich kann mir nicht helfen, aber mir scheint, daß das Verfahren allzusehr vereinfacht worden ist.
Peters: Ach, Kampenmann, begreifen Sie denn nicht, daß wir sonst noch jahrelang hier sitzen und in dieser Scheiße rühren würden?
Orbal: Genau. Richtig, sehr richtig.
Kampenmann: Mir macht das trotzdem Sorge. Wenn nun die Mitglieder dieser gemischten Kommission andere Maßstäbe anlegen als wir, dann ist deren Arbeit doch umsonst. Und Haller ist nur an acht von vierzehn Tagen hier aufgetaucht.
Pigafetta: Aufgetaucht ist wohl nicht der richtige Ausdruck.
Peters: Der Generaladvokat steht dem Staatschef sehr nahe.

Orbal: Haller gehört nicht zu denjenigen, denen man ungestraft etwas nachsagen kann, wie zivil er auch immer auftreten mag. Erinnerst du dich, wie er die Öffentlichkeitsarbeit während der Unruhen anpackte, Carl?

Peters: Er baute unser Ansehen im Ausland auf. Sowohl das der Nation als auch das des Generals. Beispielhaft!

Kampenmann: Er ersann also Geschichten über ...

Orbal: ... die Herrlichkeit da oben, der ist alt, Kampenmann. Was ist der Unterschied zwischen einem Pastor und zwei Frauenbeinen? Habe ich schon in der Kadettenanstalt gehört. Jetzt fangen wir an.

Kampenmann: Auch wenn es sich jetzt eigenartig anhört, aber das war es eigentlich nicht, was ich sagen wollte.

Peters: Das ist doch jetzt egal. Rufen Sie die Beteiligten herein, Brown.

Schmidt: Ich befasse mich nunmehr mit Punkt 105 bis einschließlich 127 der Anklage, in denen es um Mord, Beihilfe zum Mord, Beihilfe zum Massenmord, umstürzlerische Tätigkeit, Kommunismus, Hetze gegen Andersdenkende und Promiskuität geht. Ich beantrage, den Korporal Erwin Velder als Zeugen vorzuladen.

Peters: Ja, ja, genehmigt.

Schmidt: Ich will als erstes die Beteiligung des Angeklagten an dem sogenannten Plan A nachweisen.

Endicott: Sie können anfangen, Velder.

Velder: Am dritten August gaben wir also das Startzeichen für Plan A. Zu diesem Zeitpunkt war das Verteidigungssystem fertig ausgebaut. Die Lage an der Front hatte sich während der Sommermonate nicht verändert. Die Faschisten starteten Anfang und Ende Mai zwei große Angriffe. Bei dem ersten gelang es ihnen, den äußersten Verteidigungsgürtel ganz oben im Nordwesten zu durchbrechen und die Stellungen entlang dem Steilufer des Flusses auf einer Strecke von etwa vier Kilometern aufzurollen, indem sie sie von hinten angriffen, also von Osten. Aber Ludolf und Stoloff schienen nicht im mindesten beunruhigt zu sein. Wir verloren zwar einen Zipfel im Nordwesten, ein Gebiet von etwa zwanzig Quadratkilometern, aber der Angriff dauerte acht Tage, und die Armee hatte viele Gefallene und Verwundete. Unsere Verluste waren vergleichsweise gering sowohl an Soldaten als auch an Material. Die nächste Offensive, die Ende Mai stattfand, dauerte sechs Tage, und es wurde nicht mehr damit erreicht als einige unbedeutende Einbrüche in den äußersten Verteidigungsgürtel. Danach wurden die Aktivitäten gänzlich eingestellt, ja, der Artilleriebeschuß ging natürlich weiter, und hin und wieder erfolgte ein Luftangriff, aber dadurch wurden keine größeren Schäden erzielt. Aus ausländischen Quellen und durch unsere eigenen Agenten erfuhren wir, daß Oswalds Beschützer nicht wagten, Kernwaffen einzusetzen, sie hatten Angst vor internationalen Komplikationen. Seine militärischen Ratgeber hielten es für einfacher, uns durch eine Blockade auszuhungern, bis wir so geschwächt waren, daß der sogenannte Brückenkopf eingedrückt werden konnte oder kapitulierte. Während der ganzen Zeit erhielt Oswald ständig Verstärkungen, aber das mußte ja diskret geschehen, denn die Staaten, die Waffen und Menschen lieferten, hatten ja ebenfalls den Nichteinmischungspakt unterzeichnet.

Peters: Völliger Unsinn ... Ich weigere mich, weiter zuzuhören.

Schmidt: Wir haben im 9. Band eine Zusammenfassung, die ein korrektes Bild der Lage zu enthalten scheint, die Anlage V IX/16. Darf ich Sie um Verlesung bitten, Leutnant Brown.

Brown: Anlage V IX/16. Betrifft: die Unruhen. Übersicht, zusammengestellt von der nationalhistorischen Abteilung des Generalstabes. Der Text lautet:

Nach den örtlichen Strafexpeditionen zu Beginn und am Ende des Monats Mai entschloß sich General Oswald, keine weiteren militärischen Säuberungsaktionen durchzuführen. Während der Sommermonate versuchte man, die Aufsässigen im südlichen Sektor dazu zu bewegen, sich der neuen Ordnung zu unterwerfen. Unter anderem bot man eine Amnestie für solche Rebellen an, die sich nicht des Mordes oder anderer schwerer Verbrechen schuldig gemacht hatten. Nachdem im August die Banditenüberfälle angefangen hatten, wurde es allerdings deutlich, daß die Aufrührer, die kräftige Unterstützung vom internationalen Bolschewismus erhalten hatten, nur durch den Einsatz von Machtmitteln zur Vernunft gebracht werden konnten. Da humanitäre Gründe den Einsatz von Kernwaffen verboten, mußten die inzwischen stark befestigten Rebellennester mit konventionellen Mitteln saniert werden. Der General und seine nächsten Mitarbeiter im Friedenskorps und in der nationalen Freiheitsarmee zögerten jedoch bis zum letzten, mit offensiven Waffen anzugreifen.

Schmidt: Danke, das reicht. Lassen Sie den Angeklagten weitermachen.

Velder: Wir waren gegenüber den Ländern, die uns Hilfe anboten, in einer geographisch schlechten Lage, und vom Monat Mai an waren wir von so gut wie allem Nachschub abgeschnitten. Da begannen nämlich die Mächte, die Oswald beschützten, unsere Küsten mit Kriegsschiffen zu blockieren mit der Absicht, den Frieden zu bewahren, wie es hieß. General Ludolf und Oberst Stoloff schienen allerdings auch darauf vorbereitet gewesen zu sein, und an dem ursprünglichen Plan wurde nichts geändert.

Schmidt: Versuchen Sie doch, ihn wieder auf den Plan A zu bringen, wenn es geht.

Endicott: Ich will es versuchen.

Peters: Wenn die Herren ihn nicht so verhätscheln würden, könnten wir diese ganze Angelegenheit in der Hälfte der Zeit hinter uns bringen.

Velder: Ach so, also der Plan A. Der wurde am 3. August als logische Vorbereitung für den Plan B in Kraft gesetzt. Wir waren die ganze Zeit über damit beschäftigt gewesen, Leute auszubilden, die nachts Überfälle ausführen sollten, teils gegen feindliche Stellungen, aber vor allen Dingen gegen mehr oder weniger wichtige Punkte in dem Gebiet hinter der Front. Zu Anfang bildeten die Männer, die Bartholic zurückgelassen hatte, den Kern, um den herum die Kommandoverbände aufgebaut wurden. Die wurden Schockstoßtruppe genannt ...
Peters: Meuchelmörder ist das richtige Wort ...
Velder: ... aber wir bildeten, wie gesagt, viel mehr Männer aus, und es zeigte sich bald, daß unsere eigenen Leute besser waren als Bartholics. Die arbeiteten in Gruppen zu fünf Mann und hatten eine sehr leichte und wirkungsvolle Ausrüstung. In der Nacht zum 4. August schickten wir die erste Welle der Schockstoßtruppe hinaus, mehr als hundert Gruppen. Das Ergebnis war viel besser als erwartet. Die Faschisten waren völlig unvorbereitet, und fast alle Gruppen kamen ohne Verluste zurück.
Peters: Wenn er noch mal Faschisten sagt, knalle ich ihn ab.
Pigafetta: Dieser Ausdruck ist tatsächlich ein Reizwort.
Velder: Danach schlugen wir immer wieder zu, manchmal Nacht für Nacht, manchmal in kürzeren oder längeren Abständen. Die Planung war sehr sorgfältig, sie baute auf ständigen Wechsel in allen Dingen: Zeit, Einsatzort, Stärke und Methode. Diese Überfälle wurden den ganzen August und September hindurch fortgesetzt. Die Bewachung auf der anderen Seite wurde natürlich sehr schnell erheblich verschärft, und unsere Verluste stiegen. Aber das war alles einkalkuliert, und im Oktober ließen wir die Einsätze der Schockstoßtrupps langsam auslaufen, auch das genau nach Plan.
Schmidt: Das war also nun der Plan A. Ich muß jetzt versuchen, dem Angeklagten ein paar direkte Fragen zu stellen.
Peters: Das wird aber auch Zeit.
Schmidt: Velder, nahmen Sie an der Planung dieser Überfälle teil?
Velder: Jawohl.
Schmidt: War es Ihnen auch bewußt, daß diese Tätigkeit unzähligen Menschen das Leben kostete, daß nicht nur Soldaten, sondern auch Zivilisten ermordet wurden? Daß auch Frauen und sogar Kinder bei Sprengstoffanschlägen und Bränden getötet wurden?
Velder: Natürlich. Wir haben im Hauptquartier darüber diskutiert. Das Ziel des Einsatzes dieser Schockstoßtrupps war es doch, Angst und Unsicherheit zu verbreiten. Ich weiß, daß ein Memorandum existierte, in dem wir darlegten, wie schlimm es sei, daß auch Unschuldige geopfert werden müßten, daß aber derartige Überlegungen die Trupps nicht daran hindern durften, ihre Aufträge auszuführen. Allerdings richteten sich die Überfälle niemals gegen rein zivile Ziele. Die Terrordoktrin,

hieß es weiter, konnte nicht im gleichen umfassenden Maß angewendet werden wie in anderen Ländern oder während der Freiheitskämpfe anderer Völker, denn in unserem Fall ging es ja darum, Genossen in einem Gebiet zu befreien, das von Faschisten besetzt war. Ich selbst hatte zusammen mit Ludolf und Stoloff dieses Memorandum unterzeichnet. Die Absicht hinter der Maßnahme, die Überfälle erst zu forcieren und später planmäßig einzuschränken, war, den Feind in dem Glauben zu stärken, die Gefahr sei abgewendet, und ihm ein falsches Sicherheitsgefühl zu suggerieren.

Schmidt: Das dürfte völlig ausreichen, um die Mitwirkung des Angeklagten an den Untaten, die unter dem Begriff Plan A zusammengefaßt worden waren, zu beweisen. Von dem Schreckensregiment, das der Volksfeind Joakim Ludolf im südlichen Sektor errichtete, sind nur wenige Dokumente erhalten, und die meisten davon sind ziemlich uninteressant. Um die Geisteshaltung zu skizzieren und zu zeigen, welche schrecklichen Lehren dort verbreitet wurden, möchte ich jedoch eines dieser beschlagnahmten Aktenstücke, die Anlage V IX/31, aufrufen. Bitte sehr, Leutnant Brown.

Brown: Anlage V IX/31. Betrifft: die Unruhen. Tagesbefehl, erlassen am 17. März vom Volksfeind Joakim Ludolf. Der Text lautet:

Genossen! Uns ist durch den rechtsextremistischen Putsch der Bürgerkrieg aufgezwungen worden. Paul Oswald und Tadeusz Haller haben mit Gewalt die Bevölkerung in der Zentral- und der Südwestprovinz unterdrückt. Sie haben es auch zugelassen, daß fremde Truppen das Land besetzt haben. Unsere Kameraden im nördlichen Sektor sind besiegt worden. Der Grund dafür sind Wankelmut, unklare Zielsetzung und schlechte Vorbereitung auf den Angriff. Etwas Ähnliches wird hier bei uns nicht eintreffen. Die Ausgangslage ist folgende: Ein friedliches Nebeneinander mit Anhängern einer kapitalistisch-faschistischen Militärdiktatur ist undenkbar. Unser bisheriges System hat sich als nicht widerstandsfähig erwiesen, deshalb ist eine Rückkehr zu der alten Ordnung sinnlos. Der Sozialismus ist der einzige Weg in die Zukunft.

Den Sozialismus mit friedlichen Mitteln durchzusetzen ist unmöglich. Wir müssen deshalb mit aller Kraft und mit allen unseren Möglichkeiten den Faschismus und die fremden Invasoren bekämpfen. Wir sind materiell und personell unseren Feinden unterlegen. Unsere Lage ist deshalb ernst, aber keinesfalls hoffnungslos. Dem Feind ist es an keinem Punkt gelungen, unsere Stellungen zu durchbrechen. Unsere Vorräte sind umfassend, unsere Bewaffnung erstklassig und unser Glaube an den endgültigen Sieg ungebrochen. Der Weg in den Sozialismus wird jedoch große Opfer fordern. Es obliegt jedem Mann und jeder Frau im südlichen Sektor, sich sorgfältig auf den Augenblick vorzubereiten, in dem die Lage ihren totalen Einsatz erfordert! Ludolf, General, Kommandeur der sozialistischen Regierungsmiliz.

Peters: Ausgesprochen erhebend.
Schmidt: Ist der Angeklagte bereit, seinen Bericht fortzusetzen?
Endicott: Er ist soweit.
Velder: Organisatorisch war die Miliz im südlichen Sektor nach folgendem Prinzip aufgebaut: Wir im Hauptquartier hatten natürlich den Überblick über das gesamte System, aber jedes einzelne der 64 Forts in den drei Festungsgürteln war an und für sich eine in sich abgeschlossene, sich selbst versorgende Einheit unter dem Befehl eines Kommandanten. Das Personal in den Forts wurde so gut wie niemals versetzt, bis auf eine gewisse taktische Reserve, die dazu bestimmt war, die Verbände in dem äußersten Verteidigungsgürtel abzulösen. Ludolf und Stoloff waren der Ansicht, daß wir auf diese Weise sichergehen konnten, daß außerhalb des Hauptquartiers niemand so viel über die Verteidigungsmaßnahmen wußte, daß er, wenn der Betreffende lebend in die Hände des Feindes fallen sollte, etwas Wichtiges verraten konnte. Mit Spionen rechneten wir erst gar nicht. Alle, die der Unzuverlässigkeit verdächtigt wurden, waren bereits rechtzeitig eliminiert worden. Wir selbst hielten uns äußerst selten außerhalb des Hauptquartiers auf, die Kontrollen erfolgten über das Nachrichtennetz, das sehr gut ausgebaut worden war. Mir selbst passierte eine Geschichte, die beweist, wie isoliert die verschiedenen Einheiten eigentlich voneinander waren. Am 22. September ...
Peters: Müssen wir uns das alles anhören?
Schmidt: Die Episode, die Velder meint, enthält Beweismaterial für einen der Anklagepunkte.
Velder: Am Nachmittag des 22. September hatte ich etwas im Stützpunkt 35 zu erledigen, der an der Küste, etwa fünfzehn Kilometer südlich der Zentralbefestigung, also vom Hauptquartier lag. Ich kam übrigens mit einem neuen Milizoffizier dorthin; es kam immer noch vor, daß einzelne Idealisten aus dem besetzten Gebiet herüberkamen. Die mußten sich dann einer sehr gründlichen Prüfung unterziehen, bevor sie bei uns aufgenommen wurden.
Schmidt: Hier lohnt es sich, ergänzend darauf hinzuweisen, daß diejenigen, die diese Prüfung nicht bestanden – wie Velder sich so angemessen ausdrückt –, eliminiert wurden.
Orbal: Au verflucht! So ging es also denen, die wir hinübergeschickt haben.
Schmidt: Weiter, Velder.
Velder: Dort, im Stützpunkt 35, der gehörte zur ersten Festungslinie und lag etwa fünfzehn Kilometer südlich der Zentralfestung, also des Hauptquartiers ...
Peters: Das hat er ja bereits gesagt.
Endicott: Einen Moment nur. Velder, Sie befinden sich bereits im Stützpunkt 35.

Velder: Ja. Und da stand ich plötzlich Auge in Auge mit meiner jüngsten Ehefrau, Carla. Keiner von uns hatte gewußt, daß der andere sich im südlichen Sektor befand, obwohl sie dort schon neun Monate lang gewesen war und ich selbst mehr als ein halbes Jahr. Wir waren beide sehr verblüfft. Sie trug die Milizuniform, natürlich, und tat als Funkerin Dienst. Sie sagte, daß sie bereits am ersten Tag der Militärrevolte aus Oswaldsburg geflohen sei, sich in den südlichen Sektor abgesetzt und sich gleich General Ludolf angeschlossen hatte. Danach war sie die ganze Zeit lang beim Stützpunkt 35 gewesen, bereits während der Bauzeit des Forts. Das Ganze war sehr verwirrend und peinlich. Carla erzählte, daß Doris mit zwei von den Kindern in Oswaldsburg geblieben war. Doris war die ältere von meinen Ehefrauen. Ihre eigene Tochter hatte Carla mit sich genommen und sie bereits vor dem Jahreswechsel ins Ausland evakuieren lassen. Sie selbst lebte inzwischen mit einem Milizmann zusammen, der im gleichen Fort stationiert war. Es war übrigens der Kommandant. Sie hatten vor einem halben Jahr einen Ehevertrag unterschrieben, das konnte man im südlichen Sektor so machen. Weiter sagte sie, daß sie natürlich nicht geglaubt hätte, ich hätte die Idee verraten und wäre in der Armee geblieben, aber daß sie sich gedacht hatte, ich wäre aus dem Land geflohen. Wie auch immer, so hatte sie sich gedacht, daß sie das Recht hätte, mich als tot zu betrachten. Gegen diese Begründung konnte ich natürlich nicht viel einwenden. In der Praxis war sie also wiederverheiratet, und die Situation war, wie gesagt, ein wenig unglücklich. Carla war übrigens sehr hübsch, jetzt noch hübscher als je zuvor, fand ich. Ich wollte sie haben, und sie sagte, daß wir hinunter in ihre Unterkunft gehen könnten, aber sie wäre im Dienst, und deswegen könnte sie nur kurze Zeit weg, und das hatte ihrer Meinung nach keinen Zweck. Carla war nämlich die erotischere von meinen Ehefrauen. Doris dagegen war sexueller.

Orbal: Das habe ich überhaupt nicht verstanden. Was meint er, zum Donnerwetter? Wollen Sie uns zum Narren halten, Mann?

Velder: Es endete so, daß ich ihr einen Spezial-Passierschein ausstellte, damit sie durch die verschiedenen Verbindungstunnel zum Hauptquartier kommen konnte, wenn sie ihren Dienst beendet hatte. Das war um neun am gleichen Abend. Der Mann, mit dem sie zusammenlebte, machte zum Glück gute Miene dazu, obwohl ich anderes vermutet hatte; er unterschrieb jedenfalls ihren Passierschein ebenfalls. Na, das kann zum Teil auch daran gelegen haben, daß ich damals Oberstleutnant beim Stab war.

Peters: Was man sich alles anhören muß ...

Velder: Eigentlich war sie ja auch meine Frau. Es war eine eigenartige Situation. Ich fuhr zum Hauptquartier zurück. Ich hatte mir ausgerechnet, daß sie mit allen Kontrollen und Sperren, die sie passieren mußte, etwa eine Stunde brauchen würde, um zu mir zu kommen. Deshalb ging ich um zehn Uhr in mein Zimmer, zog mich aus und legte mich hin. Fünf Minuten später öffnete sich auch richtig die Tür, und sie kam herein. Wie ich es erwartet hatte, Carla war zuverlässig. Sie zog sich sofort aus, die Uniform und die Gummistiefel und ... ja, alles, und legte sich zu mir ins Bett, ohne ein Wort zu sagen. Allerdings zog sie sich langsam aus, sie war immer langsam, wenn es um die Liebe ging, in ihren Bewegungen und mit ihren Händen. Carla war ausgesprochen schön. Schlank. Sie hatte den geschmeidigsten und schönsten Körper, den ich jemals gesehen habe, und aufregend, hitzig irgendwie, dunkel und unbegreiflich, und das Haar zwischen ihren Beinen und in ihrer Leistenfalte war ganz schwarz. Und dann hatte sie eine Art tiefer, nachdenklicher Aufrichtigkeit, in der Liebe und auch sonst. Es dauerte eine Stunde, bis sie zu sprechen begann, und dann sagte sie genau dies: «Ich bin so glücklich! Nicht, weil wir hier liegen und uns streicheln, denn das ist ja so kompliziert geworden, sondern weil du wirklich hierher zu uns gekommen bist. Kannst du mir verzeihen, daß ich an dir gezweifelt habe?» Carla war sehr erotisch, wie ich gesagt habe, und es dauerte drei Stunden, bis sie genügend hilflos war, um ... ja, gebumst zu werden, ganz einfach. Sie konnte sich selbst und den, mit dem sie zusammen war, mich also, stundenlang auf der Kippe dieser scheinbaren Ruhe halten. Sie hatte bestimmte Eigenheiten, also sexuelle, bei der Anwendung ihrer Lippen, ihrer Zunge und ihrer Hände ...

Schmidt: Aufhören, Velder, es reicht! Die Voruntersuchung enthält einen viele Seiten langen Bericht über diesen Beischlaf. Er beginnt auf Seite 461 im neunten Band.

Peters: Warum weisen Sie darauf besonders hin, Schmidt? Und in dem Ton?

Orbal: Ja, wirklich, Kapitänleutnant Schmidt. Nehmen Sie sich in acht!

Schmidt: Ich bitte um Verzeihung.

Peters: Passen Sie auf, daß so etwas nicht noch mal vorkommt.

Orbal: Ja, ja. Welche Seite hat er gesagt, Carl? Aha, ja. Schreib das auf.

Schmidt: Wollen Sie versuchen, die Erinnerungen des Angeklagten sozusagen einen Zeitsprung machen zu lassen, Hauptmann Endicott?

Pigafetta: Ich möchte eine Frage an den Auditor richten. Was um Gottes willen soll durch diese Episode bewiesen werden?

Schmidt: In der Anklageschrift ist die betreffende Zeugenaussage als Beweismaterial zum Anklagepunkt 113, dem Vorwurf der Promiskuität, festgehalten worden.

Kampenmann: Das kommt mir doch etwas unbegreiflich oder besser gesagt zweifelhaft vor.

Peters: Zweifelhaft! Daß dieses Gesindel kreuz und quer durcheinander intimen Verkehr hatte, genau wie die Kaninchen, und offenbar unter den perversesten Formen? Sie erstaunen mich, Kampenmann.

Velder: Carla hatte verlängerten Urlaub und war dienstfrei bis um elf

am nächsten Vormittag. Viertel vor zehn stand sie auf. Sie stand einen Moment da und blickte an ihrem Körper herunter, Spiegel gab es nicht, und strich mit den Händen über ihren Schoß und ihre Brüste und fingerte an ihren großen Brustwarzen herum. Dann sagte sie: «Eigenartig. Du hattest zwei Ehefrauen, Erwin. Jetzt hab ich zwei Ehemänner. Ich hätte niemals gedacht, daß es so was geben kann.» Dann zog sie sich schnell ihren Schlüpfer und den BH und den Khakioverall, die Socken und die Gummistiefel an und ging. Das war das letzte Mal, daß ich sie gesehen habe. Danach bekam ich jedenfalls einen fürchterlichen Anschnauzer von Ludolf und Stoloff, weil ich sie zu mir geholt hatte. Ludolf ging sogar so weit, zu behaupten, daß wir sie eigentlich ins Hauptquartier zurückholen und erschießen lassen müßten. Er schien es ganz ernst zu meinen, als er das sagte.
Kampenmann: Was ist aus dieser Frau geworden?
Schmidt: Carla Velder wurde wegen Mordes am 22. Mai des darauffolgenden Jahres erschossen, also genau acht Monate später.
Peters: Glauben Sie, wir könnten nicht bis acht zählen, Schmidt? Was ist eigentlich mit Ihnen los?
Kampenmann: Mord? Wen hat sie denn ermordet?
Schmidt: Einen Unteroffizier aus dem Friedenskorps. Sie tötete ihn mit seinem eigenen Seitengewehr.
Peters: Reizende junge Dame!
Pigafetta: Darf ich eine Mittagspause vorschlagen?
Peters: Unterbrich die Verhandlung, Mateo.
Orbal: Was? Was ist denn? Was machst du für einen Krach, Carl?
Peters: Der stellvertretende Chef der Luftwaffe hat eine Mittagspause beantragt.
Orbal: Na klar. Die Sitzung wird für zwei Stunden unterbrochen.

Pigafetta: Nicht, daß ich besonders daran interessiert wäre, aber während der Mittagspause ist mir da eine Sache eingefallen. Zu einem früheren Zeitpunkt der Verhandlung weigerte sich Velder doch, auch nur ein einziges Wort über sein Verhältnis zu dieser Frau zu sagen, und jetzt beschreibt er genau das so außerordentlich wortreich und in allen Einzelheiten, daß der Gerichtsvorsitzende Lesestoff für mindestens eine Stunde daran haben wird. Kommt mir eigenartig und auch ein bißchen unheimlich vor, nicht wahr?
Peters: Das finde ich überhaupt nicht. Der Kerl ist ganz einfach verrückt.
Brown: Ich glaube, ich kann Ihnen das erklären, Herr Oberst. Im ersten Fall ging es um die Verhältnisse in Velders Haus während seiner sogenannten Ehe. Es ist nicht geglückt, ihn davon zu überzeugen, daß eben dieses Verhältnis kriminell war, und deshalb betrachtet er alles, was sich innerhalb seiner vier Wände abgespielt hat, als sein Privatleben, das

seiner Meinung nach unantastbar ist. In dem Fall, den wir gerade verhandelt haben, hat man ihn dagegen überzeugen können, daß er sich des Verbrechens der schweren Promiskuität schuldig gemacht hat, indem er ein Verhältnis zu der Ehefrau eines anderen Mannes unterhalten hat.

Peters: Ich habe es ja gesagt. Der Mann ist völlig verrückt.

Pigafetta: Aha, na ja. Einleuchtende Erklärung, Brown. Schlauer geht es kaum noch.

Orbal: Nennen Sie das eine Erklärung? Mir scheint das alles nur immer undurchsichtiger zu werden. Wer riecht hier übrigens nach Knoblauch?

Peters: Nun wollen wir aber wirklich anfangen.

Orbal: Ja, das wird das beste sein, ehe wir alle durchdrehen. Rufen Sie die Beteiligten herein, Brown.

Schmidt: Ich möchte jetzt die Beteiligung und Verantwortung des Angeklagten für den sogenannten Plan B nachweisen. Dies ist, wenn man die Folgen betrachtet, das schlimmste Verbrechen, an dem Velder teilhatte. Bevor der Angeklagte mit seinem Bericht fortfährt, rufe ich die zusammenfassende Schilderung der militärischen Lage auf, die in der Beilage V X/3 x der Voruntersuchung enthalten ist. Ich bitte den Berichterstatter, den Text zu verlesen.

Brown: Anlage V X/3 x. Betrifft: Die Unruhen. Zusammenfassung der Übersicht, ausgearbeitet von der nationalhistorischen Abteilung des Generalstabs. Die Vorlage ist zum streng geheimen Papier erklärt worden. Das heißt die Paragraphen ...

Peters: Ja ja, wissen wir doch. Es sind alle bis auf den Sittlichkeitsparagraphen.

Brown: Der Text lautet: Die Lage im Lande in der ersten Novemberhälfte schien keinen Anlaß zu besonderer Unruhe zu geben. Ein Siebtel der Fläche des Staates, das heißt also der südliche Teil der Ostprovinz, war zwar noch von den Roten beherrscht, aber das Gebiet war von allen Verbindungen zur Außenwelt abgeschnitten, und die Vorbereitungen für die endgültige Säuberung waren so gut wie abgeschlossen. Die Planung für die Säuberung wurde allerdings nicht von General Oswalds Stab durchgeführt, sondern war auf Druck internationaler Kreise dem Friedenskorps anvertraut worden. Wie sich zeigen sollte, war der Stab des Friedenskorps trotz seiner Erfahrungen an anderen Unruheherden nicht ausreichend informiert über die speziellen geographischen Schwierigkeiten und über die Verzweiflung und die Rücksichtslosigkeit, die in immer höherem Maße die Aufrührer und ihr Handeln prägten. Nachdem der Tiefwasserhafen in Oswaldsport (Ludolfsport) Anfang November wieder benutzt werden konnte, beschloß die Führung des Friedenskorps, die Ersatztruppen (in Wirklichkeit Verstärkungen), die für die endgültige Säuberung erforderlich sein würden, in diesem Hafen auszuladen. Diese Truppen, bei denen es sich um besonders ausgebildete Sturminfanterie mit schwerer Ausrüstung handelte, trafen am späten Abend des 18. November in Oswaldsport (Ludolfsport) an Bord von zwei großen Truppentransportern ein. Nur eines der Schiffe konnte am Kai festmachen, das erschwerte und verzögerte die Entladung so weit, daß erst kurz nach Mitternacht damit begonnen werden konnte. Der Staatschef hatte noch einen Monat vorher durch ein Memorandum des Generalstabs die Führung des Friedenskorps davor gewarnt, die Truppentransporter Oswaldsport (Ludolfsport) anlaufen zu lassen, und statt dessen Marbella empfohlen, das als sicherer galt. Im Stab des Friedenskorps wurde diese Warnung aber ignoriert.

Man wies darauf hin, daß innerhalb der letzten zwei Monate keine Aktivitäten der Rebellen mehr beobachtet worden waren, daß die Hafenverhältnisse in Oswaldsport erheblich besser waren als in Marbella und daß man durch die Anlandung der Sturmtruppen und ihrer Ausrüstung an der Ostküste, also in unmittelbarer Nähe der Geländeabschnitte, in denen sie kurz danach eingesetzt werden sollten, die beiden einzigen noch befahrbaren Straßen, die aus dem Westen des Landes in die Ostprovinz führten, nicht noch mehr belasten würde. Diesen Vorteilen wurde so viel Gewicht beigemessen, daß General Oswalds Memorandum nicht die erforderliche Aufmerksamkeit fand. Ebensowenig wurde bedacht, daß der am weitesten vorgeschobene Posten der Roten sich nur sechs Kilometer südlich des Hafens von Oswaldsport (Ludolfsport) befand. Um die Entladung nach besten Kräften zu schützen, gab General Oswald Befehl, den nordöstlichen Teil des südlichen Sektors unter konzentriertes Artilleriefeuer zu legen, aber die schlechte Wetterlage erschwerte die Umgruppierung der Batterien in hohem Maße.

Pigafetta: Der Stempel «Streng geheim» ist zweifellos auf dem richtigen Dokument angebracht. Unsere Alliierten würden gegen diese Art aufrichtiger Geschichtsschreibung sicher erhebliche Einwände geltend machen.

Peters: Da bin ich auch ganz sicher.

Kampenmann: Wenn wir nun mal ganz ehrlich sein wollen: Dieses so häufig erwähnte Memorandum – das übrigens vom Marinekommando kam – warnte eigentlich nur vor einer gewissen Minengefahr draußen vor dem Hafen. Und die Zufahrt wurde, soviel ich weiß, sehr sorgfältig geräumt, bevor die Transportschiffe einliefen.

Peters: Also wirklich, Kampenmann, so was Gemeines habe ich lange nicht gehört.

Orbal: Absolut falsch, Kampenmann, vollkommen verkehrt.

Pigafetta: Es gibt auch für die Aufrichtigkeit Grenzen, Herr Kapitän zur See.

Peters: Und für Frechheit, Kampenmann.

Orbal: Jawohl, nehmen Sie sich in acht!

Pigafetta: Wenn schon nicht anders, so sollten Sie an die Empfindlichkeit in derartigen Fragen denken, die unsere Freunde aus dem Heer hier an den Tag legen.
Kampenmann: Natürlich. Ich bitte um Verzeihung.
Pigafetta: Ich glaube nicht, daß wir uns weiter in diese Sache vertiefen sollten. Mein Vorschlag wäre, daß der Auditor jetzt fortfährt.
Schmidt: Velder, es dreht sich jetzt um den sogenannten Plan B. Erzählen Sie mit wenigen Sätzen, was Sie darüber wissen und inwieweit Sie an der Ausarbeitung und Durchführung beteiligt waren.
Endicott: Fangen Sie an, wie es Ihnen gesagt worden ist, Velder. Also mit dem Plan B.
Velder: Zwei Dinge waren uns wirklich gut gelungen. Ein externes Kundschafternetz, das so klein war, daß damit nur sehr wenige Personen beschäftigt waren, die somit nur die wirklich wesentlichen Dinge meldeten. Und dann war es uns geglückt, einen großen Teil von deren Code zu entschlüsseln. Wir wußten von den Truppentransporten nach Ludolfsport bereits zwei Tage vorher. Diese Kenntnis war ausschlaggebend für das Anlaufen von Plan B. Diese drei Pläne, A, B und C, waren im Stab praktisch parallel voneinander ausgearbeitet worden. Plan B war dabei der weitaus wichtigste. Die Grundzüge dafür waren von Ludolf und Stoloff skizziert worden, danach vollendeten wir ihn, so gut es ging. Als ich zum erstenmal davon hörte, gab Ludolf eine sehr bündige Beschreibung. Er sagte: «Plan A ist das Vorbereitungsstadium, Plan C bleibt uns, wenn alles andere mißglückt ist.» Ich war es damals, der die logische Frage stellte: «Und was ist mit Plan B?» Ludolf schwieg eine ganze Weile, dann antwortete er: «Plan B ist eine gut durchdachte und voll durchführbare Angriffsoperation. Wenn er korrekt und zum richtigen Zeitpunkt durchgeführt wird, ist der Sieg des Sozialismus innerhalb von drei oder vier Tagen gesichert. Das einzige, das den Plan zum Platzen bringen könnte, ist etwas völlig Unberechenbares oder Unerwartetes. Immer vorausgesetzt, daß wir, wie gesagt, nicht den falschen Zeitpunkt wählen.» Dieses Gespräch muß schon irgendwann Anfang April stattgefunden haben. Danach folgten zwei Monate der Planung, und am 16. Juni waren wir damit fertig. An diesem Tag führten wir eine gründliche Beratung des Plans B im Hauptquartier durch. Es waren nur drei Personen dabei: Ludolf, Stoloff und ich selbst. Das Prinzip war das folgende: Zu einem vorher bestimmten Zeitpunkt sollten wir alle unsere Kräfte in einem kombinierten Gegenstoß zusammenfassen. Der bestand aus zwei größeren Angriffsbewegungen in verschiedene Richtungen sowie zwei kleineren Unternehmungen, die hauptsächlich zur Ablenkung dienen sollten. General Ludolf . . .
Orbal: Was ist denn nun schon wieder los?
Peters: Er ist wohl daran erstickt, daß er diesen Schweinehund von

Banditen als General bezeichnet hat. Das Wort ist selbst ihm im Halse steckengeblieben, sozusagen.
Endicott: Ich glaube, es hat einen technischen Defekt an dem Verstärker gegeben.
Peters: Praktisch alles, was ich von Ihnen, Endicott, während der Verhandlungstage gehört habe, ist «glaube», «versuche» und «vielleicht» und «ich weiß nicht».
Endicott: Bei allem Respekt, Herr Major...
Pigafetta: Diskutieren Sie hier nicht herum, Endicott. Sehen Sie zu, daß dieser Apparat repariert wird. Den haben doch unsere eigenen Elektroingenieure konstruiert. Brown, helfen Sie ihm, das Ding abzumontieren.
Brown: Jawohl, Herr Oberst.
Pigafetta: Na also. Schicken Sie den Apparat hinunter ins Laboratorium. Aber schnell!
Endicott: Jawohl, Herr Oberst.
Orbal: Was machen wir unterdessen? Gehen wir hinauf und trinken ein Bier?
Schmidt: Ich möchte die gleiche kleine Abweichung von der Routine vorschlagen, die wir schon einmal praktiziert haben. Nämlich daß wir Leutnant Brown den folgenden Teil von Velders Zeugenaussage direkt aus dem Protokoll der Voruntersuchung vorlesen lassen. Sie finden diesen Abschnitt auf Seite 76 im ersten Teil des neunten Bandes.
Pigafetta: Ausgezeichnet, damit sparen wir Zeit.
Brown: Akte V X/5 B Verhör mit Erwin Velder. Vernehmungsnummer 1102. Der Text enthält die Äußerungen der Volksfeinde Joakim Ludolf, Boris Stoloff und Erwin Velder anläßlich einer Besprechung des sogenannten Plans B am 16. Juni. Der Text lautet:
Das Gespräch wurde zum überwiegenden Teil zwischen Joakim Ludolf und Boris Stoloff geführt, die – der Auffassung des Zeugen zufolge – den Plan bereits häufiger untereinander besprochen hatten.
Ludolf entschied endgültig, daß der kombinierte Gegenstoß zwei größere Angriffsbewegungen umfassen sollte, einen in nordwestlicher und einen in nordostwärtiger Richtung; gleichzeitig sollten kleinere Amphibienverbände die Flanken im Süden und Osten umgehen und zwei Brückenköpfe einrichten. Den einen in einem kleinen Fischereihafen an der Südküste 30 Kilometer ostwärts der Flußmündung, die ja die damalige Frontlinie bildete. Der andere Amphibienverband sollte durch Überrumpelung den Leuchtturm und die Lotsenstation 15 Kilometer nördlich von Oswaldsport (Ludolfsport) nehmen und sich auf der Halbinsel verschanzen, auf der diese Einrichtungen installiert waren. Danach wurde das Gespräch wie folgt fortgesetzt. (Der Wortlaut ist als sinngemäß anzusehen):

Ludolf: Haben wir genügend Schiffsraum für die Amphibienunternehmungen; und sind die Schiffe voll einsatzbereit?

Velder: Ja. Sie liegen außerdem gut geschützt in den unterirdischen Bunkern. (Der Zeuge weist daraufhin, daß er die Verantwortung für diese Transportfrage hatte.)
Ludolf: Wie lange dauert es, bis die Miliz die für die Durchführung eines derart großen Angriffs erforderliche Ausbildung hat?
Stoloff: Wenn es darauf ankommt, könnten wir schon in zwei bis drei Wochen losschlagen. Aber die wichtigste Voraussetzung ist nach wie vor, daß wir uns gegen Luftangriffe schützen können, während der Angriff läuft.
Ludolf: Und damit willst du sagen, daß wir auf schlechtes Wetter warten müssen?
Stoloff: Ja. Die beste Zeit müßte, soviel ich weiß, irgendwann im Spätherbst sein, im Oktober oder November, wenn die Nebeltage kommen. Wir müssen in jedem Fall vor Einbruch des Winters losschlagen.
Velder: Bis dahin wird der Hafen in Ludolfsport wieder soweit hergestellt sein, daß Sie ihn benutzen können.
Stoloff: Um so besser für uns. Ich möchte behaupten, daß unsere Aussichten, einen schnellen und entscheidenden Sieg zu erringen, um so größer sind, je mehr Leute Oswald in Ludolfsport zusammenzieht.
Velder: Ja, wir werden sie wie junge Katzen in einem Sack haben.

Schmidt: Ich mache das Präsidium auf diesen Satz besonders aufmerksam.

Brown: Des weiteren berichtete Stoloff über die Versorgungslage. «Plan B», sagte er unter anderem, «muß aus mehreren unterschiedlichen Gründen vor dem Jahreswechsel abgeschlossen sein. Erstens zehrt ein Überwintern in unseren derzeitigen Stellungen kräftig an unseren Brennstoffvorräten und Kraftreserven, und zweitens ist die Winterausrüstung der Miliz so mangelhaft, daß bereits ein mittlerer Kälteeinbruch umfassendere Unternehmungen auf der Erdoberfläche unmöglich macht. Drittens müssen wir uns daran erinnern, daß die Miliz zu einem bestimmten Zeitpunkt, ich schätze im Oktober, ihre größtmögliche Schlagkraft erreicht hat. Danach können wir nicht mehr damit rechnen, noch mächtiger zu werden, während Oswald seinerseits immer neue Verstärkungen an Personal und Material erhält.»
Joakim Ludolf faßte danach die aktuelle Situation der Stärke der Streitkräfte zusammen, die sich seiner Auffassung nach wie 1 : 3 zugunsten von Oswald verhielt, sowohl was die Mannschaftsstärke betraf als auch beim Material und den Waffen. Am bedenklichsten bezeichnete er die Unterlegenheit in der Luft, die nur durch besondere Umstände auszugleichen wäre.
Abschließend wurde bestimmt, daß man sich darauf einrichten müßte, das qualitative Höchstmaß der Miliz, sowohl hinsichtlich der Ausbil-

dung als auch der Bewaffnung und der psychischen Verfassung, vor dem 15. Oktober zu erreichen.

Pigafetta: Na, Endicott, wie ist es gegangen?

Endicott: Der Apparat ist wieder in Ordnung, Herr Oberst. In einer der Batterien war ein Kurzschluß. Das war alles.

Peters: Hört man jetzt, was der Scheißkerl sagt?

Endicott: Ja, der Verstärker müßte funktionieren.

Peters: Na, dann leiern Sie mal los, Velder. Ich habe keine Lust, den ganzen Abend lang hier zu sitzen.

Velder: Am 15. November teilte der Geheimdienst mit, daß die Transportschiffe mit den Verstärkungen für das Friedenskorps am Nachmittag oder Abend des 18. in Ludolfsport erwartet würden. Wir wußten auch, daß die Truppen an Bord der Schiffe zur mit schwerem Gerät ausgerüsteten Sturminfanterie gehörten und direkt gegen unseren nordostwärtigen Frontabschnitt eingesetzt werden sollten, der schon vorher unser schwächster Punkt gewesen war. Am Abend des 15. hatten wir eine entscheidende Besprechung in der Kommandozentrale des Hauptquartiers. Dabei waren auch die Kommandeure, die die vier verschiedenen Kampfverbände befehligen sollten, anwesend. Wir standen die ganze Zeit über vor der großen Wandkarte. Ich selbst habe diese Karte so oft und so lange angestarrt, daß ich noch jahrelang danach davon geträumt habe. Schematisch konnte man sie sich so vorstellen: die Insel als langgestrecktes Viereck 140 km lang und mit einer Breite von etwa 50 km; die Insel war an ihrer breitesten Stelle 63 km und an der schmalsten 46 km breit. Ich sah sie vor mir, aufgeteilt in sechs etwa gleich große rechteckige Felder, von denen eines, das ganz unten in der rechten Ecke lag, uns gehörte.

Peters: Danke, wir wissen, wie die Karte aussah.

Velder: Aha, aha. Bei jener Besprechung, am Abend des 15. und in der Nacht zum 16., beschlossen wir, daß Plan B um ein Uhr am Morgen des 19. in Kraft treten sollte. Diese Entscheidung hatten wir ja so lange hinausgeschoben, und wir fühlten uns alle sehr erleichtert, glaube ich. Diese Gelegenheit würde uns so schnell nicht wieder geboten werden. In vieler Hinsicht war die Situation so günstig, wie wir es vorher kaum zu hoffen gewagt hätten. Es hatte zwei Wochen lang beinahe ununterbrochen geregnet, die Felder waren aufgeweicht, und auf den Wegen kam man kaum vorwärts. Die Nächte waren lang und nebelig, und an den Tagen vorher war ein Tief nach dem anderen von Norden her über die Insel gezogen und hatte abwechselnd Regenwolken und Nebelbänke mit sich gebracht. Die Temperatur schwankte zwischen 5 und 10 Grad und war von unserer Miliz mit ihrer leichten Ausrüstung gerade noch zu ertragen. Das war also das übliche Wetter für diese Jahreszeit, und wir rechneten nicht mit irgendwelchen Überraschungen. Das Wetter auf der Insel war jahrelang Monat für Monat mit beinahe hundertprozentiger Sicherheit vorausgesagt worden. Die Planung war, wie Ludolf es nannte, flexibel. Wir mußten zuschlagen, ehe die neuen Sturmtruppen ihre Stellungen bezogen hatten, aber falls die Ankunft der Schiffe sich verzögern sollte, konnte der Angriff so lange aufgehalten werden, bis die Schiffe im Hafen waren und die Entladung der Truppen begonnen hatte. Anderenfalls hätten Oswalds neue Verstärkungen viel zu leicht an einen anderen Punkt der Küste umdirigiert werden können.

Orbal: Sagen Sie mal, Pigafetta, dieser Niblack, hat der nicht vor zwei Jahren den zweiten Platz bei der Golfmeisterschaft errungen?

Pigafetta: Ja, das ist richtig.

Orbal: Ja, es schien mir doch so, als ob ich den Mann schon mal gesehen hätte. Na, entschuldigen Sie die Unterbrechung, machen Sie weiter.

Velder: General Ludolf, Oberst Stoloff und ich selbst waren gemeinsam für den Plan B verantwortlich. Alles war vorbereitet und fertig geworden, und jetzt hatten wir den Tag festgelegt. Genau um Mitternacht sollten die beiden Kampfverbände an Land gesetzt werden; für dieses Unternehmen benötigten wir alle Vorpostenboote und Motorboote, die wir überhaupt zur Verfügung hatten. Sie würden genau eine Stunde brauchen, um ihre Ziele zu erreichen, den Leuchtturm auf der nordostwärtigen Halbinsel und dieses Fischernest ...

Kampenmann: Melora, nicht wahr?

Endicott: Ja, stimmt, Melora hieß der Ort.

Velder: Also dieser Fischerort an der Südküste. Gleichzeitig sollte die erste Brigade die Stellungen an der Autobahn zehn Kilometer südwestlich von Ludolfsport durchbrechen und nach Nordosten vorrücken, bis die vordersten Spitzen die Küste sechs Kilometer nördlich der Stadt direkt oberhalb des Flugplatzes erreicht hatten. Damit sollten beide Hauptverbindungen, die alte Straße und die Küstenstraße, unterbrochen und Ludolfsport eingeschlossen sein. Im besten Fall würden die ersten Verbände die Küste bereits zwischen vier und fünf Uhr am Morgen erreichen.

Im gleichen Augenblick, in dem die ersten Gruppen am Meer nördlich von Ludolfsport ankamen, sollte die zweite Brigade mit dem Angriff beginnen. Der Bereitstellungsraum für diese Kräfte lag oben im nordwestlichen Teil unseres Gebietes. Ihre Aufgabe war es, den Winkel zwischen der Nord- und der Westfront zu durchbrechen und das Gebiet, das Oswald im Mai erobert hatte und das immer noch nicht ausreichend befestigt war, zu überwinden. Danach sollte die Miliz den Fluß überschreiten und die Autobahnlinie nehmen und das Dorf Brock erobern, das an der alten Landstraße zwischen Oswaldsburg und Ludolfsport nur 40 Kilometer von der Hauptstadt entfernt lag. Nachdem Brock eingenommen und die Hauptstraße zwischen Oswaldsburg und den ostwärtigen Teilen des Landes abgeschnitten war, sollten schnelle,

motorisierte Verbände den Angriff in nördlicher Richtung über das ebene Gelände vortragen und auch den nördlichen Küstenweg abschneiden. Damit würde der von den Faschisten kontrollierte Teil des Landes in zwei Teile gesprengt, Ludolfsport von der Landseite her eingeschlossen und der Weg nach Oswaldsburg offen sein. Entscheidend für die Durchführung des Planes war es, den Feind stets im unklaren darüber zu lassen, welches unser nächster Schritt war. Wir rechneten damit, daß Oswald die Unternehmungen gegen die Halbinsel und das Fischerdorf als Hauptangriffsziele werten würde. Erst nachdem der Feind seine Kräfte umgruppiert hatte, um dort einzugreifen, sollte die zweite Brigade den Angriff auf Brock einleiten. Von all unseren zur Verfügung stehenden Verbänden wurden 30 Prozent zurückgelassen, um die alten Stellungen zu halten. Fünf Prozent wurden für die Amphibienunternehmen gegen den Leuchtturm und das Fischerdorf eingesetzt. Fünfundzwanzig Prozent bildeten die erste Brigade, die an der Ostküste entlang vorgehen und Ludolfsport abriegeln sollten. Die restlichen vierzig Prozent wurden beim Hauptstoß gegen Brock eingesetzt. So gut wie alles rollende Material, vor allem kleine, gepanzerte Kettenfahrzeuge, wurde auf die Angriffsverbände verteilt. Am wichtigsten waren, abgesehen von dem Willen zum Sieg natürlich, die Beweglichkeit und Schnelligkeit sowie die Flexibilität und die leichte Ausrüstung und Bewaffnung der Miliz. Die Faschisten sollten so lange wie möglich im Glauben gelassen werden, daß es sich um das alte System kleinerer Überfälle handele, das wieder nach Plan A ablief, diesmal aber in größerem Umfang.
Orbal: Zum Gähnen ist das alles. Man weiß ja schon, wie es ausgeht.
Velder: Die größte Sorge bereitete uns die Luftwaffe.
Pigafetta: Davon bin ich überzeugt.
Velder: Wir hatten ja keine eigenen Flugzeuge, mit Ausnahme einiger weniger Wasserflugzeuge in den Bunkern. Der Flugplatz im südlichen Sektor war durch Bomben und Artilleriefeuer zerstört worden. Soviel wir wußten, gab es in Oswalds Gebiet drei voll ausgebaute Flugplätze. Der beste davon lag gleich westlich von Oswaldsburg, die beiden anderen unmittelbar nördlich von Ludolfsport und bei Marbella. Stoloff hatte sich sehr eingehend mit dieser Frage beschäftigt, und er kam zu dem Schluß, daß, wenn die ersten Angriffsverbände ihre Aufgaben planmäßig erfüllten, müßte der Platz bei Ludolfsport bereits vor der Morgendämmerung in unseren Händen sein, also etwa um sieben Uhr morgens. Aber die größte Bedrohung kam natürlich von Oswaldsburg, wo der größte Teil der faschistischen Luftwaffe konzentriert war. Stoloff hatte allerdings seit längerer Zeit Spezialisten unter die Arbeiter in den Umschulungslagern rund um Oswaldsburg einsickern lassen und auch in die Stadt selbst einige Leute eingeschmuggelt. Dort hatten wir natürlich auch viele Genossen, und darunter gab es welche, die bereit waren, als Aktivisten aufzutreten. Die Spezialisten, die ich eben

erwähnte, waren fast ausschließlich ehemalige Bauarbeiter, Leute, die bereits die Kunst, mit Sprengstoff umzugehen, beherrschten und die danach eine Sonderausbildung als Saboteure erhalten hatten.
Aus diesen Leuten wurden einige Sabotagegruppen gebildet, die den Befehl erhielten, zehn Minuten bevor die Verbände das Fischerdorf das übrigens Melora hieß, und den Leuchtturm auf der nordostwärtigen Halbinsel erreichten, aktiv zu werden. Die Saboteure sollten den Flugplatz zehn Minuten vor eins koordiniert überfallen. Gegen den Platz in Marbella konnten wir kaum etwas unternehmen. Unsere Partei hatte in diesem Gebiet nicht so viele aktive Anhänger, und außerdem wußten wir, daß der Platz sehr gut bewacht war.
Peters: Haben wir immer noch nicht genug?
Velder: Im übrigen verließen wir uns auf das Wetter. Die neuen Reserve-Feldflugplätze konnten nicht benutzt werden, denn sie hatten keine zementierten Startbahnen, und der Boden war vom Regen aufgeweicht. Übrigens war es, wie zu dieser Jahreszeit üblich, so neblig, und die Wolkendecke hing so niedrig, daß Einsätze von Flugmaschinen so gut wie unmöglich sein mußten. Und außerdem hatte Oswald gar nicht so viele. Die Lage bisher war für einen Luftkrieg nicht gerade einladend gewesen, wie Stoloff sich ausdrückte. Wir glaubten auch nicht, daß Oswalds Beschützer unter den imperialistischen Mächten es wagen würden, von Flugzeugträgern aus Angriffe zu fliegen, aus Angst vor dem internationalen Spektakel, den so was zur Folge haben würde. Flugmaschinen ...
Pigafetta: Möglicherweise wird es als Überempfindlichkeit ausgelegt, aber gibt es denn wirklich keine Handhabe, den Angeklagten dazu zu bewegen, dieses Wort zu vermeiden? Ich wäre jedenfalls sehr dankbar, wenn Sie dafür Sorge tragen würden, Endicott!
Velder: Am 16. erhielten wir eine Nachricht, die unsere Ausgangslage zu verbessern schien. Ein bekannter ausländischer Kommentator war in Oswaldsburg gewesen und hatte auch die Fronten besucht. Offenbar hatte er auch einige Gefangene sprechen können. Er hatte einen Artikel geschrieben, der über die ganze Welt verbreitet worden war und der ...
Schmidt: Das fragliche Dokument ist in der Voruntersuchung wiedergegeben. Anlage V X/49xx. Bitte sehr, Leutnant Brown.
Velder: ... darstellte, daß wir ...
Endicott: Schscht, Velder.
Orbal: Was machen Sie denn da, Endicott?
Peters: Hauptmann Endicott meint vielleicht, daß er versuchen könnte, diesen Saukerl am Sprechen zu hindern.
Orbal: Es hörte sich so an, als ob er eine Katze locken wollte.
Brown: Anlage V X/49xx. Betrifft: Die Unruhen. Auszug aus einem Artikel, veröffentlicht in der internationalen Presse, ungefähr um den 10. November herum. Der Text lautet:
In dieser Frage ist ein Eingreifen der Großmächte weder aktuell noch in

irgendeiner Hinsicht gerechtfertigt. Die Reste der kommunistischen Guerillas haben sich nach der schweren Niederlage im Frühjahr in den südöstlichen Teilen der Insel verschanzt. Dies ist ein unzugängliches und unfruchtbares Gebiet, augenscheinlich ziemlich gut befestigt. Die Vorräte der Aufständischen sind allerdings im gleichen Maße zusammengeschmolzen, wie die Hoffnungen dahinschwanden. Jetzt sind die Kräfte am Ende und die Stimmung auf ihrem tiefsten Stand. Seitdem der Nichteinmischungspakt abgeschlossen wurde, ist der Abstand zum kommunistischen Teil der Welt unendlich geworden und die Isolierung vollständig. Aus guten Gründen erwartet man, daß die Guerillas sich geschlagen geben und innerhalb der nächsten Wochen kapitulieren. Mit großer Wahrscheinlichkeit wird das auch der Fall sein.
Es ist auch nicht schwer, den Zeitpunkt für die Unterwerfung vorherzusagen. Die Revolutionäre, die unter der Führung eines gewissen Joakim Ludolf stehen, müssen vor dem Einbruch des Winters aufgeben, denn Möglichkeiten, die kalte Jahreszeit zu überleben, sind so gut wie nicht vorhanden.
Ich hatte während meines Besuches in Oswaldsburg Gelegenheit, mit Generalmajor Winckelman zu sprechen, dem Befehlshaber der nationalen Befreiungsarmee. Sowohl diese Truppe als auch das Friedenskorps stehen natürlich unter dem Oberbefehl von General Oswald, dem Staatschef.
Generalmajor Winckelman war der Ansicht, daß man mit einem kräftigen Angriffsunternehmen das gesamte Rebellengebiet in weniger als 24 Stunden säubern könne, das scheint auch durchaus wahrscheinlich zu sein. Daß ein solches Unternehmen noch nicht durchgeführt worden ist, liegt offenbar daran, daß der Staatschef nicht mehr Gewalt anwenden will, als unbedingt notwendig. Der Krieg, über den in gewissen Kreisen so viel geredet wird, ist kein Krieg. Und die «kommunistische Minderheit», die von den gleichen Kreisen immer noch bemitleidet wird, besteht im großen und ganzen nur aus verhungerten Banditenhaufen. Ein Mitglied der Regierung, Tadeusz Haller, sagte vor einigen Tagen in einer öffentlichen Rede, «daß es nur die allgemeine Arbeitsunlust und die Furcht vor Strafe sind, die die Aufsässigen bisher davon abgehalten haben, aus ihren Löchern hervorzukommen».
Auch wenn es glaubhaft erscheint, daß sich bei den Ludolfschen Freischärlern auch einzelne fanatische Idealisten befinden, so bin ich doch überzeugt davon, daß Dr. Haller grundsätzlich recht hat. Der Versuch des internationalen Kommunismus, in diesem Teil der Welt Fuß zu fassen, ist gründlich mißlungen. Und mehr als diese Worte gibt es zu diesem Thema nicht zu sagen.
Orbal: Schöne Worte, aber Winckelman wußte natürlich verdammt gut, daß es Wochen dauern würde, das Pack in seinen Höhlen auszuräuchern. Wir hatten all das im Stab sehr genau untersucht.

Peters: Nein, jetzt ist aber Schluß für heute.
Orbal: Ei verflucht, ist es schon so spät? Die Sitzung wird auf morgen elf Uhr vertagt.

Fünfzehnter Tag

Brown: Anwesend Oberst Mateo Orbal, Heer, als Vorsitzender des Sonder-Kriegsgerichts, Oberst Nicola Pigafetta, Luftwaffe, Major Carl von Peters, Heer, und Kapitän zur See Arnold Kampenmann, Marine. Auditoren sind Kapitänleutnant Wilfred Schmidt, Marine, und Leutnant Mihail Bratianu, Heer. Der Angeklagte wird von Hauptmann Roger Endicott, Luftwaffe, verteidigt. Generaladvokat Tadeusz Haller fehlt entschuldigt.
Orbal: Aha, Oberst Pigafetta ist anwesend. Ich kann ihn aber gar nicht sehen.
Peters: Was meinen Sie damit, Brown? Ist Oberst Pigafetta hier oder nicht? Hat er vielleicht seinen Astralleib geschickt?
Orbal: So weit ist es denn wohl doch noch nicht.
Brown: Der Oberst ist einige Minuten verspätet, Herr Major.
Orbal: Haha, ja ja. Und heute in einer Woche ist er General!
Peters: Davon bin ich nicht überzeugt.
Orbal: Es wäre doch höchst unwahrscheinlich, daß der Staatschef einen so unglaublichen Esel wie den Bloch zum Chef der Luftwaffe ernennt.
Peters: Wollen wir wetten?
Orbal: Behalte dein Geld, Carl. Na, Kampenmann, wie geht es Ihnen heute?
Kampenmann: Danke, gut.
Peters: Können Sie nicht den Flottenchef auf einen von Ihren alten Pötten locken und den dann in die Luft sprengen? Dann sind Sie Admiral.
Kampenmann: Ich verstehe nicht, was Sie meinen.
Peters: Muß unheimlich lustig zugehen in der Kombüse Ihrer Fregatte, oder wie das da heißt.
Kampenmann: Messe.
Orbal: Übrigens Messe, ich kannte da vor einigen Jahren eine Ballettänzerin in Marbella. Florinda hieß sie. Fiel mir gestern wieder ein, als ich das Verhör mit Velder las. Der Kerl behauptete doch, daß er einmal sieben Stunden lang einen hoch hatte, bevor er es dieser Clara, oder wie die nun hieß, besorgte. Aber die hat ja auch abwechselnd damit gespielt und daran geleckt. Lügner! Ich glaube ihm kein Wort.
Peters: Was hat denn das mit der Ballettänzerin zu tun?
Orbal: Ja, also bei ihr bekam ich den Priapismus, du weißt, eine Erek-

tion, die nicht aufhört. Vögelte mit ihr die ganze Nacht und den größten Teil des ... ja, des folgenden Tages. Dann mußte ich mit dem Flugzeug zurück. Saß wie ein verdammter Kandelaber in der Maschine, das Dach wäre beinahe durchbohrt worden. Na ja, schließlich kam ich nach Hause zu meiner Frau, und da hörte es auf.
Kampenmann: Verzeihung, aber was hat das mit einer Offiziers-Messe zu tun?
Orbal: Womit? Ach so. Ja, das ist nicht leicht zu beantworten. Beim nächsten Mal lief diese Florinda jedenfalls weg, als sie mich von weitem sah. Nach der Erfahrung in jener Nacht, sozusagen.
Peters: Hör jetzt auf damit, Mateo. Hier kommt Pigafetta.
Pigafetta: Ich bedauere meine Verspätung.
Peters: Wir auch. Rufen Sie die Beteiligten herein, Brown.
Schmidt: Wir sind immer noch beim letzten Komplex der Anklagepunkte.
Peters: Schön, Sie zu sehen, Bratianu.
Bratianu: Danke, Herr Major.
Peters: Werden Sie als Auditor einspringen?
Bratianu: Kaum, Herr Major. Aber die Anklage wird demnächst beendet sein, und wir bereiten das Schlußplädoyer vor.
Schmidt: Ich beantrage, die Zeugenvernehmung mit dem Angeklagten wieder aufnehmen zu dürfen. Es geht um seine Beteiligung am sogenannten Plan B.
Orbal: Genehmigt. Rollen Sie den Trauerkloß herein.
Velder: Der 18. November war ein Montag. Gegen acht Uhr am Abend meldete einer unserer Beobachtungsposten auf den Inseln, daß die Truppentransporter nach Ludolfsport einliefen. Damit war die Sache klar. Um halb neun gab General Ludolf den Befehl zum Anlaufen von Plan B. Danach konnten wir nur noch warten. Wir konnten nichts anderes tun, jeder Mann und jede Frau in der Miliz waren an ihrem Platz.
Kampenmann: Gab es Frauen auch bei den Kampftruppen?
Orbal: Müssen Sie so neugierig sein, Kampenmann?
Schmidt: Soviel man weiß, gab es sowohl in den Kampfverbänden als auch bei den Landungstruppen weibliche Soldaten.
Peters: Das heißt «in den sogenannten Kampfverbänden und bei den sogenannten Landungstruppen».
Schmidt: Natürlich, Herr Major. Ich bitte um Verzeihung. Lassen Sie den Angeklagten fortfahren.
Velder: Alles war so gut vorbereitet, daß wir auch nicht mehr das geringste zu tun hatten. Aber wir blieben in der Kommandozentrale. Dort hielten wir uns übrigens vier Tage lang ununterbrochen auf. Hielten uns mit Tabletten wach. General Ludolf und Oberst Stoloff spielten Schach, während wir warteten, beide waren geschickte Schachspieler. Kurz vor Mitternacht unterbrachen sie das Spiel und schüttelten sich

die Hand. Ich erinnere mich, daß Ludolf sagte: «Ist es mir jemals geglückt, dich nach der sizilianischen Methode zu schlagen?» Stoloff antwortete: «Nein. Jetzt wird es Zeit, daß wir an die Arbeit gehen.» Die Landungstruppen kamen planmäßig auf den Weg. Dann hörten wir beinahe eine Stunde lang nichts von ihnen. Die ganze Zeit lang bekamen wir entschlüsselte Funkmeldungen von der Feindseite; unseren Leuten war es bis dahin geglückt, deren Code so gut wie lückenlos zu brechen. Alles schien ruhig zu sein, es fand nur der übliche Funkverkehr statt. In regelmäßigen Abständen kam unsere weibliche Ordonnanz mit Textstreifen aus dem Bunker nebenan, in dem unsere Funker und Dechiffrierer saßen.

Orbal: Weibliche Ordonnanz, na, schönen Dank. Mit der ihr euch zwischendurch jedesmal aufs Bett gelegt habt, natürlich.

Velder: Das glaube ich nicht, sie war über sechzig Jahre alt.

Orbal: Pfui Deibel!

Pigafetta: Entschuldigung, was haben Sie gesagt, Orbal?

Orbal: Oh, das ist eine alte Redensart. Hab ich als Kind öfter gesagt.

Kampenmann: Jetzt antwortet der Angeklagte ja wieder auf Fragen.

Endicott: Velder hat sich in den letzten Tagen erstaunlich erholt. Er scheint den Umständen entsprechend bei guter Gesundheit zu sein.

Velder: Acht Minuten vor eins kam das erste Anzeichen dafür, daß etwas los war. Es war eine kurze Nachricht darüber, daß verdächtige Boote an der Küste ganz nahe ostwärts von Melora beobachtet worden waren und mit Artillerie beschossen wurden. Das hörte sich ja sehr negativ an, aber weder Ludolf noch Stoloff verloren ein Wort. Ich erinnere mich daran, daß Ludolf mit den Händen in den Hosentaschen vor der Operationskarte stand und an seiner Pfeife sog. Das Tabaklager ging übrigens damals schon zur Neige, normalerweise rauchte der General Zigaretten.

Bratianu: Unterstehen Sie sich nicht noch einmal, dieses Schwein als General zu bezeichnen!

Schmidt: Solange ich hier anwesend bin, führe ich das Verhör!

Peters: Das ist schon richtig, aber Bratianu hat recht.

Schmidt: Machen Sie weiter, Velder.

Velder: Tatsächlich war der südliche Amphibienverband vor Melora in ernsthafte Schwierigkeiten gekommen. Dicht ostwärts von dem Fischerdorf lag eine Batterie Feldartillerie, mit der wir nicht gerechnet hatten. Die Boote wurden entdeckt und drei von ihnen durch Artilleriefeuer versenkt. Eins wurde in Brand geschossen und blieb liegen. Der Rest lief wieder auf die offene See hinaus, und der Flottillenchef war gezwungen, die Milizeinheit fünf Kilometer westlich von Melora an Land zu setzen. Der Brückenkopf war erst um halb drei gebildet und wurde von der Batterie sofort unter Feuer genommen. Es glückte nicht, Melora zu nehmen, und der Vormarsch wurde sehr bald durch

Verstärkungen, die aus dem Norden kamen, aufgehalten. Um zehn Uhr am nächsten Vormittag wurde der Brückenkopf eingedrückt, nur ein Achtel der Mannschaften konnte evakuiert und in den südlichen Sektor zurückgeführt werden. Das sah nach einem schlechten Anfang aus, aber die Landung bei Melora hatte trotzdem ihren Zweck erfüllt. Die Faschisten hatten Truppen aus dem Norden abgezogen, und das erleichterte den anderen Verbänden ihre Aufgaben. Nach der ersten Nachricht kamen die Meldungen Schlag auf Schlag, die Techniker konnten sie kaum alle entschlüsseln. Schon die zweite Meldung, die wir auffingen, kündigte einen Fortschritt an, denn daraus konnten wir entnehmen, daß die Sabotagetrupps auf dem Flugplatz in Oswaldsburg die Startbahn gesprengt und drei große Flugzeughallen angezündet hatten, bevor sie ausradiert wurden. Ausradiert ist wirklich der richtige Ausdruck. Soviel ich weiß, sind die Saboteure bis auf den letzten Mann umgebracht worden.
Schmidt: Vier Mann und eine Frau wurden gefangengenommen. Sie wurden am nächsten Tag erschossen.
Peters: Ist es wirklich Aufgabe des Auditors, den Angeklagten mit ergänzenden Sachaussagen zu unterstützen?
Schmidt: Mein Einwurf war als Information für das Präsidium gedacht.
Pigafetta: Dann war er überflüssig. Ich habe die Todesurteile selbst unterzeichnet. Das war eine meiner ersten dienstlichen Handlungen. Die Schweine wurden hier erschossen, unten im Keller. Da waren sie gar nicht mehr so aufmüpfig.
Schmidt: Ich bitte um Verzeihung. Machen Sie weiter, Velder.
Velder: Ein Teil der Raffinesse bei Plan B war, daß er völlig unkonventionell angelegt war. Es gab beispielsweise keine taktische Reserve. Wenn eine der Operationen mißglückte, konnte man nicht mehr viel dagegen tun. Alle Anweisungen waren erteilt und konnten praktisch nicht mehr ergänzt werden. Deshalb konnten wir im großen und ganzen nur warten, wie es laufen würde, und damit waren wir zu Beginn auf das angewiesen, was wir vom Funkkontakt des Feindes aufschnappen konnten. Unsere eigenen Einheiten hielten Funkstille und benutzten Kuriere und Meldehunde, bis die Fernmelder mit dem Bau von Telefonleitungen fertig waren. Daher dauerte es einige Stunden, bis wir uns ein einigermaßen klares Bild über die Geschehnisse machen konnten. Unterdessen warteten wir vor der Karte. Wir redeten sehr wenig miteinander.
Schmidt: Können Sie den Angeklagten dazu bringen, ein etwas übersichtlicheres Bild der Ereignisse zu geben, Endicott? Er soll mehr zusammenfassen.
Orbal: Das ist ja ein dauerndes Geflüster und Gezischel. Was machen Sie da eigentlich?
Velder: Der Angriff auf Melora mißglückte, aber an der Halbinsel beim

Leuchtturm ging es um so besser. Die Boote erreichten den Strand, ohne entdeckt zu werden; der Leuchtturm und die Lotsenstation wurden ohne nennenswerte Schwierigkeiten besetzt, und die Stellungen der Armee auf der Spitze wurden von hinten genommen. Der Widerstand war unbedeutend. Noch vor zwei Uhr morgens war die gesamte Halbinsel in unseren Händen.

Peters: Da oben befand sich nur eine Kompanie Infanterie.

Velder: Die erste Brigade setzte sich genau um ein Uhr in Bewegung und durchbrach die Front an der Autobahn auf einer Breite von 500 Metern innerhalb von weniger als einer halben Stunde. Kurz nach zwei konnten die motorisierten Milizverbände durch die Lücke vorgehen. Der Boden war so aufgeweicht, daß ein Teil der Geländewagen im Morast steckenblieben, aber die leichten gepanzerten Kettenfahrzeuge kamen weiter voran. Sie stießen in den nächsten zwei Stunden über zwanzig Kilometer weit vor. Gleich nach drei wurde die nördliche Straße unterbrochen, und Viertel nach vier ... nein, genau 23 Minuten nach vier war es, als eine Ordonnanz mit einem Textstreifen hereinkam. General Ludolf las die Worte. Dann nahm er die Pfeife aus dem Mund und sagte ganz langsam: «Sie haben den Strand einen Kilometer nördlich vom Flugplatz erreicht.» Das hieß, daß Ludolfsport eingeschlossen war. Fünf Minuten danach setzte sich die zweite Brigade in Bewegung. Die ganze Maschinerie war in vollem Gange. Noch gegen fünf Uhr, als die zweite Brigade bereits einen 500 Meter tiefen Keil in die Stellungen der Armee im Winkel zwischen der Nord- und der Westfront getrieben hatte, gab es keine Anzeichen dafür, daß die Faschisten begriffen hatten, was eigentlich im Gange war. Nach dem, was ich später erfahren habe, war die Verwirrung so gut wie vollständig. Als die ersten Milizverbände das Meer nördlich von Ludolfsport erreichten und die Küstenstraße blockierten, waren die Einheiten aus dem Friedenskorps, die am Flugplatz stationiert waren, gerade dabei, nach Norden abzuziehen, um den Brückenkopf am Leuchtturm anzugreifen. Sie marschierten also in eine Richtung weg vom eigentlichen Angriffsgeschehen. Als sie später kehrtzumachen versuchten, kam die Kolonne in Unordnung, und bald danach unternahmen wir einen Ausfall aus dem Brückenkopf und griffen sie im Rücken an. Die Folge war, daß der Flugplatz unbesetzt blieb und von unseren Truppen praktisch kampflos genommen wurde mitsamt den Flugzeugen und allem Material. Um acht Uhr am Morgen war auch die zweite Brigade durchgebrochen und hatte den Fluß und die Autobahn überschritten. Als die Verteidigungstruppen sich einzugraben begannen und westlich vom Fluß in Stellung gingen, begann der größte Teil der Miliztruppen durch das Gelände gegen Nordwesten auf Brock vorzugehen, um die Straße zwischen Oswaldsburg und der Ostprovinz zu unterbrechen. In Ludolfsport funktionierte alles nach unserem Plan. Der Angriff dort ...

Schmidt: Einen Moment, Endicott. Sie können den Angeklagten sich eine Weile ausruhen lassen. Es gibt inzwischen einen vollständigen Bericht über die Ereignisse in Ludolfsport. Der wurde aus Material aus einer Reihe verschiedener Quellen zusammengestellt, von denen die wichtigste die Zeugenaussage eines gewissen Alaric Scott ist. Dieser Scott war Sergeant und gehörte zu einer Einheit des Friedenskorps, die im Hafengebiet von Ludolfsport stationiert war. Er war unter anderem mitverantwortlich für das Ausschiffen und die Entladung der Truppentransporter. In Zusammenhang mit den Ereignissen, von denen wir jetzt hören werden, desertierte er zu den Kommunisten. Er wurde später gefangengenommen und vor mehr als drei Jahren hingerichtet. Davor machte er eine Zeugenaussage, die als strengstens geheim eingestuft wurde und erst vor einigen Monaten im Hinblick auf das Verfahren gegen Velder zugänglich gemacht worden ist. Sie ist in der Voruntersuchung als Anlage V X/41 enthalten. Ich gebe das Wort an den Berichterstatter.
Brown: Anlage V X/41 betrifft: Die Unruhen. Zeugenaussage des ausländischen Staatsbürgers Sergeant Alaric Scott. Das Dokument trägt den Stempel *strengstens geheim*. Der Text lautet:
Am Abend kurz vor acht wurde der erste der Truppentransporter in den Tiefwasserhafen geschleppt, wo er um elf Uhr festmachte. Unterdessen ging das andere Schiff im äußeren Hafenbecken vor Anker, nachdem es sich als unmöglich erwiesen hatte, beide Schiffe gleichzeitig an den Kai zu nehmen. Ich befand mich um diese Zeit und während des größten Teils der Nacht im Kontrollturm des Gebäudes der Hafenverwaltung. Gegen halb zwölf in der Nacht kam der Kommandeur der auf dem Schiff befindlichen Sturmtruppen, ein Oberst João Zarco, zusammen mit seinem Adjutanten in den Kontrollturm. Dort hatte er ein längeres Gespräch mit dem Stadtkommandanten. Dieses Gespräch wurde mit Hilfe eines Dolmetschers geführt. Oberst Zarco forderte, daß mit dem Ausschiffen sofort begonnen werden sollte, teils über Laufplanken, teils mit Hilfe von Barkassen von dem vor Anker liegenden Transporter. Der Stadtkommandant – ein Major der nationalen Freiheitsarmee – wandte ein, daß die Fahrzeuge, die die Truppen in ihre Unterkünfte bringen sollten, noch nicht eingetroffen seien und daß es in jedem Fall vorteilhafter sei, das Tageslicht abzuwarten. Nachdem sie eine Weile diskutiert hatten, riefen sie das Hauptquartier des ersten Militärbezirks an; dort antwortete der Offizier vom Dienst, daß General Winckelman sich zurückgezogen hätte und nicht gestört werden durfte und daß der Stabschef Oberstleutnant Orbal sich in Oswaldsburg befand. Der Offizier vom Dienst verwies auf das Hauptquartier von General Oswald, das in Marbella lag. Ein Major, der im Hauptquartier Wache hatte, sagte, daß die Entscheidung beim Chef des Friedenskorps läge, dessen Hauptquartier in Oswaldsburg war. Oberst Zarco rief dort

an, aber der General, der das Korps befehligte, nahm an einer Veranstaltung in der Botschaft teil. Man weckte jedoch den Stabschef, der sogleich an das Marinekommando verwies. Das war in unmittelbarer Nähe des Armeehauptquartiers in Marbella errichtet worden, deshalb rief man dort wieder an. Der Major, der vorher auf das Friedenskorps verwiesen hatte, war, wie sich herausstellte, auch der Offizier vom Dienst für das Marinekommando. Es gelang ihm nach einer Weile, das Gespräch zu einem Kapitän zur See durchzustellen, der der Ansicht war, die Angelegenheit sei lokaler Natur und von den Hafenbehörden in Oswaldsport (Ludolfsport) zu entscheiden. Der Stadtkommandant rief deshalb den Hafenkommandanten zu sich, der sich im Zimmer nebenan befand. Nach kurzem Gespräch teilten die beiden Oberst Zarco mit, daß die Truppen zwar unverzüglich an Land gebracht werden könnten, sie dann aber bis acht Uhr auf dem Kai biwakieren müßten und erst dann zu den Sammelplätzen marschieren könnten. Die Lastwagen, die die Soldaten in ihre Unterkünfte bringen sollten, wurden kurz nach neun an den Sammelplätzen erwartet. Darauf antwortete Oberst Zarco, daß jede Lösung besser sei als das Verbleiben der Truppen auf den Schiffen. Die Uhr war inzwischen halb eins in der Nacht geworden. Das Ausladen der Soldaten begann unmittelbar danach, ging aber sehr langsam, besonders von dem Schiff, das vor Anker lag und von dem die Truppen in Schuten umsteigen mußten, die dann von Schleppern an den Kai gezogen wurden.

Kurz nach eins erhielten wir telefonisch die Nachricht, daß eine Patrouille der Rebellen einen Überfall auf den Leuchtturm auf der nordostwärtigen Halbinsel unternommen hatte. Solche Angriffe waren seit mehr als einem Monat nicht mehr vorgekommen. Bald danach wurde mitgeteilt, daß man weder mit der Lotsenstation noch mit dem Leuchtturmpersonal oder der Wachtruppe dort oben in Kontakt kommen konnte und daß die Wacheinheit am Flugplatz alarmiert worden war und Befehl erhalten hatte, nach Norden vorzugehen und die Ordnung wiederherzustellen. Nur eine Viertelstunde später kam eine sehr unklare Meldung, derzufolge andere Rebelleneinheiten eine Serie von Überfällen gegen Armeestellungen in der Frontlinie an der Autobahn 15 Kilometer südwestlich der Stadt unternommen hatten. Der Stadtkommandant legte diese Meldung zur Seite und sagte, daß es keinen Grund gäbe, Oberst Zarco noch nervöser zu machen, als er bereits zu sein schien. Nach einer weiteren halben Stunde teilte ein Regimentsoffizier von der Frontlinie mit, daß in einem begrenzten Abschnitt Rebellenaktivitäten zu beobachten seien und einzelne Stoßtrupps durch die Front gesickert und in Richtung auf Oswaldsport (Ludolfsport) unterwegs sein könnten. Der Stadtkommandant ließ daraufhin Teile der lokalen Sicherungskräfte nach Süden verlegen, die den Auftrag erhielten, eventuelle Guerillaverbände abzufangen, wenn sie in die Nähe der Stadt zu kommen versuchten. Gleichzeitig alarmierte er den Chef der Bereitschaftspolizei und der Gendarmerie. Einige Polizisten auf Motorrädern wurden auch in die südlichen Außenbezirke geschickt, um eventuelle Sabotageversuche zu verhindern. In Oswaldsport (Ludolfsport) gab es übrigens im Gegensatz zu anderen Landesteilen keine größeren Polizeieinheiten. Viele der Einwohner waren Anhänger des Oswaldschen Regimes und stark antikommunistisch eingestellt. Es hieß, das beruhe darauf, daß große Teile der zivilen Bebauung von Sprengkommandos zerstört worden waren, als die Rebellen sich acht Monate früher aus dem nördlichen Sektor zurückgezogen hatten. Währenddessen wurden die Truppen ohne Zwischenfälle, aber recht langsam entladen. Es gab keine Anzeichen dafür, daß etwas Besonderes im Gange war. Der Hafenkommandant ging nach Hause und legte sich schlafen, aber der Stadtkommandant und zwei weitere Offiziere blieben da, zusammen mit dem Verbindungsoffizier zum Stab des Militärbezirks, einem Fähnrich de Wilde, der die ganze Zeit über im Zimmer nebenan auf dem Sofa lag und schlief.

Um drei Uhr machte ich mit einem Jeep und drei Mann von der Wache eine Streifenfahrt durch das Hafengebiet. Die Entladung verlief normal, und die Soldaten, die bereits an Land gekommen waren, lagen auf dem Kai oder in den umliegenden Lagerhäusern unter ihren Mänteln zusammengerollt und schliefen. Es war naßkalt und sehr neblig. Ich machte auch eine Runde durch die Stadt. Die Straßen waren leer, es herrschte natürlich Ausgangsverbot, und alles war ruhig und still. An der nördlichen Stadtgrenze fiel mir auf, daß die meisten Unterstände der Bereitschaftstruppen unbemannt waren, was sicher darauf beruhte, daß die Sicherungskräfte nach dem Süden geschickt worden waren. Wir hielten einige Minuten oben auf der Höhe an der Ausfahrt zur nördlichen Küstenstraße an. Die Stadt lag unter uns dunkel und still im Nebel, und als einziges waren ferne Geräusche aus dem Hafengebiet zu hören. Als ich zum Kontrollturm zurückkam, war es zehn nach vier. Der Stadtkommandant schien schläfrig zu sein, und die beiden anderen Offiziere spielten in einer Ecke des Zimmers Karten.

Etwa um halb fünf klingelte das Telefon. Ich nahm den Hörer ab, und eine Stimme schrie: «Hier ist Leutnant Olson, Rebellentruppen sind dabei ...» Dann wurde das Gespräch unterbrochen. Ich kannte keinen Leutnant Olson und auch keiner von den anderen. Erst später begriff ich, daß es der Offizier vom Dienst auf dem Flugplatz gewesen sein mußte. Der Stadtkommandant überlegte einige Minuten, dann rief er die Fernmeldezentrale an, die ihm sagte, daß gerade das gesamte Verbindungsnetz zusammengebrochen sei, mit Ausnahme der Leitungen in der Stadt selbst. Der Kommandant begann nervös zu werden, aber es geschah nichts, die Telefonverbindungen blieben unterbrochen. Im Haus der Hafenverwaltung gab es eine Treppe tiefer eine Funkzentrale,

aber von deren Personal war nichts zu hören. Zwanzig Minuten nach fünf kam ein Meldegänger von einem der Vorpostenboote im Hafen angelaufen mit einer Nachricht, die recht unklar war, aber es war ihr doch zu entnehmen, daß die Rebellen einen Ausbruch versucht hatten und erhöhte Alarmbereitschaft angeordnet worden war.
Der Stadtkommandant ging in den Raum nebenan und weckte Fähnrich de Wilde, der zuerst versuchte, sich über das Telefonnetz der Armee mit dem Stab des Militärbezirks in Verbindung zu setzen. Nach einer Viertelstunde oder so sah er ein, daß das keinen Zweck hatte, und machte sich auf den Weg in die Funkzentrale. Die Tür dort war verschlossen, und Fähnrich de Wilde rief drei Mann der Wache, die sie sprengen mußten. Drinnen in der Zentrale lag der eine der Funker tot am Boden. Der andere stand mit dem Rücken zur Tür und hantierte an der Anlage. Er drehte sich um und schoß Fähnrich de Wilde in den Bauch, unmittelbar danach wurde er selbst von den Wachen erschossen. Fähnrich de Wilde starb nach einer halben Stunde. Die gesamte Funkstation war außer Funktion. Der Schußwechsel war oben im Kontrollraum zu hören, und der Stadtkommandant lief die Treppe hinunter. Jetzt war die Uhr sechs, und draußen begann es hell zu werden. Der Nebel war dichter als jemals zuvor. Der Stadtkommandant war völlig verwirrt, was ich ihm gut nachfühlen konnte. Es war nicht leicht zu verstehen, wie das alles zusammenhing. Nach einer Weile begann er jedenfalls zu begreifen, daß einer der Funker ein Mann der fünften Kolonne gewesen war, der erst seinen Kollegen umgebracht und dann die gesamte Anlage außer Funktion gesetzt hatte. Es dauerte dann noch eine weitere Viertelstunde, bis der Kommandant der Fernmeldezentrale den Befehl gab, Alarm zu schlagen.
Ich weiß nicht, um welche Uhrzeit das war, aber nur zwanzig Minuten später begann ein heftiger Schußwechsel auf dem Höhenzug über der Stadt. Es war die Regierungsmiliz, die angriff und begann, die Linie der Verteidigungsstellungen von Norden aus aufzurollen. Die einzige sinnvolle Meldung, die uns während der nächsten halben Stunde erreichte, hatte folgenden Wortlaut: «Sie kommen von Norden, greifen uns im Rücken mit Flammenwerfern und automatischen Waffen an. Schickt sofort Verstärkungen!» Oberst Zarco kam in den Kontrollturm geeilt mit einigen Offizieren, die offenbar zu seinem Stab gehörten. Er brüllte und schrie und wollte wissen, was eigentlich los sei. Der Stadtkommandant antwortete schließlich, daß die Stadt von Rebellentruppen angegriffen würde und alle Verbindungen ins Landesinnere unterbrochen seien. Oberst Zarco wurde vor Wut rot im Gesicht und verließ den Raum, ohne ein Wort zu sagen. Nach zwanzig Minuten kam er mit Funkern aus seiner eigenen Truppe zurück. Die hatten tragbare Funkgeräte und viele andere Geräte bei sich. Nach einer halben Stunde oder so hatten sie die Funkanlage teilweise wieder in Betrieb gesetzt. Es war

jetzt ganz hell und sehr neblig. Das Gewehrfeuer kam immer näher, und es wurde uns klar, daß der Vormarsch der Rebellen weiterging. An vielen Stellen der Innenstadt begannen Gendarmen und Polizisten, aus umgestürzten Autos, Möbeln und anderen Gegenständen Barrikaden quer über die Fahrbahnen zu bauen. Das Durcheinander wurde immer schlimmer. Die einzige Anweisung, die wir von außen erhielten, war ein kategorischer Befehl von General Oswald, daß kein Quadratmeter Boden verlorengehen durfte.
Kurze Zeit danach teilte der Stab des Militärbezirks endlich mit, daß Verstärkungen bald eintreffen würden und die Straßenverbindungen in Kürze wieder frei sein würden. All das klang sehr vage und beunruhigend. Draußen war es kalt und feucht, aber der Nebel begann sich etwas zu lichten. Als Oberst Zarco das nächste Mal erschien, war er außer sich vor Wut. Er hatte jetzt die Lage mit eigenen Spähtrupps erkundet und wußte mehr über die Situation als der Stadtkommandant. «Sie haben uns in eine Todesfalle gelockt!» rief er. «Die Stadt liegt ja mitten in der Frontlinie! Und sie gehen an allen Ecken und Enden zurück!» Der Stadtkommandant, der inzwischen sehr nervös geworden war, sagte, daß die Truppen von Oberst Zarco in den Kampf geworfen werden müßten. Darauf antwortete Oberst Zarco: «Meine Truppen sind zu zwei Dritteln noch auf den Schiffen, wie Ratten in einer zugelöteten Blechdose. Diejenigen, die schon von Bord sind, sind nach einer Überfahrt in schwerer See übermüdet. Viele von ihnen haben ihre Ausrüstung noch nicht bei sich. Meine Offiziere wissen nichts von der Lage, es gibt keine Transportmittel, keine Karten, nichts. Trotzdem sollen wir uns bis zum letzten Mann verteidigen.»
Die Situation war völlig hoffnungslos. Von den Soldaten der Sturmtruppen, die an Land gekommen waren, saßen oder lagen die meisten auf ihrem Gepäck. Sie begriffen nichts von dem, was um sie herum geschah, und ihre Offiziere auch nicht. Die letzte aktive Maßnahme bestand darin, daß zwei Schlepper versuchten, einen der Truppentransporter in die offene See zu schleppen, nachdem die Ankerketten gekappt worden waren. Praktisch im gleichen Augenblick begannen zwei Batterien der Feldartillerie, die von der Miliz überrumpelt worden waren, den Hafen von den Höhen im Westen der Stadt aus im direkten Richten zu beschießen. Das Schiff im äußeren Hafenbecken wurde beinahe sofort getroffen und begann zu brennen. Das war nicht weiter erstaunlich, denn der Hafen lag völlig ungeschützt, und jede beliebige Geschützmannschaft hätte mit beinahe jedem Schuß einen Treffer erzielen können. Es war etwa ebenso leicht, als wenn man mit einem Gewehr auf fünfzig Schritt eine Scheune treffen will.
Um elf Uhr kam Oberst Zarco zum letztenmal zum Kontrollturm. Inzwischen lag das eine Schiff am Kai auf der Seite, und das andere trieb brennend im äußeren Hafenbecken. Er war sehr förmlich und sagte

eiskalt, daß die Lage hoffnungslos sei und er den Entschluß gefaßt hätte, lieber mit seinen Leuten zu kapitulieren, als sie nutzlos abschlachten zu lassen. Er setzte sich dann über Funk mit dem Armeehauptquartier in Verbindung und erbat die Genehmigung zur Kapitulation. Im Hauptquartier schlug dieser Vorschlag offenbar wie eine Bombe ein. Man schien immer noch nicht begriffen zu haben, was eigentlich vor sich ging, sondern wiederholte immer wieder, daß Zarco zusammen mit Einheiten aus der nationalen Freiheitsarmee zum vernichtenden Gegenschlag antreten solle. Schließlich kam der Staatschef selbst ans Mikrofon und befahl, daß nicht ein einziger Quadratmeter Boden aufgegeben werden dürfe. Fünf Minuten danach brach aller Widerstand zusammen, und die Miliz stürmte das Hafengebiet. Oberst Zarco fiel im Maschinengewehrfeuer eines Panzerwagens zehn Schritte vom Gebäude der Hafenverwaltung entfernt. Der größte Teil der Truppen, die sich auf den Kais und in den Packhäusern befanden, schaffte es nicht mal, sich zu ergeben. Ein Teil versuchte, sich zu verschanzen und Widerstand zu leisten, aber alles war zu spät. Zehntausende Liter Benzin und Öl, die aus den Truppentransportern liefen, fingen Feuer und spülten über diejenigen, die im Hafenbecken schwammen. Die Miliz machte so gut wie keine Gefangenen.

Peters: Sagen Sie, Schmidt, was haben Sie sich eigentlich dabei gedacht, uns so ein endloses Geschwätz vortragen zu lassen?

Schmidt: Die Auditoren beabsichtigen, damit die Folgen der Verbrechen aufzuzeigen, an deren Ausführung der Angeklagte mitplante und mitwirkte. Das Massaker in Oswaldsport ist meiner Auffassung nach das schwerste von Velders Verbrechen, obwohl er selbst ruhig und sicher in einem meilenweit entfernten Bunker saß, als es geschah.

Orbal: Was hat denn dieser Sergeant, Scott oder wie er noch hieß, anschließend getan?

Schmidt: Alaric Scott, der seit vielen Jahren von kommunistischen Gedanken infiziert war, entwaffnete die Offiziere, die sich im Gebäude der Hafenverwaltung aufhielten, und hängte eine rote Fahne aus dem Fenster.

Orbal: Wo hat er die denn hergehabt?

Schmidt: Das weiß ich leider nicht.

Orbal: Das spielt ja auch keine große Rolle, aber ich würde es doch gern wissen. Komisch.

Pigafetta: Eigentlich könnten wir jetzt Mittagspause machen, dann können Sie in aller Ruhe über diese Sache nachdenken, Orbal.

Orbal: Prima Vorschlag. Die Sitzung wird für zwei Stunden unterbrochen.

Orbal: Ziemlich schlechtes Essen, was Sie uns hier vorsetzen, Pigafetta. Immer Gemüse dazu. Das taugt nichts. Bildet nur Gase. Heute nacht habe ich wer weiß wie oft furzen müssen. Nein, ein ordentliches Beefsteak und ein Bier dazu ...

Peters: Rufen Sie die Beteiligten herein, Brown.

Schmidt: Ich möchte jetzt den Angeklagten mit seiner Zeugenaussage fortfahren lassen.

Peters: Ja, aber sehen Sie zu, daß er sich kurz faßt.

Endicott: Er ist vorbereitet.

Velder: Die erste Brigade nahm Ludolfsport um elf Uhr, mehrere Stunden früher als vorgesehen. Um fünf Uhr am Nachmittag nahm die zweite Brigade Brock und unterbrach die Hauptverbindungsstraße zwischen Oswaldsburg und Ludolfsport an einem Punkt, der nur vierzig Kilometer ostwärts von der Hauptstadt lag. Dem Funkverkehr, den wir abhörten, entnahmen wir, daß der Feind vollständig überrumpelt worden war.

Orbal: Ja, es traf uns wie ein fürchterlicher Schock, das muß man zugeben. Unser Hauptquartier lag ja nur ein kurzes Stück davon entfernt. General Winckelman war vollständig verblüfft. Ich kann mich deutlich erinnern, wie er zu mir sagte: «Dies führt ja geradewegs in die Hölle.» Unsere Einheiten waren wohl im großen und ganzen noch einsatzbereit, aber die taktische Lage war ein einziges Chaos. Doch ich sagte: «Wir müssen es eben durchstehen, Henry.» Und er lobte mich: «Mateo, du bist wunderbar.» Ja, so hat er es tatsächlich gesagt, aber schließlich soll ich ja nicht hier sitzen und erzählen. Machen Sie weiter, Velder.

Velder: Am Nachmittag gab Ludolf ein Kommuniqué heraus, das einzige, das er während des ganzen Krieges geschrieben hat.

Schmidt: Anlage V X/101 x. Bitte sehr, Brown.

Brown: Anlage V X/101 x. Betrifft: Die Unruhen. Kommuniqué, veröffentlicht von dem Volksfeind Joakim Ludolf am 19. November um 18.00 Uhr. Der Text lautet:

Die sozialistische Regierungsmiliz ging heute morgen auf der ganzen Linie zum Angriff über. Ludolfsport wurde während der Morgenstunden eingeschlossen, und kurz nach zehn Uhr drangen drei Bataillone der sozialistischen Regierungsmiliz in die Stadt ein, die bald danach von faschistischen Truppen gesäubert wurde. Den Siegern fiel eine erhebliche Beute in die Hände. Später am Tag befreiten die Milizverbände, die in die Zentralprovinz eingebrochen waren, das wichtige Dorf Brock. Der Vormarsch hält an.

Velder: Ja, genauso war der Text abgefaßt worden. Von sieben Uhr abends an hatten wir Fernmeldeleitungen zu beiden Brigaden und einen vollen Überblick über die Lage. Alles klappte genau nach Plan. Nachdem die Stellungen bei Brock fest eingerichtet waren, setzten sich motorisierte Verbände nach Norden in Bewegung. Dieser Vormarsch begann gegen zehn Uhr abends, und zwischen den Einheiten und dem Meer, also der Nordküste, lagen nicht mehr als zwanzig Kilometer im großen und ganzen vom Feind nicht verteidigtes Flachland. Die Absicht war, Brock von jetzt an als Ausgangsbasis zu benutzen und von dort aus in alle vier Richtungen anzugreifen, zuallererst nach Norden, wie gesagt. Andere Miliztruppen gingen nach Südwesten vor, um die Autobahn abzuschneiden; gleichzeitig griffen weitere Verbände entlang der alten Straße nach Oswaldsburg, also nach Westen an. In der vierten Richtung, also an der alten Straße in den nördlichen Sektor der Ostprovinz, setzten wir die vergleichsweise schwächsten Gruppen ein. Die wurden auch bald nach Mitternacht am Fluß aufgehalten, wo die Faschisten die Brücke gesprengt und sich an den Ufern eingegraben hatten. Dann passierte es, kurz nach eins ...

Schmidt: Na los, machen Sie nur weiter.

Velder: Kurz nach eins kam eine Meldung von den Milizkräften, die von Brock aus auf dem Weg nach Norden waren. Der Chef dort sagte, daß der Vormarsch sich verlangsamte, weil der Regen in Schneefall übergegangen sei und Menschen und Material unter der Nässe und der Kälte zu leiden begannen. Eine halbe Stunde später teilte die Lotsenstation auf der nördlichen Halbinsel mit, daß Schneeregen fiel und die Temperatur auf minus 1 Grad gesunken sei. Die Meldung hatte ich erhalten, ich las sie vor, und als ich fertig war, starrten die anderen mich fragend an. Das stimmte nämlich überhaupt nicht mit den Wettervoraussagen überein. Stoloff befahl sofort einigen Leuten, diese Sache zu untersuchen. Schließlich erhielten wir eine vage Auskunft von den Meteorologen, derzufolge ein Kaltluftstrom plötzlich seine Richtung geändert hätte und ein Niederschlagsgebiet nach Süden abdrängte. Vermutlich sei der Temperatursturz vorübergehend, sagte man, und das Risiko, klares Wetter zu bekommen, lag jedenfalls nicht vor. Das war eine eigenartige Stimmung in der Operationszentrale in jener Nacht. Jede Stunde, die verging, war entscheidend, trotzdem fühlte ich selbst mich recht entspannt, und Ludolf und Stoloff ging es wohl ebenso. Nicht einmal dieser Wetterumschwung beunruhigte uns nennenswert. Um neun Uhr am nächsten Vormittag geschahen zwei wichtige Dinge praktisch gleichzeitig. Einerseits brach der Widerstand der Faschisten im Gebiet südlich und südwestlich um Ludolfsport endgültig zusammen. Fünf Kilometer der Autobahnstellungen, also die Strecke zwischen dem ursprünglichen Durchbruch und dem Meer, waren aufgerollt, und die Truppen dort kapitulierten. Eine Minute später kam zweitens eine Funkmeldung der Vorausabteilung der nördlichen Gruppe aus dem zweiten Kampfverband: «Haben das Meer erreicht. Die nördliche Küstenstraße ist unterbrochen.» Das hieß, daß wir Oswalds Armee und das ganze von den Faschisten besetzte Gebiet in zwei Teile geteilt hatten. Ich erinnere mich, daß ich die Beherrschung verlor und wie von Sinnen hin und her ging und dabei rief: «Jetzt haben wir sie! Jetzt sitzen wir ihnen in beiden Flanken!» Ludolf nahm die Pfeife aus dem Mund

und sagte ruhig: «Ja, es sieht ganz so aus.» Stoloff bohrte sich mit dem Bleistift im Ohr, das tat er stets, wenn er nachdachte. «Ja», bestätigte er, «so sieht es tatsächlich aus.» Das war alles, was in diesem Augenblick gesprochen wurde. Was wir allerdings nicht wußten ...
Orbal: Das habe ich alles schon mal gehört. Es war ein unangenehmer Morgen, das gebe ich gern zu. Um zehn Uhr kam General Oswald persönlich ins Hauptquartier nach Marbella, obwohl das Wetter miserabel war. Sowohl er als auch General Winckelman waren sehr pessimistisch. Der linke Flügel war dabei, sich aufzulösen, und ein ganzer Armeeteil abgeschnitten, und man wußte weder ein noch aus. In Oswaldsburg und in anderen Orten war die Polizei völlig hysterisch geworden und erschoß am laufenden Band Menschen. Die glaubten wohl, daß jedermann Bolschewik war oder desertieren wollte. Tatsächlich war das gar nicht so schlimm. Wir mußten nur durchhalten. Ich warf Reserven in den Kampf, um eine Front zwischen Brock und Oswaldsburg aufzubauen, und behielt die Elitetruppen als Sperrbataillone zurück, dahinter, das alte System, Sie kennen das. Wenn die aus der vordersten Front zurückgehen, werden sie von hinten erschossen, von ihren Kameraden. Dann konnte man auch gleich in der Stellung bleiben und sich verteidigen. Aber der Staatschef war an diesem Morgen gar nicht fröhlich. Ich erinnere mich, wie er vor der Karte stand und vor sich hin redete, so wie er das öfter tat. «So ein Mistkerl», sagte er immer wieder. Glaube, er hat Ludolf gemeint.
Peters: Du sitzt da und schwelgst in Erinnerungen, dazu haben wir jetzt keine Zeit, Mateo. Laß doch den Velder weitererzählen. Was war das, was Sie nicht wußten?
Velder: Wir wußten nicht, daß die Temperatur unter null Grad gesunken war und an der ganzen Nordküste entlang ein regelrechter Schneesturm wütete. Über die Straßen und durchs Gelände war nicht mehr vorwärts zu kommen. Die Meldung erreichte uns gegen 12 Uhr, also am Zwanzigsten. Ludolf starrte den Textstreifen beinahe eine Minute lang an. Dann gab er ihn an Stoloff weiter und sagte ein einziges Wort: «Einmalig.» Und das stimmte tatsächlich. Wir hatten vorher die meteorologischen Statistiken der letzten fünfzig Jahre durchgesehen, und etwas Ähnliches war in der ganzen Zeit nicht vorgekommen.
Orbal: Was ist denn mit ihm? Weint er?
Endicott: Das glaube ich nicht, Herr Oberst.
Pigafetta: Eine Art Gemütsbewegung offenbar.
Orbal: Sieht eigenartig aus.
Peters: Stehen Sie nicht da und starren in die Luft, Endicott. Los, lassen Sie ihn weitermachen.
Endicott: Erzählen Sie weiter, Velder.
Velder: Da gibt es nicht mehr viel zu erzählen. Es war vorbei. Alles. Den ganzen Tag über schneite es heftig, das Thermometer sank ständig.

Alles war zum Teufel. Erst froren die Motoren ein, und dann erfroren die Menschen. Sie hatten doch keine Winterausrüstung. Und der Winter kam zwei Monate zu früh. Es schneite drei Tage lang. Alles blieb liegen, der ganze Angriff kam zum Stehen. Dann kamen die Luftangriffe von der Basis bei Marbella aus, und danach begannen die Gegenangriffe.
Die anderen hatten ja vollständige Winterausrüstungen. An der nördlichen Küstenstraße erfroren die Frauen und Männer in ihren Stellungen, sinnlos, denn am vierten Tag eroberten die Faschisten die Straße am Strand entlang und stellten die Verbindung zwischen der Zentral- und der Ostprovinz wieder her. Die Reste der zweiten Brigade saßen im Gebiet um Brock fest. Oswald ließ die ganze Zeit lang Reserven von Westen heranführen, und deren Ausrüstung eignet sich, wie gesagt, besser für diese Wetterverhältnisse. Die Miliz südlich von Brock wurde auf die Autobahn zurückgedrängt. In der Nacht zum vierten Tag sagte Stoloff: «Meine Herren, Plan B ist mißlungen. Es ist an der Zeit, ihn zu den Akten zu legen.» Wir waren die ganze Zeit lang wach geblieben, so gut wie die ganze Zeit, hielten uns mit Tabletten munter ebenso wie ein großer Teil der übrigen Miliztruppe. Ich erinnere mich, daß wir uns in einem eigenartigen Zustand befanden; es war, als ob man weder wach war noch schlief. Es gab nur eine Lösung: Wir mußten die zweite Brigade von Brock zurückbeordern, solange die Rückzugsstraße noch offen war. Das war so klar, daß wir über diese Frage gar nicht erst zu diskutieren brauchten. Der vierte war ein besonders schwieriger Tag, denn die Luft war kalt und klar und die Sicht ausgezeichnet. Die Luftwaffe der Faschisten flog pausenlos Einsätze, und die Artillerie feuerte ununterbrochen. Während der Nacht zog sich die Miliz aus Brock zurück und räumte das Gebiet westlich des Flusses und nördlich der Autobahn. Es gelang uns, die Rückzugswege offenzuhalten und einige Verbände aus der Hauptkampfzone zurückzuverlegen, aber der Preis dafür war hoch. Die zweite Brigade kam mit Verlusten von dreißig Prozent zurück. Alle Einheiten und alles Material, die sich nördlich von Brock befunden hatten, waren verloren. In der letzten Phase setzten wir Zerstörungskommandos ein. Ganz Brock wurde dem Erdboden gleichgemacht, und in dem Bereich, den wir unter Kontrolle gehabt hatten, wurden alle Gebäude zerstört. Viele Gefangene wurden erschossen und Zivilisten übrigens auch.
Schmidt: Waren Sie für diese Befehle mitverantwortlich?
Velder: Natürlich. Später haben wir oft und lange darüber diskutiert, ob das nicht eine Dummheit gewesen ist. Es führte ja zu einer feindseligen Stimmung gegen uns auch bei Leuten, die eigentlich Sympathisanten oder wenigstens neutral waren. Aber es gab natürlich schon lange keinen Platz mehr für Neutralität. Über den Rückzug aus Brock brauchten wir, wie gesagt, nicht zu diskutieren. Dagegen waren General Ludolf

und Oberst Stoloff unterschiedlicher Auffassung darüber, was aus Ludolfsport werden sollte. Stoloff hielt es für das rationellste, die Miliz auch von dort abzuziehen, obwohl die Stadt und die Umgebung drumherum vollständig von uns kontrolliert wurden. Er meinte, daß unsere Widerstandskraft größer werden würde, wenn wir das alte System wieder praktizieren und alle Milizverbände in den Forts und im äußeren Verteidigungsgürtel einsetzen würden. Ludolf wollte jedoch, daß die Stadt gehalten würde, so wurde es dann auch gemacht. Er hatte keinen besonderen Grund, wir hatten damit zwar einen Hafen, aber erstens hatten wir jetzt keine Möglichkeit mehr, den instand zu setzen, und zweitens hatten wir infolge der Blockade keinen Nutzen davon. Der Flugplatz war zu dieser Zeit durch Artilleriefeuer und Angriffe aus der Luft bereits unbenutzbar geworden. Vorher hatten uns die vier oder fünf intakten Flugmaschinen, die wir dort erobert hatten, gute Dienste geleistet. Bevor sie abgeschossen wurden, entlasteten sie die Milizgruppen bei Brock und deckten zeitweise den Rückzug. Gleich nachdem wir entschieden hatten, daß das eroberte Gebiet gehalten werden sollte, verließ Stoloff das Hauptquartier und machte sich auf den Weg nach Ludolfsport, um die Verteidigung zu planen und neue Befestigungsarbeiten anlaufen zu lassen. Danach formulierten Ludolf und ich einen Tagesbefehl, der am gleichen Abend noch verbreitet wurde.
Schmidt: Man hat ein Exemplar dieses Befehls gefunden und aufbewahrt. Anlage V XI/15.
Brown: Anlage V XI/15. Betrifft: Die Unruhen. Tagesbefehl, erlassen am Abend des 25. November von dem Volksfeind Joakim Ludolf, der Text lautet:
Der Versuch, das faschistische Regime zu stürzen, ist mißlungen. Die Ursachen dafür sind in Umständen zu suchen, die weder von uns noch vom Feind beeinflußt werden können. Während der ersten Phase des Angriffs befreite die sozialistische Regierungsmiliz Ludolfsport und die umliegenden Gebiete sowie die ganze Ostküste einschließlich des Leuchtturms und der Lotsenstation auf der nordostwärtigen Halbinsel. Die Stadt Ludolfsport wird gehalten und in das Festungssystem des südlichen Sektors mit einbezogen. Außerdem wurden das Dorf Brock und Teile der Zentralprovinz besetzt. Diese Gebiete wurden jetzt wieder geräumt. Die Verluste der sozialistischen Regierungsmiliz an Gefallenen, Verwundeten und Vermißten belaufen sich auf zwölf Prozent der Gesamtstärke. Die Verluste betrafen vor allem die Gruppen, die in der Zentralprovinz und beim Angriff auf das Dorf Melora in der Südwestprovinz eingesetzt waren. Diese Verluste können im Augenblick nicht ersetzt werden. Große Mengen an Material gingen bei den Kämpfen in der Zentralprovinz verloren. Mehr als doppelt so große Vorräte fielen allerdings in Ludolfsport in unsere Hände. Die personellen Verluste der Faschisten sind dreimal so groß wie unsere. Niemand kann dafür

zur Rechenschaft gezogen werden, daß der entscheidende Schlag ausblieb. Während der Kämpfe hat jeder Mann und jede Frau im südlichen Sektor Hervorragendes geleistet. Ludolf, General, Kommandeur der sozialistischen Regierungsmiliz.

Velder: Als der Tagesbefehl aufgesetzt war, sprachen wir eine Weile darüber. Ich war sehr müde, und der Gedanke daran, wie unmittelbar unser Sieg bevorgestanden hatte, wollte mir nicht aus dem Kopf. Ich erinnere mich, daß ich ununterbrochen redete und alle Bewegungen der Truppen auf der Karte nachvollzog. Ludolf sah mir zu, ohne eine Miene zu verziehen. Schließlich sagte er: «Ja, es stand kurz bevor.» Dann gingen wir auseinander, zum erstenmal seit mehr als fünf Tagen. Obwohl keiner von uns es aussprach, wußten wir, daß die Chance für alle Zeit vorbei war. Plan B konnte zu den Akten gelegt werden und würde nie einen Nachfolger haben. Die Kältewelle dauerte übrigens nur eine Woche an. Dann stieg die Temperatur auf 10 Grad an, was für die Jahreszeit normal war, und der Schnee schmolz. Wir hatten viel Ärger mit dem Schmelzwasser, und Stoloff hatte große Schwierigkeiten dadurch beim Bau der Befestigungsanlagen um Ludolfsport herum. Die wurden übrigens von ihm selbst stets nur als provisorisch angesehen. Er setzte für die Arbeiten vor allem gefangene Faschisten ein, und die meisten davon starben während der Angriffe ihrer eigenen Luftwaffe.

Schmidt: Waren Sie an diesem Befehl beteiligt? An dem Beschluß, Menschen, denen Sie unrechtmäßig ihre Freiheit genommen hatten, als Arbeitssklaven einzusetzen?

Velder: Ja. Wir haben diese Leute als Kriegsgefangene betrachtet.

Kampenmann: Was geschah später?

Velder: Die Kämpfe hatten uns einen guten Einblick verschafft, welche Möglichkeiten Oswald zur Verfügung hatte. Wir wußten, daß es eine Zeitlang dauern würde, ehe er zum Angriff übergehen konnte. Wir gingen natürlich davon aus, daß er zuerst die Stellungen an der ganzen Front verstärken würde. Er war gehörig gebeutelt worden und ging kein Risiko ein. Uns blieb nur übrig, abzuwarten und uns noch unangreifbarer zu machen, als wir es bereits waren. Der Winter wurde absurderweise sehr mild. Das war unser Glück. Unsere Vorräte waren zwar groß, aber nicht unerschöpflich. Während der Monate Januar und Februar waren wir sehr isoliert, vor allem von der Außenwelt, denn die meisten unserer Agenten gingen bei den großen Razzien des Militärs und der Polizei während des Dezembers in Oswaldsburg und Marbella drauf. Aus den wenigen Nachrichten, die wir erhielten, konnten wir entnehmen, daß Oswald sich vorbereitete, indem er große Verstärkungen über Marbella ins Land holte, trotz des Nichteinmischungsabkommens. Aber wir waren auch voneinander isoliert. Jedes Fort oder jede Verteidigungseinheit, wie wir es nannten, lebte ihr eigenes Leben. Das hatte seine Vorzüge zum Beispiel für die Solidarität, und wir hatten

keine Mühe, Epidemien einzugrenzen. Mangelkrankheiten traten nicht auf dank der vielseitigen und umfangreichen Vorräte an Medikamenten. Aber alles wurde irgendwie abstrakt, beinahe geisterhaft, um einen wenig passenden Ausdruck zu benutzen. Das ganze Dasein, es war beinahe gar kein Dasein.
Schmidt: Na, nun bleibt uns eigentlich nur noch, eine einzige Sache zu untersuchen. Nämlich die Beteiligung des Angeklagten an dem sogenannten Plan C. Bevor Velder mit seiner Zeugenaussage weitermacht, möchte ich eine kurze Übersicht über die militärische Entwicklung und die Aktivitäten bis zum Monatswechsel März/April verlesen lassen. Anlage V XII/10. Darf ich bitten, Leutnant Brown.
Brown: Anlage V XII/10. Betrifft: Die Unruhen. Zusammenfassung einer Übersicht, erstellt von der nationalhistorischen Abteilung des Generalstabs. Geheimdokument nach § 8 und 18. Der Text lautet:
Nach dem desperaten Ausfall der Aufrührer Ende November, der den Terroristen unter anderem die Kontrolle über die Stadt Oswaldsport (Ludolfsport) und die gesamte Ostküste verschaffte, beauftragte General Oswald den Stab der Armee, eine Säuberungsaktion zu planen, die das Land mit einem Schlag von der roten Hydra befreien sollte. Am 3. Januar wurde beschlossen, daß diese Aktion unter der persönlichen Leitung des Staatschefs stehen und am 20. März beginnen sollte. Der Zeitpunkt war mit Rücksicht auf die Wetterverhältnisse gewählt worden, man rechnete damit, daß der Frühling mit seinem warmen und trockenen Klima günstige Voraussetzungen für ein Unternehmen in größerem Rahmen schaffen würde. Während der Monate Januar und Februar wurden sowohl die nationale Freiheitsarmee als auch das Friedenskorps mit Waffen und speziell ausgebildeten Sturmtruppen aufgefüllt. In der ersten Phase der Aktion wurden neben der Artillerie auch die stärksten Luftwaffenverbände eingesetzt, die bis dahin gegen die Guerillas mobilisiert worden waren. Um 5 Uhr am 20. März wurden die Stellungen der Rebellen mit Raketenwaffen und Artillerie angegriffen, gleichzeitig wurden große Teile des südlichen Sektors mit Napalmbomben belegt.
Schmidt: Danke, das reicht. Wir kommen jetzt auf die Mitwirkung des Angeklagten an dem sogenannten Plan C zurück.
Velder: Am Morgen des 20. März begann die Offensive der Faschisten. Für uns kam sie beinahe wie eine Erleichterung. Wir hatten ja so lange darauf gewartet, und wir hatten keine Hoffnung mehr, daß sich irgend etwas zum Besseren wenden könnte. Deshalb fühlten wir uns irgendwie ... ja, erleichtert, als die Meldungen über die ersten Luftangriffe eintrafen. Zwei Wochen vorher hatte Stoloff übrigens eine überraschende Alternative vorgelegt. Wir hatten gerade eine gründliche Bestandsaufnahme unserer Vorräte vorgenommen und waren zu dem Schluß gekommen, daß Oswald weitere acht Monate brauchen würde, um uns auszuhungern, als Stoloff plötzlich von seinen Tabellen auf-

blickte und sagte: «Überlegt doch mal, ob wir nicht kapitulieren sollten.» Ludolf fragte: «Wann denn?» Und Stoloff: «Jetzt, sofort. Das wäre die größte Überraschung, die Oswald zur Zeit passieren könnte. Wir drei und viele andere würden natürlich erschossen, aber er kann kaum alle Menschen aus unserem Sektor töten lassen. Er würde eine starke kommunistische Minorität auf dem Halse haben. Wenn er andererseits uns weiter ausrottet, verliert er zwar eine Menge Soldaten, aber andererseits kommt er danach in die gleiche vorteilhafte Situation wie Franco nach dem spanischen Bürgerkrieg. Alle guten Kräfte sind gefallen oder haben im Kampf ihr Bestes gegeben, und es dauert viele Jahre, bis das Land wieder eine handlungsfähige sozialistische Opposition bekommt.» Ludolf überlegte eine Weile, bis er zur Antwort gab: «Das geht nicht. Die würden das niemals akzeptieren.» Ich fragte: «Wer würde nicht akzeptieren?» Er sah mich erstaunt an und erklärte: «Alle Menschen hier im südlichen Sektor. Die Parteimitglieder. Die Miliz. Wahrscheinlich würden die uns in dem gleichen Augenblick absetzen, in dem wir versuchen würden, die Idee zu verraten.» Und Stoloff sagte: «Das wäre sicherlich kein Verrat an der Idee, sondern genau das Gegenteil, aber das ist nicht mit einem Satz zu erklären. Du hast also recht. Natürlich werden wir kämpfen.»
Schmidt: Ich möchte eine Frage einwerfen. Sie benutzten das Wort Parteimitglied. Es gab demzufolge eine politische Partei im südlichen Sektor?
Velder: Natürlich. Wir waren alle Mitglieder. Stoloff hatte das Amt des Parteiführers. Na, später wurde mir klar, daß diese Diskussion über eine Kapitulation keineswegs mit dem Hintergedanken, Menschenleben zu retten, geführt worden war. Es ging vielmehr darum, wie man dem Feind größtmöglichen Schaden zufügen könnte.
Schmidt: Kommen Sie bitte auf den Plan C zurück.
Velder: Plan C war immer General Ludolfs Lieblingskind gewesen. Der war sehr sorgfältig ausgearbeitet worden, schon von Anfang an. Aber Plan C trat nicht gleich in Kraft, als der Angriff begann. Übrigens Angriff. Wir merkten sofort, daß Oswald diesmal nichts dem Zufall überließ. Er war uns personell um etwa das Sechs- bis Siebenfache überlegen und in jeder Hinsicht viel stärker als wir, jedenfalls was das Material anging. Am Nachmittag des 21. meldeten viele Beobachtungsposten im äußersten Verteidigungsgürtel, «daß es so aussah, als ob alles brannte, sogar die Betonblöcke und der Erdboden selbst», und an einigen Stellen hatten wir bereits Schwierigkeiten mit der Frischluftzufuhr. Die Sturmtruppen griffen systematisch an, hatten aber keine übertriebene Eile. Es dauerte eine Woche, bis sie die Miliz aus Ludolfsport und dem Küstenstreifen im Osten, der von uns vier Monate vorher besetzt worden war, vertrieben hatten. Am 30., also elf Tage nach Angriffsbeginn, mußten wir den äußeren Verteidigungsgürtel räumen und alle überle-

benden Soldaten in die Forts der Befestigungslinie zurücknehmen. Die Stellungen am Fluß entlang hätten möglicherweise noch einige Tage länger gehalten werden können, aber wir sahen das als sinnlos an. Danach arbeiteten sich die Faschisten bis an die erste Festungskette heran, aber der erste feste Punkt fiel nicht vor dem 17. Kampftag, also am 5. April. Das war übrigens Fort 46 oben im Nordosten, ganz nahe am Strand. Stoloff war immer der Meinung gewesen, daß unser schwächster Punkt dort lag. Während der nächsten acht Tage nahmen sie weitere zehn Forts, alle in der ersten Festungskette und die meisten entlang der Ostküste, wo sie die Verteidigungslinie nach dem alten Muster von Norden aus aufrollten. So wie Stoloffs Stützpunkte konstruiert waren, spielte es allerdings keine Rolle, von welcher Seite sie angegriffen wurden. Und in dem Moment, in dem ein Fort fiel, wurden automatisch alle Verbindungsgänge, die dorthin oder von dort weg führten, gesprengt. Und in der Kommandozentrale nahmen wir eine numerierte rote Metallplatte von der Karte. Im Prinzip sollten die Überlebenden sich in das nächste intakte Fort zurückziehen, bevor die Vorräte zerstört und die Tunnel gesprengt wurden. Am 18. April hatten sie 22 Stützpunkte genommen, alle aus dem äußeren Festungsgürtel. Es ging langsam voran, und es kam sie teuer zu stehen.

Orbal: Ja, das war wie verteufelt. Der ganze verdammte Landesteil war ja ein einziger Termitenhaufen, ein Sammelsurium aus Höhlen und Grotten und unterirdischen Gängen und Bunkern, die in mehreren Etagen in die Erde gebaut waren. Alles, was man anfaßte, explodierte. Wir mußten das Pack praktisch genauso ausgraben, wie man Maulwürfe im Garten ausgräbt.

Kampenmann: Eine Art totale Verteidigung, mit anderen Worten. Erinnert an Iwo Jima. Dort hatten sich 35000 Japaner ...

Pigafetta: Es wäre ein großes Entgegenkommen, wenn Sie Ihre kriegshistorischen Vorlesungen irgendwo anders halten würden, Kampenmann. Meine Zeit ist wirklich sehr begrenzt, auch wenn das niemand zu verstehen scheint.

Peters: Bravo, Herr Luftwaffenchef! Machen Sie weiter, Velder.

Velder: Am 34. Tage nahmen sie Stützpunkt 28 in der zweiten Festungskette und am Tag darauf Stützpunkt 9, der zur Hauptfestungskette gehörte. Stützpunkt 9 lag weniger als 10 Kilometer westlich der Zentralbefestigung, also dem Hauptquartier, und zwischen diesem Stützpunkt und unserem Bunker gab es keine festen Verteidigungsanlagen mehr. Doch, passive natürlich. Damit war ein Durchbruch erreicht, und technisch gesehen waren wir also in diesem Augenblick geschlagen, obwohl die Miliz immer noch 32 von 65 Forts hielt. Zum Schluß war es für die Faschisten etwas schneller gegangen, und es dauerte etwa einen Tag, ehe wir verstanden, warum. Deren Artillerie hatte damit angefangen, Gasgranaten einzusetzen.

Orbal: Ja, das war ein Geniestreich, wirklich. General Winckelmans Idee. Und gleichzeitig schüttete die Luftwaffe Napalm drauf. Danach brauchte man nur so weiterzumachen. Na, los, reden Sie weiter.
Velder: Als wir schließlich entdeckten, was los war, hatten wir bald relativ gute Filter zur Hand. Außerdem gab es genügend Gasmasken. Aber schlimm war eigentlich das Napalm, das nahm unserer Luft den Sauerstoff. Am 35. Tag begann das Nachrichtensystem zwischen den Verteidigungseinheiten zusammenzubrechen. Die Forts im Westen und Südwesten konnten wir nur noch über Funk erreichen. Auf der Erdoberfläche brannte es überall. 32 Stützpunkte waren immer noch intakt, die Zentralfestung sowie 11 in der dritten und innersten Kette, 14 in der zweiten und 6 in der dritten Linie hielten sich immer noch. Komisch.
Peters: Komisch? Verdammt, was meint er denn damit?
Velder: Mir fällt ein, daß Nummer 65 nach fünfunddreißig Tagen immer noch standhielt. Nummer 65 lag im Süden in der ersten Linie. Dort tat Carla Dienst, meine jüngere Frau. Sie hatte im November bei dem Angriff auf Melora teilgenommen, gehörte aber zu denen, die unverletzt zurückkamen. Danach habe ich mich später erkundigt. Ich wollte ihr einen Brief schreiben, aber daraus wurde dann nichts mehr.
Peters: Was hat denn das zum Teufel noch mal mit Plan C zu tun? Jetzt reißen Sie sich aber mal zusammen, Schmidt, und rufen Sie den Angeklagten zur Ordnung.
Velder: In diesem Augenblick, am 35. Tag, also am 23. April, ließ General Ludolf Plan C in Kraft treten. Der war von ihm selbst entworfen und von mir und Oberst Stoloff ausgearbeitet worden. Kurz zusammengefaßt lief er darauf hinaus, daß alle Öffnungen, Tunnel und Verbindungen gesprengt und blockiert wurden und alle Nachrichtenverbindungen zwischen den noch vorhandenen Forts aufhörten. Die Miliz bekam nur einen einzigen Befehl: Widerstand in jeder Lage und mit allen Mitteln. Ursprünglich waren auch die Worte «bis zum letzten Mann» enthalten gewesen, aber Ludolf strich sie, seiner Meinung nach waren sie lächerlich und überflüssig. Um halb zwei in der Nacht zum 24. April wurde alles unterbrochen. Danach erfuhr ich nichts mehr von dem, was außerhalb der Zentralbefestigung vor sich ging.
Peters: Wir wissen es. Das reicht vollständig.
Schmidt: Dieser sogenannte Plan C, von Velder auf Befehl des Volksfeindes Joakim Ludolf ausgearbeitet, führte bekanntlich zu tausendfachem Mord.
Orbal: Ja, das will ich meinen. Die haben sich wie hysterische Ratten geschlagen. Nicht zuletzt die Frauen, und die sollen in der Rückenlage am gefährlichsten gewesen sein. Diejenigen, die dumm genug waren, sich auszuziehen und mit einer von ihnen ins Bett zu gehen, hatten nicht mehr lange zu leben. Früher oder später schläft man ja doch ein.

Schmidt: Ich betrachte die Teilhaberschaft des Angeklagten an dem sogenannten Plan C als erwiesen. Damit ist die Beweisaufnahme gegen Erwin Velder abgeschlossen, und ich beantrage eine halbe Stunde Pause, bevor wir zum Schlußplädoyer kommen, das jedenfalls von unserer Seite sehr kurz gefaßt sein wird. Danach bin ich bereit, das Verfahren insgesamt dem Sonder-Kriegsgericht zur Urteilsberatung zu übergeben.

Orbal: Aha, Sie sind jetzt fertig. Prima, prima.

Kampenmann: Was geschah nach dem 23. April, Velder? Wo und wie sind Sie gefangengenommen worden?

Peters: Wirklich, Kampenmann, haben Sie immer noch nicht genug? Jetzt sind wir doch so gut wie fertig.

Bratianu: Ich protestiere. Die Frage ist irrelevant. Sie hat nichts mit dem Verfahren zu tun. Die Anklage enthält keine Verbrechen, die Korporal Velder nach dem 23. April begangen hat.

Kampenmann: Ich habe eine Frage an den Angeklagten gestellt und erwarte, daß sie beantwortet wird.

Orbal: Aber um Himmels willen, Kampenmann, warum denn?

Peters: Sie haben während der ganzen Verhandlung immer nur Schwierigkeiten gemacht und Verwirrung geschaffen, Kampenmann. Sie und Schmidt haben mit Ihrem Gerede und Ihren sinnlosen Auslegungen alles verzögert.

Bratianu: Ich bestehe auf meinem Protest.

Kampenmann: Einen Moment, meine Herren. Ich habe dem Angeklagten eine Frage gestellt, und ich erwarte, daß sie beantwortet wird. Zu Ihnen, Leutnant Bratianu, will ich erstens sagen, wenn Sie die Kriegsgerichtsordnung gelesen haben, die Sie vorher scheinbar so trefflich beherrschten, so müßten Sie eigentlich einsehen, daß Sie sich mit Ihren Protesten aufs Glatteis begeben. Sie haben recht, wenn Sie beim Präsidium gegen Fragen protestieren, die von der Verteidigung, in diesem Fall also von Hauptmann Endicott, gestellt werden. Welche Fragen das Präsidium stellt, ist eine Sache, in die Sie nicht befugt sind, sich einzumischen. Zweitens haben Sie überhaupt kein Recht, sich zu äußern, solange der Auditor, in diesem Falle Kapitänleutnant Schmidt, Ihnen nicht das Wort erteilt hat. Ganz allgemein möchte ich darauf hinweisen, daß – immer noch streng der Vorschrift nach – weder der Präsident noch einer der übrigen Beisitzer und natürlich am allerwenigsten einer der Beteiligten das Recht hat, sich gegen die Formulierung einer Frage auszusprechen, die ein Repräsentant einer Teilstreitkraft, in diesem Falle ich selbst, zu stellen wünscht!

Orbal: Herrgott noch mal, jetzt hast du ihn aber gereizt, Carl. Jetzt kommen wir nie zum Schluß.

Pigafetta: Wenn auch ungern, so muß ich doch zugeben, daß Sie recht haben, Kampenmann. Ich habe die Vorschrift auch gelesen.

Kampenmann: Kann ich jetzt eine Antwort auf meine Frage haben? Velder, was geschah mit Ihrer Person von der Nacht zum 23. April an bis zum Abend des 18. Mai, an dem Sie den Unterlagen nach in das Militärkrankenhaus eingeliefert wurden?
Velder: Wie ich schon sagte, waren wir völlig isoliert. Deshalb weiß ich nur, was in der Zentralfestung geschah. Dort taten wir das einzig Mögliche, nämlich wir warteten. Alle Vorbereitungen für die Verteidigung waren abgeschlossen. In gewisser Hinsicht war die Zentralbefestigung schwerer zu halten als die meisten anderen Forts, denn als Hauptquartier war sie ja anders konstruiert als die Widerstandsnester. Andererseits waren die Nahkampfverbände, die dort stationiert waren, besonders gut ausgebildet. Während der ersten Woche war die Stille das Auffallendste. Danach hörten wir den Kampflärm näher kommen, wie einen entfernten Donner. Wir spürten auch immer deutlicher das Beben der Erde unter den Einschlägen. Das waren natürlich Detonationen unterschiedlichster Art. So war die Lage am 43. Tag. Wir feierten an diesem Tag den Ersten Mai, zum zweitenmal in unserem Sektor übrigens.
Peters: Ist das Maß des Irrsins denn nicht bald voll? Wir feierten den Ersten Mai!
Velder: Ja. Stoloff hielt eine Ansprache. Am dritten Mai hatten wir zum erstenmal Feindberührung. Am Tag darauf sprengten sich die Faschisten in den westlichen Teil ein. Sie wurden zurückgeschlagen, aber am nächsten Tag mußten wir diesen Teil räumen, er wurde völlig zerstört. Wir hatten große Probleme mit der Ventilation. Trotz aller Filter und komplizierter Luftschleusen saugten die Ventilatoren große Mengen von Rauch und Gas an. Während der nächsten Tage, dem 6. und 7. Mai, wurden die Angriffe weiter verstärkt. Sturmtruppen sprengten sich Stück für Stück ein, dann griffen sie mit Flammenwerfern und Granaten an. Am Morgen des 8. Mai funktionierte nur noch eins unserer drei Beleuchtungssysteme, und uns wurde klar, daß unsere Aussichten, diesen Tag, der der fünfzigste war, zu überleben, nicht besonders groß waren. Zum Schluß ging alles ziemlich schnell. Um neun Uhr schien es so, als ob der größte Teil der Miliz in unserem Teil der Festung gefallen war. Ludolf, Stoloff, ich selbst und eine Ordonnanz hielten uns in der Kommandozentrale auf, die am besten geschützt war. Wir waren mit Maschinenpistolen bewaffnet, und Stoloff stand gerade da und hakte Handgranaten an seinem Gürtel fest. Ludolf und ich standen etwa fünf Meter von ihm entfernt näher an der Kartenwand dran. Ich weiß, daß ich auf die Uhr blickte. Sie war zehn Minuten nach neun. Es war sehr viel Rauch in dem Raum, und wir konnten kaum atmen. Genau in diesem Moment detonierte eine Granate, wahrscheinlich in der Luftschleuse über uns. Wer weiß, wie die da hineingekommen war. Ich kann das Bewußtsein nicht gleich verloren haben, denn ich sah, wie Stoloff hinfiel.
Kampenmann: Ja, weiter.

Velder: Als ich wieder zu mir kam, war es ganz hell im Bunker. Später begriff ich, daß das Tageslicht durch die Decke hereinkam. Die Etagen über uns waren weggesprengt worden. Stoloff war tot. Ein Splitter hatte ihm den Kopf praktisch vom Rumpf abgetrennt, seine Leiche lag etwa fünf Meter von mir entfernt auf dem Betonfußboden. Mehrere Soldaten mit Gasmasken und in Asbestanzügen standen herum. Meine eigene Wunde am Hals tat sehr weh, und ich lag still. Ludolf schien sich dagegen zu bewegen. Nach einigen Minuten begriff ich, daß die Soldaten auf etwas warteten, und nach einer Weile kam auch richtig ein großer Offizier in der Uniform der Armee ins Zimmer. Er sah mich und den General an und sagte: «Die beiden leben. Schaffen Sie sie nach oben.» Jetzt fällt mir auch ein, daß es rundherum ganz still war, aller Widerstand in der Zentralfestung mußte also aufgehört haben. Als ich das nächste Mal aufwachte, lag ich auf einer Decke neben einer Art Geländewagen. Es war seit langem das erste Mal, daß ich frische Luft in die Lungen bekam, und ich wurde sehr schnell munter. Ludolf stand in seiner schmutzigen Khakiuniform neben dem Jeep und hatte die Hände in die Hüften gestemmt. Drei Sturminfanteristen in der Uniform des Friedenskorps standen mit Maschinenpistolen im Anschlag um uns herum. Jemand hatte meine Halswunde verbunden. Nach etwa einer Viertelstunde kam der lange Armeeoffizier zurück; er war Hauptmann und hatte einen schmalen, schwarzen Schnurrbart. Ich weiß nicht, wie er hieß.
Peters: Hauptmann da Zara.
Orbal: Ja, genau, da Zara.
Velder: Er war sehr freundlich, trat höflich und guterzogen auf. Er half mir auf die Füße und auf den Rücksitz des Wagens. «Ich soll die Herren ins Hauptquartier bringen», sagte er. Ludolf mußte sich neben mich auf den Rücksitz setzen. Der Offizier saß neben dem Fahrer. Ein Soldat stand auf der hinteren Stoßstange, als Wache, nehme ich an. Wir fuhren einen kurvenreichen und unebenen Weg entlang, der offenbar durch die Minenfelder geräumt worden war. Von sehr weit weg hörte man einzelne Detonationen, deshalb nehme ich an, daß einzelne Stützpunkte immer noch Widerstand leisteten. Es dauerte zwei Stunden, bis wir auf die alte Straße zwischen Oswaldsburg und Ludolfsport kamen. Es war warm, und als ich auf meine Armbanduhr blickte, die komischerweise immer noch ging, sah ich, daß die Uhr beinahe zwei war. Niemand im Auto sagte ein Wort. Gegen drei Uhr kamen wir an Brock vorbei. Sie hatten die Straße instand gesetzt, aber das ganze Dorf lag in Ruinen. Ludolf sah sich gleichgültig um. Dann bogen wir nach Süden ab, überquerten die Autobahn und nahmen die große Straße nach Marbella. Irgendwie schien es mir, als ob sich die Landschaft verändert hatte, ich kannte mich nicht mehr aus. Auf dieser Straße war kaum Militär zu sehen, aber wir trafen einige Polizeistreifen und viele Gendarmen, die immer zu zweit auf Fahrrädern unterwegs waren. Wir kamen an vielen

flachen, grauen Blechbaracken vorbei, die wie irgendwelche Notunterkünfte und verräucherte Fabrikhallen aussahen. In der Nähe von Marbella sahen wir ein großes Gebiet, das aussah wie ein riesiger Schrebergarten. Es war ein schöner Tag, und viele Leute standen dort herum und gruben in ihren Kartoffeläckern, oder was das sonst war. In diesem Moment blickte Ludolf mich an und zog ein wenig die Augenbrauen hoch. Ich erinnere mich genau, wie er aussah: leichenblaß mit roten Augen und kleinen Eiterbeulen um die Augen herum. Er war geblendet ebenso wie ich und blinzelte in das Licht. Wir kamen nicht bis nach Marbella hinein, denn der Jeep bog kurz vor der Stadt nach rechts in eine Nebenstraße ein, und zehn Minuten später kamen wir beim Hauptquartier an. Das bestand aus einer Reihe langer, grauer ...
Peters: Ja, ja, ja. Sogar Kampenmann weiß, wie das Hauptquartier aussah.
Velder: Jener Offizier führte uns in ein kahles Zimmer, in dem nur ein Tisch und zwei Stühle standen. Er war immer noch sehr entgegenkommend. Dann ging er und postierte zwei Wachsoldaten vor der Tür. Wir setzten uns auf die Stühle und schwiegen. Nach einer Viertelstunde kam der Offizier zurück. Er blickte bekümmert von einem zum anderen, dann wandte er sich höflich an Ludolf und sagte: «Sie werden jetzt bald hingerichtet, haben Sie einen letzten Wunsch?» Ludolf antwortete sofort: «Ich will Oswald sprechen.» Das schien den Offizier ein wenig aus der Fassung zu bringen, dann fragte er: «Den Staatschef? General Oswald? Das ist natürlich undenkbar.» Ludolf sagte: «Ein bißchen Whisky, bitte.» Der Offizier antwortete: «Wir haben im Land leider ein totales Alkoholverbot seit mehr als einem Jahr.» Ludolf zuckte mit den Schultern und bat: «Dann geben Sie mir eine Zigarette.» Der Offizier sagte: «Natürlich.» Er zog seine Schachtel aus der Tasche und bot höflich an. Dann reichte er Feuer. Ludolf rauchte zwei Züge, blickte dann auf die Zigarette und warf sie weg. Ich weiß, warum. Wir hatten uns das Rauchen beinahe vollständig abgewöhnt, und die Zigarette schmeckte einfach nicht mehr. Der Offizier hatte sich auf die Tischkante gesetzt und ließ das eine Bein hin und her baumeln, so als ob er bedrückt sei und nicht wußte, was er sagen sollte, oder so, als ob er auf jemanden wartete. Nach einer Weile ging die Tür auf, und ein Soldat in Ausgehuniform und mit schwarzen, flachen Schuhen kam herein. Er zeigte mit der Maschinenpistole auf mich und sagte: «Komm mit.» Ich warf Ludolf einen Blick zu, aber der guckte gerade in eine andere Richtung. Der Wachsoldat ging hinter mir her in ein anderes Gebäude. Das sah so aus, als ob wir den Hintereingang benutzen würden. Dort war ein Flur mit einigen Türen. Er öffnete eine davon und schubste mich hinein. Dann kam er hinter mir herein und stellte sich mit schußbereiter Maschinenpistole an der Tür auf.
Kampenmann: Na? Und was geschah dann?

Velder: Oswald war da drin. Der Raum war offenbar sein Dienstzimmer, das sehr groß war. Die kugelsicheren Jalousien waren heruntergelassen, so daß es ziemlich schummerig da drin war, Oswald hatte die Generalsuniform an, aber er hatte den Schlips gelockert und das Hemd aufgeknöpft. Die Stiefel standen neben der Tür, und er schlich auf Strümpfen hin und her. Sein Gebiß lag in einem Glas, das auf dem Schreibtisch stand. Als ich eintrat, blieb er stehen und blickte mich an. «Guten Tag, Erwin», begrüßte er mich. «Hallo», sagte ich. «Wo ist Edner, und was hat er vor?» fragte er. «Ich weiß es nicht», antwortete ich. «Du lügst», behauptete er. «Natürlich weißt du es.» Ich widersprach: «Nein, ich weiß es wirklich nicht.» Da blickte er mich lange an und sagte: «Schade, Erwin. Sonst hätte ich dir ein schnelles und relativ schmerzfreies Ende bieten können. So zum Beispiel. Guck mal her.» Er ging ans Fenster und winkte mir zu, ebenfalls dort hinzukommen. Dann drehte er an den Jalousien herum, so daß man zwischen den Lamellen hindurchblicken konnte. Sie hatten Ludolf auf den Platz vor dem Haus geführt und stellten ihn gerade vor einen Stapel mit Sandsäkken, fünfzehn Meter vom Fenster entfernt. Er stand ganz still und sah sehr müde aus. Der große Offizier stellte das Erschießungskommando auf und befahl Feuer. Die Salve traf tief, und es sah beinahe so aus, als ob Ludolf immer noch lebte, als der Offizier sich hinabbeugte und ihm mit seiner Pistole in den Kopf schoß. Oswald trat zwei Schritte in das Zimmer zurück und blieb mit gebeugtem Kopf stehen; so hatte ich ihn oft gesehen, wenn er über irgend etwas Besonderes nachdachte. Ich hörte, wie er vor sich hin sagte: «Das war der eine. Aber der andere Schweinehund lebt. Was hat der verdammt noch mal vor?» Den letzten Satz wiederholte er mehrere Male. Dann machte er eine ungeduldige Geste in meine Richtung und sagte zu dem Wachsoldaten: «Bring ihn weg.» Ich war ziemlich schwach, sicher von dem Blutverlust, und sie brachten mich direkt ins Militärlazarett.

Peters: Sind Sie jetzt zufrieden, Kampenmann? Glauben Sie, daß der Staatschef sich freuen wird, wenn ihm zu Ohren kommt, daß Sie einen Mörder und Deserteur hier solche Lügen über ihn verbreiten ließen?

Orbal: Hach, müssen wir uns heute noch dieses Plädoyer anhören? Es ist ja bald dunkel.

Pigafetta: Das bringen wir schnell hinter uns. Außerdem hörte ich vom Generaladvokaten, daß der Staatschef davon ausgeht, daß wir heute die Angelegenheit abschließen.

Orbal: Wir gehen wohl hinauf und trinken ein Bier. Die Sitzung wird für 30 Minuten unterbrochen.

Orbal: Und Pigafetta verspätet sich, wie üblich. Eigenartiger Mensch.

Kampenmann: Wie lange haben sich die restlichen Forts eigentlich noch halten können?

Peters: Wenn ich mich richtig erinnere, sprengten wir das letzte am 17.

Mai in die Luft. Warum haben Sie eigentlich so großen Wert darauf gelegt, das mit Ludolfs Hinrichtung zu hören?

Kampenmann: Ich habe das vorher wirklich nicht gewußt.

Orbal: Sie sind so schrecklich neugierig, Kampenmann. So was kann gefährlich werden. Und blutig. Das ist auch gefährlich. Nehmen Sie sich in acht!

Peters: Jetzt kommt Pigafetta. Und Haller hat er auch mitgebracht.

Haller: Es tut mir leid, daß ich erst jetzt kommen kann. Aber ich habe gehört, daß die Verhandlung doch ganz zügig vorangegangen ist. Der Staatschef schien sehr zufrieden zu sein, als ich mit ihm darüber sprach.

Orbal: Aber heute dauert es lange. Und die Luft hier drin ist schlechter als je vorher.

Haller: Es wird nicht mehr lange dauern. Ich habe mit den Beteiligten gesprochen und sie angewiesen, das Schlußplädoyer so kurz wie möglich abzufassen.

Peters: Das ist gut. Rufen Sie die Beteiligten herein, Brown.

Brown: Ist das Sonder-Kriegsgericht bereit, die Schlußplädoyers der Beteiligten im Verfahren der Streitkräfte gegen Erwin Velder anzuhören?

Orbal: Natürlich, Brown. Weshalb fragen Sie?

Schmidt: Ich beantrage, das Wort an den stellvertretenden Auditor Leutnant Mihail Bratianu weitergeben zu dürfen.

Peters: Ach so, Sie sollen das Schlußplädoyer halten, Bratianu. Ausgezeichnet! Bitte sehr.

Bratianu: Wollen Sie so freundlich sein und den Angeklagten heranrollen, Hauptmann Endicott. Und drehen Sie ihn so herum, daß ich ihm in die Augen sehen kann. So ist's richtig, danke.

Orbal: Fassen Sie sich gefälligst kurz, Bratianu.

Bratianu: Ich werde mich sehr kurz fassen, Herr Oberst. Herr Präsident, meine Herren Beisitzer, verehrtes Kriegsgericht! Ich möchte mich milde ausdrücken und sagen, daß diese Person, die wir hier vor uns sehen, der gemeinste Verbrecher ist, der in diesem Land jemals vor Gericht gestellt wurde. Es gibt nichts zu seiner Verteidigung zu sagen. Denn auch, wenn ein abartiges System die Voraussetzungen schaffte, die eine verbrecherische Tätigkeit ermöglichten und zeitweise direkt dazu ermunterten, so ist Erwin Velder an sich schon eine Ausgeburt an Lasterhaftigkeit und perversem Denken. Durch die Voruntersuchung und die Verhandlung von diesem Sonder-Kriegsgericht ist im einzelnen nachgewiesen worden, daß der Angeklagte in den letzten zehn Jahren seines Lebens immer tiefer in den Sumpf der Unmoral und des Verbrechens gesunken ist. So wie wir ihn hier vor uns sehen, kaum als Mensch zu bezeichnen, bildet er in seiner Person den lebenden Beweis dafür, wie tief ein Individuum in den Sumpf, den ich eben erwähnte, sinken kann. Erwin Velders Verbrechen sind so gräßlich, daß sie nicht

gesühnt werden können, jedenfalls nicht durch den Tod oder durch irgendeine andere Form der Strafe, die ich kenne. Daß Velder in irgendeiner Hinsicht zum Gegenstand einer Besserung gemacht werden könnte, halte ich für ausgeschlossen. Zweifellos gibt es aber Möglichkeiten, sogar eine Person so minderwertiger moralischer Qualität wie ihn auf eine andere Lebensbahn zu führen, wenn sich die zuständigen Stellen der Gesellschaft schon am Beginn ihrer verbrecherischen Laufbahn ihrer annehmen. Im Hinblick darauf haben die Urteile gegen Velder ihren Sinn. Durch ihre präjudizierende Art werden sie die Grundlage für eine Gesetzgebung bilden, die dazu benutzt werden soll, unsere Nation zu schützen, und die uns helfen wird, ihre Würde und Unabhängigkeit zu bewahren. Diese Gesetzgebung wird uns in Zukunft die Möglichkeit geben, in einem frühen Stadium, vielleicht sogar in der frühen Kindheit, Personen mit verbrecherischen Anlagen auf den rechten Weg zu führen. Deshalb verlange ich im Namen der Streitkräfte und der gesamten Nation, daß Velder für jedes einzelne seiner 128 Verbrechen, die ihm vorgeworfen werden, zu einer hohen Strafe verurteilt wird. Dem Angeklagten ist ohne jeden Zweifel eine Schuld nicht nur für die 126 Verbrechen, die er gestanden hat, nachzuweisen, sondern auch für die beiden Fälle, in denen er vor diesem Kriegsgericht die Frechheit besaß, seine Schuld abzustreiten, nämlich bei dem Vorwurf der Bigamie und der Feigheit vor dem Feind.
Die Strafen, die festgesetzt werden, und die Urteilsbegründungen, auf denen sie basieren, sind demzufolge von vitalem Interesse für die Zukunft der Nation. Der Angeklagte selbst ist demgegenüber völlig uninteressant. Trotzdem muß der Form halber die Frage gestellt werden: Was sollen die Streitkräfte und die Nation mit Erwin Velder machen?
Wir haben heutzutage den großen Vorteil, in einem friedlichen Land leben zu dürfen, in dem die Sicherheit und der Wohlstand der Mitbürger auf drei fundamentalen Begriffen basiert: Religiosität, Moral und Würde. Ein anderer Eckpfeiler in diesem vom Staatschef, General Oswald, geschaffenen Land, ist die Humanität und der Respekt für die Menschenrechte. Obwohl Velder als Subjekt weit unter einem Schwein steht, trotz seiner abscheulichen Verbrechen und seiner tierischen Verhaltensweise sollten wir ihn im Hinblick auf unsere Grundsätze und Normen mit einer gewissen Milde behandeln. Denn das entspricht unserer Grundhaltung. Darum beantrage ich ganz einfach, daß Korporal Erwin Velder seine nationale Staatsangehörigkeit entzogen wird, sein militärischer Dienstgrad aberkannt wird, er aus der Armee ausgestoßen wird und das Recht auf das Tragen seiner militärischen Auszeichnungen verliert. Sowie, daß er danach hingerichtet wird.
Brown: Wir haben das Schlußplädoyer des Auditors gehört. Das Wort hat die Verteidigung.
Endicott: Verehrtes Präsidium! In meiner Eigenschaft als Verteidiger

von Erwin Velder sehe ich es als meine Pflicht an, um ein mildes Urteil zu bitten.

Orbal: Was? Das war alles?

Endicott: Jawohl, Herr Oberst.

Peters: Bravo, Endicott. Das war das Beste, was Sie während des ganzen Verfahrens getan haben.

Orbal: Dann wären wir also fertig für heute.

Haller: Aus technischen Gründen halte ich es für zweckmäßig, daß die Sitzung bis Dienstag nächster Woche vertagt wird. Dann ist die Arbeit der gemischten Kommission beendet, was dem Kriegsgericht die Möglichkeit gibt, das Urteil zu verkünden und danach das Verfahren abzuschließen.

Orbal: Jaha, das verschafft uns auch ein langes Wochenende. Die Sitzung wird auf Dienstag, den 20. April, 11 Uhr, vertagt.

Sechzehnter Tag

Brown: Anwesende Oberst Mateo Orbal, Heer, als Vorsitzender des Präsidiums des Sonder-Kriegsgerichts, Major Carl von Peters, Heer, und Kapitän zur See Arnold Kampenmann, Marine. Berichterstatter ist Leutnant Arie Brown, Luftwaffe. Oberst Nicola Pigafetta hat mitteilen lassen, daß er sich einige Minuten verspätet, und Generaladvokat Tadeusz Haller ist auf dem Weg vom Justizministerium hierher. Dem Angeklagten ist gesagt worden, daß er draußen in der Halle zusammen mit Roger ... Verzeihung, mit Hauptmann Roger Endicott, Luftwaffe, und Kapitänleutnant Wilfred Schmidt, Marine, warten soll.

Peters: Pigafetta wird heute ein ziemlich langes Gesicht machen. Es wird allgemein behauptet, daß Blochs Ernennung bereits schriftlich vorliegt.

Orbal: Ja, das habe ich tatsächlich auch gehört. Spielt aber keine große Rolle. Dummköpfe, alle beide.

Peters: Für Pigafetta spielt das allerdings eine gewisse Rolle. Jetzt kommt jedenfalls schon mal Herr Haller.

Orbal: Was ist denn das für eine mächtige Schwarte?

Haller: Das Ergebnis der Arbeit des Sonder-Kriegsgerichts, meine Herren. Urteile und Urteilsbegründungen im Verfahren gegen Velder.

Orbal: Sie wollen uns um Gottes willen doch nicht zwingen, das alles durchzulesen?

Peters: ... oder Brown das alles vorlesen zu lassen? Da mache ich nicht mit.

Haller: Na, das wird sicher gar nicht erforderlich sein. Ich habe hier eine vervielfältigte Zusammenfassung des Urteils. Die sollte als Diskussionsgrundlage bei der internen Urteilsberatung ausreichen. Wollen Sie das bitte mal austeilen, Brown.

Peters: Ach nee, Pigafetta. Guten Morgen, Herr Luftwaffenchef! Wie geht es Ihnen heute?

Pigafetta: Danke, ausgezeichnet. Bitte um Entschuldigung für die Verspätung.

Haller: Sind alle da? Dann können wir uns dies hier vielleicht ein paar Minuten gemeinsam ansehen. Bis die eigentliche Beratung beginnt, muß ich mich nämlich wieder auf den Weg in die Kanzlei machen.

Pigafetta: Ich habe Leutnant Bratianu gar nicht in der Halle gesehen. Wird er dabeisein, wenn das Urteil verkündet wird?

Peters: Nein, wir müssen uns mit Schmidt begnügen. Bratianu ist abkommandiert worden.

Pigafetta: Wohin?

Peters: Das weiß ich auch nicht. Warum sind Sie plötzlich so an Bratianu interessiert?

Pigafetta: Ach, nichts Besonderes. Es fiel mir nur auf.

Orbal: Das hier sieht ja gut aus. Ordentlich und übersichtlich zusammengestellt.

Haller: Ja. Wie aus der Aufstellung, die Sie vor sich haben, hervorgeht, empfiehlt die gemischte Kommission aus dem Justizministerium und der juristischen Abteilung des Generalstabs folgende Strafzumessungen:

Zuerst kommen zehn unterschiedliche Verbrechen, nämlich Hochverrat, Fahnenflucht, Feigheit vor dem Feind, Teilnahme am Aufstand, Mord, Beihilfe zum Mord, terroristische Tätigkeit, Sabotage, Massenmord und umstürzlerische Tätigkeit. Hier wird Velder nach den Regeln des Militärstrafrechts in jedem einzelnen Fall zum Tod durch Erschießen verurteilt, ohne das Recht zur Berufung bei einer anderen Instanz. Für vier dieser Verbrechen, für die auch ein ziviles Strafverfahren möglich wäre, wird er zum Tod durch Erhängen verurteilt; er hat das Recht, beim Höchsten Gerichtshof Berufung einzulegen. Für den Fall, daß er auch dort verurteilt wird, kann er ein Gnadengesuch an den Staatschef richten.

Orbal: Jetzt komme ich nicht ganz mit.

Haller: Das spielt keine Rolle. Lassen Sie uns weitermachen.

Orbal: Drängen Sie doch nicht so. Wenn er erst erschossen wird und dann aufgehängt, wie kann er denn dann noch ...

Pigafetta: Darüber können wir später noch sprechen, Orbal.

Orbal: Immer diese Hast.

Haller: 35 Verbrechen, die zu 12 Strafbeständen zusammengefaßt sind, laufen unter der Kategorie Disziplinarvergehen und können durch

Kriegsgerichtsverfahren geahndet werden. Hier wird Gefängnis von unterschiedlicher Dauer empfohlen. Die kürzeste Strafe ist 14 Tage wegen Verständnislosigkeit im Dienst und die längste fünf Jahre wegen Verletzung der Dienstpflicht. Sie sehen die ausführliche Aufstellung auf Seite zwei.
Pigafetta: Ja, das ist klar.
Haller: Dann haben wir da weiterhin 32 Verbrechen, die zu zehn verschiedenen Strafbeständen zusammengefaßt worden sind und sowohl militärstrafrechtlich als auch zivilstrafrechtlich beurteilt werden können. Das gilt beispielsweise für Hurerei, Trunksucht, Diebstahl, Nachlässigkeit und Mißbrauch der Dienststellung. Hier werden ebenfalls Freiheitsstrafen empfohlen, Gefängnis für den militärischen Teil und Zuchthaus für den zivilen, im zivilen Teil also Straflager. Die Dauer der Strafen variiert zwischen einer Woche und sechs Monaten. Alles klar?
Pigafetta: Ja, machen Sie weiter.
Haller: Die nächste Gruppe, zehn näher bezeichnete Verbrechen vom Typ Lästerung und Verspottung Gottes, sollte auch mit Freiheitsstrafen geahndet werden, meint die Kommission. Kürzeste Strafe ein Monat Zuchthaus wegen Blasphemie und die längste drei Jahre für die Verbreitung von Irrlehren. Die entsprechenden Strafzeiten gelten auch für die militärische Rechtsprechung, doch verurteilt das Kriegsgericht hier auch zu Gefängnis an Stelle von Straflager. Generell gilt natürlich, daß Verbrecher, die zu längeren Freiheitsstrafen als drei Monaten verurteilt werden, an die zivilen Behörden übergeben werden, dabei wird die Gefängnisstrafe in eine Zuchthausstrafe umgewandelt.
Pigafetta: Wir verstehen.
Orbal: Tun wir das?
Haller: Weiter wird vorgeschlagen, daß Velder zu lebenslänglicher Zuchthausstrafe wegen strafbarer Agententätigkeit, zu zehn Jahren Zuchthaus wegen Bigamie, nochmals zu zehn Jahren Zuchthaus wegen Kommunismus und zu acht Jahren Zuchthaus wegen der Begünstigung der Flucht eines Volksfeindes aus dem Land verurteilt wird. Kürzere Freiheitsstrafen werden für einige andere Anklagepunkte empfohlen, zum Beispiel drei Monate für verbrecherische Promiskuität und zwei Wochen für Hetze gegen Andersdenkende. Wie aus der Aufstellung auf Seite 3 hervorgeht, gliedern sich die sexuellen Verbrechen in eine Reihe unterschiedlicher Spezialfälle. Dort sind drei Monate Zuchthaus für oralen Geschlechtsverkehr, vier Monate für Unzucht in der Öffentlichkeit und so weiter vorgesehen.
Peters: Warum sehen Sie ständig auf Ihre Armbanduhr, Pigafetta?
Orbal: Die ist vielleicht stehengeblieben.
Haller: Zusammenfassend kann gesagt werden, daß Velder in 127 von 128 Punkten der Anklage schuldig gesprochen worden ist. Die Anklage wurde ja während der Sitzungen durch Leutnant Bratianu um einen

Punkt erweitert. In einem Fall ist er freigesprochen worden, nämlich im Punkt 102, da geht es um Vergewaltigung. Hier ist die Anklage verworfen und aus der Anklageschrift gestrichen worden.
Kampenmann: Warum?
Haller: Velder war zum aktuellen Zeitpunkt immer noch Korporal in der nationalen Freiheitsarmee, und die Person, die er behauptet vergewaltigt zu haben, gehörte zu den revolutionären Guerillas. Es herrschte Kriegszustand, heißt es in der Begründung, und ein Soldat kann billigerweise nicht für eine Handlungsweise dieser Art zur Verantwortung gezogen werden, vor allem nicht, weil die gleiche Methode in einer späteren Phase der Unruhen von höherer Stelle empfohlen wurde als ein militärisches Besserungsmittel für kommunistische Guerillamitglieder weiblichen Geschlechts. Ja, so steht es hier geschrieben.
Orbal: Herrgott noch mal, was ist das alles kompliziert.
Haller: Überhaupt nicht. Ich schlage natürlich vor, daß das Präsidium den Empfehlungen der Kommission ausnahmslos zustimmt. Das zu verlesene Urteil könnte so formuliert werden: Das Sonder-Kriegsgericht verurteilt hiermit den Korporal Erwin Velder zum Tode. Darüber hinaus wird ihm sein militärischer Dienstgrad und seine nationale Staatsbürgerschaft aberkannt. Er wird aus den Streitkräften ausgestoßen, und das Recht, seine militärischen Auszeichnungen zu tragen, wird ihm aberkannt.
Urteilsbegründung: Der Angeklagte wird der Taten, die ihm vorgeworfen werden, für schuldig befunden, mit Ausnahme von Punkt 102, bei dem es um Vergewaltigung geht. Das Urteil wird innerhalb von 24 Stunden durch Erschießen ohne Ehrengeleit vollzogen. Bitte sehr, hier ist der Entwurf.
Orbal: Jaha, das ist ja prima.
Haller: Ich muß leider sofort ins Ministerium zurückkehren. Guten Tag, meine Herren.
Orbal: Der hat's ja wieder mal schrecklich eilig.
Brown: Kann der interne Teil der Beratung als abgeschlossen angesehen werden?
Peters: Ja, es gibt wohl kaum noch etwas zu diskutieren. Sie können die Beteiligten ...
Kampenmann: Einen Moment. Ich meine, daß einiges diskutiert werden kann und sollte. Ich sehe die ganze Sache doch als sehr zweifelhaft an, die ganze Prozedur und nicht zuletzt die Urteile, die hier vorgeschlagen wurden. Wir dürfen nicht übersehen, daß es sich sowohl bei den Urteilen als auch bei den Urteilsbegründungen um Empfehlungen handelt und es unser volles Recht ist, sie zu ändern oder völlig außer acht zu lassen. Es ist jedenfalls unsere Pflicht, das Material mit größter Sorgfalt durchzusehen.
Orbal: Aber, bester Kampenmann ...

Kampenmann: Einige einzelne Punkte sind meiner Auffassung nach vollständig absurd. Sehen Sie zum Beispiel hier: Velder wird mit Zuchthaus bestraft, weil er mit seiner eigenen Frau intimen Verkehr gehabt hat, wird aber freigesprochen, obwohl er eine Frau bewußtlos geschlagen und dann vergewaltigt hat. Eine ganze Reihe von Vergehen dürften im übrigen verjährt sein. Ich bin gar nicht mal sicher, ob Velder überhaupt hingerichtet werden muß. Der Mann ist inzwischen Invalide und eher ein Fall für das Sanatorium. Außerdem ist seine Verteidigung höchst oberflächlich gehandhabt worden. Das Schlußplädoyer gestern war skandalös und ...
Pigafetta: Hauptmann Endicott handelte streng befehlsgemäß.
Kampenmann: Jedenfalls will ich mir die Zeit nehmen, um ...
Peters: Laß dir das doch nicht gefallen, Mateo. Mach Schluß damit.
Orbal: Einen Moment, Kampenmann, reden Sie sich nicht um Kopf und Kragen. Lassen Sie uns über die Sache abstimmen. Ich persönlich habe mich entschieden, diesen Empfehlungen ohne weiteres Trara zu folgen, also das Urteil zu bekräftigen, oder wie das nun heißt. Was sagst du, Carl?
Peters: Natürlich ja.
Orbal: Und Sie, Pigafetta?
Pigafetta: Da die Stimme des Vorsitzenden des Präsidiums den Ausschlag gibt bei Stimmengleichheit, spielt es strenggenommen gar keine Rolle mehr, was ich sage. Ich enthalte mich der Stimme.
Orbal: Und Kampenmann, Sie stimmen dagegen?
Kampenmann: Ja, unbedingt. Und ...
Peters: Das sind zwei Stimmen gegen eine und eine Stimmenthaltung. Die Sache ist klar.
Kampenmann: Und ich verlange, daß meine Vorbehalte ins Protokoll aufgenommen werden.
Orbal: Das wird sich machen lassen. Was ist das denn für ein Lärm? Was ist das denn für ein Idiot, der hier mitten während der Sitzung anruft?
Pigafetta: Einen Moment, das ist vermutlich für mich ... Ja, hier ist Oberst Pigafetta ... ja ... ich verstehe ... ausgezeichnet, Niblack ... Ich bitte um Verzeihung, meine Herren, es betraf eine wichtige dienstliche Angelegenheit.
Peters: Ach was.
Brown: Ist das Sonder-Kriegsgericht bereit, zum öffentlichen Teil der Verhandlung überzugehen?
Orbal: Klar. Rufen Sie die Beteiligten herein.
Brown: Bitte nehmen Sie alle Platz.
Orbal: Furchtbar heiß und stickig heute. Und donnern tut es auch.
Peters: Sollen diese Männer die Zuhörer darstellen? Was haben sich Ihre Leute denn dabei gedacht, in diesem Aufzug hier so hereinzuplatzen, Pigafetta, mit Waffen und in voller Ausrüstung?

Pigafetta: Es ist kein Donner, den Sie hören, Orbal. Das sind Jagdflugzeuge, die den Palast des Staatschefs bombardieren. Drei Minuten zu früh übrigens.

Orbal: Was? Wie?

Peters: Was geht hier eigentlich vor? Hat General Winckelman ...

Pigafetta: General Winckelman ist vor zehn Minuten festgenommen worden. Die Regierungsgebäude sind abgeriegelt, und alle Heeresverbände haben Befehl bekommen, in ihren Kasernen zu bleiben.

Orbal: Sind Sie völlig verrückt geworden, Pigafetta? Rufen Sie den Wahnsinnigen hier weg, der vor mir steht und an mir herumfummelt.

Pigafetta: Sie befinden sich bis auf weiteres im Arrest, meine Herren. Endicott, kümmern Sie sich um Oberst Orbal und Major von Peters. Sie können sie so lange im Keller unterbringen. Brown, der Rest der Wache verschwindet aus dem Raum. Ja, so. Kampenmann und Schmidt, wollen Sie so freundlich sein und auf Ihren Plätzen bleiben. Gehen Sie ans Telefon, Brown.

Brown: Jawohl, Herr Oberst ... hier ist Leutnant Brown ... ja ... der Oberst ist hier ... einen Augenblick ...

Pigafetta: Aha. Tatsächlich ... ausgezeichnet! Ich komme in etwa fünfzehn Minuten.

Kampenmann: Was ist eigentlich geschehen?

Pigafetta: General Oswald ist aller Wahrscheinlichkeit nach tot. Dr. Haller war eben am Telefon. Er läßt Sie übrigens grüßen.

Kampenmann: Sie und Haller haben also ...

Pigafetta: Ja. Wir mußten endlich Ordnung im Land haben. Dr. Haller hat das Amt des Premierministers übernommen. Er wird heute nachmittag eine Regierung bilden.

Kampenmann: Und der neue Staatschef heißt also General Pigafetta?

Pigafetta: Ich bin nicht eitel. Für Sie beide ist die Lage im Augenblick ein wenig unsicher, wenn ich mich so ausdrücken darf. Zur Zeit wird mit dem Kommandeur der Marine verhandelt, der sich im Regierungsgebäude befindet. Wahrscheinlich wird man sich einigen. Ich habe, wie Sie verstehen werden, keine große Lust, die einzigen Fregatten und Minenräumboote, die wir haben, zu versenken. Aber bis das Gespräch mit dem Admiral beendet ist, möchte ich Sie bitten, sich in diesem Raum aufzuhalten.

Kampenmann: Ich verstehe.

Pigafetta: Ausgezeichnet. Im übrigen gebe ich Ihnen vollständig recht bei Ihren Einwänden gegen die Behandlung von Velber. Jedenfalls in einigen Punkten.

Brown: Verzeihung, Herr Oberst. Was soll ich mit dem Angeklagten tun?

Pigafetta: Bringen Sie ihn in den Keller und erschießen Sie ihn.

Velder: Danke, Herr Oberst.

Pigafetta: Jetzt muß ich Sie allein lassen, meine Herren. Natürlich stehen Wachen in der Halle, und das Telefon ist an die Zentrale des Luftwaffenstabes angeschlossen. Aber voraussichtlich werden Sie nicht länger als eine halbe Stunde oder so hierbleiben müssen. Guten Tag.
Kampenmann: Hat er wirklich danke gesagt?
Schmidt: Ich habe es so aufgefaßt. Er hört natürlich sehr schlecht. Er hat vielleicht seinen Namen nennen hören, aber mißverstanden, was gesagt wurde.
Kampenmann: Warum haben Sie Bratianu das Schlußplädoyer halten lassen?
Schmidt: Zum Teil, um mein Gewissen zu beruhigen ... na, lassen Sie es mich so ausdrücken, meine Auffassung zu dem Fall hat sich im Laufe der Verhandlung teilweise geändert.
Kampenmann: Wie sind Sie eigentlich darauf gekommen, zum Militär zu gehen?
Schmidt: Tja, mein Vater war Marineoffizier ... da war es sozusagen ganz normal, daß ich auch zur Marine ging. Und Sie selbst?
Kampenmann: Ich weiß nicht recht. Vielleicht, weil ich das Meer liebe. Andererseits gibt es ja auch die Handelsmarine.
Schmidt: Das Tonband läuft immer noch.
Kampenmann: Stellen wir es besser ab.

576/12

909/5

«In der Auflehnung gegen allzu glatte Konstruktionen liegt das Interesse begründet, das man diesem deutschen Krimiautor entgegenbringt, weil er die vertrauten Formen – mitunter auch bis zum Bersten voll – mit einer neuen Wirklichkeit füllt.»

Hessischer Rundfunk

thriller rororo

-ky

Kein Reihenhaus für Robin Hood

Ein Kriminalroman. 192 Seiten. Geb.

In der Reihe rororo-thriller sind erschienen:

Einer von uns beiden [2244]

Von Beileidsbesuchen bitten wir abzusehen [2250]

Stör die feinen Leute nicht [2292]

Ein Toter führt Regie [2312]

Es reicht doch, wenn nur einer stirbt [2344]

Mitunter mörderisch [2383]

Einer will's gewesen sein [2441]

Von Mördern und anderen Menschen [2466]

Mit einem Bein im Knast [2565] Juli 81

971/2

Ausgezeichnet als

«Buch des Monats»:

Am Samstag aß der Rabbi nichts [2125]

Rolf Becker/Der Spiegel, Hamburg: «Zum ‹Buch des Monats› hat die Darmstädter Jury, ein der Deutschen Akademie für Sprache und Dichtung verbundenes Literatur-Gremium, den als rororo-Taschenbuch erschienenen Kriminalroman erwählt. Es ist das erste Mal, daß diese Auszeichnung einem Kriminalroman zuteil wird. Beifall für die Auszeichnung der literarischen Gattung und für die Wahl dieses speziellen Buches!»

Harry Kemelman

Am Freitag schlief der Rabbi lang [2090]

Ausgezeichnet mit dem Edgar Allan Poe Award

Quiz mit Kemelman [2172]

8 Kriminalstories

Am Sonntag blieb der Rabbi weg [2291]

Am Montag flog der Rabbi ab [2304]

Am Dienstag sah der Rabbi rot [2346]

Am Mittwoch wird der Rabbi naß [2430]

Der Rabbi schoß am Donnerstag [2500]

Am Samstag aß der Rabbi nichts [2125]

thriller rororo

erschienen in der Reihe rororo thriller

358/9